AtV

MICHAEL F. SCHOLZ, geboren 1958, Historiker an der Universität Greifswald, Veröffentlichungen zur Geschichte der DDR-Comics, zu den deutsch-nordischen Beziehungen im 20. Jahrhundert und zur Exilforschung.

Zuletzt erschienen »Ernst Wollweber. Saboteur – Minister – Unperson« (mit Jan von Flocken, Aufbau 1994) und »Bauernopfer der deutschen Frage. Der Kommunist Kurt Vieweg im Dschungel der Geheimdienste« (AtV 1997).

Niemand hat Wehners Aktionen als Spitzenfunktionär der KPD in Schweden, die Umstände seiner Verhaftung und den anschließenden Prozeß gegen ihn genauer untersucht als Michael F. Scholz. Seine spannende biographische Studie und Dokumente aus schwedischen Archiven, der Gauck-Behörde und dem früheren Parteiarchiv der DDR bringen Klarheit über einen wichtigen Lebensabschnitt dieses Politikers. Zugleich gibt das Buch neue Aufschlüsse über Mechanismen kommunistischer Kaderpolitik und Methoden der Staatssicherheit.

Der Vorwurf, Wehner habe damals deutsche Kommunisten durch seine Aussagen »verraten«, ist unhaltbar, die hier zum Teil erstmals veröffentlichten Berichte belegen es. Daher mußten die wiederholten Versuche der SED und der Staatssicherheit, Wehner mit seiner Vergangenheit zu erpressen, erfolglos bleiben. Bis heute werden zwar immer wieder Legenden um Wehner produziert, aber auch in den jüngsten Debatten über seine »Zusammenarbeit« mit hohen DDR-Funktionären konnten keine neuen Erkenntnisse über einen »Verrat« beigebracht werden – weshalb, das wird nach Lektüre dieses Buches viel verständlicher.

Michael F. Scholz

Herbert Wehner in Schweden 1941–1946

Aufbau Taschenbuch Verlag

ISBN 3-7466-8029-8

1. Auflage 1997

Eine Veröffentlichung des Instituts für Zeitgeschichte, München
Umschlaggestaltung Torsten Lemme
unter Verwendung eines Fotos Herbert Wehners, September 1946, Privatbesitz
Satz LVD GmbH, Berlin
Druck Elsnerdruck GmbH, Berlin
Printed in Germany

Inhalt

Einleitung

Herbert Wehner gehört zu jenen Politikern der Nachkriegszeit, die die Entwicklung der bundesdeutschen Demokratie wesentlich mitbestimmt haben. Seine politischen Gegner haben wiederholt versucht, ihn wegen seiner kommunistischen Vergangenheit zu denunzieren und aus der Politik hinauszudrängen. Bis 1942 Spitzenfunktionär der KPD, war Wehner in diesem Jahr in einem Moskauer Geheimverfahren wegen Verrats aus der Partei ausgeschlossen worden. Vorausgegangen war eine Dienstreise nach Schweden. Dort sollte Wehner im Auftrag der Komintern die Arbeit der Exilgruppe der KPD unter Karl Mewis überprüfen, dann die KPD-Auslandsleitung übernehmen und deren Verlegung nach Deutschland bewerkstelligen. Kurz vor Antritt der selbstmörderischen Reise ins Reich Hitlers hatte ihn die Stockholmer Sicherheitspolizei unter zweifelhaften Umständen festgenommen. In der polizeilichen Untersuchung und vor Gericht machte Wehner umfangreiche Aussagen zu seiner Person und zu seinen Aufgaben in Schweden und verstieß damit gegen die Parteiräson. Bald ging das Gerücht um, seine Aussagen hätten zur Verhaftung beziehungsweise Lahmlegung der Stockholmer KPD-Auslandsleitung sowie zur Zerschlagung eines bedeutenden Teils des kommunistischen Widerstands in Deutschland geführt. Obwohl der Verratsvorwurf nie durch Fakten belegt werden konnte, hat er Wehner zeit seines Lebens belastet.

Unlängst brachten Moskauer Akten den 1990 Verstorbenen mit dem Vorwurf, während Stalins »Säuberungen« zum »wölfischen Verräter« geworden zu sein, erneut in die Medien. Aktenfunde in der Gauck-Behörde legten für einige den Schluß nahe, die Nachrichtendienste der UdSSR und der DDR hätten in den sechziger Jahren versucht, Wehner mit seiner Vergangenheit zu erpressen. In der Tat hatte man zu dieser Zeit in der DDR intensiv Wehners Aufenthalt, seine Festnahme und das Gerichtsverfahren in Schweden untersucht. Trotzdem – oder gerade deshalb – blieben jene schicksalsschweren Jahre zwischen 1941 und 1946 bis heute im dunkeln. Nach einer Pressekampagne der SED 1964 und dem Anti-Wehner Pamphlet »Gezeichnet vom Zwielicht seiner Zeit« von Hans Frederik (1969), die beide durch eine tendenziöse Auswahl aus den Prozeßunterlagen einen Verrat zu belegen versuchten, publizierten die Spiegel-Journalisten Alfred Freudenhammer und Karlheinz Vater 1978 die Stockholmer Unterlagen nahezu vollständig. Sie entlasteten Wehner weitgehend, ließen aber auch Fragen offen. Freudenhammer/Vater wußten über die eigentlichen Hintergründe des Einsatzes von Wehner, seines Verhaltens gegenüber Polizei und Gericht kaum etwas zu berichten, noch weniger über die Jahre der Haft und Internierung zwischen 1942 und 1945. Auch der 1993 gesendete Fernsehfilm »Wehner – die unerzählte Geschichte« gibt über die wichtigen Jahre der Abkehr Wehners vom Kommunismus Stalinscher Prägung und seiner Hinwendung zur Sozialdemokratie Kurt Schumachers kaum Auskunft.

Auf der Grundlage bisher unveröffentlichter Dokumente aus dem Nachlaß Wehners, aus schwedischen Archiven, dem ehemaligen Berliner Zentralen Parteiarchiv (KPD/SED) und dem Archiv des Staatssicherheitsdienstes der ehemaligen DDR soll nun Klarheit auch in diesen Teil der Biographie Herbert Wehners gebracht werden. Dazu werden drei Quellengruppen ausgewertet. Die zweifellos größte Aussagekraft besitzen die zeitgenössischen Dokumente: die Akten der schwedischen Sicherheitspolizei, des Gerichts und der Sozialbehörde, der die Ausländerbehörde und die Internierungslager unterstanden; die Akten der Parlamentarischen Untersuchungskommission des schwedischen Reichstages (der sogenannten »Sandler-Kommission«) zur Politik gegenüber den antinazistischen Flüchtlingen und zu den Kontakten der Sicherheitspolizei mit der Gestapo; Wehners Schriften und seine Korrespondenz aus diesem Zeitraum. Die zweite Gruppe umfaßt 1946/47 entstandene Berichte über Wehners Jahre in Schweden: Wehners »Notizen«

von 1946, denen nach Auffassung des Verfassers großer Wert beizumessen ist, da sich die – sparsamen – Aussagen mit den aufgefundenen zeitgenössischen Dokumenten decken; Berichte der deutschen kommunistischen Remigranten nach der Rückkehr aus Schweden für die KPD/SED-Führung (1946/47), die im Rahmen der allgemeinen Überprüfung der Arbeit der Exil-KPD entstanden und bereits von dem nun öffentlich gemachten und mit dem Vorwurf des Verrats verbundenen Parteiausschluß Wehners geprägt waren. Die dritte Gruppe der Quellen umfaßt alle späteren Aussagen über Wehner in Schweden, die im wesentlichen in der Absicht entstanden sind, Wehner zu belasten. Sie sind entsprechend kritisch zu lesen, geben aber deutliche Auskunft über die offizielle und inoffizielle Sicht der SED-Führung auf Herbert Wehner.

Wehner hatte Moskau mit dem Auftrag Wilhelm Piecks und Georgi Dimitroffs verlassen, von Stockholm aus die KPD in Deutschland zu reorganisieren. Zuvor sollte er die Arbeit des bisherigen KPD-Leiters in Skandinavien, Karl Mewis, überprüfen. Wehners Parteiarbeit in Schweden ging daher über die von ihm später behauptete rein journalistische Arbeit hinaus. Als führender Widerstandskämpfer gegen die nationalsozialistische Diktatur verwandte er große Aufmerksamkeit auf die Errichtung eines nationalen Widerstandszentrums in Deutschland, dessen Kern eine dort angesiedelte KPD-Führung unter seiner Leitung ausmachen sollte. Das Mißtrauen, das Wehner schon in Moskau verfolgte, pflegten auch die sowjetischen Vertreter in Stockholm, die eher seinem Kontrahenten Mewis vertrauten als ihm. Das kann mit Wehners nationalkommunistischer Einstellung und seiner beginnenden Kritik am Stalinismus im Zusammenhang stehen. Den Ausschlag wird letztlich aber seine ablehnende Haltung gegenüber einer Zusammenarbeit mit den sowjetischen Sicherheitsdiensten gegeben haben.

Die Umstände der Festnahme Wehners in Stockholm sind nicht eindeutig zu klären und lassen Raum für die Spekulation, Wehner habe sich selbst gestellt. Auch Verrat in den eigenen Reihen, unter Umständen mit Billigung oder aktiver Unterstützung des sowjetischen Geheimdienstes, ist nicht auszuschließen. Die Informationen, die Moskau erreichten, legten jedenfalls zunächst den Schluß nahe, Wehner habe alles verraten. In einem Geheimbeschluß wurde er daraufhin 1942 aus der KPD ausgeschlossen.

Der Verratsvorwurf traf Wehner jedoch unverdient. Er war einer den gegebenen Bedingungen angepaßten, offensiven Verteidigungsstrategie gefolgt, die vor allem durch das unkonspirative Verhalten Mewis' und Stahlmanns zu Fall gebracht worden war. Wehners offensichtlich sehr detaillierte Angaben – auch über einzelne Flüchtlinge – haben in keinem Fall Schaden angerichtet; die Erkenntnisse über seine schwedische Kontaktperson und über den Einsatz der deutschen Kommunistin Charlotte Bischoff sind nicht direkt auf seine Aussagen, sondern auf die routinemäßige Arbeit der schwedischen Polizei zurückzuführen, und auch die spätere Verhaftung der Mehrzahl der KPD-Funktionäre in Schweden steht nachweislich in keiner Beziehung zu Wehners Aussagen.

Herbert Wehners Verurteilung wegen Spionage für eine fremde Macht ist unter den besonderen politischen Bedingungen in Schweden zu sehen, das traditionell deutschfreundlich und antikommunistisch eingestellt war. Das trifft besonders auf die Kreise zu, die mit der Bearbeitung seines Falles zu tun hatten, die Sicherheitspolizei und die Anklagevertretung. Auch nach der Haft blieb Wehner als »gefährlicher Ausländer« interniert. In dieser Zeit wurde Wehner klar, daß man ihn auf Betreiben Mewis' von der KPD isoliert hatte. Sowohl im Internierungslager Smedsbo als auch in der kleinen Industriestadt Borås, wo man ihm anschließend Arbeit zugewiesen hatte, trat er als kommunistischer Funktionär auf, dessen Schicksal allein in den Händen Moskaus lag.

Theoretisch hatte sich Wehner, wie seine 1994 von August Leugers-Scherzberg herausgegebene Gefängnisschrift »Selbstbesinnung und Selbstkritik« nahelegt, schon während seiner Einzelhaft zum Jahreswechsel 1942/43 vom Stalinismus weitgehend befreit. Doch mußte das nicht automatisch auch eine

Abkehr von »seinen« Genossen bedeuten: Als Pflichtmensch fühlte er sich Wilhelm Pieck und seinen Aufgaben als Funktionär weiter verbunden. Zudem schreckte ihn nichts mehr, als »abseits« zu stehen. Noch im März 1945, vielleicht auch noch bis in das Jahr 1946 hinein, hoffte er auf Klärung seines Falles durch die kommunistische Bewegung. Wiederholt hatte er versucht, Berichte über die Situation der Exil-KPD in Schweden an Pieck und an den schwedischen KP-Vorsitzenden zu schicken, doch weil seine vermeintlichen Kontakte mit sowjetischen Stellen von der schwedischen Sicherheitspolizei kontrolliert wurden, erreichten seine Rapporte Moskau nie. Aus ihrer Lektüre zog man in Stockholm indessen den Schluß, daß Wehner weiter ein einflußreicher kommunistischer Spitzenfunktionär sei, der lediglich mit Mewis und dessen Anhängern gebrochen hatte. Mit seiner Übersiedlung nach Uppsala im Frühsommer 1945 gewann Wehner Klarheit über seine Situation, und er begann, bewußt nach einer neuen geistigen Heimat zu suchen. Dabei übte die linke Sozialdemokratie große Anziehungskraft auf ihn aus. Zum eigentlichen Bruch mit der kommunistischen Bewegung wurde die Gründung der SED – und die Karriere ihm äußerst zweifelhaft erscheinender Funktionäre wie Karl Mewis und Franz Dahlem.

Voller Zweifel, aber mit deutlichen Sympathien für die SPD kam Wehner im Herbst 1946 zurück nach Deutschland, wo ihn die äußeren Bedingungen – kommunistische Mordanschläge waren keine Ausnahme – zur demonstrativen Parteinahme gegen Stalin und gegen die neue Einheitspartei im Osten drängten. In Ost-Berlin war es Mewis zusammen mit seinem Schwiegervater, dem alten Wehner-Kontrahenten Franz Dahlem, nun Kaderchef der SED, gelungen, die Stockholmer Verratslegende zum Dogma zu erheben. Aus Selbsterhaltung unterwarfen sich ihr auch frühere Wehner-Vertraute; wer zweifelte, verlor allen Einfluß und wurde zum Teil sogar verfolgt. Wehners SED-feindliche Äußerungen trugen dazu bei, daß die Verratslegende in Ostberlin schließlich ein Eigenleben entwickelte. Der Staatssicherheitsdienst der DDR, der keinen automatischen Zugang zum SED-Archiv hatte, ging ihr immer wieder nach und blieb bis zum Ende von Wehners Schuld überzeugt, konnte aber trotz größter Anstrengungen keine handfesten Beweise seiner Schuld an der Verhaftung deutscher Kommunisten durch die Gestapo erbringen. Die Überzeugung vom Verrat stellte jedoch kein Hindernis für inoffizielle Kontakte mit Wehner dar, von denen sich beide Seiten Vorteile versprachen. Nach Aktenlage begannen diese Kontakte 1955, wurden aber nach einer Auseinandersetzung innerhalb der SED, aus der Ulbricht als Sieger hervorging, nach 1958 für viele Jahre abgebrochen.

Mit dem Sturz Ulbrichts änderte sich die Einschätzung Wehners in der DDR grundlegend. Im Zuge der allgemeinen Strategie, Kontakte im westlichen Ausland über Verbindungen aus der Zeit von vor 1945 zu knüpfen, kam man auch auf Wehner zurück. Um sein Interesse zu erwecken, spielte man mit dem Gedanken, Wehner eine »Rehabilitierung« in Aussicht zu stellen und die Anschuldigungen von Karl Mewis als Lügen zu entlarven. Nach bisheriger Aktenkenntnis ist dieser Weg nicht mehr beschritten worden: Umwege dieser Art waren kurz vor Abschluß des Grundlagenvertrages nicht mehr nötig; in der zweiten Hälfte der sechziger Jahre nahm Wehner selbst den Kontakt wieder auf. Seitdem wurde seine Stockholmer Zeit für die kommunistische Geschichtsschreibung zu einem Tabu. Erst kurz vor dem Untergang der DDR wurde Wehner vom SED-Zentralorgan *Neues Deutschland* und dem gestürzten Erich Honecker vom Vorwurf des Verrats »freigesprochen«. Dem war aber keine eigentliche Prüfung in der Sache vorausgegangen.

Die Arbeit entstand im Rahmen eines Forschungsprojektes der Deutschen Forschungsgemeinschaft. Für die Reisemittel danke ich der Preußischen Seehandelsstiftung und dem Schwedischen Institut. Ich möchte die Gelegenheit nutzen, mich für die Unterstützung zu bedanken, die ich in vielen Archiven und von Kollegen erfahren habe. Mein besonderer Dank gilt Greta Wehner, die mir für mein Thema großzügig Einsicht in den Nachlaß Herbert Wehners gewährte.

Karriere und Weggefährten

Herbert Wehner, Parteiname Kurt Funk, zum engsten Führungskreis der KPD gehörig, durfte Anfang Februar 1941 nach etlichen Querelen mit der Kaderabteilung der Komintern die Sowjetunion Richtung Schweden verlassen. Das Sekretariat der Komintern händigte ihm 500 Rubel aus und kommandierte ihn »in dienstlichen Angelegenheiten« nach Tallinn.[1] Von dort aus sollte es weiter nach Stockholm gehen, das inzwischen zu einem der wichtigen Stützpunkte der KPD-Emigration außerhalb der Sowjetunion geworden war. Schon vor geraumer Zeit hätte Wehner hier zusammen mit Karl Mewis und Heinrich Wiatrek die neue Auslandsleitung der KPD bilden sollen. Doch verschiedene Umstände, nicht zuletzt seine Kaderüberprüfung in Moskau, waren dem im Wege gewesen.

Nun also führte die Reise Wehner über Leningrad in die 1939 von den Sowjets annektierte estnische Hafenstadt. In seinen 1946 entstandenen, als eine Zwischenbilanz gedachten »Notizen« schrieb er dieser Fahrt nach Tallinn/Reval großes Gewicht für seine spätere Abkehr vom Kommunismus zu. In Moskau hatten ihn demnach weniger die nächtlichen Überfälle der Stalinschen Geheimpolizei NKWD im Komintern-Hotel »Lux« mit den anschließenden zermürbenden und erniedrigenden Verhören erschüttert, die für viele seiner Genossen mit dem Tod endeten – ein Schicksal, das ihm, glaubt man seiner Moskauer Akte[2], nur um den Preis der Denunziation ehemaliger Weggefährten erspart geblieben war. Nein, Stalins Pakt mit Hitler vom September 1939 hatte die wirkliche Ernüchterung für den deutschen Kommunisten gebracht: das Freundschaftsabkommen zwischen den Nationalsozialisten, die ihn mit Konzentrationslager oder Schafott bedrohten, und dem »Vaterland der Werktätigen«, dem »Hort der Weltrevolution«, der er sein Leben widmen wollte. Schon in Moskau hatte Wehner den Anblick deutscher Geschäftsleute und ihrer Begleiter von der deutschen Gesandtschaft nicht ertragen können, als diese sich »im großen Saal des Konservatoriums breitgemacht und, als sei das für sie ganz natürlich, dem jüdischen Dirigenten, unter dessen Leitung eben eine Beethoven-Symphonie gespielt worden war, ihren Beifall gespendet hatten«. Im Februar 1941 gehörte in Tallinn ein ähnliches Erlebnis zu seinen nachhaltigen Eindrücken. Wehner irritierte die Selbstverständlichkeit der Anwesenheit von Nationalsozialisten und SS-Leuten im kommunistischen Herrschaftsbereich. Er wollte aus diesen »Zweideutigkeiten heraus«, »wieder unmittelbar im Kampf gegen den Feind stehen«. Schon damals, so Wehner in seinen »Notizen«, habe es große Veränderungen in seiner Haltung zu Stalin und zum Kommunismus sowjetischer Prägung gegeben. Aber der Parteisoldat, der er war, wird sich diese »Schwäche« kaum gestattet haben. Sein Tatendrang, von Schweden aus »eine kühne und weitumspannende Initiative« gegen Hitler zu entfachen, war nach wie vor groß.[3]

Herbert Wehner, am 11. Juli 1906 in Dresden geboren, hatte sich von frühester Jugend an für die Politik interessiert. Nach der gescheiterten Revolution von 1918 und mehr noch nach den revolutionären Ereignissen in Mitteldeutschland 1923 rückte er von der Sozialdemokratie ab und bekannte sich zum Anarchismus. Orientiert an Bakunin, Fürst Kropotkin und Erich Mühsam, dessen Sekretär er zuletzt wurde, stürzte sich Wehner in den Kampf für eine freie Gesellschaft. Bald enttäuscht von der Wirkungslosigkeit der Anarchisten, faszinierte ihn zunehmend die kommunistische Bewegung, die rasch an Einfluß gewann und durch eine Reihe spektakulärer Aktionen von sich reden machte.

Wehner wurde Mitglied der KPD und erklomm hier schnell die Karriereleiter: 1930 avancierte er zum jüngsten Abgeordneten im sächsischen Landtag, im Jahr darauf holte ihn die Partei in die Zentrale nach Berlin, wo er 1932 durch Protektion des KPD-Vorsitzenden Ernst Thälmann in die Schlüsselstellung eines Technischen Sekretärs des Politbüros berufen wurde. Als solcher führte er die Protokolle des Politbüros, nahm an Sitzungen der Geschäftsabteilung teil und gewann Einblick in die Cliquenkämpfe innerhalb des Zentralkomitees. Dieser rasche Aufstieg brachte ihm aber auch viele Neider und Feinde ein. Ohne es zu wollen, wurde Wehner zum Gegenspieler eines der mächtigsten Männer in der KPD, Walter Ulbricht, dem die Berliner Parteiorganisation unterstand. Ulbricht, Sachse wie Wehner und dreizehn Jahre älter, konnte bereits auf viele Jahre Apparaterfahrung zurückblicken. Er war von Wehners Begabungen in Schrift und freier Rede beeindruckt, sah in ihm aber gleichzeitig einen möglichen Konkurrenten.

Im Januar 1933 wurde Hitler Reichskanzler. Der Terror der Nationalsozialisten trieb in den folgenden Jahren ungefähr eine halbe Million Menschen in die Emigration; nach seriösen Schätzungen waren darunter rund 30 000 politische Gegner des Regimes.[4] Entschlossen, von außen organisierten Widerstand gegen das Hitlerregime zu leisten, waren die politischen Emigranten als erste von der Ausbürgerung betroffen. Im Vorgriff auf eine umfassende Neugestaltung des Staatsangehörigkeitsgesetzes im »völkischen« Sinne trat schon im Juli 1933 das »Gesetz über den Widerruf von Einbürgerungen und die Aberkennung von Staatsangehörigkeit« in Kraft. Damit konnte den im Ausland befindlichen deutschen Staatsangehörigen, die sich aus der Sicht der Nationalsozialisten »durch ihr Verhalten der Zugehörigkeit zum deutschen Volk unwürdig erwiesen haben«, die Staatsangehörigkeit entzogen werden.[5] Auch Herbert Wehner gehörte zu den Ausgebürgerten.[6]

Die KPD war die erste Partei, die nach dem Reichstagsbrand Ende Februar 1933 zerschlagen wurde. Trotz gewisser Vorbereitungen auf die Illegalität war die kommunistische Führung auf diesen Terror nicht eingestellt. Die Organisation befand sich im Frühjahr 1933 in Auflösung und mußte im Exil wieder neu formiert werden. Nach einer ersten spontanen Fluchtbewegung organisierte die KPD ab Sommer 1933 die illegale Ausreise ihrer Kader. Zum einen sollten ihre exponierten und besonders gefährdeten Führer geschützt, zum anderen sollte die Organisation im Ausland neu aufgebaut werden. Emigration sollte zunächst aber die Ausnahme bleiben, gingen KPD- und Komintern-Führung doch anfangs davon aus, daß die Hitler-Diktatur nicht von langer Dauer sein würde. Da jedoch Ernst Thälmann bereits am 3. März 1933 von der Gestapo festgenommen worden war, legte die ihres Vorsitzenden beraubte KPD-Führung eine neue vorläufige Aufgabenteilung fest: John Schehr, seit 1932 Sekretariats- und Politbüromitglied sowie langjähriger Vertreter Thälmanns, sollte die Gesamtführung übernehmen, Wilhelm Pieck die Auslandsleitung mit Sitz in Paris, Walter Ulbricht die operative Leitung in Deutschland. Der NS-Terror zwang ab Juni 1933 aber immer mehr KP-Führer zur Emigration: zuerst Franz Dahlem, dann Wilhelm Florin. Pieck, der fortan mit Ulbrichts Unterstützung die Rolle des KPD-Vorsitzenden übernehmen sollte, verließ im Sommer den Machtbereich Hitlers. In die Grabenkämpfe um den Führungsanspruch in der KPD geriet auch der im Lande verbliebene Herbert Wehner, dem Ulbricht bald wichtige Einflußmöglichkeiten entzog, bevor er im Herbst 1933 selbst emigrierte. Wenig später zerschlug die Gestapo die Reste der regulären KPD-Inlandsleitung. Alle in Freiheit befindlichen Politbüromitglieder mußten Deutschland verlassen und etablierten sich entweder in Prag oder in Moskau; erst später wurde ein ständiges Sekretariat in Paris errichtet. Auseinandersetzungen um Strategie und Taktik, im Kern aber um die Macht in der Partei, sollten fortan einen wesentlichen Bestandteil der Geschichte der KPD ausmachen. In Berlin blieb lediglich ein operativer Stab als sogenannte Landesleitung zurück, für den faktisch allein Herbert Wehner verantwortlich war. Die Auslandsleitung legte die politische Linie fest und versorgte die real kaum existente Landesleitung über ein eigens geschaffenes System von Grenzstellen in Kopenhagen, Amsterdam, Saarlouis, Prag und Basel mit Materialien. Sie hielt auch die Verbindung zur Komintern in Moskau und betreute die kommunistischen Emigranten.

Herbert Wehner, zuletzt in Berlin für die Anleitung der wichtigsten KPD-Bezirke (Berlin, Westdeutschland, Wasserkante und Mitteldeutschland) zuständig, erfüllte seine Aufgaben zur Zufriedenheit Moskaus. Zwistigkeiten zwischen und mit den anderen Leitungsmitgliedern belasteten die Arbeit jedoch schwer. Im Frühjahr 1934 erhielt Wehner den Auftrag, als verantwortlicher ZK-Beauftragter ins Saargebiet zu gehen. Dort räumte er in der Bezirksleitung gründlich auf und setzte, wie er später schrieb, »im Kampf gegen die intrigierenden Mitglieder der Auslandsleitung« den Vertrag zur gemeinsamen Arbeit der SPD und KPD durch.[7] Wehner wechselte Funktionäre aus, verstärkte den Apparat und die Redaktionen. In dieser Zeit lernte er den kommunistischen Jugendfunktionär Erich Honecker kennen. Der aus Wiebelskirchen stammende Honecker, Jahrgang 1912, war vom Kommunistischen Jugendverband als Oberberater für den gleichen Verantwortungsbereich eingesetzt wie Wehner für die KPD.[8] »Ich kann mich heute noch entsinnen«, so ein elegischer Honecker Anfang 1990, »daß wir zusammen 1934 die Straße hochfuhren zu uns nach Hause und daß meine Mutter einen Kuchen gebacken hatte, und ich habe mich mit Herbert Wehner über die Aussichten beim Abstimmungsergebnis über den Anschluß des Saarlandes an das Deutsche Reich unterhalten.«[9] Honeckers Prognose war düsterer als die Wehners, doch die Realität war eine einzige Enttäuschung: Über neunzig Prozent sprachen sich im Januar 1935 gegen die Erhaltung des Status quo und für einen Anschluß aus. Nach dieser Niederlage versuchte der enttäuschte Wehner, die illegale Arbeit der KPD und die Zusammenarbeit mit der SPD auch unter den neuen Bedingungen sicherzustellen, bis ihn der Rückruf nach Berlin erreichte. Unterwegs wurde er in Prag festgenommen und nach fünf Wochen Haft an die sowjetische Grenze verbracht. Dank seines Ansehens in der KPD kam er unbehelligt bis Moskau, wo er sich in die illustre Schar der Gäste des Hotel »Lux« einreihte[10]. Man schrieb das Jahr 1935.

In der KPD- und Kominternführung waren gerade die heftigen Auseinandersetzungen um die politische Generallinie zu einem Abschluß gekommen. Nachdem die Komintern ihren Kurs geändert und zur Volksfrontpolitik übergegangen war, schwenkte auch die KPD mit Pieck und Ulbricht an der Spitze von ihrer ultralinken Politik auf diesen Kurs ein. Der VII. Weltkongreß der Komintern (25. Juli bis 20. August 1935), zu dessen Teilnehmern Herbert Wehner gehörte, hatte sich endgültig für eine Einheitsfront- und Bündnispolitik ausgesprochen. Die in diesem Zeichen stehende Brüsseler Konferenz der KPD (3. bis 15. Oktober 1935) mußte zunächst personelle Fragen klären. Thälmann saß in einem deutschen Zuchthaus, Schehr war von den Nationalsozialisten »auf der Flucht erschossen« worden. Um die Nachfolge waren schon Wochen zuvor Kämpfe entbrannt. Die Majorität, bestehend aus Wilhelm Florin, Hermann Schubert, Fritz Schulte und Franz Dahlem, hatte darauf spekuliert, daß Georgi Dimitroff in der Komintern nur vorübergehend eine Rolle spielen würde. Pieck und Ulbricht waren in einigen Fragen als Minderheit aufgetreten, vertrauten dabei aber auf Dimitroff. Nach dem Weltkongreß waren sie die strahlenden Sieger. Ihnen schlossen sich unter anderen Anton Ackermann, Paul Merker und Franz Dahlem an, dem Wehner »eine Meisterschaft im rechtzeitigen Abspringen von einer Clique«[11] nachsagte. Die engen Freunde Thälmanns wurden ausgeschaltet; die meisten fielen später Stalins »Säuberungen« zum Opfer. Herbert Wehner hatte auf der »richtigen« Seite gestanden und wurde Mitglied des Zentralkomitees und Kandidat des Politbüros. Die Wahl bezeichnete er später als »das Resultat eines harten politischen Kampfes um eine wesentliche Veränderung der Politik der KPD«, in dem er einer der »Exponenten einer rücksichtslosen Selbstkritik« gewesen sei.[12] In seinen neuen Verantwortungsbereich fiel unter anderem das kommunistische Exil in Nordeuropa.

Auf der Brüsseler Konferenz wurde auch ein junger Funktionär als Kandidat in das Zentralkomitee der KPD aufgenommen, der später Wehners Karriere entscheidend beeinflussen sollte: Karl Mewis[13], geboren am 22. November 1907 in Hannoversch-Münden. Schon 1923 hatten Jungarbeiter der Eisenbahn-Werkstätten in Kassel den ehrgeizigen Schlosserlehrling zu ihrem Vertrauensmann gewählt. Noch nicht 18jährig war er wegen Zersetzungsarbeit in der Reichswehr – er hatte Flugblätter verteilt – zu sechs Monaten Festungshaft verurteilt worden. Dieses Urteil war seine Eintrittskarte in eine Karriere als Berufsrevolutionär. In hauptamtlichen Parteifunktionen bewährte er sich als Vorsitzender des Kommunistischen Jugendverbandes in Hessen-Waldeck und als Lokalredakteur der *Neuen Arbeiterzeitung*. So ausgezeichnet, delegierten ihn seine Genossen zum KPD-Parteitag 1929 in Berlin, wo er den damals 36jährigen parteierfahrenen Hermann Matern traf. Der Magdeburger KPD-Bezirkschef fand Gefallen an dem begabten Jungkommunisten und holte ihn zu sich in die Redaktion der *Tribüne*. Kurze Zeit später war Mewis schon Organisationssekretär der Magdeburger Bezirksleitung.

Der nur ein Jahr ältere Herbert Wehner lernte Mewis dort 1930 als einen jungen und sehr aktiven Genossen kennen, der aber, wie Wehner später notieren sollte, »durch eine gewisse persönliche Eitelkeit gehindert wird, selbstkritisch an einer Überwindung seiner eigenen Schwächen mit Erfolg zu arbeiten«. Zudem hielt Wehner Mewis für »theoretisch sehr schwach«. Aber auch in der Beurteilung der praktischen Arbeit des Aufsteigers überwog die Kritik; Wehner bescheinigte ihm Mängel an Praxis und Menschenkenntnis.[14] Doch Mewis stieg weiter auf. Zunächst arbeitete er als Organisationssekretär der KPD-Bezirksleitung Magdeburg-Anhalt. Ab Oktober 1932 besuchte er die Leninschule der Komintern in Moskau, nach deren Abschluß er 1934 zur illegalen Arbeit nach Deutschland zurückkehrte. Hier leitete er unter anderem den KPD-Bezirk Mittelrhein. Im Frühjahr 1935 zogen ihn Franz Dahlem und Walter Ulbricht schon mehrfach zu Beratungen über die illegale Arbeit und die Volksfronttaktik hinzu. Im Juli 1935 durfte Mewis sogar im Präsidium des VII. Weltkongresses der Komintern sitzen. Auf der Brüsseler Konferenz verdiente sich der neue, mit der illegalen Praxis wirklich vertraute Kandidat des ZK mit einem Beitrag zur Einheitsfront weite Anerkennung.[15] »Das Neue besteht darin«, so Mewis, »daß wir die Sozialdemokratie als Bundesgenossen, als gleichberechtigten Kampfgefährten betrachten, mit dem wir uns bei der weiteren Entwicklung in eine revolutionäre Partei vereinigen.« Und weiter: »Wir wollen bei stärkster Förderung der Linken, der revolutionären Elemente in der Sozialdemokratie die Einheitsfront mit der gesamten Sozialdemokratie verwirklichen.«[16]

Auf der Brüsseler Konferenz wurde unter anderem der Beschluß gefaßt, in mehreren Nachbarländern Deutschlands Abschnittsleitungen zu bilden. Diese hatten die Aufgabe, als Organe des ZK die Untergliederungen der Partei direkt anzuleiten.[17] Seit Anfang 1936 arbeitete in Dänemark die Abschnittsleitung Nord (ALN) als operatives Organ des ZK. Von Kopenhagen aus erstreckte sich ihr Verantwortungsbereich auf Bremen, Danzig, Hamburg, Kiel, Mecklenburg, Ostpreußen, Schleswig-Holstein und Stettin. Praktisch organisierte sie die Grenzarbeit, das heißt den Transport von Personen und Sachen nach Deutschland, und die weitere Verbindungsarbeit. Daneben gab es auch hier, wie in den anderen Ländern, eine sogenannte Emigrationsleitung (Emi-Leitung), die sich um die kommunistischen Flüchtlinge im Gastland kümmerte, also um die Versorgung, die Bildungsarbeit und auch um die Abwehr von Spitzeln in der Exilorganisation.[18] In der Praxis fungierten die Abschnittsleitungen als übergeordnete Parteiinstanzen der Emi-Leitungen. Die Feststellung des Historikers Hans Uwe Petersen, es habe drei Kategorien von Mitgliedern in der Gesamtexilgruppe der KPD in Dänemark gegeben, gilt wohl für die kommunistische Emigration allgemein: erstens die Mitglieder der Parteileitung, zweitens die sogenannten Funktionäre und Mitarbeiter der Apparate der Leitungen und drittens die »einfachen« Mitglieder.[19] Diese Abstufung hatte unmittelbare Auswirkung auf die Lebensqualität und die finanzielle Unterstützung des einzelnen im Exil.

Auf seiner ersten Sitzung nach der Brüsseler Konferenz beauftragte das Zentralkomitee Franz Dahlem, Walter Ulbricht und Paul Merker mit der operativen Leitung der Partei. Merker wurde 1936 mit der Organisation der Abschnittsleitung Nord in Kopenhagen betraut. Dabei wurde er von dem frischgebackenen Politbürokandidaten Wehner unterstützt, zu dessen ersten

Aufgaben es gehörte, die skandinavische Emigration über die Beschlüsse der Brüsseler Konferenz zu informieren. Bei einer Überprüfung der dortigen Verhältnisse stellte er schnell fest, daß die Arbeit der KPD in Skandinavien »darnieder« lag. Für eine Verbesserung fehlten allerdings auch wesentliche Voraussetzungen. Wehner war bemüht, wenigsten die Fehler der Vergangenheit zu korrigieren. Dazu gehörte auch die Rücknahme unbegründeter Parteiausschlüsse, was sich aber in der Praxis als nahezu undurchführbar erwies, da die Beteiligten seitdem verfeindet waren. In seinen »Notizen« von 1946 schilderte Wehner das Grundübel der Parteiverfahren: »Dort, wie an so vielen anderen Stellen, erwies es sich, daß Genossen, die wegen politischer Differenzen kaltgestellt oder ausgeschlossen worden waren, nach alter Weise mit allen denkbaren provokatorischen Vorkommnissen oder kriminellen Handlungen in Verbindung gebracht wurden, sei es, um die Notwendigkeit ihrer Bekämpfung drastischer begründen zu können, sei es, weil die Akteure selbst vom Parteikampf die Auffassung hatten, daß der politische Gegner diffamiert werden müsse. Jede Verteidigung oder Gegenwehr des Angegriffenen wurde automatisch zu einem neuen ›Verbrechen‹, das wiederum nachträglich die ›Richtigkeit‹ der Maßnahmen beweisen zu helfen hatte.«[20] Vom Frühjahr 1936 bis April 1937 hatte Sepp Schwab, bis dahin im Deutschland-Referat der Komintern tätig und von der Brüsseler Konferenz in die ZK-Kontrollkommission gewählt, die Leitung vor Ort inne. Wehners späterem Urteil zufolge verwandte Schwab damals besondere Energie darauf, »volksfeindliche Komplotte zu entdecken«[21]. Kein Wunder, daß sich Schwab im Herbst 1936 wiederholt über organisatorische Eingriffe »Moskaus«, also Wehners, beschwerte.[22]

Noch eine andere Erfahrung mit dem KPD-Exil in Skandinavien ließ Wehner später scharfe Kritik an Mewis' Berichterstattung aus Schweden üben, nämlich »die Verführung der Genossen zur Erstattung gefärbter Berichte, zum Selbstbetrug, die allmähliche und unaufhaltsame Demoralisierung der bodenständigen Organisationen«[23]. Wehners Aufräumaktionen fiel auch ein Jugendfunktionär zum Opfer, der nach 1945 in der SED eine wichtige Rolle spielen sollte: Paul Verner aus Chemnitz. Wehner schilderte in seinen »Notizen«, wie er sich gegen »die Methode des Kommandierens und Antreibens« gewandt hatte. Er »bestand« beispielsweise darauf, den fünf Jahre jüngeren Verner, dessen »Hauptsorge« er »in der Erkletterung sichtbarer Kommandoposten« sah, aus seiner Funktion zu entfernen »und zu einem einfachen Leben als Emigrant« zu verdammen. Aber auch Verner ließ sich, wie Mewis, in seiner Karriere nicht aufhalten. Über Frankreich ging er bald nach Spanien.[24]

Schwierigkeiten bereiteten Wehner auch andere Funktionäre. Als er den Leitern der Roten Hilfe, dem früheren Reichstagsabgeordneten Sepp Miller und dem Mewis-Förderer Hermann Matern, die neuen Beschlüsse erläuterte, stieß er auf Unverständnis. Wehner zufolge hatten beide dann doch bis zu ihrer Ablösung »weitergewurschtelt«[25]. Einen sympathischen Eindruck wird der Komintern-Kontrolleur auf die beiden gewiß nicht gemacht haben. Die alten Apparatschiks waren gegenüber der neuen Linie mit Recht skeptisch geblieben. Eine ehrliche Volksfront- oder Einheitspolitik sollte es schließlich auch nicht geben. Nach Verhaftungen im ersten Halbjahr 1936 folgte im August der erste Schauprozeß in Moskau. Als Disziplinierungsmaßnahme gegen die außerhalb von Stalins Machtbereich lebenden Kommunisten unterzog die Komintern daraufhin auch die KPD-Emigration einer verschärften »Überprüfung«[26]; jede kritische Erörterung der Schauprozesse sollte unterbunden werden.

Herbert Wehner war im Januar 1936 zu Volksfrontverhandlungen nach Paris geschickt worden und hatte dort beziehungsweise in Holland führende Sozialdemokraten wie Rudolf Breitscheid und den früheren *Vorwärts*-Redakteur Erich Kuttner getroffen. Durch den Kurswechsel Stalins war den Verhandlungen jedoch der Boden entzogen. Angesichts dieser Enttäuschung stürzte sich Wehner in die Tagesaufgaben. Kurz nach dem Ausbruch des spanischen Bürgerkrieges im Sommer 1936 organisierte er Hilfstruppen – eine Selbständigkeit, die in Moskau Mißfallen erregte und ihm 1937 Verleumdungen eintrug.

Aber Wehner hatte großen Erfolg: In kurzer Zeit hatte er 100 Spanien-Freiwillige zusammen, darunter auch Hans Beimler, unter dessen politischer Leitung die Gruppe als »Centuria Thälmann« in Spanien zum Einsatz kam. Erst als in Frankreich eine starke, über die Parteigrenzen hinausgehende Bewegung für Spanien entstand, rief auch das ZK der KPD alle Genossen in der Emigration auf, sich freiwillig zu melden; 1937 übernahm Franz Dahlem die Leitung der Politischen Kommission der Internationalen Brigaden. In diesen dienten viele der später mit dem schwedischen Exil und damit auch mit Wehner verbundenen Kommunisten: Adolf Baier, Willi Bick, Erich Glückauf, Rolf Hagge, Georg Henke, Paul Jahnke, Karl Mewis, Rudolf Müller, Karl Preuss, Heinz Rauch, Werner Sager, Richard Stahlmann und Paul Verner.

Zu einer Legende in Spanien wurde Richard Stahlmann, der sich dort den Namen »Partisanen-Richard« erwarb.[27] Der 1891 in Königsberg geborene Zimmermannssohn befehligte in Spanien ein Partisanenbataillon, zu dessen 80 Mann auch 33 Skandinavier zählten. Stahlmann arbeitete eng mit »sowjetischen Stellen« zusammen; seine Männer übten den Umgang mit Sprengmitteln. »Jeder Genosse mußte auch im Stande sein«, so berichtete er 1969, »Höllenmaschinen auf Zeit herzustellen, die durch Zündschnur oder elektrische Auslösung zur Explosion kamen.« Prinzip der Ausbildung war, so erinnerte sich ein Teilnehmer, »mit den primitivsten Mitteln selbst Waffen herzustellen«[28]. Verbunden mit einer Scharfschützenausbildung, wurden in Spanien systematisch Kommunisten ausgebildet, die Moskau in der ganzen Welt zum Einsatz bringen konnte. Ernst Wollweber zum Beispiel, der von Skandinavien aus eine weltweite antinazistische Sabotageorganisation leitete, ließ sich von Stahlmann »einige sehr gute Genossen« für die Sabotagetätigkeit in Norwegen und Schweden schicken.[29] Darunter waren der 30jährige Schlosser Adolf Baier aus Pforzheim[30] und der zwei Jahre jüngere Rolf Hagge aus Hamburg, vor 1933 zum »Waffenressort« der KPD-Wasserkante gehörig[31].

Welcher Art Erfahrungen in Spanien gesammelt wurden,

macht Stahlmanns Bericht über die Erschießungen deutscher Gefangener deutlich, die auf seiten Francos gekämpft hatten. Zwar wollte er die Erschießungen nicht angeordnet haben, »doch unsere Kameraden waren auch nur Menschen, die unsere Würde hochhielten! Sie konnten vor so viel Unverschämtheit [ein Gefangener hatte Stahlmann ins Gesicht gespuckt] nicht an sich halten.«[32] Auch Herbert Wehner mußte sich später von Stahlmann schaurige Geschichten über dessen »Heldentaten« anhören. Zum Beispiel, wie er der Partei seine Treue bewies, indem er einen Mordauftrag gegen einen guten Bekannten akzeptierte.[33] Solcherart Reden werteten Stahlmann in den Augen vieler Kommunisten auf. Erich Glückauf, in Spanien Leiter des illegalen Deutschen Freiheitssenders, beschrieb ihn später als einen der Genossen, »von denen niemand genaues wußte«, und als einen jener, »die sogar in Spanien Einzelheiten ihrer Tätigkeit geheimhalten mußten«.[34] Auch Franz Dahlem schwärmte in seinen Erinnerungen von Stahlmann als dem »hervorragendsten deutschen Partisanenführer«, als einem »Meister der konspirativen Arbeit«, der »mit allen Wassern gewaschen« und »kühn, aber niemals unüberlegt« gewesen sei.[35]

An führender Stelle in den Internationalen Brigaden stand Karl Mewis. 1936 hatte ihn ein Parteiauftrag zunächst über Deutschland nach Dänemark geführt, wo er unter der Leitung von Sepp Schwab zusammen mit dem ehemaligen kommunistischen Reichstagsabgeordneten und Gewerkschaftsfunktionär Herbert Warnke in der Abschnittsleitung Nord arbeitete. Im Herbst des gleichen Jahres war Mewis nach Paris gegangen. In Deutschland lag gegen ihn ein Haftbefehl wegen Vorbereitung zum Hochverrat vor. Den Fahndern der Gestapo galt Mewis als »ein intelligenter Mensch und sehr rühriger Kommunist«[36]. Auf Beschluß des Sekretariats der KPD ging er im Januar 1937 von Paris nach Barcelona, wo er als Leiter des Militärkomitees für Ausländer an der Aragonfront eingesetzt wurde. Mehr und mehr zog ihn Franz Dahlem, Mitglied der Auslandsleitung der KPD und Leiter der Politischen Kommission der Internationalen Brigaden, auch zu anderen Aufgaben heran. Als Dahlem abberufen wurde, um die Leitung des Sekretariats der KPD in Paris zu übernehmen, trat Mewis an seine Stelle und gehörte vom Dezember 1937 bis zum April 1938 zusammen mit André Marty und Luigi Longo zur Leitung der Internationalen Brigaden.

Zwischen Mewis und Marty kam es bald zu heftigen Auseinandersetzungen.[37] Mewis schrieb dazu später, Marty sei nur darauf ausgewesen, »die Arbeit unserer Genossen zu erschweren«. Er habe deutsche Genossen, »die sich vorher in den Kämpfen bewährt hatten« und von der KPD-Führung »als Reserve für die Arbeit in der Illegalität in Deutschland vorbereitet wurden«, einfach degradiert und an die Front geschickt.[38] Kurz gesagt, Marty pfuschte den Sowjets, die den Kampf in Spanien längst für verloren ansahen und den Kriegsschauplatz nun vor allem zur Schulung ihrer militärischen Kader nutzen wollten, ins Handwerk. Mewis hingegen galt ihnen, wie zuvor Dahlem, als Vertrauensperson, der die Kaderauswahl übertragen war. Als angesichts der Konflikte in Spanien eine weitere Arbeit in der Leitung der Internationalen Brigaden für Mewis unmöglich geworden war,[39] fuhr dieser nach Paris und unterrichtete von dort aus die Kominternführung. Von Moskau »persönlich rehabilitiert«[40], lebte er legal in Paris, wo er die Tochter von Franz Dahlem kennenlernte, mit der er sich bald verlobte. Mit Ablauf seiner Aufenthaltsgenehmigung führten ihn im August 1938 neue Aufgaben nach Prag. Nach einer »Informationsreise in den Norden« übernahm Mewis die KPD-Abschnittsleitung Mitte (ALM) in Prag, deren Leiter Paul Peschke verhaftet worden war;[41] die ALM war verantwortlich für Berlin, Brandenburg, Niedersachsen, Sachsen, Sachsen-Anhalt, Schlesien und Thüringen. Als der deutsche Einmarsch eine Weiterführung der Arbeit in Prag unmöglich machte, verlegte Mewis seinen Apparat zunächst nach Malmö, nahm dann aber in Stockholm festen Sitz.

Nach der Niederlage in Spanien ging eine Reihe deutscher Kämpfer nach Schweden. Anfang 1938 erhielt die dortige Exilgruppe aber auch Verstärkung aus unerwarteter Richtung: Deutsche Exilanten kamen aus der Sowjetunion, darunter der Sprachwissenschaftler und Volkskundler Wolfgang Steinitz, der für die Sowjets bereits in Finnland im Einsatz gewesen war.[42] Moskau erwartete von dem erstarkten KPD-Exil in Skandinavien mehr Aktivität im Kampf gegen Hitler. Im August 1938 forderten auch Pieck und Ulbricht »mehr Initiative und größere Entschiedenheit«. Die Abschnittsleitung Nord sollte alle für sicher gehaltenen Wege nutzen, »um Stützpunkte der Partei im Hafen, auf den Werften, im Transportwesen, in den Rüstungsbetrieben etc., aufzubauen«. Dabei sollte größter Wert auf die »Entfaltung der eigenen Initiative eines jeden einzelnen Genossen, auf die Herausbildung von Leitungen und kleinen Parteigruppen« gelegt werden.[43]

Herbert Wehner war Anfang 1937 nach Moskau zurückgekehrt, wo die Säuberungen wüteten. Auch gegen ihn wurde ein Untersuchungsverfahren durch die Kaderkommission der Komintern eingeleitet. Wie er sich Jahrzehnte später »mit Bescheidenheit« erinnerte, verwandte sich Wilhelm Pieck für ihn. Unter anderem habe es ihm der KPD-Chef ermöglicht, auch während der laufenden Untersuchung im Sekretariat der Komintern deutsche Fragen zu bearbeiten.[44] Wehner versuchte nicht ohne Erfolg, sich an die besondere Situation zu gewöhnen und sich mit der Verfolgung »verdächtiger Elemente« zu identifizieren. Er übte die obligatorische Distanz zu »Parteifeinden«, pries Stalin und half bei der Suche nach »Verrätern«.[45] Er publizierte regelmäßig im theoretischen Komintern-Organ *Die Kommunistische Internationale* und schrieb berüchtigte Rezensionen in der *Internationalen Bücherschau.* Sie aus späterer Sicht zu beurteilen, kann zu Mißverständnissen führen. So entlarvte er zum Beispiel den Verfasser des 1938 im Londoner Malik-Verlag erschienenen Buches »Stalin oder Trotzki?«, den bekannten linken Sozialisten und SAP-Gründer Max Seydewitz, als verkappten Trotzkisten. Außerdem warf er Seydewitz, von dem er eigentlich wissen mußte, daß er seit 1934 eng mit der KPD liiert war, vor, trotz seines deutlichen Bekenntnisses zu Stalin, die »ganze verbrecherische Tätigkeit des Trotzkismus innerhalb der internationalen Arbeiterbewegung« nicht angemessen verurteilt zu haben.[46] Seydewitz dürfte das aber kaum übelgenommen, sondern als Ritual verstanden haben – war das Buch doch in Moskau von Hermann Remmele redigiert worden, der inzwischen als »Verräter« zum Tode verurteilt und im Januar 1938 erschossen worden war.[47] Anfang 1938 geriet Wehner, wie Reinhard Müller es ausdrückt, »immer mehr in die Rolle des parteioffiziellen Kommentators des Nationalsozialismus«; besonders hatte es ihm die »nationale Frage« angetan.[48]

Das Untersuchungsverfahren gegen Herbert Wehner wurde am 13. Juni 1938 schließlich eingestellt. Der psychische Druck, der wochenlang auf ihm gelastet hatte, und eine verschleppte Lungenentzündung ließen ihn eine Woche später um Erholungsurlaub in einem Sanatorium nachsuchen. Wehner blieb aber Teil des Verfolgungsmechanismus. Für die Kaderabteilung und für den Generalsekretär der Komintern, Dimitroff, schrieb er Beurteilungen und kleine Charakterstudien über Parteifunktionäre aller Ebenen, so über Franz Dahlem, Paul Merker und Karl Mewis. Als »Versöhnler« zeigte er Erich Glückauf, Albert Norden und Paul Peschke an.[49]

Die KPD-Führung in Moskau, die sich selbst als Zentralkomitee bezeichnete, berief Anfang 1939 die sogenannte Berner Konferenz der KPD (30. Januar bis 1. Februar 1939) ein, auf der Strategie und Taktik der Partei neu bestimmt werden sollten. Südlich von Paris, in Draveil, trafen sich zu diesem Zweck 22 leitende Funktionäre, darunter Wilhelm Pieck, Franz Dahlem und die Leiter der Abschnittsleitungen Mitte und Nord, Karl Mewis und Heinrich Wiatrek. Die in Freiheit befindlichen ZK-Mitglieder Florin, Ulbricht und Wehner hatten nach Auskunft Piecks »nicht die weite Reise nach hier unternehmen« können, andere waren der Stalinschen Säuberung zum Opfer gefallen. Ihre Plätze sollten nun neue Leute füllen. Auf Vorschlag Piecks wurden Karl Mewis und Wilhelm Knöchel, bisher Kandidaten des ZK, zu Mitgliedern gewählt. Mewis nutzte die Gelegenheit, sich zu profilieren. Sein Referat zur Volksfrontproblematik hatte interessante theoretische Ansätze, orientierte sich aber auch ganz an der noch aktuellen Parteilinie.[50] Unmittelbar nach der Konferenz unterbreitete Mewis Dahlem den Vorschlag, die KPD-Zentrale nach Oslo oder Stockholm zu verlegen,[51] was seine persönliche Machtstellung weiter aufgewertet hätte. Schwiegervater Dahlem war sicher nicht abgeneigt, Tochter und Schwiegersohn öfter zu sehen, doch fiel in Moskau vorerst keine Entscheidung.

Hitlers Pakt mit Stalin im August 1939 war für die deutschen Kommunisten eine böse Überraschung. Im Pariser Auslandssekretariat, seit 1938 unter der Leitung Dahlems, konnte und wollte man dem deutsch-sowjetischen Abkommen nicht sofort und hundertprozentig zustimmen. Herbert Wehner empörte sich deshalb über Dahlem, der ihm schon lange ein Dorn im Auge war und dem er erst im Juli in einer Beurteilung für die Kaderabteilung einen Hang zu Überspitzungen, politischen Schwankungen und Unbeständigkeit im Urteil über Personen nachgesagt hatte. Abschließend hatte Wehner über den ranghöchsten Kommunisten in der Westemigration herablassend festgestellt, trotz seiner Schwächen werde dieser in einem starken Kollektiv keinen Schaden anrichten, wenn seine positiven Eigenschaften auf dem Gebiet der Organisationsfragen und der praktischen Massenarbeit richtig eingesetzt würden.[52] Nach Dahlems nur zögerlicher Zustimmung zu Stalins Kursänderung warf Wehner ihm und den Leuten in seiner Umgebung nun »Schädlingsarbeit unter Lumpen« vor. In einem Brief an Wilhelm Pieck bezeichnete er deren in der Komintern-Zeitschrift *Die Welt* (Stockholm) publizierte Erklärung als geeignet, die Kader in »heillose Konfusion« zu stürzen. Nicht ganz absichtslos konstatierte er »ideologische Unsicherheit« in der Leitung der KPD-Auslandsorganisation – wußte er doch, daß er dafür bald die Verantwortung übernehmen würde; mögliche Konkurrenten sollten deshalb vorher kaltgestellt werden.[53]

Nach Kriegsbeginn 1939 hatte Dahlem seine Genossen in Frankreich aufgefordert, sich bei den französischen Behörden registrieren zu lassen, was dann Inhaftierung und Konzentrationslager nach sich ziehen sollte. Dahlems kurzsichtige Haltung rief in Moskau Empörung hervor, denn nur einige Spitzenfunktionäre hatten sich nach Moskau retten können, darunter Richard Stahlmann vom Pariser Balkanbüro, der als früherer technischer Mitarbeiter Dimitroffs dessen Vertrauen besaß. Aufgrund der Berichte aus Paris wurde in Moskau beschlossen, so Wehner in seinen »Notizen«, »Dahlem – sobald er wieder frei sein werde – für sein Verhalten zur Verantwortung zu ziehen und nicht mehr als Mitglied des ZK zu betrachten«[54]. Nach Lage der Dinge hatte Wehner an diesem Beschluß nicht unwesentlich mitgewirkt. Er sah sich Ende Oktober 1939 auch gezwungen, trotz gewisser Spannungen im Verhältnis zu Walter Ulbricht, mit diesem zusammen einen kommentierenden Brief der Moskauer KPD-Führung zum Abschluß des Hitler-Stalin-Paktes zu verfassen: Die neue Lage erfordere »bolschewistische Festigkeit«, die am besten durch ein intensives Studium der Stalinschen »Geschichte der KPdSU (B)« erreicht würde. Die Demagogie des Nationalsozialismus solle zwar auch weiterhin entlarvt, die deutsch-sowjetische Freundschaft jedoch gefördert werden. England und Frankreich hatten die Verfasser ins Lager der imperialistischen Kriegstreiber verbannt, und erneut riefen sie zum Kampf gegen die »verräterischen sozialdemokratischen Führer« auf.[55]

Mit Kriegsausbruch änderte das Sekretariat des Exekutivkomitees der Komintern in Abstimmung mit der deutschen Parteileitung die Führungstruktur der KPD. Dahlem hatte man in Moskau völlig abgeschrieben; das Pariser Sekretariat wurde aufgelöst. Die Führung der KPD sollte sich fortan aus den in Moskau anwesenden Mitgliedern des ZK zusammensetzen, und nur von dort aus sollten Publikationen erfolgen, hatte es doch auch in Skandinavien Schwierigkeiten mit der *Deutschen Volkszeitung* gegeben, die den schnellen Kursänderungen Stalins – konkret der Verschiebung der Feindbilder nach dem Pakt mit Deutschland – nicht rechtzeitig genug nachgekommen war.[56] Die relative Selbständigkeit der Westemigration sollte empfindlich beschnitten werden. Die Sicherung der Verbindung zwischen der Führung der Partei und dem Widerstand in

Deutschland wurde den ZK-Mitgliedern übertragen, die in den skandinavischen Ländern für die Grenzarbeit tätig waren. Nach dem Willen Moskaus sollten sie »sonst aber keine selbständige Funktion als Führung der Partei ausüben«[57].

Am 15. Oktober 1939 forderte Pieck die Leiter der Abschnittsleitungen Mitte und Nord auf, nach Moskau zu kommen.[58] Doch Heinrich Wiatrek (Parteiname Weber) verspürte wenig Lust, sich erneut Stalins Willkür auszusetzen. Er war froh, durch die Aufgabe in Kopenhagen dem Terror in Moskau entgangen zu sein. Schon in den ersten Kriegswochen hatte Mewis ihn aufgefordert, nach Schweden zu kommen, um mit ihm eine gemeinsame Leitung zu bilden. Wiatrek hatte abgelehnt, da er weder mit einer solchen Leitungsstruktur noch mit Mewis' politischer Linie einverstanden war. Er glaubte mit ganzem Herzen an eine große Zukunft für ein deutsch-sowjetisches Bündnis und vertrat den Standpunkt, daß die Abschnittsleitungen selbständig und die Parteiführung bei Pieck bleiben sollten.[59] Mewis mußte allein nach Moskau fahren.

In Moskau erstattete Mewis einen Erfolgsbericht, der so »kraftvoll« war, daß – nach Wehners »Notizen« – Dimitroff später sagte: »Ich glaube dem Mann kein Wort.«[60] In Mewis' 1971 in Ost-Berlin erschienenen Erinnerungen liest sich das natürlich anders: Er will vor dem höchsten Gremium der Komintern die Situation so geschildert haben, wie sie sich ihm und Wiatrek »durch die Berichte der Instrukteure, durch schwedische Genossen und Geschäftsleute sowie durch die Informationen der Abschnittsleitungen Nord und West« darstellte. Immerhin bestätigte er die Zweifel Moskaus hinsichtlich seiner Beschreibung einer festgefügten und aktionsfähigen Organisation in Deutschland;[61] man habe ihn nationalistischer Abweichungen in seinen Artikeln bezichtigt, doch habe ihn Pieck in Schutz genommen[62]. Über die Widerstandsarbeit der deutschen Kommunisten muß es in Moskau zu heftigen Wortgefechten gekommen sein, die Dimitroff dann mit der Feststellung beendet habe, daß die KPD schon während des Spanienkrieges nicht mehr als handelnder politischer Faktor in Erscheinung getreten sei. Zu ihrer Reorganisation habe Dimitroff empfohlen, Zentren in Deutschland zu bilden, die dann wieder zu einer einheitlichen Partei verbunden werden sollten. Ulbricht schloß sich dieser Auffassung sofort an, und mit der notwendigen Umstrukturierung der illegalen Arbeit wurde Herbert Wehner betraut. Doch als Wehner Ende 1939 die UdSSR verlassen wollte, überzog ihn die Kaderabteilung der Komintern erneut mit Vorwürfen, so dem der Verletzung der Konspiration während seiner letzten Auslandseinsätze. Wehner hing in Moskau fest und war auf einen Gönner angewiesen; erst nach etlichen Monaten des Bangens konnten mit Dimitroffs Hilfe alle Anschuldigungen niedergeschlagen werden.[63]

Als Mewis Ende Dezember 1939 nach Stockholm zurückkam, hatte die schwedische Polizei dort ganze Arbeit geleistet. Zu den Festgenommenen gehörte auch Paul Verner, der von Spanien aus illegal über Frankreich nach Schweden gekommen war. Obwohl die Polizei bei der Haussuchung viel Material sichergestellt, Verner zudem seinen schwedischen Helfer, den Seemann Erik Jansson, preisgegeben hatte, blieb der Schaden für die Partei begrenzt.[64] Am 6. November 1939 war auch der Vorsitzende der Emi-Leitung, Herbert Warnke, verhaftet worden. Die Voraussetzungen für eine Verstärkung der Arbeit hatten sich damit verschlechtert. Mitte Januar 1940 informierte Mewis Wiatrek über die neuen Moskauer Beschlüsse. Der wichtigste betraf die Auflösung der Abschnittsleitungen, an deren Stelle ein einzelner Mann treten sollte. Mewis, Wiatrek und Wehner sollten eine Auslandsleitung bilden, die – vorbehaltlich der Zustimmung Wehners, mit dessen baldiger Ankunft gerechnet wurde – ihren Sitz in Kopenhagen nehmen sollte.[65] Mewis und Wiatrek lösten die Abschnittsleitungen auf; ihre Mitglieder und Mitarbeiter legalisierten sich; seitdem war die Trennung zwischen den illegalen, unmittelbar im Auftrag des ZK beziehungsweise der Komintern tätigen und den legalisierten Emigranten in Skandinavien weniger streng. Die neue Leitung aber, die zukünftig nach Berlin verlegt werden sollte, bestand nur auf dem Papier. Mewis blieb in Stockholm allein, Wiatrek rührte sich nicht von Kopenhagen weg – und Wehner wurde durch seine Kaderangelegenheiten in Moskau festgehalten.[66]

Seit Januar 1940 war Karl Mewis der unbestrittene Führer der kommunistischen Emigration in Schweden. Die KPD-Auslandsleitung hatte unter seiner Leitung formal ihre Arbeit aufgenommen. Die Situation war komplizierter, als Mewis erwartet hatte und Moskau verstehen konnte. Alle Verbindungen der Abschnittsleitungen Nord und Mitte waren seit Kriegsbeginn abgerissen, keinerlei Material und keine Informationen konnten mit Deutschland ausgetauscht werden. Nur vereinzelt kamen Nachrichten von Gruppen aus Berlin, schließlich rissen auch diese Verbindungen ab. Zu Beginn des Jahres 1940 herrschte in Schweden zudem eine Spionagehysterie, in deren Folge kein deutscher Matrose mehr schwedischen Boden betreten durfte. Durch die Hafensperre hörten alle Seeverbindungen auf; die Verbindungen über Dänemark waren durch die vereisten Wasserwege zum Erliegen gekommen. Auch die Verständigung mit Wiatrek war erschwert. Erst Mitte Februar traf er Mewis zu einer mehrtägigen Beratung, auf der eine Arbeitsteilung vereinbart wurde. Wiatrek sollte zu den kommunistischen Widerstandsgruppen an der Wasserkante Kontakt aufnehmen, Mewis wollte mit Hilfe schwedischer Kommunisten einen Kontakt nach Deutschland aufbauen. Weiterhin plante er, den früheren Leiter der KPD-Emigration Josef »Willi« Wagner nach Litauen zu schicken, um dort eine vorläufige Grenzstelle aufzubauen, durch die Personen und Material geschleust werden sollten. Auch wollte Mewis die Regelung aller Angelegenheiten mit dem Westen und Süden, die Vorbereitung der Instrukteure für ihre Reisen sowie die Beschaffung von Finanzen übernehmen. Seinen hochtrabenden Plänen machte der harte Winter jedoch einen Strich durch die Rechnung: Noch Anfang März 1940 liefen wegen Eisgefahr keine Schiffe aus.

Der Erfolgsdruck, unter dem Mewis im Frühjahr 1940 stand, ließ ihn verhängnisvolle Fehler begehen und brachte ihm schließlich eine Untersuchung durch die Komintern-Emissäre Richard Stahlmann und Herbert Wehner ein. Besonders hektisch war die Vorbereitung der Übersiedlung nach Deutschland. Ende März 1940 konnte Mewis endlich die Instrukteure Arthur Emmerlich und Rudolf Hallmeyer von Göteborg nach Kopenhagen schicken, wo sie sich auf die Weiterreise nach Deutschland vorbereiteten. Eine Woche später wollte Mewis folgen. Doch als er am 9. April von Stockholm nach Göteborg fuhr, hatte die deutsche Wehrmacht mit der Besetzung Dänemarks und Norwegens begonnen. An einen Grenzübertritt war vorläufig nicht zu denken. Alle Verbindungswege waren unterbrochen; auch zu Wiatrek war der Kontakt verloren. Erst ab Juni 1940 besserten sich die Bedingungen für die Arbeit durch eine allgemeine Entschärfung des politischen Klimas und eine gewisse Unterstützung durch die schwedische KP. Doch die Situation war trotzdem so verzweifelt, daß Mewis nach eigener Aussage »außergewöhnliche Schritte für notwendig« hielt. Er brauchte schnelle und sichtbare Erfolge, um sein Ansehen in Moskau zu retten. So instruierte er Wiatrek, die Instrukteure trotz mangelhafter Ausrüstung und schlechter Vorbereitung von Kopenhagen aus in Marsch zu setzen. Doch schon kurz nach ihrer Abreise gingen in Stockholm Meldungen ein, wonach die Wege und Anlaufstellen wahrscheinlich von der Gestapo kontrolliert würden.[67] Der Berliner Verbindungsmann Willi Gall saß schon seit einem halben Jahr in Gestapohaft. Mewis hatte es offensichtlich versäumt, die Nachrichtenverbindung so aufzubauen, daß er über den Ausfall seiner wichtigsten Verbindung informiert werden würde. Außer Emmerlich und Hallmeyer hatte er Johannes (»Hans«) Müller, Heinrich (»Harry«) Schmeer und Georg (»Sven«) Henke nach Berlin geschickt. Müller war schon am 22. Juli in Hamburg beim Verlassen des deutschen Dampfers *Nestor* verhaftet worden. Hallmeyer wurde am 24. August in Berlin, Schmeer am 9. September festgenommen. Emmerlich fiel der Gestapo am 25. Mai 1941 in die Hände. Allein Georg Henke gelang es, mit wertvollen Informationen über die Berliner Situation nach Stockholm zurückzukehren.[68]

Die mißglückte Aktion sollte weitreichende Folgen haben.

Denn Emmerlich hatte in Hamburg »alte Verbindungen der Abschnittsleitung« genutzt, in die sich die Gestapo einschalten konnte. Als Emmerlich seinem Hamburger Verbindungsmann eine Anlaufstelle in Kopenhagen nannte, führte er die Gestapo direkt zum Kopenhagener Emi-Leiter Kurt Adam, der dadurch in den Verdacht kommen sollte, Spitzeldienste für die Gestapo zu leisten. Adam nahm Verbindung zum AL-Leiter Wiatrek auf. »Nach längerer Beobachtung«, wie es in einem Gestapo-Bericht hieß, »wurde Wiatrek festgenommen. In diesem Zusammenhang erfolgte auch die Verhaftung weiterer KPD-Funktionäre in Dänemark, darunter Lothar Hoffmann und Charlotte Kann bzw. später auch von Karl Nieter, Paul Helms und Conrad Blenkle.« Die Widerstandsarbeit der KPD in Dänemark war zerschlagen. Am Anfang des Verhängnisses hatte ein Fehler von Karl Mewis gestanden.[69]

Mewis hatte aber nicht nur mit den Instrukteuren Schwierigkeiten, auch mit der Disziplinierung seiner Genossen in Schweden klappte es nicht. In der Göteborger Parteigruppe waren die Diskussionen über den Hitler-Stalin-Pakt und die daraus abgeleitete Politik noch nicht verhallt. Viele konnten das alles nicht begreifen. Der an theoretischen Fragen sehr interessierte Rudi Wetzel[70] hatte sich im Juli 1940 auf einer KPD-Veranstaltung gegen die Parole vom Kampf für den Frieden gewandt und war für die Umwandlung des imperialistischen Krieges in einen Bürgerkrieg eingetreten. Damit hatte er in Göteborg eine Diskussion ausgelöst, als deren Ergebnis die Parteigruppe ihn beauftragte, eine Resolution zu verfassen, die Ende Juli sowohl an die Leitung nach Stockholm als auch an das EKKI geschickt werden sollte. Die SKP, deren Vertreter an der Versammlung teilgenommen hatte, gab grünes Licht und übernahm die Weiterleitung.[71] Mewis hatte erst im August 1940 von dieser der aktuellen sowjetischen Linie widersprechenden Resolution erfahren, und erst im Oktober stellte ihm die SKP eine Verbindung nach Moskau zur Verfügung. Sein für Pieck bestimmter »Sonderbericht zur Angelegenheit Göteborg« versuchte zu erklären, warum er die Kontrolle über die deutschen Kommunisten in Schweden verloren hatte. Der Brief aus Göteborg, log er, sei »scheinbar durch ein Versehen der Versandstelle« der SKP ohne Begleitschreiben und die Stellungnahme der gegenwärtigen Emigrationsleitung übermittelt worden. Nach der Verhaftung der alten Leitung unter Warnke hatte die SKP die politische und organisatorische Verantwortung für die KPD-Emigration übernommen, daher habe er, Mewis, als Illegaler keinen direkten Kontakt zur KPD-Emigration unterhalten können. Die SKP-Führung habe also versagt, so Mewis' Fazit.[72] In Moskau mußte sich Pieck im Oktober 1940 für die Göteborger Resolution tatsächlich vor der Kominternführung verantworten. Mewis' Schreiben diente ihm als Argumentationshilfe, und er denunzierte Wetzel als englischen Agenten. Man wollte sich aber nicht mit dessen bloßer Isolierung von der Partei zufriedengeben; seine »Hintermänner« sollten aufgedeckt werden.[73]

Angesichts dieser Entwicklung schickte Dimitroff zu Mewis' Unterstützung und Kontrolle seinen Vertrauten Richard Stahlmann nach Stockholm, der anstelle des undisziplinierten Wiatrek in die Auslandsleitung eintreten sollte. Ulbrichts Antrag, Mewis wegen seiner Fehler unmittelbar aus der Arbeit zu nehmen, wurde zurückgestellt und dafür beschlossen, daß Wehner dessen Tätigkeit genau untersuchen sollte – »unfamiliär«, wie Dimitroff fordernd hinzugefügt hatte.[74] Auf der Grundlage der Untersuchungsergebnisse sollte in Moskau über Mewis' weiteres Schicksal entschieden werden. Im positiven Fall würden Wehner und Stahlmann zusammen mit ihm die Bildung eines neuen Parteizentrums in Berlin übernehmen.

Ende Oktober traf Stahlmann in Stockholm ein. Besondere Unterstützung erhielt er hier von dem Journalisten Paul Södermann, der als »Leiter des Verbindungswesens der KPD-Auslandsleitung in Schweden und dem ZK der SKP« fungierte. Den täglichen Kontakt zur schwedischen Partei stellte die junge schwedische Kommunistin Solveig Hansson her, die bald große Bewunderung für »Spanien-Richard« oder »Kalle«, wie er sich in Schweden nannte, hegen sollte.[75] Pieck konferierte nun direkt mit seinem neuen Stockholmer Vertrauensmann. Ende Oktober schrieb er Stahlmann: »In Bezug auf den Göteborger Brief sind wir der Meinung, daß Eure Antwort im Wesentlichen richtig ist. Schlecht ist, daß sich die Dinge in Göteborg so weit entwickeln konnten, daß die parteifeindliche Gruppe die Annahme von Beschlüssen gegen die Linie der Partei zustande brachte. Das zeigt die Notwendigkeit einer starken ideologischen Aufklärungsarbeit in der Emigration durch Eure Freunde. Verstärkung der Wachsamkeit ist erforderlich.«[76]

Als Herbert Wehner nach Schweden aufbrach, war er ein angesehener und mächtiger Funktionär der kommunistischen Bewegung. Seine rasche Karriere hatte er durch umsichtige illegale Arbeit in Berlin und im Saargebiet gerechtfertigt. Georgi Dimitroff und Wilhelm Pieck schätzten ihn, Ulbricht sah in ihm schon einen möglichen Konkurrenten. Beliebt war Wehner bei den wenigsten. Seine eigenen hohen Ansprüche hatten ihn rücksichtslose Kritik an seiner Umgebung üben lassen, unter anderem an Erich Glückauf, Hermann Matern, Karl Mewis, Sepp Miller und Paul Verner. Wehner hatte zudem auch nicht wenig zum Sturz Franz Dahlems beigetragen. Seine selbständige Arbeit, besonders die erfolgreiche Organisierung der Spanien-Hilfstruppen, verstärkte das Moskauer Mißtrauen gegen ihn. Der Untersuchungen durch die Kaderabteilung der Komintern konnte er sich mit Unterstützung Piecks und Dimitroffs in Moskau zweimal erwehren. Wenn nicht schon durch die Verfolgungspraxis, kamen Wehner aber ernsthafte Zweifel an Stalins Politik spätestens seit dessen Pakt mit Hitler. Seine theoretischen Überlegungen begannen um die nationale Frage zu kreisen, der er sich in seiner Arbeit über deutsche Fragen im Sekretariat der Komintern eingehend widmen konnte. Der schwedische Auftrag bot ihm die einmalige Chance, außerhalb des direkten Einflusses Moskaus seine Vorstellungen vom nationalen antifaschistischen Kampf an einflußreicher Stelle umzusetzen. Im Wege konnte ihm dabei nur Karl Mewis sein, der sich mit seinem Ehrgeiz allerdings das Mißtrauen Moskaus zugezogen hatte.

Als KPD-Leiter in Stockholm

Anfang Februar 1941 traf Herbert Wehner in Stockholm ein.[1] Die Sicherheitsvorkehrungen an der Grenze erstaunten ihn; das Mißtrauen der Schweden gegenüber Ausländern und die Angst vor Spionen war seit Kriegsbeginn enorm gewachsen. Schon im Juni 1938 hatte sich per Dekret[2] ein ziviler Sicherheitsdienst konstituiert, der im Kriegsfalle oder bei akuter Kriegsgefahr – und die war seit der deutschen Okkupation der skandinavischen Nachbarländer im April 1940 gegeben – die Übermittlung kriegswichtiger Nachrichten verhindern sollte. Der Chef des Sicherheitsdienstes, Erik Hallgren, unterstand unmittelbar der Regierung. Sein von der normalen Polizei getrennter Dienst war Zentralorgan für allgemeine Zensur und gleichzeitig Polizeiorgan zur Aufklärung und Verfolgung verdächtiger Personen. Zur Erfüllung dieser Aufgaben verfügte Hallgren über weite Kompetenzen, die von der Telefon- und Postkontrolle bis zur Auskunftspflicht aller Verwaltungen und Dienststellen des Landes reichten. Zur Aufklärung war Schweden in sieben Bereiche eingeteilt, wobei die Hauptstadt eine Sonderstellung einnahm. Dem Chef der Überwachung Stockholms, Martin Lundqvist, unterstand auch die auf die Spionagebekämpfung spezialisierte 6. Abteilung mit ihren drei Bereichen Sowjetunion, Deutschland und Westmächte.[3] Unmittelbar nach dem deutschen Überfall auf Dänemark und Norwegen hatte die Regierung eine neue Polizeiinstruktion erlassen, die unter anderem festlegte, daß jeder in Schweden lebende oder dort ankommende Ausländer genau zu beobachten sei, wobei besonders berücksichtigt wurde, »ob von ihm angenommen werden könne, daß er zum Nachteil der Sicherheit des Reiches Interessen einer fremden Macht diene«[4].

Die Vorsicht der Schweden war nicht grundlos. Wie alle Hauptstädte des neutralen Europas im Zweiten Weltkrieg wurde auch Stockholm zum Tummelplatz internationaler Spionageorganisationen. Die schwedische Metropole erfreute sich dabei aufgrund ihrer geographischen Lage besonderer Beliebtheit. Alle alten und neuen Kontrahenten unterhielten hier offizielle Repräsentanten, die ihren Personalbestand nun auffallend erhöhten.

Die Briten hatten nach 1940 die Basen ihrer Special Operations Executive (SOE) aus dem Baltikum und aus Helsinki nach Stockholm verlegt, und da ihr Secret Intelligence Service (SIS) über keine eigene Vertretung in Moskau verfügte, arbeitete auch er von hier, ebenso wie die Amerikaner. Sie befanden sich damals noch im Fahrwasser der Briten, sollten aber bald ihr Office of Strategic Services (OSS) aufbauen,[5] den Vorläufer der CIA. Natürlich hatten auch die Sowjets die Vorzüge der nordischen Metropole erkannt; viele geheimdienstliche Fäden liefen im Haus ihrer Stockholmer Vertretung zusammen, wo die legendäre 70jährige Alexandra Kollontai residierte. Die Verbindungen der Gesandtschaft zur KPD-Emigration und zu der im Aufbau befindlichen KPD-Auslandsleitung waren jedoch eher zurückhaltend.

Die Sowjets unterhielten ein regelrechtes Netzwerk. Neben den Verbindungen der Komintern verfügten der Resident des NKWD und der militärische Geheimdienst GRU über eigene Apparate. Hinzu kam eine Spezialtruppe des NKDW, die für Sabotage, Mordaufträge usw. zuständig war und von den anderen wiederum völlig unabhängig agierte. Zu diesen Apparaten gehörten auch deutsche Kommunisten, die in Schweden in tiefster Illegalität und oft ohne jede Verbindung zur KPD lebten. Einer davon war Willi Rom. Er war 1936 aus der dänischen Emigration nach Spanien gegangen und hatte dort, zusammen mit dem späteren DDR-Polizeichef Friedrich Dickel, zur ersten Gruppe junger Kommunisten gehört, die aus dem Thälmann-Bataillon wieder herausgezogen und zur militärischen Ausbildung in die Sowjetunion geschickt wurden. Auf der M-Schule war Rom speziell für einen Einsatz der GRU in Schweden vorbereitet worden, wo er eine Funkverbindung mit Moskau betrieb, Kontakte zu Seeleuten knüpfte und eigene Agentengruppen führte.[6]

Von größerer Bedeutung war die Wollweber-Organisation, die sich auf Schiffssabotage spezialisiert hatte und von NKWD-Spezialisten geführt wurde. Der ehemalige kommunistische Reichstagsabgeordnete Ernst Wollweber, seit Juli 1933 Sekretär der Internationale der Seeleute und Hafenarbeiter (ISH) in Kopenhagen und »Beauftragter« des Auslandskomitees des ZK der KPD, hatte aus den Mitgliedern der im Zuge der Volksfrontpolitik nach dem VII. Weltkongreß aufgelösten ISH eine internationale schlagkräftige antifaschistische Sabotageorganisation zunächst gegen Spanien, dann zunehmend gegen Deutschland und Italien geschaffen. 1937/1938 verlegte die Organisation ihren Schwerpunkt von Holland nach Skandinavien, wo sie zunächst in Dänemark aktiv wurde. Die Aufmerksamkeit der Schweden war seit Juni 1938 von verschiedener Seite auf Wollweber und seine Männer gelenkt worden. Die deutsche Polizei hatte im September 1938 eigens zur Bekämpfung dieser Sabotagetruppe holländische und skandinavische Kollegen zu einer internationalen Konferenz nach Hamburg eingeladen, auf der ein Informationsaustausch vereinbart wurde. Mit Kriegsausbruch waren diese Kontakte abgebrochen.[7] Im Mai 1940 gelang es der schwedischen Polizei durch einen Zufall, Wollweber zu verhaften. Doch seine Organisation setzte ihren gegen Hitler-Deutschland gerichteten Terror fort. Zum aktiven Kern zählten in Schweden auch zwei Deutsche: die in Spanien durch Richard Stahlmann ausgebildeten Kommunisten Adolf Baier und Rolf Hagge.[8]

Die Nationalsozialisten zeigten größtes Interesse an der Auslieferung Wollwebers und natürlich an allen Informationen über die gegen Deutschland gerichtete Sabotage. Doch das Interesse am nordischen Nachbarn hatte auch andere Gründe: Für Propagandaminister Joseph Goebbels war klar, »daß gerade Stockholm für die Nachrichtenbüros nicht nur zur Abgabe deutscher Nachrichten an das Ausland als [sic!] auch besonders zur Beschaffung von Nachrichtenmaterial aus England und Amerika einer der wichtigsten Plätze sein dürfte«[9]. Doch die deutsche Spionage richtete sich auch gegen das deutsche politische Exil in Schweden. Nicht ohne Erfolg konzentrierte sich die Gestapo – wie ihrerseits die KPD – auf die Seeleute. Die angeworbenen V-Männer informierten Berlin regelmäßig über proenglische oder prosowjetische Aktivitäten.[10]

Bereits im Mai 1933 hatte Deutschland den politischen Emigranten den Kampf angesagt und das Reichsministerium des Inneren das Auswärtige Amt ersucht, »der politischen Betätigung dieser Elemente besondere Aufmerksamkeit« zu schenken. Die Gestapo hatte dazu die Staatspolizeileitstellen in einem Runderlaß angewiesen, Emigrantenlisten für eine zentrale Kartei in Berlin zu erstellen.[11] Parallel dazu übte man entsprechenden Druck auf das Ausland aus, so daß die Emigranten für ihre Gastländer zum politischen Unsicherheitsfaktor wurden; zunehmend sahen sich die Organe der inneren Verwaltung der Asylländer veranlaßt, Emigranten unter dem Blickwinkel ihrer Auslandsbeziehungen zu betrachten.[12] Schweden war besonders rasch bereit, den deutschen Stellen entgegenzukommen. Auf deutsche Beschwerden wegen der Verteilung antifaschistischer Flugblätter an deutsche Reisende und Seeleute in Schweden hatte der Leiter der Stockholmer Polizei schon 1934 erklärt, man sei, obwohl es keine rechtliche Handhabe gegen das Drucken von Flugblättern gebe, dennoch verschiedentlich eingeschritten. Der Polizeichef hatte keine Bedenken, dies auch für die Zukunft zuzusagen – meinte er doch, damit »die Beziehungen Schwedens zu einer ausländischen Macht vor Schaden zu bewahren«[13].

Schwedens Situation gegenüber Deutschland war kompliziert. Das außenpolitische Prinzip der Neutralität – der Führer der schwedischen Rechtspartei fand dafür die Metapher vom zusammengerollten Igel, der seine Stacheln in alle Richtungen streckt – bedeutete faktisch eine Begünstigung Deutschlands. Die Meinungen im Lande gingen in dieser Frage weit auseinander, obwohl das Grundprinzip der Neutralität festlag. Gerade in der Beamtenschaft, im Militär, bis hinein in Reichstag und

Regierung betrachtete man den Krieg als einen ordinären Interessenkonflikt zwischen den Großmächten. Die logische Konsequenz schwedischer Außenpolitik mußte sein, gute Beziehungen zum wahrscheinlichen Sieger zu unterhalten, und als dieser galt, jedenfalls bis zum Winter 1942/43, Deutschland. Seit dem deutschen Überfall auf die Sowjetunion diskutierte man sogar, ob ein deutscher Sieg nicht im Interesse Schwedens lag. Vor diesem Hintergrund müssen auch die schwedische Flüchtlingspolitik und die verhängnisvolle Zusammenarbeit des schwedischen Sicherheitsdienstes mit der Gestapo gesehen werden – und nicht zuletzt der Fall Wehner.[14]

Mit der Frage des politischen Asyls war Schweden erstmals 1917/18 in größerem Umfang konfrontiert worden. Nach Einführung des Paß- und Visazwangs hatte es sich bald den internationalen Abkommen über die Ausstellung des sogenannten Nansen-Passes für staatenlose Flüchtlinge angeschlossen. Ein entsprechendes Gesetz von 1927 (es galt bis 1937) verfolgte als Hauptzweck den Schutz des Arbeitsmarktes; es sollte aber auch eine Überfremdung Schwedens und der »schwedischen Rasse« verhütet werden. Die Zuständigkeit in allen Ausländerfragen lag fortan bei der Sozialbehörde (Socialstyrelsen), auch die Kontrolle und Überwachung. Leiter der Behörde war Thorwald Bergquist, der in seiner Zeit als Justizminister von Karl J. Höjer vertreten wurde. Am 1. Januar 1938 war als besondere Abteilung ein Ausländerbüro gebildet worden, das über ein sogenanntes Polizeibüro verfügte, dessen Leiter Robert Paulson später wegen seiner engen Verbindungen zum deutschen Geheimdienst Anlaß für eine Parlamentarische Untersuchungskommission werden sollte. Die Sozialbehörde erteilte Arbeits- und Aufenthaltsgenehmigungen, während die lokalen Polizeibehörden die Befugnis hatten, Ausländern die Einreise zu verweigern und sie an der Grenze abzuweisen. Eine Abschiebung war auch durch die Provinzialbehörden möglich. Politischen Flüchtlingen war zwar allgemein ein Asylrecht zugebilligt worden, Sonderbestimmungen waren für sie aber nicht vorgesehen. Das neue Ausländergesetz von 1937 zentralisierte diese Befugnisse bei der Abteilung für Einwanderungsfragen der Sozialbehörde und gab dem politischen Flüchtling eine Sonderstellung. Politische Betätigung war ihm bei Strafe untersagt. Allgemein galt aber, daß ein Flüchtling nicht in das Land abgeschoben werden durfte, aus dem er geflohen war, und auch in kein Land, von dem aus er wieder dorthin geschickt werden könnte. Dieser Grundsatz, bald als Heimatland- beziehungsweise Deutschlandklausel bekannt, sollte für viele Emigranten lebensrettend werden. Darüber hinaus gab es ein Einspruchsrecht gegen die Entscheidungen der Sozialbehörde; als Kontrollinstanz figurierte ein Beirat, der trotz seiner geringen Kompetenzen seit 1940 die letzte Instanz in Sachen Internierung bildete. Vorsitzender des Beirates war seit 1939 Oberrichter Natanael Gärde. Während sich Sozialdemokraten und Kommunisten für eine aktive Hilfs- und Einwanderungspolitik aussprachen, die auch bei den Liberalen Unterstützung fand, waren die Rechtsparteien negativ eingestellt, ohne es allerdings an einer klaren Abgrenzung von Antisemitismus und Nazismus fehlen zu lassen.[15]

Der Neuankömmling Wehner war in jenem kalten Februar des Jahres 1941 voller Elan. Auf sich selbst gestellt und ohne Stalins Geheimpolizei im Nacken, wollte er einen klaren antifaschistischen Kampf gegen Hitler-Deutschland führen. Von seiner Aufbruchstimmung zeugt das Goethe-Zitat in einem seiner Artikel in der kommunistischen *Welt:* »Feiger Gedanken/ Bängliches Schwanken,/Weibisches Zagen,/Ängstliches Klagen/Wendet kein Elend,/Macht Dich nicht frei./Allen Gewalten/Zum Trutz sich erhalten,/Nimmer sich beugen,/Kräftig sich zeigen,/Rufet die Arme/Der Götter herbei.« Wehner stand zweifellos stark unter dem Eindruck seiner jüngsten Moskauer Erfahrungen. Sicher sollten die Zeilen seinen Lesern im dritten Kriegswinter Mut machen; aber auch er selbst brauchte eine Stärkung nach der Moskauer Schreckenszeit, in der er sich viel zu oft einer falsch verstandenen Parteidisziplin gebeugt hatte. Hätte es Zweck gehabt, sich dort allein ins Zeug zu legen? Hoffnung gab es nur, wenn alle Kommunisten die Feigheit abwarfen. Deshalb wollte er mit Goethe den Lesern auch ins Herz zielen: »Je mehr Deutschen der tiefe Sinn dieser Worte, die viele von ihnen einst in ihrer Jugend als ihren Wahlspruch erkoren hatten, aufgeht, um so besser für das Volk, um so mehr besteht [...] Aussicht zu einer Sonnenwende.«[16]

Wehner wußte, daß sein Auftrag, die KPD noch vor Kriegsende zu reorganisieren, ihm auch die faktische Führung übertrug. Er hoffte, die Partei von Moskau unabhängig und zum Kern einer sozialistischen Arbeiterbewegung in Deutschland machen zu können. Für seine antifaschistische Arbeit glaubte er sich mit den nötigen Befugnissen durch die Komintern und die KPD-Führung ausgestattet. Um so mehr enttäuschte ihn die geringe Unterstützung durch die Schwedische Kommunistische Partei. Wehner spürte eine Mauer des Mißtrauens.

Fürs erste erhielt er bei der schwedischen Familie Fritjof Unterkunft, die aber so beengt lebte, daß dort für den nach den Moskauer Erlebnissen sicher nicht zu anspruchsvollen Wehner kein Bleiben war. Zwar versprachen die schwedischen Kommunisten dem deutschen Spitzenfunktionär baldige Abhilfe, doch was man ihm nach einigen Tagen bot, war nur wenig besser. Wehner ärgerte, daß die Bruderpartei seine Unterbringung anscheinend der Parteiroutine überlassen und ihm kein komfortableres und vor allem sichereres Quartier verschafft hatte. Sein neuer Wirt, der Seemann Knut Mineur, war ein international bekannter Kommunist, der mit großer Wahrscheinlichkeit nicht nur von der schwedischen Sicherheitspolizei, sondern auch von deutschen Agenten beobachtet wurde. Mineur und sein Berufskollege Erik Jansson waren 1935 in Deutschland aus politischen Gründen zu hohen Haftstrafen verurteilt worden. Zu ihrer Befreiung hatte sich Ende 1935 ein Jansson/Mineur-Komitee konstituiert, das sich besonders gegen die schwedische Teilnahme an den Olympischen Spielen in Berlin 1936 engagierte; lautstarke Proteste bis hinein in den schwedischen Reichstag bewogen Deutschland 1937 schließlich zur Freilassung der Seeleute.[17] Trotz seiner berechtigten Sicherheitsbedenken freundete sich Wehner mit seiner neuen Wirtsfamilie an und hielt noch Jahre später Briefkontakt zu ihr. Wehner machte auf die

Mineurs einen sympathischen Eindruck, er zeigte sich hilfsbereit, hielt seine Sachen selbst in Ordnung und brachte der schwangeren Frau sogar Obst. Er lebte sehr zurückgezogen, rauchte viel, schrieb unaufhörlich und hörte Radio.[18] Vergeblich bemühte sich Wehner um ein Treffen mit dem schwedischen KP-Chef Sven Linderot. Die schwedischen Kommunisten verkehrten mit ihm, wie auch mit seinem in Stockholm schon heimisch gewordenen Genossen Stahlmann, allein über den SKP-Funktionär Paul Södermann.

Aus den Reihen der deutschen Spitzenfunktionäre traf Wehner zunächst Hermann Matern, der auf dem Weg nach Moskau war. Der ehemalige Bezirkssekretär war nach Kominternaufträgen im Rahmen der Roten Hilfe in Holland und Belgien, wo er die Kritik Wehners zu spüren bekommen hatte, im November 1937 nach Oslo zum Aufbau eines Stützpunktes für die Widerstandsarbeit gegen Deutschland beordert worden. Die deutsche Okkupation hatte ihn dann nach Schweden gezwungen, wo ihn Anfang 1941 der Ruf Moskaus erreichte. Mit Matern besprach Wehner seine zukünftigen Aufgaben. Der Mewis-Förderer und Kampfgefährte Dahlems war nicht sehr für den »Komintern-Säuberer« Wehner eingenommen und diesem keine große Hilfe. Trotzdem mußte sich Wehner mit ihm und Richard Stahlmann über die Situation der KPD-Leitung in Stockholm und über die Arbeit von Karl Mewis beraten. Dabei irritierte ihn das Verhältnis der deutschen Funktionäre in Stockholm untereinander. Als er Stahlmann nach dessen Beziehung zu Mewis fragte, bekam er die beziehungsreiche Antwort: »Wenn ich mit ihm im Lande zusammenarbeiten sollte, würde ich das ablehnen.«[19] Mit den Exilanten beziehungsweise der Emi-Leitung – mit Alfred Noll, Bruno Wiese, Heinz Rauch und Franz Stephany – hatte Wehner zunächst nichts zu schaffen. Kaum Unterstützung erhielt er auch aus Kopenhagen von Heinrich Wiatrek, der jede Verantwortung für die von Mewis geplanten Instrukteurreisen nach Deutschland ablehnte.[20] Allzu groß kann Wehners Enttäuschung über diesen Spitzenfunktionär aber nicht gewesen sein: Aus seiner Sicht war Wiatrek, den er erstmals 1935 in Moskau anläßlich des VII. Weltkongresses der Komintern getroffen hatte, nicht nur ein »Sonderling«, sondern auch unerfahren und unsicher, letztlich für die Leitung größerer Aufgaben ungeeignet.[21]

Wehner war ohne Gepäck nach Stockholm gekommen. Am Leibe trug er ein Unterhemd, zwei Hemden sowie Pullover und Weste und zwei Unterhosen.[22] Er mußte sich dringend neu einkleiden. Durch Stahlmann erhielt er Kontakt zu der deutschen Kommunistin Charlotte Bischoff. Bei ihrem ersten Treffen in einer für illegale Zwecke angemieteten Wohnung in Stockholm war Frau Bischoff über das Äußere des Spitzenfunktionärs so erstaunt, daß sie ihn in den folgenden Tagen von Kopf bis Fuß neu einkleidete. In den sechziger Jahren im Zuge einer Ost-Berliner Kampagne gegen Wehner befragt, beschrieb die sich von Wehner verraten fühlende Frau das so: »Bei dem Einkaufen zeigte es sich, daß Wehner äußerst eitel, überheblich und anspruchsvoll war. Nichts war ihm gut genug, er suchte nur das Beste und Eleganteste. [...] Da nicht er, sondern die Partei dies alles bezahlte, spielte für ihn der Preis nie eine Rolle. So wollte er unbedingt einen Raglanmantel haben, der im Rücken weit fiel. Solche gab es aber gerade nicht. [...] Bei Wäsche, Krawatten, Schuhen verhielt es sich nicht viel anders. Überall hatte er Extra-Wünsche.«[23] Eine ganz andere Sprache sprechen die offiziellen Abrechnungen der Finanzen. Die von Moskau genehmigten 400 Kronen zur monatlichen Unterstützung der Spitzenfunktionäre nahm Wehner erstmals im April in Anspruch – im Unterschied zu Mewis und Stahlmann jedoch, ohne irgendwelche zusätzlichen Spesen zu verlangen.[24]

In der sowjetischen Hauptstadt wartete der KPD-Vorsitzende Wilhelm Pieck auf Nachricht von seinem Emissär Wehner. Dringend erhoffte er Erfolge für den Widerstandskampf seiner Genossen. Vom Image der KPD hing schließlich auch seine persönliche Stellung in der Moskauer Hierarchie ab. Einen ersten Zwischenbericht Wehners erhielt er durch Matern, der ihn am 24. März 1941 vom guten Verlauf der Reise Wehners und den ersten Untersuchungsergebnissen informierte. Matern selbst äußerte sich sehr zurückhaltend zur Arbeit von Karl Mewis. Sicher seien Fehler begangen worden, druckste er herum, aber nicht so schwerwiegende, daß man die Arbeit nicht fortsetzen könnte. Alle seien bemüht, ihre Fehler wiedergutzumachen. Stahlmann und Mewis wollten nach Berlin gehen; Mewis zuerst, versicherte Matern. Alles in allem vermittelte Matern kein schlechtes Bild von seinem ehemaligen Protegé Mewis. Pieck erfuhr auch von Wehners Sorgen wegen der mangelhaften Unterbringung und den vergeblichen Bemühungen um Kontakt zum schwedischen KP-Chef Linderot. Allgemein bestätigte Materns Bericht vorangegangene Darstellungen Mewis' über die ungenügende Zusammenarbeit mit den schwedischen Kommunisten. Allein schon die Nachrichtenübermittlung von Stockholm nach Moskau, die ausschließlich über die SKP lief, dauerte bis zu vier Wochen. Die Arbeit wurde nicht abgestimmt, und sogar bei der Geldübermittlung war es zu Unregelmäßigkeiten gekommen.[25]

Wahrscheinlich erhielt Pieck auch Wehners Brief vom 10. März, in dem dieser sich recht optimistisch über die künftige Zusammenarbeit mit Mewis und Stahlmann zeigte. Das »sachliche Verhältnis« zwischen den beiden sei gut. Wehner lobte auch Stahlmanns »technische Fertigkeiten« und berichtete von Plänen, neue Instrukteure nach Deutschland zu schicken. Er versprach eine »detaillierte Überprüfung der Einzelfragen« der bisherigen Arbeit von Mewis, »bis zum letzten Tüpfelchen«. Das betraf ganz besonders den Instrukteur Georg Henke, der als einziger aus Deutschland zurückgekehrt war. Massive Kritik richtete Wehner gegen die schwedischen Kommunisten, die er für die »ärgerlichen Verzögerungen«, zum Beispiel in der finanziellen Sicherstellung der Arbeit der KPD, verantwortlich machte. Schließlich vergaß er trotz der Fülle ernster Probleme nicht, seine in Moskau zurückgelassene Frau Charlotte Treuber grüßen zu lassen.[26]

Parallel zur Untersuchung gegen Karl Mewis widmete sich Wehner dem zweiten Teil seines Auftrages – der Organisation des illegalen Widerstandes in Deutschland. Seine konzeptionellen Vorstellungen gingen dahin, einen Teil der alten Verbindungen, die sich als unbrauchbar erwiesen hatten, aufzugeben. Das wichtigste Prinzip neuer Organisationsarbeit erblickte er in einem Vertrauensverhältnis zwischen den kooperierenden Personen. Anstelle einer großen Anzahl anonymer Verbindungen dachte er an die Einrichtung arbeitstauglicher Zentren, die sich organisch entwickeln sollten. Dafür benötigte er Personen, die aufgrund früherer Verbindungen imstande sein würden, die Arbeit wieder zu inspirieren und neue Kontakte zu knüpfen. Wichtig war ihm, daß die Beschlüsse in Deutschland gefaßt würden und von außen nur unterstützend eingegriffen würde. Ziel der KPD sollte es sein, wieder politischen Einfluß auf die Stimmungen und Strömungen in der deutschen Bevölkerung zu erlangen; diese werde sich, so meinte Wehner, während des Krieges notwendigerweise gegen das Regime stellen. Noch also glaubte er, das deutsche Volk könne sich selbst von Hitler befreien.[27]

Die KPD-Führung in Moskau hielt am deutsch-sowjetischen Vertrag fest und orientierte daran ihre Arbeit. Ende März 1941 hatte Pieck Wehner hinsichtlich der Finanzen geschrieben: »Keinesfalls dürfen irgendwelche Mittel für Unterstützungen in der Emigration [...] verwendet werden.« Auch sollten keine Anträge auf Einreise in die Sowjetunion gestellt, sondern es sollte alles getan werden, die Emigranten für die politische Arbeit zu mobilisieren und die Freilassung der in deutschen Konzentrationslagern sitzenden Kommunisten zu erwirken.[28]

Für weitere Instrukteurreisen nach Deutschland hatten Mewis und Stahlmann schon vor Wehners Ankunft zwei deutsche Kommunisten ausgesucht: Josef Wagner und Charlotte Bischoff. Wehner legte nun gemeinsam mit Stahlmann neue Pläne fest. Dabei versuchten sie, Mewis nach Möglichkeit von der Arbeit fernzuhalten. Wagner und Bischoff wurden getrennt vorbereitet, so daß sie nichts voneinander erfuhren. Von Charlotte Bischoff hörte Wehner, daß Wagner von der Emi-Leitung der KPD als englischer Agent bezeichnet worden war. Als Wehner dieser Anschuldigung nachging, stellte sich heraus, daß Mewis sie ausgestreut hatte. Lakonisch gab der auch zu, Urheber des

Gerüchts zu sein, hatte aber eine für Parteiränke typische Entschuldigung parat: Es sei damals darum gegangen, eine neue Emigrationsleitung einzusetzen und eine neue politische Linie zu begründen. Wagner, einen der Exponenten der alten Politik (der sogenannten Volksfrontlinie), als englischen Agenten zu bezeichnen, sei nicht persönlich gemeint gewesen, sondern habe nur dessen politische Orientierung kennzeichnen sollen. In seiner Kadereinschätzung für Moskau vom April 1941[29] war Wehner denn auch für den ehemaligen Hamburger Lehrer des Lobes voll. Wagner, der seit 1928 der KPD angehörte, war nach dem Lehrerexamen vorwiegend auf schulpolitischem Gebiet tätig gewesen und hatte der Interessengemeinschaft oppositioneller Lehrer angehört. An der Telemann-Schule im Hamburger Arbeiterviertel Eimsbüttel, einer Versuchsschule der Weimarer Zeit,[30] war er so beliebt, daß die Elternschaft nach seiner Verhaftung unter der Beschuldigung des Hochverrats 1931 einen Schulstreik organisierte, was Wehner anerkennend in seine Charakteristik aufnahm. Wagner galt als SPD-Spezialist und gehörte zeitweilig einer »SP-Kommission« der KPD-Bezirksleitung an. In der Illegalität war er eine Zeitlang auch mit der »Abwehrarbeit« betraut, wobei er nach Wehners Bericht »wiederholt Differenzen mit den Auffassungen der Hamburger BL [Bezirksleitung] hatte, weil er darauf drängte, grundlegende Umstellungen durchzuführen, um aus dem Zirkel des Hochgehens herauszukommen«. Deshalb sei Wagner auch 1935 aus Hamburg weggeschickt worden. Wehner fügte hinzu, die Hamburger Bezirksleitung sei damals noch mit dem (inzwischen in Moskau ermordeten) ehemaligen Politbüromitglied Hermann Schubert liiert gewesen. Rückblickend schilderte Wehner den Mittvierziger Josef »Willi« Wagner als einen Genossen, »der viel Mut hat und versteht, daß im Lande die Grundlage zu einer gesunden Partei gelegt werden müßte. Er war bis zu einem gewissen Grade kritisch, kritisch vor allem gegenüber Mewis und den Lokalgrößen der Stockholmer Emigration.«[31]

Wagner war im August 1936 von Dänemark nach Schweden gekommen, wo er im Auftrag der ALN die Emi-Leitung übernahm. Nachdem er von Herbert Warnke im Februar 1938 abgelöst worden war, aber in der Leitung verblieb, führte ihn ein Parteiauftrag nach Hamburg, wo er weisungsgemäß Kontakte mit Sozialdemokraten aufbaute. Nach dieser erfolgreichen Operation absolvierte er im Mai 1938 in Paris eine Parteischule, von der er begeistert zurückkehrte, um in Stockholm die Kaderschulung zu übernehmen. Nach Warnkes Verhaftung hatte Wagner kurzzeitig wieder die Emi-Leitung übernommen.[32] Für Wehner war Wagner wertvoll, weil er in Deutschland über alte Beziehungen zu Gewerkschaftsfunktionären und SAP-Genossen verfügte, die vielleicht wieder aufgefrischt werden konnten. Dabei überzeugte Wehner ihn, daß es nicht darauf ankomme, alte Parteistrukturen wiederzubeleben, sondern den Widerstand in Deutschland über Parteigrenzen hinweg aufzubauen. Sie vereinbarten, neue antinazistische Zentren unter größten Vorsichtsmaßnahmen zu organisieren. Sobald die Vorbereitungen in Hamburg gediehen seien, wollte Wehner von Berlin aus Kontakt mit dem dortigen Kreis aufnehmen. Für den Fall unvorhergesehener Schwierigkeiten waren Rückzugsmaßnahmen verabredet. Zur Übermittlung eventueller Nachrichten aus Stockholm erbat sich Wagner als Vertrauenspersonen seiner Wahl die Wehner damals noch unbekannten deutschen Kommunisten Viktor Kunze und Werner Sager.[33] Ende April 1941, kurz vor Beginn seines geplanten Einsatzes, schrieb Wagner an Wehner einen Abschiedsbrief, der das Verhältnis zwischen den beiden illustriert. Der abmarschbereite Instrukteur bedankte sich für die vielen Gespräche und die Aufmunterung, die er von Wehner erfahren hatte: »Die Eindrücke, Anregungen, Gedanken, die ich seit Deinem Eingreifen erhalten habe oder die in mir wieder geweckt wurden, werden sich wohl noch eine Zeitlang setzen müssen, ehe sie richtig wirken können.« Nun könne er aber mit dem »richtigen Geist« seine Aufgabe in Angriff nehmen; er habe »Hoffnung«, daß er mit seiner Aufgabe »selbst wachsen werde«. Voller Sorge bat er Wehner, seine Frau Frieda in der politischen Arbeit nicht zu sehr zu belasten: »Sie gehört nicht zu den stärksten und hält physisch nicht allzuviel aus.« Schließlich legte er noch das »Gelöbnis« ab, »als deutscher Kommunist ein guter Schüler Lenins und Stalins zu werden« und seinen Teil dazu beizutragen, »daß die KPD ihre historische Aufgabe erfüllen kann«.[34] Diesen Brief legte Wehner seiner Kadereinschätzung für Moskau bei. In der Zentrale des Weltkommunismus hegte man jedoch Zweifel an dem ehemaligen Lehrer, denn in seiner Kaderakte hatte man einen vermeintlich dunklen Punkt gefunden: Bei einer illegalen Verbindungsaufnahme mit Genossen in Flensburg war Wagner verhaftet worden. Darüber gab es in Moskau »keinerlei Aufklärung oder nähere Mitteilung«; Wehner sollte vor Ort Klarheit schaffen,[35] doch war es dazu vor Wagners Abreise nicht mehr gekommen.

Viel Aufmerksamkeit verwandte Wehner auf die Frau, die ihn in den ersten Tagen in Stockholm betreut hatte, die 40jährige Charlotte Bischoff. Seit 1923 KPD-Mitglied und mit den sowjetischen Geheimapparaten vertraut, war sie im Januar 1939 nach Aufträgen in Dänemark aus der Sowjetunion nach Schweden gekommen; ihr Mann saß in einem deutschen Zuchthaus. Seit April 1940 hatte sie beim stellvertretenden Chef der sowjetischen Handelsvertretung in Stockholm eine Anstellung als Haushaltshilfe. Der schwedischen Fremdenpolizei war sie nicht unbekannt. Über ihr wohnte Katja Walch-Lux, die damalige Lebensgefährtin des »Abwehrmannes« der Emi-Leitung, Viktor Kunze, für den sich die Polizei brennend interessierte. Frau Bischoff, die sich als Kommunistin bekannte, galt als »intelligent und sehr vorsichtig«[36]. Wehner pries in seiner Kadereinschätzung für Moskau ihr »mustergültiges« Verhalten. Ihre Vergangenheit gebe die Gewähr, »daß wir mit ihr eine ergebene und treue Genossin ausgewählt haben«.[37] Zwischen April und Mai 1941 traf er sie ungefähr zwölfmal. Bei den Treffs waren zumeist auch Mewis und Stahlmann zugegen. Nur ein einziges Mal waren beide allein. In Haga, bei Stockholm, hielt Wehner ihr einen langen politischen Vortrag. Beim Abschied überreichte er Charlotte Bischoff das Manuskript eben dieses Vortrages; er hatte ihn auswendig gelernt.[38] In Absprache mit ihr wurde festgelegt, daß sie in Berlin nur einige gemeinsame Bekannte aufsuchen sollte, um zu erfahren, was in der Frage der Beschaffung von Quartieren und Ausweichquartieren real zu machen war. Als Anlaufstelle sollte sie ihren eigenen ausgedehnten Verwandtenkreis nutzen. Schließlich erhielt sie von Wehner als Sicherheit die Adresse seiner Schwiegereltern und einige Zeilen für diese. Stahlmann, der auch die technische Vorbereitung dieser Reise übernommen hatte, gab ihr die Adresse der Schwiegermutter des deutschen Kommunisten Willy Langrock, der gerade von Norwegen nach Schweden gekommen war. Zu ihr bestanden noch Briefkontakte, die für die Verbindung nach Stockholm genutzt werden sollten.

Ende April 1941 erhielt Wilhelm Pieck über den SKP-Sekretär Gunnar Öhmann wieder Nachricht von Wehner. Pieck erfuhr, daß vier Instrukteure in Deutschland verschwunden waren. Die beiden, die direkt von Göteborg nach Deutschland gefahren waren, hatten sich auf deutsche Seeleute gestützt, die wahrscheinlich für die Gestapo arbeiteten. Von den beiden anderen, die über Kopenhagen gereist waren, fehlte jede Nachricht. Wehner beschuldigte Mewis, die Vermißten nicht rechtzeitig darüber informiert zu haben, daß ihre Anlaufadressen mit großer Wahrscheinlichkeit der Gestapo bekannt waren. Er wollte die Untersuchung gegen Mewis deshalb weiterführen. Erst nach ihrem Abschluß sollte über dessen Einsatz in Deutschland beschlossen werden. Öhmann nahm Mewis gegenüber Pieck, wie zuvor schon Hermann Matern, in Schutz: Der schwedische Parteivorsitzende Linderot habe von Mewis keine schlechte Meinung – trotz dessen Versuch, alle Schwierigkeiten der SKP anzulasten.[39] Pieck mußte sich selbst ein Bild über den ihm persönlich wenig bekannten Aufsteiger Karl Mewis machen. Ein von Wehner gemeinsam mit Stahlmann und Mewis verfaßter Bericht und ein Anschreiben Wehners datieren vom selben Tag, an dem Öhmann nach Moskau geflogen war. Da der Flug über Riga nur fünfeinhalb Stunden dauerte, ist anzunehmen, daß Öhmann diesen Arbeitsbericht nebst dem persönlichen und entschieden kritischer gehaltenen Kommentar Wehners mit sich führte und Pieck übergab.

Im gemeinsamen Bericht zog Wehner aus dem Desaster entscheidende Schlußfolgerungen: Fortan sollte ausschließlich mit schwedischen Seeleuten zusammengearbeitet werden. »Die neue Arbeit muß und wird vom ersten Schritt an unter dem Gesichtspunkt organisiert, daß wir selbst das organisierende und leitende Zentrum im Land bilden. Nur dadurch wird die notwendige grundlegende Änderung erreicht werden.« Breiten Raum nahm die Vorbereitung des Aufbaus eines Zentrums in Berlin durch Charlotte Bischoff ein: »Auf die Vorbereitung dieser Reise ist die größte Sorgfalt gelegt worden. Seit Wochen wird die Reisende, die eine erprobte und zuverlässige Genossin ist, politisch und organisatorisch auf ihre Aufgabe eingestellt. Jeder Schritt bis zur Ankunft ist überlegt und nach allen Richtungen hin geprüft worden. Auf die Sicherung, d. h. auch auf die am Anfang schwierige Rückverbindung ist viel Arbeit verwendet worden, und die Reisende selbst lebt ganz in diesen Vorbereitungen. Alles, was ihre Fahrt selbst betrifft, ist mit ihr selbst festgelegt worden und sie hat demzufolge das Gefühl voller Sicherheit und Ruhe. [...] Wenn sie Fuß gefaßt hat, wird sie an einige Metallarbeiter-Verbindungen herangehen, die ihr hier gegeben worden sind. [...] Schließlich wird unsere Reisende signalisieren, wann der Nächste kommen kann. Entweder wird dieser Nächste ein Kurier sein, der von ihr einen Bericht holt, oder es wird Erwin [Mewis] sein. Das hängt von den Bedingungen ab, die sie in der Zeit zu schaffen vermag. Sie selbst ist darauf eingestellt, lange dort zu bleiben und wird dementsprechend ausgerüstet.« Vorschußlorbeeren erhielt Josef Wagner als Mann für Hamburg, über dessen »ausgezeichnete persönliche Kenntnisse des Orts und der Personen« Wehner des Lobes voll war. Mit ihm sei die Gewähr gegeben, an ganz andere Kreise heranzukommen, »als sie seit Jahren von unseren Auslandsfreunden benützt worden sind«. Der gemeinsame Bericht betonte, »an der Ergebenheit unseres Reisenden haben wir keinerlei Zweifel«. Auch Wagner sollte »auf lange Sicht« arbeiten, in Deutschland bleiben und auf die geplante Übersiedlung der Auslandsleitung warten. Schließlich bekundete der Bericht

Zweifel an Heinrich Wiatrek in Kopenhagen, dessen Haltung zum geplanten Aufbau eines Zentrums in Deutschland »skandalös« sei. Das Schwergewicht aller Aufgaben liege auf der Vorbereitung und Sicherung der Reisen Josef Wagners und Charlotte Bischoffs. Moskau solle deshalb nicht ungeduldig werden, »wenn größere politische Tatsachen nicht so rasch sichtbar werden«. Gegen das Moskauer Ansinnen, die Stockholmer Genossen sollten aus Deutschland Stellungnahmen von Belegschaften zu Ernst Thälmann besorgen, setzte sich Wehner mit der Bemerkung zur Wehr, dazu gehöre »ein Fundament, das wir leider noch nicht besitzen. Andererseits wollen wir ja auch nicht bluffen und werden nicht bluffen oder so tun, als ob Belegschaften Forderungen aufstellen, während es in Wirklichkeit noch nicht so weit ist.«[40]

Zur Arbeit von Karl Mewis konnte Wehner in seinen persönlichen »Bemerkungen zum Bericht« deutlicher werden: Der Fall könne noch nicht abgeschlossen werden, denn Mewis habe »schwerwiegende Versäumnisse und Fehler in der Organisierung der Arbeit« begangen. Die alleinige Verantwortung trage er zumindest für die Instrukteure, die über Göteborg gefahren waren. Anstatt sie auf ihren gefahrvollen Auftrag umfassend vorzubereiten, habe Mewis sie in Göteborg allein, ohne jede Aufmunterung und in schlechter materieller Verfassung zurückgelassen. Wehner hielt ein »derartiges Verfahren mit Genossen, die dazu noch seit Jahren schwere Arbeit als Instrukteure verrichtet« hatten, »für gleichbedeutend mit Mord«. Dieses ungemein harte Urteil relativierte er aber dahingehend, daß Mewis »nicht in schlechter Absicht, sondern in großer Nach- und Fahrlässigkeit« gehandelt habe. Schließlich fiel sein Urteil über Mewis unerwartet milde aus: »Mein Eindruck ist, daß er einen großen Teil seiner Fehler und Versäumnisse einsieht, und daß er den Willen hat, gut und einwandfrei zu arbeiten.« Wehner schlug vor, sich davon in der Praxis zu überzeugen, Mewis sollte deshalb die Chance erhalten, nach Deutschland zu gehen. Stahlmann und er seien zu einer ehrlichen Zusammenarbeit mit Mewis bereit; davon zeuge bereits der Bericht, der »das Ergebnis gemeinsamer Arbeit und Selbstkritik« sei. Wehners Resümee an diesem 26. April 1941: »Wenn es so weitergeht, wird es gut, denke ich.« Wie schon im März hatte Wehner bei all seinen Sorgen nicht seine in Moskau zurückgelassene Frau vergessen: »Es sei mir erlaubt, um die Übermittlung eines Grußes an meine Frau zu bitten, der ich auf anderem Wege nicht schreiben kann.«[41]

Wehners Darstellung in den »Notizen« zufolge muß es wenig später einen weiteren Bericht zu Mewis gegeben haben, dessen vernichtendes Ergebnis Mewis unterschrieben und Stahlmann gegengezeichnet habe. Darin habe er gemeinsam mit Stahlmann von Moskau gefordert, »Mewis aus unserer Arbeit sofort zurückzuziehen«. Den Bericht habe Stahlmann auf Mikrofilm dem schwedischen Verbindungsmann Paul Södermann zur Weiterleitung übergeben. »Vorsichtshalber« habe Wehner auch den Redakteur der Wochenschrift *Die Welt,* den Dimitroff-Vertrauten Jakob Rosner, über die Ergebnisse der Untersuchung informiert. Nach mehr als drei Wochen sei von Södermann mitgeteilt worden, daß das Material nicht mehr befördert werden könne, da der Kriegsbeginn zwischen Deutschland und der Sowjetunion alle Verbindungswege zerstört habe.[42]

Ulbricht war über das Debakel mit den Instrukteuren empört: »Es ist unerhört und verantwortungslos, daß Verbindungen ohne jede Überprüfung benutzt wurden.« Davon ausgehend, daß »jede Verschleierung dieser politischen Fehler [...] die Quelle weiterer Verluste sein« würde, forderte er Ende April 1941 von den Verantwortlichen eine schriftliche Erklärung. Zur Perspektive der in Schweden lebenden deutschen politischen Emigranten schrieb Ulbricht: »Zunächst ist eine gründliche Überprüfung [...] notwendig; die uns bekannten Beispiele aus Dänemark und Norwegen zeigen ungenügende Wachsamkeit und leichtfertiges Verhalten gegenüber Leuten, die im Lande Verrat geübt haben. [...] Wir schlagen vor, jene guten Kader, die noch für illegale Arbeit in Frage kommen, politisch zu schulen, sie zu sichern und ihnen mit Hilfe der schwedischen Roten Hilfe zu helfen bis später eine andere Arbeit für sie möglich ist.

Andere zuverlässige Genossen, die wegen Alter oder Krankheit nicht für schwere Arbeit geeignet sind, sollen im dortigen Land gesichert werden. Emigranten, bei denen es unklare Fragen gibt oder die verfault sind, soll man abhängen.« Die Suche nach Verrätern in der skandinavischen Emigration und die »Notwendigkeit einer Säuberung« war von Moskau wiederholt gefordert worden.[43] Allerdings gab es dafür auch reale Hintergründe. Mitte Mai 1941 hatte die Gestapo Heinrich Wiatrek in Kopenhagen festnehmen können. Zuerst hatte Wiatrek sich geweigert, über seine Mitarbeiter auszusagen. Mit Beginn des deutsch-sowjetischen Krieges aber »bekannte er sich als Deutscher und versprach«, so ein Gestapobericht, »alles tun zu wollen, um die illegale kommunistische Tätigkeit aufzudecken und die Weiterarbeit gegen das Reich zu verhindern«. Das blieb kein Lippenbekenntnis: Zweimal fuhr Wiatrek mit der deutschen Geheimpolizei nach Kopenhagen und ermöglichte die Festnahme vieler Kommunisten, darunter auch Conrad Blenkles. Die Gestapo erhielt von Wiatrek genaueste Informationen über die Struktur und die Finanzbasis der Abschnittsleitung Nord und auch der neuen Auslandsleitung. Zu Herbert Wehner hatte die Gestapo ermittelt: »Wehner, als der politisch stärkste, ist als der 1. Mann der Auslandsleitung anzusehen.«[44]

Wagners Reise im Mai 1941 verlief unglücklich. Das Schiff, das ihn nach Deutschland hätte bringen sollen, änderte auf hoher See sein Ziel und landete statt in Hamburg in Rotterdam. Nach nur vierzehn Tagen war Wagner wieder in Stockholm. In seinem Bericht beschuldigte er den schwedischen Maschinisten, der ihn untergebracht hatte und betreuen sollte, »kalte Füße« bekommen und den ihm Anvertrauten sich selbst überlassen zu haben. Wagner gelangte jedoch ohne Zwischenfälle durch die Gestapo-Kontrolle des Kieler Kanals. In Rotterdam hatte er Kontakt zu einigen Heizern gefunden, die seine Rückfahrt organisierten. Wagners Bericht erregte in Stockholm einigen Zweifel, zumal Stahlmanns Ehre als »Techniker« verletzt war. Aber auch die an der Reisevorbereitung beteiligten schwedischen Kommunisten waren gekränkt. Wie Stahlmann Ende

1946 berichtete, habe eine Untersuchung des Falles ergeben, daß Wagner gelogen hatte. Angeblich wollte Wehner aber verhindern, daß dies der schwedischen Partei bekannt würde, da sie dann wahrscheinlich jede weitere Unterstützung ablehne.[45]

Die plötzliche Rückkehr Wagners hatte Wehner veranlaßt, die Fahrt von Charlotte Bischoff, die Stahlmann gerade in Göteborg einleitete, zu verschieben. Er wollte die Sicherheit der Instrukteure weiter verbessern. Schließlich wurde eine neue Reise für Wagner vorbereitet, der unbedingt nach Hamburg wollte. Diesmal kümmerte sich Wehner selbst um die nötigen Vorbereitungen, auch um die Gespräche mit den schwedischen Seeleuten; Wagner landete wohlbehalten in Lübeck. Charlotte Bischoff konnte nach mehrfachen Verzögerungen erst im Juni 1941 ihre Fahrt nach Berlin antreten. In ihrem Gepäck führte sie zweifelhaftes Schulungsmaterial für die kommunistischen Kämpfer in Deutschland mit, darunter auf Mikrofilm eine Stalin-Biographie und die Geschichte der KPdSU (B). Ihre abenteuerliche Fahrt, bei der ihr der schwedische Seemann Kurt Svärd, ein ehemaliger Spanienkämpfer, half,[46] hat Peter Weiss in seiner »Ästhetik des Widerstands«[47] anschaulich beschrieben. Als Zeichen ihrer erfolgreichen Ankunft in Berlin sollte sie im *Lokalanzeiger* eine Annonce aufgeben. Doch hier gab es ein unvorhergesehenes Problem: Wegen einer Veränderung der Verlagspraxis konnte die Annonce weder rechtzeitig noch mit dem verabredeten Text erscheinen. Das führte dazu, daß Stahlmann die Nachricht »nicht mehr genau deuten« konnte und seine Berichte für Wehner lange »schwebend und zuletzt direkt unklar« waren.[48] Charlotte Bischoff hatte ihre Verbindung nach Stockholm damit verloren, aber ihre Fahrt war nicht erfolglos. Jedenfalls sollen die von ihr mitgeführten Materialien den Widerstandsgruppen um Robert Uhrig und Anton Saefkow von Nutzen gewesen sein, wie Charlotte Bischoff zwei Jahrzehnte später nicht ohne Stolz berichtete.[49]

Auch die Hoffnungen, die Wehner in Josef Wagner gesetzt hatte, zerschlugen sich. Bald erreichte ihn dessen Hilferuf aus Lübeck: Wagner erwartete »dringend« einen Genossen. Wehner stellte Mewis und Stahlmann die Frage, »Ob einer von ihnen bereit sei, zu fahren, um Wagner aufzusuchen und zu helfen und dadurch gleich den Weg nach Berlin zu bereiten«. Er war sich klar darüber, so jedenfalls schrieb er in seinen »Notizen«, welche Antwort Mewis geben würde. Tatsächlich lehnte Mewis ab »mit der Begründung, daß es falsch wäre, jetzt ins Land zu fahren. Es wäre vielleicht notwendig gewesen, in den ersten Wochen nach dem Überfall auf die Sowjetunion zu fahren, um zu zeigen, daß man bereit sei, alles aufs Spiel zu setzen, jetzt aber erweise es sich, daß der Krieg lange dauern werde, und da müsse man draußen bleiben.« Auch Stahlmann lehnte ab; dessen Begründung, er könne nicht fahren, bevor nicht Ersatz für ihn in Stockholm gefunden sei, konterte Wehner kalt mit dem Hinweis, Stahlmanns Arbeit sei überflüssig. »Mein Kreuz bestand darin«, so ein entnervter Wehner, »daß ich mich trotzdem mit ihm abschleppen mußte, weil er das Vertrauen Dimitroffs besaß.«[50]

Auf deutschen Wunsch waren die Polizeikontakte zwischen Deutschland und Schweden Anfang 1941 wieder aufgenommen worden.[51] Sie galten vor allem dem Kampf gegen die Wollweber-Organisation. Schon im Januar war ein Auslieferungsersuchen für Ernst Wollweber nach Stockholm ergangen. Das Oberste Gericht in Schweden vertrat aber die Meinung, die Verbrechen Wollwebers seien politischer Natur und er könne deshalb nicht ausgeliefert werden. Reinhard Heydrich, Chef der Gestapo und des Auslandsgeheimdienstes und seit 1940 Chef der Internationalen Polizeikommission, der auch Schweden angehörte, lud im Februar 1941 Repräsentanten der schwedischen Sicherheitspolizei nach Berlin ein. Mit Zustimmung der Regierung fuhren der Chef des Stockholmer Überwachungsgebietes Martin Lundqvist, sein Abwehrspezialist Erik Lönn und Staatsanwalt Nils Fahlander; die Delegation war angehalten, sich entgegenkommend zu zeigen und über die Aufklärung der Sabotage zu berichten. Ausgenommen davon waren Spionage- oder Propagandafälle, so jedenfalls lautete die offizielle Version gegenüber einer nach dem Krieg eingesetzten Untersuchungskommission. Von der Gestapo erhielten die schwedischen Beamten im Gegenzug Informationen über kommunistische Aktivitäten, darunter eine Liste mit den Namen von 25 Personen, von denen die Gestapo annahm, daß sie sich in Schweden befanden. Dabei nahmen die Schweden auch zur Kenntnis, daß Wollwebers Mann in Norwegen, Martin Rasmussen-Hjelmen, den sie verhaftet und an Norwegen ausgeliefert hatten, dort in deutschem Gewahrsam war und demnächst nach Deutschland überführt werden sollte, wo das Schafott auf ihn wartete.[52] Die Gestapo gab Hinweise, welche Cafés in Stockholm Sammelplätze für Kommunisten seien, und berichtete über ihre Erfolge bei der Gewinnung von Spitzeln durch Erpressung. Erik Lönn wehrte die Ratschläge ab; solche Methoden seien der schwedischen Rechtsauffassung völlig fremd. Wieder in Stockholm, übergaben die Sicherheitsleute das Verzeichnis der Kommunisten an das Außenministerium mit der Frage, ob die von der Gestapo gewünschten Informationen zu diesem Personenkreis gegeben werden könnten. Erst im Januar 1942 kam ein negativer Bescheid.[53] Auf Wunsch Stockholms sandten die Deutschen Mitte März 1941 einen Bericht über die Schiffssabotagetätigkeit der Wollweber-Organisation mit besonderer Berücksichtigung der Aktivitäten in Schweden.[54] Die Kontakte blieben auch schwedischerseits nicht auf die Übersendung des in Stockholm erscheinenden Kominternblattes *Die Welt* und anderer kommunistischer Publikationen beschränkt. Intensiviert wurden sie durch den deutschen Gegenbesuch im Juli 1941, bei dem Kriminalrat Kopkow und Sekretär Mittmann wichtige Informationen zur Aufklärung der Sabotage in Schweden lieferten. Während Wollweber im Gefängnis saß, hatte die schwedische Polizei weiter gegen die Saboteure recherchiert. Im Juni 1941 war es zu ersten Festnahmen gekommen, und mit deutscher Hilfe konnte sie im August/September 1941 den größten Teil der Wollweber-Leute verhaften, darunter Baier und Hagge, die bis 1945 im Gefängnis sitzen mußten. Die Informationen aus Berlin erleichterten es den Schweden im Herbst 1941 auch, den Kreis um Willi Rom zu sprengen, der wegen Sabotage, Spionage und Fälschung angeklagt wurde; der von der Öffentlichkeit stark beachtete Prozeß zog sich bis weit ins Jahr 1942 hinein.[56]

Mit Hitlers Überfall auf die Sowjetunion am 22. Juni 1941 war den deutschen Kommunisten der Alptraum des Hitler-Stalin-Paktes genommen. Jetzt konnten sie wieder mit ganzer Kraft gegen das Dritte Reich kämpfen. Unter Führung von Wehner wurden alle deutschen Kommunisten in Schweden zusammengefaßt. Die Emi-Leitung wurde aufgelöst. Im Juli 1941 beauftragte Wehner deren ehemalige Mitglieder Heinz Rauch und Franz Stephany, nach Oslo zur illegalen Arbeit unter den Besatzungstruppen zu fahren und dort einen bestimmten Personenkreis in Sabotage auszubilden, so jedenfalls berichtete später Stephanys Lebensgefährtin Hedwig Aubert, die die beiden zur besseren Tarnung begleitete.[57] Bei Wehners Emissären handelte es sich um erprobte Kämpfer. Der 28jährige Rauch befand sich seit Juli 1933 im skandinavischen Exil. Von Schweden war er im Sommer 1936 gemeinsam mit dem gerade abgelösten Emi-Leiter Rudolf Müller nach Spanien gegangen. Dort war er nach dem Besuch der Offiziersschule in Albacete zum Leutnant befördert worden.[58] Der 36jährige Stephany konnte zwar keine Spanien-Erfahrung vorweisen, dafür verfügte er über intime Kenntnisse norwegischer Verhältnisse, wo er zwischen 1936 und 1940 das KPD-Exil geleitet hatte.[59] Wehners weitgehende Pläne waren der norwegischen KP-Führung, namentlich Just Lippe, gar nicht genehm. Sie lehnte die »Hilfeleistung« der Deutschen ab – die Zeit sei dafür noch nicht reif; im Falle der Verhaftung deutscher Kommunisten hätten unter den Repressalien der Okkupanten vor allem die Norweger zu leiden. Rauch und Stephany mußten unverrichteter Dinge zurückkehren.[60] Wehner »revanchierte« sich, als Lippe wenig später bei Mewis' Frau in Stockholm eintraf und um ein Gespräch mit Wehner bat. Obwohl Mewis und Stahlmann ihm zuredeten, lehnte Wehner ab und verlangte auch von ihnen, diese Verbindung abzubrechen; Stahlmann brachte Lippe zwar noch mit den Sowjets zusammen,[61] doch am 16. August wurde Lippe von der schwedischen Polizei verhaftet[62].

Seit dem deutschen Überfall verstärkten die Sowjets ihre geheimdienstlichen Aktivitäten in Schweden. Die sowjetischen Nachrichtendienste waren bestrebt, die Arbeit der deutschen Kommunisten verstärkt für ihre Zwecke zu nutzen. Zu Richard Stahlmann hatten sie eine sogenannte technische Verbindung hergestellt, weil durch die Unterbrechung der speziellen Verbindungen der Komintern die Möglichkeit eintreten konnte, daß Mitteilungen über sie an die KPD-Auslandsleitung gegeben wurden.[63] Besonders aktiv zeigte sich Andrej Grauer (eigentlich Graour), ein Jahr jünger als Wehner und seit Februar 1940 als Erster Legationssekretär an der sowjetischen Vertretung in Stockholm. Er galt in den eigenen Reihen als Spezialist für innernordische Angelegenheiten, aber auch als »krankhaft mißtrauisch« – ein Wesenszug, der sich später bis zur Schizophrenie steigern sollte.[64] Grauer war unmittelbar nach seiner Ankunft mit solchem Eifer an die Werbung von Spionen gegangen, daß er die Aufmerksamkeit der schwedischen Sicherheitspolizei ebenso unmittelbar erregt hatte. Bald war diese von seiner Verwicklung in verschiedene Spionageaktionen überzeugt, ohne das immer beweisen zu können. Grauer selbst fühlte sich anscheinend sehr sicher, wickelte viele seiner Geschäfte sogar in den Diensträumen der Vertretung ab; seine Unachtsamkeit war auch der unmittelbare Anlaß für die Festnahme Lippes.[65]

In diesem Zusammenhang war Wehner der Umfang der Kontakte seiner Genossen zu den Sowjets erstmals voll bewußt geworden. Wehner war strikt gegen eine Vermischung deutscher Parteiarbeit und sowjetischer Spionage und überließ dieses Feld im wesentlichen Stahlmann. Doch die Sowjets ließen nicht locker, und obwohl Wehner nach eigener Aussage eine Begegnung mit Grauer zunächst abgelehnt hatte, kam dann doch ein Treffen zustande. Dabei stellte sich heraus, daß die Russen Einblick in die Organisation der KPD in Deutschland bekommen wollten und daß sie Verbindung zu Leuten suchten, die sie in die Tschechoslowakei schicken könnten. Wehner lehnte ab. Seiner Darstellung zufolge wurde in diesem Gespräch offenbar, daß die Russen zu Mewis eine ihm unbekannte Verbindung besaßen: »Sie war über einen ihrer Agenten angebahnt worden, zu dem Mewis persönliche Beziehungen hielt.« Bald mußte Wehner hören, daß es in Göteborg hieß, die Russen wollten einige Sudetendeutsche mit Hilfe von »Kurt«, also von Wehner, in die Tschechoslowakei transportieren. Mit Wehner hatte es in dieser Richtung jedoch keinerlei Absprache gegeben.[66]

Mewis hielt auch nach Wehners Einschreiten seine Sonderverbindungen, die aus seiner Spanien-Zeit herrührten, aufrecht – bis zu seiner Rückkehr nach Deutschland. Sonderverbindungen mit sowjetischen Diensten unterhielt auch der deutsche Funktionär Erich Glückauf, der in Spanien den Deutschen Freiheitssender mit aufgebaut hatte und von Norwegen illegal nach Schweden gekommen war. Er übernahm nach dem Beginn des Krieges zwischen Deutschland und der Sowjetunion »eine illegale Spezialarbeit« für die Sowjets, unabhängig von allen Parteistrukturen,[67] und half Stahlmann bei den Vorbereitungen für den Fall eines deutschen Überfalls auf Schweden. Die beiden organisierten eine Partisanengruppe und bereiteten eine Sendeanlage bei Stockholm vor. Auch an eine Verbindungsgruppe war gedacht, die im finnischen Petsamo im Rücken der Deutschen Kontakt zur Sowjetunion halten sollte.[68]

Wehner ließ sich von den Werbungen der Sowjets nicht beeindrucken. Im August 1941 plante er eine neue Aktion. Wiederum sollten Instrukteure nach Deutschland fahren und das Terrain für die Verlegung der Auslandsleitung nach Berlin sondieren. Wagner wartete indes noch immer in Hamburg auf Entsatz. Augenscheinlich fand Wehner unter den in Freiheit lebenden Genossen nicht genügend Unterstützung, schon gar nicht bei Mewis und Stahlmann. Stephany konnte wegen Erkrankung nicht fahren, und die meisten deutschen Kommunisten hatten die Schweden inzwischen in Internierungslager gesperrt. Über die Frau des internierten ehemaligen Emi-Leiters Herbert Warnke, Helene, bekam Wehner Kontakt ins Lager Långmora. Sein Vorschlag zur Befreiung für einen illegalen Einsatz in Deutschland fand dort Zustimmung. Werner Sager, von Wagner als Vertrauensperson gewünscht, erklärte sich bereit, nach

Hamburg zu fahren. Sager, erst 26 Jahre alt, war schon als Fünfzehnjähriger zur KPD gestoßen und zwei Jahre später als »Politischer« zu fünf Monaten Haft verurteilt worden, weil er in Lübeck an einer Schlägerei zwischen Kommunisten und Nazis teilgenommen hatte. Nach dem Machtantritt Hitlers war er im Auftrag der Internationale der Seeleute und Hafenarbeiter in Göteborg tätig geworden und arbeitete nach erfolgreichem Einsatz in Spanien direkt für die Sowjets, die ihn zur Auslandsarbeit nach Skandinavien abkommandierten; Ende April 1940 war er über Norwegen zurück nach Schweden gekommen, wo er bei seiner Ankunft als besonders gefährlicher Schiffssaboteur interniert worden war.[69] Der zweite Mann war Jakob Welter, ein 34jähriger Kommunist aus dem Saarland. Ende März 1941 hatte Welter im Lager vom deutschen Konsulat in Schweden einen Einberufungsbefehl erhalten und einige Tage später auch Post von seiner Mutter, die schrieb, er möchte nach Hause kommen. Daraus schloß Welter, daß die Lage in Deutschland wohl doch nicht so gefährlich sei; er war bereit, legal oder illegal nach Deutschland zu gehen.[70]

Die Befreiung der beiden wurde generalstabsmäßig geplant und durch deutsche und schwedische Kommunisten am 28. August 1941 bewerkstelligt.[71] Wehner hatte versucht, Mewis aus allen organisatorischen Vorbereitungen herauszuhalten, was aber nicht gelang. Durch dessen Intervention war aus »Versehen« ein dritter Internierter befreit worden – der ehemalige Spanienkämpfer Walter Friedrich Willi Müller, der mit Sager aus Norwegen gekommen war. Wieder in Freiheit, weigerte sich Müller aber, nach Deutschland zu gehen. Eigene Pläne führten ihn in das besetzte Norwegen, von wo der 35jährige seine Verlobte nach Schweden holen wollte.[72] Stahlmann beruhigte die in die Befreiungsaktion Involvierten mit dem Hinweis, er werde den Verräter »ausknipsen«. Welter und Sager aber machten sich auf nach Deutschland.

Die Gestapo in Berlin war mit der schwedischen Polizeiarbeit sehr zufrieden, hätte aber gerne einen ständigen Polizeioffizier in Stockholm stationiert. In diesem Sinne vorzufühlen, war Aufgabe eines weiteren Besuches in Stockholm im November 1941 durch den ehemaligen Adjutanten Himmlers, Sturmbannführer Hans Hendrik Neumann, und den SS-Gruppenführer Georg Müller. Vor allem über Müller, der mit einer Schwedin verheiratet war und auch gut Schwedisch sprach, liefen enge Kontakte, von denen die schwedische Regierung augenscheinlich nicht mehr im Detail informiert wurde. So half Müller beispielsweise, die Identität Willi Roms festzustellen, der in Schweden nur als Jakob Liebersohn bekannt war,[73] und erhielt dessen Aussagen über eine Käthe Büchner, die daraufhin von der Gestapo festgenommen wurde[74]; Müller blieb bis Mitte Februar 1942 in Stockholm[75].

Die Gegnerschaft zwischen Wehner und Mewis hatte sich immer weiter zugespitzt. Bald wurden ihre Meinungsverschiedenheiten auch in ideologischen Fragen offenbar. Zum Austragungsort der Auseinandersetzungen wurde das Komintern-Organ *Die Welt*, inhaltlich ging es um die Stellung der Arbeiterklasse zur Nation. Unter dem Pseudonym Michael Kraft hatte Max Seydewitz, der legal in Stockholm lebte, im Januar 1941 in der *Welt* dazu Stellung genommen.[76] Obwohl er sich ostentativ auf Lenin und Stalin berief, traf er bei *Welt*-Redakteur Jakob Rosner, dem Seydewitz' grundsätzlich positive Einstellung zum Verhältnis Arbeiterklasse und Nation nicht paßte, auf Kritik. Rosner veranlaßte Mewis zu einer Erwiderung[77], der aber im wesentlichen zur selben Einschätzung wie Seydewitz kam[78]. Inzwischen war Wehner in Stockholm eingetroffen. In kommunistischen Kaderintrigen erfahren, erinnerte er sich an die Auseinandersetzung mit Mewis vor der Komintern-Führung in Moskau und erkannte die Chance, den sich bis dahin erfolgreich gegen eine Ablösung oder ein bloßes Kaltstellen wehrenden Konkurrenten aufgrund dieser Artikel als Nationalisten politisch zu disqualifizieren und aus der politischen Arbeit zu drängen.[79] Wehner veranlaßte Rosner, vom schwedischen KP-Chef Linderot eine »Stellungnahme gegen die nationalistischen Auffassungen Mewis'« zu erbitten.[80] Linderot aber wich aus. In seinem im April erschienenen Beitrag bekannte er sich als strammer Stalinist[81] und warf in erster Linie Seydewitz mangelnde Konkretheit vor. In seinen Memoiren kommentierte Mewis nicht ohne Stolz dieses gegen Wehner gewonnene Scharmützel: »Genosse Linderoth [sic] kannte mich besser als Wehner, und er dachte nicht daran, mich unter die Nationalisten einzustufen.«[82]

Großen Eindruck hatte auf Wehner das Buch »Die Revolution des Nihilismus«[83] von Hermann Rauschning gemacht. Rauschning hatte sich, nachdem er 1933/34 Senatspräsident einer nationalsozialistischen Regierung der Freien Stadt Danzig gewesen war, mit Hitler überworfen und war in die USA emigriert. Hier fand er mit seinen Schriften vor allem beim konservativen politischen Exil Zuspruch. Rauschnings Deutung des Nationalsozialismus basierte nicht auf einer Analyse des Klassencharakters, sondern auf der Anerkennung des Revolutionären der Naziideologie. Diese Argumentation schien Wehner einleuchtend, und er empfahl das Buch seinen Genossen, wofür er von Mewis heftig kritisiert wurde. Die »nationale« Frage blieb in der kommunistischen Stockholmer Emigration also weiter umstritten.

Aufsehen erregten Wehners im Mai/Juni 1941 in der *Welt* unter dem Pseudonym H. Wegner publizierte Artikel zu den aktuellen Aufgaben der Partei bzw. der Arbeiterklasse.[84] Wehner suchte im antifaschistischen Kampf offensichtlich Verbündete aus allen Lagern und empfahl den Kommunisten deshalb eine Aussprache »mit solchen Nationalsozialisten [...], die sich ehrlich bemühen, den Weg zum Sozialismus zu finden und zu beschreiten«. Ihm schwebte eine Aussprache vor, die – hier hatte er eigene negative Erfahrungen aus den Volksfront-Verhandlungen in Paris vor Augen »frei ist von Tricks, von Demagogie und von der Absicht, den Partner hinters Licht zu führen«. Solches sei eines Kommunisten unwürdig, habe der doch »die sozialistische Zukunft lebendig vor Augen«. Im kommunistischen Zentralorgan waren das neue Töne, die keineswegs auf breite Zustimmung, sondern eher auf Skepsis stießen. Mewis wandte sich ausdrücklich gegen solche »vertraulichen Zwiegespräche mit SS-Leuten« und warf Wehner die Sprache der

NS-Presse vor.[85] Später sah Wehner in seiner Artikelserie den entscheidenden Anlaß »zu offenen Feindseligkeiten der KPD-Intriganten« gegen seine Person.[86]

Mewis bediente sich dabei seiner Verbindungen zur Stockholmer Parteiemigration. Erich Glückauf, mit dem Wehner durch die Arbeit an der *Welt* öfter zusammenkam, klagte Ende 1941 lautstark, Wehners Artikel seien zu nüchtern und zu kalt gegenüber der Sowjetunion. Bei der *Welt*-Redaktion liefen schließlich Briefe ein, »die in ihrem Ton als Drohbriefe aufgefaßt werden mußten«. Als einer der Absender wurde Franz Stephany ermittelt, der gegenüber Stahlmann und Wehner auch zugab, zuvor sowohl mit Glückauf gesprochen als auch Mewis informiert zu haben.[87] Max Seydewitz, mit dem Wehner an einer für Deutschland vorgesehenen Broschüre arbeitete, die »den Gedanken der Zusammenarbeit verschiedener Richtungen der deutschen Arbeiterbewegung im Kampf gegen den Krieg und der daraus entstehenden Grundlage einer neuen Arbeiterbewegung« entwickeln sollte, gab ihm zu verstehen, daß auch er von diesen Treibereien gewußt hatte. Wehner grauste vor allem bei dem Gedanken an die besonderen Verbindungen seiner Gegner zu den übermächtigen Sowjets. Neben Mewis und Glückauf gehörte zu dieser Gruppe auch Seydewitz, der als Berichterstatter für die Nachrichtenagentur TASS direkten Kontakt nach Moskau hatte.[88]

Von Jakob Welter, der über die Niederlande nach Deutschland eingereist war, erhielt Wehner bald positive Berichte. Damit bestanden wieder Verbindungen über Holland nach Westdeutschland. Wehner sandte umgehend auch seine Meinung und seine Vorschläge für die weitere Arbeit mit dem Jugendfunktionär Kurt Siegmund (»Friedel Stein«) nach Holland. Wehner versuchte vor allem die dortige politische Argumentation in seinem Sinne zu verändern. Die Genossen sollten nicht wie eine »Abteilung der Roten Armee« auftreten, sondern ihren Kampf als »Kern einer deutschen Opposition« führen.[89] Entsprechende Grundlinien einer innerdeutschen Widerstandsbewegung hatte er im Herbst 1941 als Broschüre unter dem Titel

»Die Wahrheit dem deutschen Volke« fertiggestellt, die nun in einer zur illegalen Verbreitung in Deutschland geeigneten Form vorlag. Die 15seitige Dünndruckbroschüre wies sich im Impressum als »Aufklärungsschrift der KPD« aus, nannte aber keinen Verfasser. Unter einem Motto Ulrich von Huttens (»Dem Vaterland zunutz und gut, die Wahrheit mich bewegen tut«) stellte Wehner die Sorgen eines Deutschen um Deutschland in den Mittelpunkt und sparte nicht mit Zitaten von Gottfried Herder und Otto von Bismarck, den er als Autorität einer »lebensnotwendigen« Freundschaft mit Rußland anführte. Hauptanlaß der Schrift war offensichtlich die neue Lage nach dem deutschen Angriff auf die UdSSR, der den deutschen Kommunisten wieder die Möglichkeit gab, sich auch öffentlich zum Widerstand gegen Hitler zu bekennen. Die Ausweitung des Krieges galt nicht nur Wehner als »Anfang vom Ende«. Doch »Deutschland soll nicht untergehen. Das deutsche Volk soll nicht verbluten.« Wehner appellierte an alle »ehrlichen Deutschen«, sich zu einen und Hitler zu stürzen. »Was bedeuten angesichts der drohenden Katastrophe diese oder jene politischen oder weltanschaulichen Meinungsverschiedenheiten? Müssen wir nicht alle, um der Zukunft unseres Volkes willen, an einem Strang ziehen?« Dabei bezog Wehner im Namen der deutschen Kommunisten ausdrücklich die »nationalsozialistischen Werktätigen« ein und zeigte sich überzeugt, daß unter ihnen viele seien, »die reinen Gewissens sagen können, daß sie nicht gewollt haben, was jetzt über uns hereingebrochen ist«, daß viele Hitler gefolgt seien, »weil sie glaubten, er führe Deutschland aufwärts, und weil sie nicht das teuflische Spiel durchschauten, das von den nationalsozialistischen Parteibonzen mit den edelsten Gefühlen des Volkes getrieben wurde«.[90]

Der internationale KPD-Jugendfunktionär Siegmund war seit Mai 1939 in Schweden, dort aber kaum seinen Fähigkeiten entsprechend eingesetzt worden. Wehner aktivierte »Friedel Stein« für seine Belange. Nach einem erfolglosen Versuch vom Juli 1941 schickte er ihn im September 1941 nach Amsterdam. Wehner hatte ihn gebeten, von dort aus zu untersuchen, ob mit

Charlotte Bischoff Kontakt aufgenommen werden könnte. Siegmund nahm »einiges Geld in deutscher Währung und einige Mitteilungen für sie« mit, »auf Grund deren sie – wenn sie noch existierte – entscheiden sollte, ob sie eventuell nach Holland gehen wollte«. Außerdem sollte er untersuchen, ob die Einreise nach Deutschland über Holland für Wehner und Genossen möglich sei.[91] In Amsterdam bekam Siegmund Verbindung zum illegalen Widerstandsnetz und gehörte bald der dortigen illegalen Leitung an.[92]

Anfang Oktober 1941 hatte das schwedische Außenministerium die sowjetische Gesandte Alexandra Kollontai vorgeladen. Kabinettssekretär Erik Boheman erklärte ihr, mehrere sowjetische Diplomaten seien in einem solchen Ausmaß in Spionageprozesse verwickelt, daß sie nicht länger im Lande geduldet werden könnten. Dabei nannte er auch Andrej Grauer, gegen den zwar kaum Beweismaterial vorlag, der aber schwer belastet sei. Frau Kollontai versprach, die Dinge zu regeln[93]; Grauer wurde in aller Stille abgezogen und als Erster Legationssekretär an die sowjetische Botschaft in London versetzt[94]. 1942 traf in Stockholm der 30jährige Deutschland-Spezialist Wladimir Semjonow ein, der zuvor an der Vertretung in Berlin gearbeitet hatte. Als Erster Legationsrat, chargé d'affaires, erfüllte er offiziell viele Aufgaben der Gesandten. Sein konspiratives Verhalten weckte bald das Interesse der schwedischen Sicherheitspolizei.[95] Wichtiger für die Geheimdienstarbeit war aber das Ehepaar Boris und Soja Jartzew (eigentlich Rybkin); beide waren von der Gesandtschaft in Finnland nach Stockholm versetzt worden.[96]

Nachdem Nachrichten von Charlotte Bischoff ausgeblieben waren, hatte Wehner alle Hoffnungen auf die mühevoll vorbereitete Reise Wagners gesetzt. Doch auch sie sollten sich nicht erfüllen: Sager traf Wagner in Hamburg zwar an, doch drängte der ihn, sofort nach Schweden zurückzufahren. Am 19. Oktober 1941 lief der schwedische Dampfer S/S Fredman aus Stettin kommend in Södertälje ein. Bei der Routinekontrolle stießen Zollbeamte auf Sager und wenig später auch auf Wagner. Die

Untersuchung vor Ort ergab, daß die blinden Passagiere von der Mannschaft Unterstützung erhalten hatten. Der Verdacht fiel bald auf den Heizer Bror Harald Larsson, der unmittelbar nach der Ankunft abgemustert hatte und mit unbekanntem Ziel abgereist war. Larsson galt der Sicherheitspolizei schon länger als Kurier der SKP zwischen Stockholm und Helsinki. Zuletzt war er im Juni 1941 im Zusammenhang mit einer Aktion gegen die Wollweber-Organisation vernommen worden.[97] Der Leiter der Untersuchung, Thorsten Söderström, wollte trotzdem nicht glauben, daß die beiden deutschen Kommunisten so problemlos nach Deutschland aus- und wieder eingereist waren. Er schloß nicht aus, Gestapo-Agenten vor sich zu haben. Ein früherer unfreiwilliger Kontakt der beiden mit dem Nazi-Spitzel Hugo Wilsch, alias Karl Michael Bergmann, der im Herbst 1939 aus Schweden ausgewiesen worden war, bestärkte diesen Verdacht. Söderström verwies in diesem Zusammenhang auf die Möglichkeit der Anwerbung von Kommunisten durch die Gestapo.[98]

Charlotte Bischoff war ausgefallen, Wagner und Sager saßen im schwedischen Gefängnis, Jakob Welter war seit Januar 1942 in den Händen der Gestapo. Allein über Siegmund erhielt Wehner noch Berichte aus Westdeutschland mit Nachrichten über die Lage in der Bevölkerung und in den Betrieben. Einer dieser Briefe »enthielt die Zusicherung, daß die Reise über Holland nach Berlin möglich sei, obwohl große Schwierigkeiten zu überwinden wären«. Das war offensichtlich Wehners letzte Chance, seine Aufgabe doch noch zu erfüllen. Seine innerparteilichen Gegner mit ihren mächtigen Förderern waren ihm schon dicht auf den Fersen. Eine politische Auseinandersetzung mit Mewis war deshalb unaufschiebbar geworden. Wehner schrieb in den »Notizen«, daß er mit Stahlmann und Mewis eine Zusammenkunft für den Nachmittag des 18. Februar 1942 verabredet hatte, auf der er mit Mewis abrechnen und Stahlmann die Konsequenzen der Auffassungen von Mewis vor Augen führen wollte.[99]

Nach der Verhaftung von Wagner und Sager (in Wehners »Notizen« heißt es: »um diese Zeit«) erhielt Wehner von Paul

Södermann erneut eine Aufforderung, mit den Russen zu sprechen. Wehner war nach den Gerüchten, die auf das letzte Treffen gefolgt waren, noch skeptischer. Doch Södermann erklärte, es handele sich dieses Mal um »eine unausweichliche Zusammenkunft [...], weil eine Russin, die kürzlich angekommen sei, vor ihrer Abreise von Moskau mit Dimitroff gesprochen und von diesem den Auftrag erhalten habe«, mit Wehner zu sprechen. Der von ihm kritisierte frühere Gesprächspartner sei inzwischen abgelöst. Södermann fügte den »Notizen« zufolge hinzu, daß es nun auch angebracht sei, die von den Russen mit Mewis unterhaltene Verbindung zur Sprache zu bringen. »Er betrachtete es als erwiesen, daß Mewis auf dem Wege über diese Verbindung verleumderische Behauptungen über die schwedische Partei lanziert habe.«[100] Wahrscheinlich handelte es sich bei der Frau, von der Wehner nur erwähnt, daß sie seit 15 Jahren Parteimitglied war, um Soja Rybkina, die nach der Verhaftung Wollwebers mit ihrem Mann, damals erster Sekretär der sowjetischen Gesandtschaft in Finnland, nach Stockholm gekommen war. In Rußland war sie unter ihrem Mädchennamen Soja Woskresenskaja als Kinderbuchautorin bekannt, in diplomatischen Kreisen in Stockholm dagegen als Soja Jartzeva. Sie galt als eine »hinreißende russische Schönheit, die fließend Deutsch und Finnisch sprach«[101]. Ihre Geheimdiensttätigkeit ist, im Gegensatz zu der ihres Mannes Boris, der schwedischen Polizei anscheinend entgangen.[102] Die Russin machte Wehner klar, daß Moskau zu einer härteren Kriegführung gegen die Deutschen übergegangen war und daß man von den deutschen Kommunisten »vor allem die Organisierung von Sabotage- und Kampftrupps« erwartete. Wehners Erwiderung, daß die deutschen Kommunisten den Kampf auf ihre Weise führten, erregte offensichtlich ihren Unwillen. Wehner bemühte sich nach diesem Gespräch um eine Zusammenkunft mit Linderot, der ihm bisher ausgewichen war. Doch die Beschwerde gegen die »Anmaßung der russischen Apparateleute« war bei Linderot kaum am richtigen Platz und ging »in einem versöhnlichen Brei unverbindlicher Worte unter«, wie Wehner schrieb.

Zwei Tage vor seiner Verhaftung tauchte die Russin bei einem Zusammentreffen zwischen Wehner und dem schwedischen Funktionär Fritjov Lager auf. Sie verlangte die Adresse und die Anlaufstelle der nach Berlin gereisten Lotte Bischoff, um diese für ihre eigenen Zwecke einsetzen zu können. »Das schlug ich rundweg ab und erklärte abschließend«, so Wehner in den »Notizen«, »daß wir uns nicht mehr treffen würden, weil ich selbst nach Deutschland zu reisen beabsichtigte«. Wehners mehrmalige Erwähnung des Zeitpunktes dieser Begegnung in den »Notizen« läßt darauf schließen, daß er ihr im Zusammenhang mit seiner Verhaftung großes Gewicht beimaß.[103]

Wehners Position war zu dieser Zeit sehr geschwächt. Seine hochtrabenden Pläne, eine von Moskau unabhängige KPD mit Zentrum in Deutschland zu schaffen, waren in Stockholm trotz der formalen Rückendeckung von Pieck und Dimitroff auf Mißtrauen nicht nur bei Mewis und seinem Kreis gestoßen; auch die SKP war Wehner gegenüber verschlossen geblieben. Seine Bemühungen um ein breites antifaschistisches Bündnis, das auch enttäuschte Nationalsozialisten einschließen sollte, wurden nicht von allen verstanden und gutgeheißen. Ein Übriges tat seine ablehnende Haltung zu den Avancen des sowjetischen Geheimdienstes. Wehner vermochte sich nicht gegen Mewis durchzusetzen, der inzwischen sogar erfolgreich gegen ihn intrigierte. Das entscheidende Kriterium für Wehners Ansehen in der kommunistischen Bewegung waren Erfolge bei der Organisierung des Widerstandes gegen Hitler. Doch die waren ausgeblieben.

In den Händen der schwedischen Sicherheitspolizei

Am 19. Oktober 1941 waren Wehners Instrukteure Werner Sager und Josef »Willi« Wagner aus Deutschland zurückgekehrt und noch an Bord ihres Schiffes von der schwedischen Polizei festgenommen worden. »Sodann erhielt die Kriminalpolizei Kenntnis davon«, hieß es in einem schwedischen Polizeirapport, »daß die Ehefrau des genannten Wagner, Frieda Wagner, in Verbindung mit einem illegalen Ausländer war, von dem Spionagetätigkeit angenommen werden kann. Im Zusammenhang damit wurden Untersuchungen vorgenommen, die dazu führten, daß zwei Kripobeamte, Stig Åkerberg und Axel Hultsten, am 18. Februar 1942, 10.45 Uhr in der Wohnung der Frau Wagner, Norra Stationsgatan 115, 4 Tr. vorsprachen [...].«[1]

Obwohl es allen Regeln der Konspiration widersprach, unterhielt Wehner engen Kontakt mit Wagners Frau. Da er mit Sicherheit annehmen mußte, daß sie unter Polizeibeobachtung stand, setzte er damit nicht nur sich, sondern die gesamte illegale Arbeit der im Aufbau befindlichen KPD-Auslandsleitung aufs Spiel. Anfänglich konnte Wehner seine häufigen Besuche bei der ihn attrahierenden sechs Jahre älteren Frieda Wagner mit dem Interesse an ihrem verhafteten Ehemann und an Werner Sager begründen, denn allein über sie bestand die Möglichkeit, aus dem Gefängnis in Kalmar einen Bericht über den Deutschlandaufenthalt der Emissäre zu erhalten, der für die weitere Arbeit der Stockholmer Gruppe doch so wichtig war. Aus Wehners Informationsbesuchen war mit der Zeit eine Zusammenarbeit entstanden; Frieda Wagner ging dem eifrigen Journalisten mit Übersetzungen zur Hand. Schließlich hatte sich ein Liebesverhältnis entwickelt, das vielleicht eine Erklärung für die nachlässige Haltung des erfahrenen Funktionärs liefert, der 1933 die Geschicke der KPD in Berlin mit Umsicht gelenkt hatte. Der damals und später immer wieder erhobene

Vorwurf, Wehner habe sich aus Feigheit selbst der Polizei in die Hände gespielt, um nicht ins Deutschland Hitlers fahren zu müssen, paßt jedenfalls nur schlecht zum Typ des Kämpfers, der er ein Leben lang bleiben sollte. Andererseits waren alle seine mit großem Aufwand geleiteten Operationen fehlgeschlagen, die Hoffnungen auf Übersiedlung nach Berlin damit in weite Ferne gerückt. Die Möglichkeit, unverrichteter Dinge wieder nach Moskau zurückkehren zu müssen, mochte ihn nach seinen Erfahrungen mit dem NKWD mehr als schrecken. Doch Wehners »Notizen« zufolge bestand über »Friedel Stein« durchaus noch eine Möglichkeit, seine Pläne in die Tat umzusetzen, und später nach den Hintergründen der Verhaftung befragt, verwies Wehner auf seine angestrengten Bemühungen, über Frieda Wagner Kontakt zu ihrem Mann in Kolmar zu halten. Er gab aber zu, daß dies ein Fehler war: »Fehler unterlaufen auch offensichtlich Menschen, die unter härtesten Bedingungen solche vermieden haben (oder hätten). Dafür haben sie dann (habe ich dann) die Folgen zu tragen.«[2] Hätte er seinen ursprünglichen Verdacht wiederholt, wonach der sowjetische Geheimdienst seine Hand im Spiel gehabt hatte, wäre das zum Zeitpunkt der Befragung – Wehner stand auf dem Höhepunkt seiner Karriere – von seinen politischen Gegnern fraglos gegen ihn verwendet worden.

Am Abend des 17. Februar 1942 hatte es Wehner wieder zu Frieda Wagner gezogen. Am nächsten Tag wollte er mit Mewis abrechnen. Vorzubereiten war noch genug, und nichts wollte ihn mitten in der Nacht wieder in seine Junggesellenunterkunft führen. Diese Nachlässigkeit sollte sein ganzes Leben verändern. Am folgenden Morgen fanden ihn die Beamten der Sicherheitspolizei unter Frieda Wagners Bett. Wenig geistesgegenwärtig gab er sich zunächst als Willi Neumann aus. Nicht nur, daß die Polizei schnell dahinterkommen sollte, daß Neumann ein anderer war – der »schöne Adolf« war noch dazu ein aktiver Saboteur aus dem Kreis um den in Schweden bereits einsitzenden Ernst Wollweber, was der schwedischen Sicherheitspolizei allerdings noch nicht bekannt gewesen sein mußte. Bald jedenfalls war Wehner nicht nur gezwungen, seine wahre Identität preiszugeben; er mußte geradezu darum bemüht sein, diese überzeugend darzustellen. Der verdächtige Ausländer, der sich nun ohne Papiere in Polizeigewahrsam befand und schon einmal einen falschen Namen angegeben hatte, hätte ebensogut auch ein Agent der Gestapo sein können, die nicht zuletzt unter den politischen Emigranten in Stockholm sehr aktiv war. Enge Beziehungen zu Sager und Wagner mußten in den Augen der Polizei in dieser Hinsicht eher belastend wirken. Das Schicksal eines ergriffenen Gestapo-Agenten wäre die Ausweisung nach Deutschland gewesen. Eine solche Verwechslung hätte für Wehner den sicheren Tod bedeutet, dessen war er gewiß. Um so mehr bemühte er sich, ausführliche Angaben über seine Person zu machen. Um seine Identität zu unterstreichen, gab er eine Reihe von Namen bekannter Funktionäre zu Protokoll, die er in den Jahren des Exils getroffen und mit denen er gearbeitet hatte. Sie alle befanden sich zum Zeitpunkt seiner Aussagen im sicheren Ausland, niemandem erwuchs aus seinen Angaben eine unmittelbare Gefahr. Was seine Einreise nach Schweden betraf – ein strafwürdiges Delikt, zu dem er sich auch offen bekannte –, hatte er sich eine »Geschichte« zurechtgelegt. Für alle Fälle, wie er später sagte: Er behauptete, von Moskau aus nach Holland gefahren zu sein mit der Absicht, in Deutschland die Kommunistische Partei zu reorganisieren. Im März 1941 habe er sich, da er annehmen mußte, daß seine Mithelfer in Deutschland verraten und erschossen waren, über Norwegen nach Schweden begeben. Von hier sollte es über Finnland weiter zurück nach Moskau gehen. Das klang plausibel. Seine Ankunft in Schweden gab er mit im Mai 1941 an. Infolge des erneuten Kriegsausbruches zwischen Finnland und der UdSSR habe er nicht weiterreisen können. Er gab zu, für die kommunistische *Welt* gearbeitet zu haben, deren Druck die schwedische Regierung mit Rücksicht auf ihre Beziehungen zur Sowjetunion zwar erlaubt, den Emigranten aber jede Mitarbeit verboten hatte. Nach diesem Geständnis hüllte sich Wehner in Schweigen. Er lehnte zunächst alle Aussagen darüber ab, wie und wo er untergekommen war und wovon er gelebt hatte. Zu Friedel Wagner, die ebenfalls festgenommen worden war, gab er an, sie sei nicht in seine Tätigkeit involviert; nach der Verhaftung ihres Mannes habe er sie aufgesucht, um zu helfen, diesen freizubekommen. Darüber habe sich ein Liebesverhältnis entwickelt.[3]

Wehner stand während der Polizeiverhöre unter starkem Druck seitens der Beamten der erst seit wenigen Jahren bestehenden Sicherheitspolizei. Ihn verhörten der 32jährige Stig Åkerberg und der 20jährige Folke Lindberg. Die eigentliche Verantwortung aber trug der 41jährige Oberwachtmeister Thorsten Söderström, dem Wehner später eine »echt nazistische Räuberromantik«[4] nachsagte. Ziel der gelernten Kriminalbeamten war es, so viele Informationen wie möglich aus ihrem Gefangenen herauszubekommen. Über seine exponierte Stellung in der KPD-Emigration in Schweden waren sie sich zunächst nicht klar. Ihre Verhörmethoden, eine Mischung aus Zuckerbrot und Peitsche, blieben nicht ohne Erfolg. Wirkung zeigte zunächst die harte Methode: Söderström konstruierte einen Zusammenhang zur Wollweber Organisation und dem Prozeß gegen Jakob Liebersohn-Rom (Willi Rom), was nicht nur eine harte Strafe erwarten ließ, sondern auch die Ausweisung nach Deutschland bedeuten konnte. Deutsche Auslieferungsersuchen in dieser Sache beriefen sich nicht zu Unrecht auf den deutsch-schwedischen Auslieferungsvertrag von 1878. Auch das Oberste Gericht Schwedens wollte sich dem Antrag auf Grund der »Verbrechen« Wollwebers nicht länger widersetzen und hatte 1941 beziehungsweise 1942 in einem geheimen Beschluß das deutsche Ersuchen im Falle Wollwebers akzeptiert. Allerdings sollte der in Schweden bereits Verurteilte erst seine Strafe absitzen. Die Auslieferung nach Deutschland und das sichere Todesurteil blieben Wollweber nur durch die sich dramatisch ändernde Kriegslage erspart.[5] Glaubte Wehner, sich des Vorwurfs der Sabotage erfolgreich erwehren zu können, traf ihn um so mehr die Anklage, er sei Gestapo-Agent. Die Drohung mit der damit in jedem Fall verbundenen Ausweisung nach Deutschland war ein beliebter Trick der schwedischen Beamten gegenüber den deutschen Kommunisten. Noch in Freiheit, hatte Wehner erfahren, daß Josef Wagner dreimal an Bord eines deutschen Schiffes gebracht worden war, um ihn zu einer umfassenden Aussage zu bewegen.[6] Wehner konnte diesem psychischen Druck dank seiner Disziplin und einer festen Aussagestrategie standhalten.

Am Morgen des 10. März 1942 wurde Erika Friedländer festgenommen und von Åkerberg und Lindberg über ihre Beziehungen zu Wehner vernommen. Als ihr sein Foto vorgelegt wurde, verneinte sie, ihn zu kennen oder ihn in Stockholm getroffen haben. Parallel dazu wurde Wehner gehört, der aussagte, von einer »deutschen Frau« über die Anwesenheit Paul Friedländers in Stockholm informiert worden zu sein, den er 1926 bei Erich Mühsam in Berlin kennengelernt hatte. Friedländers Frau Erika war Wehner in Berlin häufig begegnet, so daß er bestätigte, daß sie ihn wiedererkennen müßte. Wehner hoffte, damit endlich Klarheit über seine Person schaffen zu können. Deshalb rekonstruierte er seine Begegnungen mit Erika Friedländer, die er Anfang Juli 1941 gemeinsam mit Friedel Wagner getroffen hatte, bis ins kleinste Detail. Von der »deutschen Frau« habe er erfahren, daß Erika Friedländer Briefkontakt nach Deutschland unterhielt, weshalb er sich mit ihr im Februar 1942 ein zweites Mal traf. Auch dieses Treffen schilderte Wehner bis ins kleinste; sogar die Briefe, die sie mitgebracht hatte, konnte er referieren. Erika Friedländer wurde mit diesen Aussagen konfrontiert und verneinte zunächst, Wehner aus Deutschland zu kennen. Erst am folgenden Tag, nachdem sie vom Verrat des ehemaligen Funktionärs überzeugt war, gab sie zu, Wehner durch Friedel Wagners Vermittlung in Stockholm getroffen zu haben und ihn von Berlin her zu kennen. Da sich ihre detaillierte Aussage völlig mit der Wehners deckte, wurde sie am nächsten Tag freigelassen.[7]

Nach einem Monat täglicher, oft bis spät in den Abend hinein andauernder Verhöre – in seinen »Notizen« klagte er über rheumatische Schmerzen, die er sich in der ungeheizten Zelle zugezogen habe – und nachdem er »zwei Mal mit Polizei-Überwachung durch einige Teile der Stadt gefahren« worden war, wo die Polizei Anhaltspunkte zu finden hoffte, hatte sich Wehner entschlossen, Angaben zu seinem Wohnsitz in der Stockholmer Gotlandsgatan zu machen, ohne aber den Namen der Vermieterin zu nennen. Er wollte nach eigener Aussage dadurch »verhindern, daß sechs Genossen weiter festgehalten, bzw. unter Polizeikontrolle zur Aufdeckung weiterer Spuren ausgenutzt werden konnten« – eine Gefahr, die Wehner als sehr akut einschätzte. Die Wohnung preiszugeben, hielt er für unbedenklich, da er glaubte, daß seine Genossen inzwischen alle belastenden oder bedeutenden Unterlagen abholen konnten.[8] Das aber war nicht geschehen. Auch seine Hoffnung, die anderen Festgehaltenen würden aus den Ermittlungen ausscheiden und er fortan allein das Interesse der Polizei finden, sollte sich als trügerisch erweisen. Durch die Aussagen seiner Wirtin Elvira Gustafsson konnte die Polizei den Faden aufnehmen, der einen großen Prozeß erst ermöglichte.

Aus den Polizeiprotokollen ergibt sich über den Lauf der Dinge folgendes Bild: Wehners Verschwinden war seiner Wirtin, bei der er sich als Svensson vorgestellt hatte, erst nach einigen Tagen aufgefallen. Sie rief deshalb ihren Bruder Erik Fritjof an, bei dem Wehner ebenfalls kurzzeitig Unterkunft gefunden hatte. Sie teilte Fritjof nur mit, daß ihr Untermieter verschwunden sei. Der überzeugte und in Moskau geschulte Kommunist begriff sofort die Bedeutung dieser Nachricht. Mit einem Taxi fuhr er zu ihr in die Wohnung und stellte einen Teil von Wehners Sachen sicher – jedenfalls glaubte er das, als er ihm wichtig erscheinende Papiere zu sich nach Haus brachte. Am nächsten Tag sprach er im Büro der Schwedischen Kommunistischen Partei in der Kungsgatan vor, wo er den einflußreichen Funktionär Gunnar Öhmann antraf. Den konspirativ nicht unerfahrenen Fritjof erschütterte nicht, daß Öhmann ihm gegenüber jede Kenntnis über Wehner leugnete. Fritjof erstattete trotzdem einen ausführlichen Bericht, auch über die in seine Wohnung verbrachten Papiere. Er war davon überzeugt, daß die Partei nun irgendwelche Maßnahmen einleiten würde, wartete darauf aber vergeblich.[9] Warum die schwedische Parteiführung nicht reagierte, ist heute nicht mehr eindeutig festzustellen, doch dürfte dies Wehners Vermutung einer zielgerichteten Denunziation Nahrung gegeben haben. Sicher ist, daß Wehner am Tage seiner Verhaftung nicht zu verabredeten Treffs erscheinen konnte. Die Vermutung, er sei verhaftet worden, lag nahe. Sehr schnell erfuhr die schwedische Parteiführung von der Festnahme Wehners in der Wohnung Frieda Wagners. Sie mußte mit einem Hinterhalt der Polizei rechnen, vermutete Wehners Wohnung bereits unter Aufsicht und wagte wohl deshalb nicht einzugreifen. Freilich bleibt die Frage, wie groß die Friktionen zwischen Wehner und den schwedischen Funktionären gewesen sein müssen, wenn die Möglichkeit seines Verrats sofort als wahrscheinlich betrachtet wurde.

In der deutschen Parteigruppe war die Lage etwas anders. Auch hier hatte Wehners Ausbleiben die schlimmsten Befürchtungen entstehen lassen. Wie Karl Mewis später der schwedischen Polizei freimütig erzählte, hatten Stahlmann und er sich in der Wohnung Wehners getroffen; nach mehreren Stunden vergeblichen Wartens trennten sie sich mit einer Verabredung für den nächsten Tag. Aber Stahlmann kam erst fünf Tage später wieder mit Mewis zusammen und berichtete aufgeregt von der Verhaftung Wehners. Aus Vorsicht hatte Stahlmann bereits seine Unterkunft gewechselt, für Mewis stand aber kein Ausweichquartier mehr zur Verfügung. Zwar lebte Mewis illegal, doch das bei seiner Verlobten, der Dahlem-Tochter, die inzwischen die französische Staatsbürgerschaft angenommen hatte und legal als Flüchtling in der schwedischen Hauptstadt eine Wohnung bezogen hatte. Drei Wochen später wußte Stahlmann noch immer nichts über Wehners Schicksal. Er wohnte nun außerhalb der Stadt und traute sich kaum, die Wohnung zu verlassen. In den folgenden Wochen traf ihn Mewis wieder regelmäßig und erhielt auch seine finanzielle Unterstützung weiter. Nun erfuhr er auch, daß jegliche Arbeit nach Deutschland gestoppt werden sollte. Mitte Mai mietete Mewis' Verlobte ein Sommerhäuschen bei Huddinge, wo er sich ganz der Gartenarbeit hingab. In die Stadt fuhr er nur noch, um Stahlmann zu treffen, von dem er weiterhin deutsche Zeitungen und bis zum Sommer Geld für seine Artikel in der *Welt* erhielt.[10]

Wehners Tragödie hatte also darin bestanden, daß seine Materialien nicht rechtzeitig in Sicherheit gebracht worden waren. Irrtümlicherweise ging er später davon aus, daß Stahlmann persönlich sie zu Fritjof gebracht hatte,[11] doch auch der behauptete, lediglich schwedischen Genossen einen entsprechenden Auftrag gegeben zu haben. »Blöderweise« habe man Wehners Material in die Wohnung des Bruders der Wirtin gebracht. »Als ich dies hörte«, so ein unter Erklärungszwang stehender Stahlmann im Dezember 1946, »ging ich noch an demselben Abend in diese Wohnung und nahm alles kompromittierende Material, was ich dort vorfand, heraus. Nur Bücher (alles Nazibücher, die in Deutschland gedruckt waren) und Zeitungsausschnitte ließ ich liegen. Am nächsten Morgen war in dieser Wohnung bereits Haussuchung.«[12]

Ob Unachtsamkeit, Unfähigkeit oder gar Feigheit die in Freiheit befindlichen Genossen Mewis und Stahlmann die einfachsten Schutzmaßnahmen nach der Verhaftung eines Illegalen, noch dazu des Führers ihres Dreierkopfes, vergessen ließen, ist letztlich ohne Bedeutung. Die schwedische Sicherheitspolizei verbuchte durch dieses Versagen einen großen Erfolg. Nach Wehners Aussage wurde in seiner Wohnung unter anderem eine chiffrierte Nachricht beschlagnahmt, aus der hervorging, wie kompliziert das Leben der deutschen Kommunisten in Schweden war: die innenpolitische Lage war ungünstig, die Lebensmittelversorgung schlecht, die Hilfe der schwedischen KP gering; auch über die Finanzbasis des KPD-Exils und die Spannungen mit der SKP erfuhr die Polizei auf diese Weise.[13] Bei Routine-Untersuchungen in Wehners Umfeld fiel ihr schließlich sein gesamtes Arbeitsmaterial in die Hände; Stahlmanns späterer Bericht war offensichtlich eine Zweck- oder Notlüge.

Wehners Archiv ermöglichte es der Sicherheitspolizei, die Arbeit der KPD zu rekonstruieren und Instrukteure und andere Kontaktpersonen zu identifizieren. An Belastungsmaterial gegen ihn war kein Mangel, Wehners Lage wurde ernst. In dieser Situation überrumpelten die Vernehmer ihr Opfer, indem sie Verständnis für seine Lage erkennen ließen und eine Reihe von Erleichterungen boten. Åkerberg und Lindberg gingen so weit, daß sie Wehner an Wochenenden aus dem Untersuchungsgefängnis holten und den passionierten Raucher mit Tabak und Bohnenkaffee versorgten. Wehner gab später an, ihm sei für umfangreiche Aussagen sowohl Strafmilderung als auch die schwedische Staatsbürgerschaft in Aussicht gestellt worden.[14] Sicher war ob solcher Methoden die »revolutionäre Wachsamkeit« des verzweifelten KPD-Funktionärs nicht auf der Höhe der Ereignisse. Als Obervernehmer Söderström, der ein auffallendes Interesse für die antifaschistische Bewegung in Deutschland an den Tag legte, ihn eines Tages fragte, woher denn die in seiner Wohnung gefundenen illegalen holländischen Zeitungen gekommen seien, antwortete Wehner, sie von einer Frau erhalten zu haben, die sie ihrerseits von einem Seemann bekommen habe. Söderström begehrte sofort mehr Informationen über diese Unbekannte. Wehner, der über die schwedische Jungkommunistin Solveig Hansson mit Zeitungen versorgt worden war, wollte den hellwachen Sicherheitsmann nun von dieser Spur abbringen und antwortete, diese sei wohl in Deutschland. Sofort hakte Söderström nach, ob es sich um die deutsche Kommunistin Charlotte Bischoff handele, von der er wüßte, daß sie nach Deutschland gefahren sei; ein anderer Beamter konfrontierte Wehner sofort mit ihrem Foto. Wehner war verunsichert und weigerte sich auszusagen, ob er die Frau kannte oder nicht. Der Vernehmer versuchte ihn daraufhin dazu zu bewegen, den Namen mit Gerda Lindner anzugeben, die tatsächlich unter ähnlichen Umständen wie Lotte Bischoff für eine Fahrt nach Deutschland vorbereitet worden war und die, wie die Polizei schon aus den Untersuchungen gegen den KPD-«Abwehrmann« Kunze wußte, bei Lotte Bischoff wohnte.[15] Wehner war ratlos. Wieviel wußte die Polizei? Gab es unter den leitenden deutschen Kommunisten in Stockholm einen Verräter, war vielleicht seine Verhaftung das Ergebnis von Verrat? Er mußte befürchten, daß ein Judas in den eigenen Reihen und an sehr wichtiger Stelle saß. Wehner fühlte sich förmlich gezwungen, die Vermutungen der Polizei zu bestätigen, um seine eigene Glaubwürdigkeit nicht zu erschüttern. Dazu gehörten auch Informationen über seinen Kontakt zu Lotte Bischoff. Wenn die Polizei tatsächlich seine gesamten Materialien in ihren Besitz gebracht hatte, hatte Leugnen kaum Sinn. Wehners preußische Aktenführung entsprach zu wenig der Notwendigkeit einer unbürokratischen Verwaltung im illegalen Kampf. So hatte er Charlotte Bischoff vor ihrer Abfahrt um Briefe an ihre Mutter gebeten, die er jeden Monat nach Deutschland schicken wollte, damit die alte Frau bei Anfragen der Gestapo auch mit gutem Gewissen aussagen konnte, ihre Tochter sei in Schweden. Der jede Möglichkeit – außer der eigenen Verhaftung – bedenkende Wehner hatte von Charlotte zudem verlangt, sich vor der Reise fotografieren zu lassen. Er hielt das für notwendig, für den Fall, daß er ihr einen Kurier nach Berlin schicken würde. Eines der Fotos hatte er auch mit seiner Kadereinschätzung über sie nach Moskau geschickt. Tatsächlich geriet auch ein Abzug in die Hände der Gestapo, die damit in Deutschland nach der Kommunistin suchte.[16] Der Polizeirapport über die Vernehmungen sollte sich für Wehner später unheilvoll auswirken, hieß es darin doch, Wehner habe ausgesagt, Lotte Bischoff nach Deutschland geschickt zu haben. Das sollte und mußte nach einer freiwilligen Aussage, also nach gemeinem Verrat klingen. Neben den nicht ganz klaren Umständen seiner Verhaftung wurde dieses Vernehmungsprotokoll der schwedischen Sicherheitspolizei in den Augen der Kommunisten zum Hauptbeweis für Wehners angeblichen Verrat.

Ein Memorandum von Thorsten Söderström, das sich im Archiv der schwedischen Sicherheitspolizei befindet, bestätigt aber Wehners Schweigen gegenüber der Polizei. Darin beklagte sich Söderström Mitte April bei Staatsanwalt Ryhninger, daß durch Wehners Weigerung, zur Aufklärung des Falles beizutragen, die ganze Untersuchung sehr zeitaufwendig geworden sei. So habe Wehner erst nach einem Monat, konkret nach dem

14. März, seine Wohnadresse genannt, ohne jedoch den Namen seiner Wirtin preiszugeben. Die Männer des Sicherheitsdienstes mußten daraufhin die bei Wehner beschlagnahmten Schlüssel im Haus ausprobieren, um die Wohnung zu finden. Aus diesem Verhalten schloß Söderström, daß Wehner zu diesem Zeitpunkt wohl davon ausgegangen war, daß seine Sachen in Sicherheit seien. Das Memorandum bestätigt ferner Wehners Behauptung, Charlotte Bischoff nicht verraten zu haben. »Die deutsche Frau betreffend«, so Söderström, »lag von seiten der Kriminalpolizei eine größere Untersuchung vor, die die Feststellung ihrer Identität ermöglichte.« Gleiches galt für die Nennung des Namens der schwedischen Gehilfin: »Den Namen der schwedischen Frau, Solveig Hansson, hat Wehner auch nicht genannt.« Durch eine polizeiliche Untersuchung in anderer Sache sei ihre Identität eher »zufällig« festgestellt worden.[17]

Folgen sollten Wehners Aussagen allein für Solveig Hansson haben. Zwar hatte Wehner stets nur »von einer schwedischen Frau« gesprochen und später sogar erklärt, damit verschiedene Personen gemeint zu haben, aber der Polizei war es durch Spitzel schnell gelungen, die richtige Person festzustellen. Am 23. März wurde Solveig Hansson in ihrer Wohnung verhaftet. Die 28jährige war eine leidenschaftliche Kommunistin. Quasi in die kommunistische Bewegung hineingeboren – seit ihrem dritten Lebensjahr lebte sie bei ihrem Onkel, dem bekannten SKP-Sekretär Gösta Kempe –, war sie nicht nur mit der Betreuung der deutschen Genossen Wehner und Stahlmann betraut, sondern arbeitete aufgrund ihrer 1934 in Moskau erhaltenen Ausbildung in Nachrichtentechnik für die SKP als Chiffreur und Funker. Wehner muß das gewußt haben, denn er hatte ihr Nachrichten zur Verschlüsselung und Beförderung nach Moskau übergeben. Vielleicht hielt er sie aber gleichwohl nur für einen unwichtigen kleinen Kurier, denn über ihre eigentlichen Aktivitäten bewahrte Hansson vor der Polizei und vor Gericht Stillschweigen; sie beschrieb sich als einfache Arbeiterin und verweigerte auf die Frage nach ihrer politischen Tätigkeit im Polizeiverhör zunächst jede Auskunft.[18]

Die Sicherheitspolizei war sehr an Fragen der Finanzierung der antifaschistischen Arbeit in Schweden und von Schweden aus interessiert. Nicht zuletzt das bei Wehner gefundene Telegramm hatte ihre Aufmerksamkeit in diese Richtung gelenkt. Wehner hielt sich auch hier weitgehend an die Wahrheit: Er gab zu, daß er, versehen mit 3000 Kronen und einer Empfehlung für einen ehemaligen deutschen Geschäftsmann, dessen Namen er aber nicht nennen wollte, in Stockholm eingetroffen war. Durch Frau Bischoffs Vermittlung habe er diesen Anfang Juli 1941 gesprochen. Der Geschäftsmann war keineswegs eine Fiktion. Bei ihm handelte es sich um den 27jährigen deutsch-jüdischen Unternehmer Fritz Hollander aus Hamburg-Altona, der vor Hitler nach Schweden geflohen und hier schnell heimisch geworden war. Hollander sympathisierte mit den deutschen Kommunisten, die er auch finanziell unterstützte. Besonders mit Karl Mewis, den er Mitte der dreißiger Jahre in Moskau kennengelernt hatte,[19] unterhielt er enge Beziehungen. Wehner gab zu Protokoll, der Geschäftsmann habe nach dem Treffen seiner Bitte um eine größere finanzielle Unterstützung entsprochen und schon am nächsten Tag 5000 Reichsmark zur Verfügung gestellt.[20] Über deren Verbleib mußte Wehner der Sicherheitspolizei nun genaueste Auskunft geben. Er erklärte, 700 Reichsmark Charlotte Bischoff für ihre Reise ausgehändigt und den Rest nach Holland transferiert beziehungsweise Solveig Hansson zur Aufbewahrung gegeben zu haben; letzteres nahm er später zurück und gab an, das Geld anderen anvertraut zu haben. Tatsächlich hatte er Hansson einmal ein verschnürtes Paket zur Aufbewahrung übergeben, dieses aber später wieder zurückerhalten.[21] Bis November 1941 hatte Wehner nach eigener Aussage von besagtem Geschäftsmann weitere 5000 Kronen erhalten und für den eigenen und Stahlmanns Unterhalt verbraucht. Vor weiteren Leistungen forderte der Geschäftsmann Garantien ihrer Verwendung gegen Hitler – etwa durch die Stockholmer Vertretungen der Sowjetunion oder Großbritanniens. Als Wehner dies ablehnte, sei der Kontakt abgebrochen.

Es ist fraglich, ob die schwedische Sicherheitspolizei Hollander schon damals identifizieren konnte; jedenfalls erhielt dieser am 6. November 1942 die schwedische Staatsbürgerschaft.[22] Die deutsche Gestapo war über Hollander dagegen vollständig im Bilde; anhand der Aussagen des in Kopenhagen im Mai 1941 verhafteten ehemaligen dortigen KPD-Abschnittsleiters Heinrich Wiatrek konnte sie im September 1942 ihren umfangreichen Schlußbericht zur KPD-Abschnittsleitung Nord vorlegen. Darin wurde der »aus Deutschland stammende Jude« Fritz Hollander erwähnt, der in Stockholm Mitinhaber der Firma »Baltiska Skinnkompaniet« (Häute und Felle) war, die Zweigstellen in verschiedenen Ländern besaß. Wiatrek hatte Hollander im Januar 1940 durch Vermittlung von Mewis in Stockholm getroffen und von ihm 600 Kronen erhalten. Nach Informationen der Gestapo wurde Hollander von der schwedischen KPD-Emigration als Parteimitglied geführt und zahlte einen jährlichen Beitrag von 1200 Kronen. Der Gestapo galt er als Geldgeber der KPD-Auslandsleitung. Sie wußte auch, daß Hollander im Laufe des Jahres 1940 im Auftrag von Mewis nach Nordamerika gefahren war und dort unter Ausnutzung seiner Geschäftsbeziehungen und unter Heranziehung dort ansässiger Verwandter Geld für die deutschen Kommunisten gesammelt hatte. Aufgrund seiner internationalen Geschäfte war Hollander auch in der Lage, im Machtbereich Hitlers zu agieren; Geschäftsreisen hatten ihn wiederholt sowohl nach Dänemark als auch nach Deutschland geführt. Hollander war damit für die KPD ein hervorragender Kurier, der internationale Kontakte herstellen konnte.[23] Gegenüber Wehner hatte Hollander sich aber eher verschlossen gezeigt; sein ganzes Vertrauen galt Karl Mewis.

Die Verhandlung gegen Herbert Wehner wegen Spionageverbrechens und gegen Solveig Hansson wegen Teilnahme und Unterstützung daran begann am 8. April 1942 vor der 5. Abteilung des Stockholmer Amtsgerichts unter Vorsitz von Sven Gunnar Junker. Der bald 60jährige Richter verfügte über Erfahrung in Spionageprozessen; bis 1944 sollte er 55 Verhandlungen wegen staatsfeindlicher Tätigkeit leiten.[24] Die Vertretung der Anklage lag bei dem 42jährigen Staatsanwalt Werner

Ryhninger. Bis 1948 waren in Schweden bei den Gerichten auf dem Lande die staatlichen Kreispolizeichefs und in den Städten städtische Beamte als Staatsanwälte tätig. In jeder Provinz gab es einen staatlichen Oberstaatsanwalt, der zugleich das Amt des Polizeichefs der Provinzregierung innehatte.[25] In Wehners Fall war der Ankläger also auch der Leiter der Voruntersuchung. Bei den Gerichten waren für Spionageprozesse ausgewählte Staatsanwälte tätig; Ryhninger war einer ihrer fleißigsten, ehe er 1943 zusammen mit Thorsten Söderström für Fehler in der Dienstausübung zur Rechenschaft gezogen wurde und sich von diesen Aufgaben zurückzog. Seine Anklageschriften stellten ausgeprägte Kampfansagen an den Kommunismus und an die Sowjetunion dar. Im Prozeß gegen Willi Rom hatte er mehrere Memoranden über die Arbeit der Komintern vorgelegt, die sich bewußt auch der Ideologie des Kommunismus annahmen.[26] Ryhninger hatte auch in einem der größten Sabotage-Prozesse seit der deutschen Besetzung Dänemarks und Norwegens die Anklage geführt und gegen die sogenannte Rickmann-Liga, die in englischem Auftrag versucht hatte, die schwedischen Erzlieferungen nach Deutschland zu unterbinden, seine Forderung nach harter Bestrafung damit begründet, daß die Aktivitäten gegen Deutschland und damit gegen »eine mit uns im Krieg verbundene Macht« gerichtet waren.[27]

Mit der Wahl eines Verteidigers für Wehner hatte es Schwierigkeiten gegeben. Als Pieck und Dimitroff von seiner Verhaftung erfuhren, hieß es, Wehner solle den besten Anwalt bekommen. Der Sozialdemokrat Max Seydewitz, seit 1934 eng mit den Kommunisten liiert, erhielt den Auftrag, dafür Georg Branting zu gewinnen. Branting war im Schatten seines Vaters Hjalmar, des ersten sozialdemokratischen Ministerpräsidenten Schwedens, zu einem leidenschaftlichen Sozialisten und Pazifisten geworden. Schon 1933 hatte er im Nationalsozialismus eine Kriegsgefahr erkannt. Ohne über die Sowjetunion und die kommunistische Weltanschauung näher informiert zu sein, galt Georg Brantings Sympathie deren Gegnerschaft zu Hitler; auch sein Engagement im Londoner Gegenprozeß zum Leipziger

Reichstagsbrandprozeß hatte hierin seinen Grund. Branting saß für die Sozialdemokraten im Reichstag, und Wehner war ihm kein Unbekannter, hatte dieser doch – vergeblich – versucht, mit Brantings Hilfe Dokumente zur BBC nach London zu befördern. Man geht kaum falsch in der Annahme, daß das Verhältnis zwischen Branting und Wehner schon seit längerem gestört war. Brantings Antipathie hatte ihren Ursprung nicht in Schweden, sondern in Paris. Als Mann des Apparates war Wehner für seine vernichtende Kritik an so ziemlich allen KPD-Funktionären berüchtigt und hatte sich auf diese Weise auch die Mißgunst Willi Münzenbergs zugezogen.[28] Georg Branting wiederum hatte Münzenberg in Paris bei dem schwedischen Bankier Olof Aschberg, einem der wichtigsten Geldgeber für Lenins Revolution,[29] kennengelernt. Seitdem verband ihn mit Münzenberg eine »menschliche Beziehung«.[30] Sicher hatte er einiges von den Auseinandersetzungen zwischen Münzenberg und Wehner erfahren und hegte deshalb keine besonderen Sympathien für letzteren.

Nach Durchsicht der Aussageprotokolle und der Gerichtsakten lehnte Branting die Verteidigung Wehners jedenfalls brüsk ab. Wie Mewis und Erich Glückauf später berichteten, soll Branting von den protokollierten Aussagen Wehners erschüttert gewesen sein; die Tatsache, daß Wehner sich eine Schreibmaschine hatte in die Zelle bringen lassen, um seine Erklärungen vor Gericht einfacher aufschreiben zu können, erschien ihm skandalös. Besonders irritierten Branting die vielen Namen von Antifaschisten, die Wehner »preisgegeben« hatte; offensichtlich war der Anwalt zu wenig informiert, um zu erkennen, daß es sich hier um auch der Gestapo wohlbekannte Spitzenleute handelte, die sich außerhalb von Hitlers Einflußbereich befanden. Den Ausschlag gab schließlich die Aussage über Charlotte Bischoffs Deutschlandfahrt, die Branting an der Ehrlichkeit Wehners zweifeln ließ. Ob der eher zurückhaltende Anwalt seine Ablehnung der Verteidigung jedoch wirklich mit so starken Worten (»Verrat«) untermauert hatte, wie Mewis später behauptete, erscheint fraglich. Immerhin übernahm Branting schließlich die Verteidigung von Solveig Hansson – und Brantings Schwager Olof Westerståhl die Sache Wehner.

Nach der Eröffnung der Verhandlung[31] wurde zunächst Solveig Hansson zur Person gehört. Anschließend führte man Wehner unter Bewachung in den Saal; die Öffentlichkeit war ausgeschlossen. An Wehners Seite hatte sich Olof Westerståhl als Pflichtverteidiger eingefunden. Solveig Hansson erklärte nun, Wehner noch nie gesehen zu haben, während Wehner sie als jene Frau identifizierte, die ihm Kontakt zu den Seeleuten verschafft und deutschsprachige Zeitungen besorgt habe. Solveig quittierte seine Aussage mit dem Zwischenruf »Er ist ein Lügner!«. Daraufhin fügte Wehner hinzu, im Polizeiverhör ihren Namen nicht preisgegeben, sondern nur von einer »schwedischen Frau« gesprochen zu haben. Er erklärte weiter, auch nicht den Namen von Charlotte Bischoff genannt zu haben, nachdem man ihm ihr Bild vorgelegt hatte. Verzweifelt behauptete er schließlich, die Frau, die er nach Deutschland geschickt hatte, sei nicht Charlotte Bischoff. Den Namen könne er aber nicht nennen, ohne diese Person in Deutschland zu gefährden.

Spätestens nach dem ersten Verhandlungstag kannte die SKP alle Details der Anklage und der Aussagen Wehners – allerdings nur so, wie sie der Polizeibericht wiedergab. Danach schien Wehner in großem Stil Verrat geübt zu haben, und entsprechend negativ fiel wohl der Bericht nach Moskau aus. Am zweiten Verhandlungstag, dem 15. April 1942, wurden Wehners Quartiergeber Elvira Gustafsson und Knut Mineur gehört und zu nicht unbedeutenden Geldstrafen verurteilt. Der dritte Prozeßtag, der 22. April, brachte einen Höhepunkt. Zunächst bemühte sich Staatsanwalt Ryhninger erfolgreich, die Aussagen der Angeklagten Hansson zu erschüttern, die nur zugegeben hatte, im kommunistischen Jugendverband aktiv gewesen zu sein. Die Staatsanwaltschaft legte Beweise für ihre Aktivitäten innerhalb der SKP vor, darunter ihr Parteibuch. Aus diesem zitierte Ryhninger die »Regeln für das Verhalten eines Parteimitgliedes vor der Polizei und bei einer Haussuchung«, in denen es hieß: »Wenn ein Kommunist aufgrund seiner politischen

Tätigkeit von der Polizei festgenommen wird, darf er unter keinen Umständen andere Genossen belasten. Er soll den Behauptungen der Polizei und der Richter, daß andere Genossen schon einen Teil ausgesagt hätten, keinen Glauben schenken. Schweigen ist die höchste Pflicht, bis man mit seinem Anwalt sprechen kann.« Und schließlich: »Vor der Kriminalpolizei macht man keine Aussagen.« Viele Kommunisten hatten diesen Grundsatz verinnerlicht, und auch Solveig Hansson hatte sich davon leiten lassen – anders als Wehner, dessen Verrat für sie feststand und durch dessen Aussage die Beweislast gegen sie erdrückend geworden war. Auf Anraten ihrer Verteidiger gab Hansson schließlich eine Erklärung ab, die Wehner teilweise bestätigte.

Gegenüber Wehner konnte sich Staatsanwalt Ryhninger auf dessen bei den Haussuchungen gefundene Aufzeichnungen stützen, aus denen hervorging, daß Wehner wertvolle Mitteilungen über die deutsche Kriegsindustrie, die Volksstimmung in Deutschland, die Bombenschäden und die Situation der deutschen Besatzungstruppen nach Moskau gegeben hatte. Diese Mitteilungen seien als typische Agentenberichte zu qualifizieren, erklärte Ryhninger. Die »Organisation«, die diese Berichte sammele, sei offenbar auf »Rechnung der Komintern tätig« und arbeite damit im Interesse Sowjetrußlands. Der Antrag des Staatsanwalts lautete auf Verurteilung wegen geheimer Nachrichtentätigkeit und Verstoß gegen das Ausländergesetz. Auf Brantings Bitte um Stellungnahme des Angeklagten zu diesem Vorwurf betonte Wehner, mit keiner anderen Stelle als mit seiner Partei, die er als eine nationale Partei betrachte, Kontakt gehabt zu haben. Wehner bestritt auch heftig, Gelder von einer fremden Macht erhalten zu haben, ebenso, daß seine aus Deutschland stammenden Informationen als Agentenberichte bezeichnet werden könnten. Er habe diese Mitteilungen für seine Artikel in der *Welt* benötigt und eine Zusammenstellung auch Södermann für den Gebrauch in der SKP übergeben. Was weiter damit geschehen sei, entziehe sich seiner Kenntnis. Schließlich kam es zum lange erwarteten Zusammenstoß zwischen Branting und Wehner: Der Anwalt, der wiederholt seine

Zweifel an der antifaschistischen Haltung des Angeklagten hatte erkennen lassen, beschrieb dessen Verhalten im Prozeß als »dunkel«. Wehner geriet außer sich. Er empfand die Äußerungen des Beistandes seiner Mitangeklagten als infame persönliche Beschuldigung; er habe niemanden verraten, keine seiner Aussagen könnte irgend jemandem in Deutschland schaden. Verzweifelt verteidigte er sein Verhalten vor der schwedischen Polizei mit seiner besonderen Situation und klagte die eigentümlichen Methoden der Vernehmer offen an. Doch er sollte kein Gehör finden. Immerhin ließ Richter Junker die dunklen Andeutungen Brantings unberücksichtigt.[32] Am folgenden Tag mußte Wehner auch noch den Spott seines Polizeivernehmers Söderström über sich ergehen lassen, der nach Wehners Erinnerung hämisch sein Bedauern ausdrückte, der Verhandlung nicht beigewohnt und die »Sensation« verpaßt zu haben. Söderström gab Wehner zu verstehen, aus Branting habe die sowjetische Vertretung gesprochen; damit sei sein politisches Todesurteil gefallen.[33] Der Kriminalist lag mit seiner Schlußfolgerung gar nicht so falsch. Die kommunistische Bewegung hatte Wehner tatsächlich abgeschrieben.

Komintern und KPD in der Sowjetunion verfolgten das Geschehen in Schweden sehr aufmerksam. Zwar waren alle Parteifunktionäre im Oktober 1941 angesichts des Vormarsches der Wehrmacht auf Moskau ins ferne Ufa evakuiert worden, aber auch dort hatte man das Radio als Nachrichtenquelle. Sendungen aus dem neutralen Schweden erregten mit ihren häufigen Meldungen über die Festnahme von Spionen Besorgnis. In den KPD-Materialien findet sich eine in Ufa aufgenommene Meldung des Stockholmer Senders vom 2. April 1942, wonach in der schwedischen Hauptstadt ein ausländischer Staatsbürger unter der Anklage der Spionage für eine fremde Macht verhaftet worden war. Seine Tätigkeit hätte sich aber nicht gegen Schweden gerichtet. Ein schwedischer Staatsbürger war als Mitschuldiger ebenfalls verhaftet worden. Man vermutete zurecht, hier etwas über Wehner zu hören, und bald gab es eine Bestätigung, daß »Kurt« Mitte Februar 1942 verhaftet worden war.[34]

Wilhelm Pieck, Wehner immer väterlich-freundschaftlich zugeneigt, war in Ufa von Ende Oktober 1941 bis Jahresende ans Krankenbett gefesselt; erst Mitte März 1942 hatte er wieder ein erstes ausführliches Gespräch mit dem Generalsekretär der Komintern, Georgi Dimitroff. Danach begann die Rückverlagerung der Führung der kommunistischen Weltpartei nach Moskau, und der KPD-Vorsitzende kehrte in sein Zimmer 232 im Hotel Lux zurück. Am 21. April unterrichtete Dimitroff Ulbricht von einer Mitteilung Brantings, wonach Wehner in der polizeilichen Voruntersuchung umfangreiche Aussagen unter anderem über seine Arbeit in Frankreich, Spanien und Schweden gemacht, Adressen in Schweden verraten und über Direktiven Piecks und Dimitroffs ausgesagt hätte. Zwei Tage später erörterten Pieck und Dimitroff die Lage. Für den Generalsekretär der Komintern stand fest, daß »schwerster Parteiverrat« vorliege, wenn sich die Informationen über Wehner bestätigen sollten; ein Ausschluß Wehners aus der Partei müßte die Folge sein. Ein weiteres Telegramm aus Stockholm, das Pieck am 7. Mai in Händen hielt, bestätigte Wehners Aussagebereitschaft vor der schwedischen Polizei und enthielt die Vermutung, Wehner habe die Wohnung von Frieda Wagner selbst angegeben und sich damit der Polizei gestellt. Andererseits hieß es, er habe keine weiteren Namen und Adressen verraten. Pieck hielt die Frage des Verrats noch nicht für völlig geklärt.[35]

In Stockholm hatte Wehner unterdessen Gelegenheit erhalten, schriftlich zu den Anklagepunkten Stellung zu nehmen.[36] Er schrieb: »Daß die gegen das derzeitige Regime gerichtete politische Tätigkeit in Deutschland geheim organisiert werden muß, ist die Folge der seit 1933 dort herrschenden Zustände, die unter Bruch der verfassungsmäßigen Rechte gewaltsam eingeführt worden sind.« Das Bestreben, in Deutschland wieder eine Demokratie zu schaffen, könne wohl keine gegen Schweden gerichtete Tätigkeit sein. Zu seiner Verteidigung führte Wehner an, die Leitung der Widerstandsarbeit liege in Deutschland; auch die unterstellte »Identität der Komintern mit der Sowjetregierung« und die Behauptung, die Komintern sei »ein Bestandteil der Sowjetregierung«, verwies Wehner in das Propagandaarsenal des Nationalsozialismus. In Wirklichkeit folgte aus der Sympathie der Kommunistischen Parteien für die Sowjetunion und aus ihrer grundsätzlichen Übereinstimmung mit den dort geltenden sozialistischen Prinzipien keineswegs die unbedingte Übereinstimmung in den Einzelheiten der Politik. Dies zeige auch der anhaltende antifaschistische Kampf während des deutsch-sowjetischen Nichtangriffspaktes.

Die Anklage gegen Wehner gründete im wesentlichen auf der Annahme, daß eine Tätigkeit im Auftrag der Komintern mit Spionage gleichzusetzen sei. Das Gericht konsultierte in dieser Frage Experten. Am 21. April lag die Einschätzung des Außenministeriums vor. Ragnar Kumlin, der spätere langjährige Botschafter Schwedens in Bonn, stellte eindeutig fest, »daß Spionage, die im Auftrag der Komintern durchgeführt wird, nach Auffassung des Außenministeriums mit Spionage für eine ausländische Macht«[37] gleichzusetzen sei. Auch die Nachrichtenabteilung des Verteidigungsstabes war zu diesem Schluß gekommen. Hauptmann Georg von Döbeln sandte Staatsanwalt Ryhninger am 22. April ein Schreiben zur Klarlegung der Verhältnisse zwischen Komintern und sowjetischem Staat, in dem er sich auf eine Erklärung des Dies-Komitees des Weißen Hauses zur Tätigkeit extremistischer Parteien stützte, in der die Kommunistischen Parteien als eine Filiale der Sowjetregierung bezeichnet wurden. (Das 1938 unter dem texanischen Demokraten Martin Dies gebildete Komitee, ein Vorläufer des Komitees zur Untersuchung unamerikanischer Aktivitäten, konnte damals auch in den USA kaum als allgemein akzeptiert gelten.) Döbeln »untermauerte« sein Urteil mit Zitaten aus der kommunistischen Literatur und konstatierte, die von Wehner und Hansson betriebene »illegale Nachrichtenagentur« habe zum Vorteil einer fremden Macht operiert.[38] Wehner entgegnete, das amerikanische Komitee habe lediglich Rohmaterial zusammengetragen, »über dessen Wert oder Unwert die Aufnahme in einen Rapport nichts aussagt. In den USA selbst gehört die Tätigkeit des Dies-Komitees zu den umstrittensten Gebieten und hat wiederholt zu scharfen öffentlichen Auseinandersetzungen Anlaß gegeben. [...] Keinesfalls sind irgendwelche Rapporte des Dies-Komitees als bindend für gesetzgebende und rechtsprechende Körperschaften in den USA betrachtet worden.« So logisch und klar Wehners Argumentation in formaler Hinsicht war, so schwach war sie in der Sache. Gegen die von der Anklage behauptete absolute Dominanz der KPdSU in der Komintern führte er die Mitgliederstärke anderer in der Weltorganisation vertretener Parteien an und argumentierte, daß Stalin bei seiner Wahl ins Präsidium der Komintern keine leitende staatliche Funktion bekleidet hatte. Wehners Lektion zur Ideengeschichte des Kommunismus beeindruckte das Gericht ebensowenig wie seine Darstellung der eigenen Aufgabe in Schweden, mit der er den Schluß nahelegte, daß von einer Nachrichtentätigkeit im Sinne des Gesetzes nicht gesprochen werden könne. Die beschafften Informationen habe er lediglich für seine schriftstellerische Tätigkeit gebraucht. Beziehungen zu einer »anderen Macht«, auch Verbindungen zu Wilhelm Pieck in Moskau, bestritt Wehner ebenso vehement wie vergeblich.[39]

Eine genaue Betrachtung der Gerichtsprotokolle und seiner dem Gericht vorliegenden Aussagen vor der Polizei – die vollständigen Verhörprotokolle im Archiv der schwedischen Sicherheitspolizei sind nicht zugänglich – führt zu dem Schluß, daß Wehner sich insgesamt optimal verteidigte. Der denkbaren Anschuldigung als Gestapo-Agent oder als Sowjetspion erwehrte er sich durch seine Selbstdarstellung als deutscher Kommunist, Namen und Adressen nannte er nur dann, wenn sie die Polizei seiner Meinung nach schon kannte. Nachdem an seiner Identität kein Zweifel mehr bestand und klargeworden war, daß der Staatsanwalt Anklage wegen Spionage für die Sowjetunion erheben würde, ging Wehners Verteidigungslinie dahin zu zeigen, daß er sich als deutscher Kommunist und Antifaschist für die Interessen der deutschen Arbeiterbewegung eingesetzt hatte und nicht für Interessen einer »fremden Macht«. Seine Tätigkeit in Stockholm verstand er als Ausdruck des illegalen deutschen Widerstandes gegen Hitler und den Krieg.

Die Urteilsverkündung erfolgte am 29. April 1942. Wehner wurde der »Nachrichtentätigkeit für eine fremde Macht« schuldig gesprochen und zu einem Jahr Gefängnis und einer Geldstrafe von 1000 Kronen verurteilt, Solveig Hansson erhielt sechs Monate Freiheitsentzug. Nicht nur Hanssons Anwalt Branting, auch der Staatsanwalt ging in die Berufung und unterstrich damit den politischen Charakter des Wehner-Prozesses. Ryhningers Antrag auf Strafverschärfung hob auf die Gefahr ab, der Schweden durch Wehners Tätigkeit ausgesetzt gewesen sei; sein Verbrechen bestand demnach im angestrebten Sturz der Regierung eines Nachbarlandes, mit dem Schweden »freundschaftliche Verbindungen« unterhielt. »Fast ein ganzes Jahr war Wehner hier als Leiter der Organisation tätig, hat Briefe mit Propagandamaterial und Geld an die Organisation verschickt, neue Funktionäre für sie gewonnen und Nachrichten entgegengenommen, die nicht nur die Arbeit der Organisation betrafen, sondern auch militärischer und politischer Natur waren«, führte Ryhninger aus. Unter diesen Umständen liege es offen zutage, daß Wehners Tätigkeit eine ernsthafte Gefahr für Schwedens Neutralität dargestellt habe.[40]

Im Unterschied zu Wehner wurde Solveig Hansson bis zum Strafantritt auf freien Fuß gesetzt und konnte ihrer Partei ausführlich über Wehners »Verrat« berichten. »Alle Einzelheiten, die während der Untersuchung zu tage traten, wurden [...] sofort schriftlich niedergelegt und nach Moskau geschickt. Ergänzt wurde dieser Bericht durch Beilage von Kopien sämtlicher Polizei- und Gerichtsprotokolle«[41], berichtete Stahlmann 1946 der SED-Führung. Aufgrund dieser Erkenntnisse schloß das Zentralkomitee der KPD »Kurt Funk« am 6. Juni 1942 wegen »Parteiverrat« aus. In dem streng vertraulichen, von Pieck unterzeichneten ZK-Beschluß hieß es: »Im schroffen Gegensatz zu dem mutigen Verhalten Tausender Kommunisten und anderer Antifaschisten, die unter dem grausamsten Terror der Gestapo in Deutschland ihre politische Überzeugung und ihre Treue zur Sache der Befreiung des deutschen Volkes von der Hitlertyrannei tagtäglich im Kampfe bekunden und für den viele ihr Leben opferten, hat Funk bei seiner Verhaftung in Schweden aus erbärmlicher Feigheit Aussagen vor den Untersuchungsbehörden und vor Gericht gemacht, die infamer Verrat an der Partei und eine ernste Schädigung des antifaschistischen Kampfes sind.«[42]

Hatte Georg Branting schon im Verlauf des ersten Prozesses seine Haltung zu Wehner modifiziert, so erlebte die zweite Instanz im Verfahren Wehner/Hansson einen ganz anderen Branting. Während Wehner keine neue Verteidigung einbrachte, da er das Ersturteil akzeptierte, hatte Branting inzwischen verstanden, daß dessen Aussagen seiner schwierigen persönlichen Lage geschuldet waren. Brantings neue Verteidigungsschrift für Solveig Hansson vom 20. Juli 1942 liest sich denn auch eher wie eine Verteidigung Wehners, obwohl dieser Hauptbelastungszeuge gegen seine Mandantin war. Branting argumentierte, das Urteil gegen Solveig Hansson stütze sich vollständig auf die festgestellte verbrecherische Handlung Wehners, der er sich deshalb annehmen müsse. Geheime Nachrichtentätigkeit für eine fremde Macht sei in der Tat ein schweres Verbrechen, das schwedische Strafrecht könne auf Wehner aber keine Anwendung finden, denn Emigranten, die in Schweden Asyl genössen und durch politische Arbeit versuchten, die Regierung in ihrem Heimatland zu stürzen, müßten so betrachtet werden wie jene, die für die Wiedereinführung der Monarchie in Deutschland eintreten. Branting widersprach auch dem Vorwurf, Wehner habe für eine fremde Macht gearbeitet. Alles in allem hielt der Anwalt ein Plädoyer für Wehners Unschuld im Sinne des schwedischen Strafrechts, suchte aber zugleich, mit dem Hinweis auf Wehners verständliche Unaufrichtigkeit, die Beweiskraft seiner Aussagen gegen Solveig Hansson zu erschüttern: Wehner habe aus einem kommunistischen Pflichtgefühl heraus versucht, seine Verbindungen in Schweden und nach Deutschland zu schützen, und deshalb die aus seiner Sicht unwichtige Solveig Hansson geopfert, für die Branting auf Freispruch plädierte.[43]

Wehner verbüßte nun schon den fünften Monat seiner Haft

im Untersuchungsgefängnis Falun. Streng isoliert, sogar das Briefeschreiben war ihm verboten, mußte er zehn bis zwölf Stunden täglich Strafarbeit leisten, Tüten kleben oder Säcke nähen. Er klagte über die unzureichende Verpflegung, von der er schwere gesundheitliche Schädigungen befürchtete. Auch die geistige Abstinenz machte ihm zu schaffen: Wöchentlich erhielt er zwei Missionsbücher, aber keine Werke der schwedischen und der Weltliteratur. Zu seinen Mithäftlingen in Falun gehörte der spätere SPD-Bundestagsabgeordnete und Mitgründer der Deutschen Friedensunion, Arno Behrisch. Der gelernte Typograf war wegen Sabotage im Auftrag der Briten verurteilt worden, weil er als Angehöriger der Rickmann-Liga versucht hatte, die Erztransporte von Schweden nach Deutschland zu behindern. Als Zellennachbarn konnten sich Wehner und Behrisch trotz Isolierung über die Fenster verständigen. Wehner, der über Persönliches kaum »redete«, war vor allem am Kriegsverlauf interessiert; nach Behrischs Erinnerung plagte Wehner die Sorge, eines Morgens von einem SS-Mann geweckt zu werden.[44] Wehner fühlte sich in Falun »auf ein körperliches und geistiges Niveau [gezwungen], das nur unter Aufbietung letzter Willenskräfte zu ertragen« sei. Im Zusammenhang mit der Wiederaufnahme seines Verfahrens ließ er das Revisionsgericht wissen, daß diese Qual zwar verlängert und verschärft werden könne, aber der Sinn ihr doch fehle. Dadurch werde ein Mensch, »der vor seinem Gewissen das Beste gewollt und unter großen Schwierigkeiten gelebt und gekämpft hat«, in einem fast unerträglichen Maße geplagt, ohne daß dies zur Aufrechterhaltung der schwedischen Freiheit und Neutralität notwendig sei.[45] Noch einmal verwies Wehner auf die Unhaltbarkeit der Qualifizierung seiner Tätigkeit als »Nachrichtentätigkeit für eine fremde Macht« und fragte deshalb das Gericht, ob er am Ende wegen seiner Mitgliedschaft in der Kommunistischen Partei Deutschlands verurteilt worden sei. Verzweifelt stieß es aus ihm heraus: »Gibt es denn verschiedenes Strafmaß für die gleichen Delikte wegen verschiedener Parteizugehörigkeit?«[46]

Tatsächlich unterschied sich Wehners Vergehen nicht im geringsten von dem des Sozialisten Willy Brandt, auf den er damit anspielte und der im März 1941 in Schweden wegen Verdachts illegaler Nachrichtentätigkeit – jedoch für die Westalliierten – festgenommen worden war. Der Polizei lagen Brandts Briefe an seine Nachrichtenagentur in New York vor, die sich in der Art nicht von Wehners inkriminierten Texten unterschieden; sie enthielten Informationen über die Verhältnisse im okkupierten Norwegen, über die norwegische Widerstandsbewegung, den deutschen Terror, den schwedischen Verteidigungswillen, selbst über die Stimmung im schwedischen Offizierskorps, die Bodenverhältnisse an der norwegischen Grenze und die Lage gegenüber Rußland. Brandt war sofort entlassen worden, als die schwedische Sicherheitspolizei feststellte, daß militärische Stellen der norwegischen Botschaft hinter dem jungen Deutschen standen, und der Stockholmer Überwachungschef Lundqvist behielt sich alle weiteren Entscheidungen persönlich vor.[47]

Als Wehner am 21. September 1942 vor dem Appellationsgericht in Stockholm gehört wurde, konfrontierte ihn der Staatsanwalt mit dem 1940 in den USA erschienenen Buch »Out of the night« von Jan Valtin, das die Informationen über die Wollweber-Organisation in Skandinavien nun auch in schwedischer Übersetzung zugänglich machte. Nach Wollwebers Verhaftung habe Wehner, so die Vermutung des Staatsanwalts, dessen Nachfolge angetreten. Das konnte Wehner schnell widerlegen: Valtin sei das Pseudonym für Richard Krebs, den sogar die schwedische Presse als Gestapo-Agenten ausgemacht hatte.[48] Von sehr zweifelhaftem Wert war hingegen Wehners Behauptung, Wollweber gehöre schon seit 1931 der KPD nicht mehr an. Während die Anklage an der Sache nicht mehr weiter interessiert schien und Wehner auf seinen Rücktransport nach Falun wartete, holte ihn die Sicherheitspolizei zur Vernehmung in ihr Hauptquartier. Auch hier wurde ihm Sabotage vorgeworfen: Er habe die angeblichen Wollweber-Nachfolger Baier und Hagge finanziert und eine stattliche Anzahl namentlich bekannter Personen nach Deutschland geschickt. Aus der erstaunlichen Informiertheit der Polizei zog Wehner den naheliegenden Schluß einer engen Kooperation der Schweden mit der Gestapo und sprach dies auch offen an. Nach zwei Tagen schob man ihn wieder ins Gefängnis nach Falun ab.[49]

Wehners Vermutungen hinsichtlich einer Zusammenarbeit zwischen schwedischer Sicherheitspolizei und Gestapo trafen zu[50]: Die Geheime Staatspolizei Hamburg hatte bereits in ihrem am 10. September 1942 vorgelegten Schlußbericht zur KPD-Abschnittsleitung Nord über Wehners Aussagen in Schweden berichten können. Allerdings maß die Gestapo diesen Informationen keine große Bedeutung zu; selbst das Faktum, daß Wehner Lotte Bischoff im Juli 1941 nach Deutschland geschickt hatte, schien ihr nicht bedeutungsvoll, zumal eine Nachprüfung ohne Ergebnis geblieben war. Überhaupt hatte man in Hamburg Zweifel am Wahrheitsgehalt der Wehnerschen Aussagen. Die Gestapo sah in Wehner einen »derart wichtige[n] Spitzenfunktionär, der wohl kaum Angaben machen würde, die der Polizei Fingerzeige geben könnten«. Sie zog aus den ihr vorliegenden Informationen den Schluß, das Wehner »nichts Neues« gesagt hatte.[51]

Was Wehner und Branting bei der Anhörung durch das Appellationsgericht nicht wissen konnten, war, daß Staatsanwalt Ryhninger dort nur wenige Tage später, am 24. September, einen Polizeirapport einreichen würde, der eine Fülle neuen Belastungsmaterials gegen Wehner enthielt.[52] Am 18. August 1942 hatte die schwedische Polizei Max Seydewitz festgenommen, am nächsten und am übernächsten Tag Karl Mewis und Georg Henke. Mewis hatte sich nach Wehners Verhaftung und der damit verbundenen Aufkündigung jeglicher Unterstützung durch die schwedische Bruderpartei beinahe ausschließlich seiner Frau und dem im Vorjahr geborenen gemeinsamen Kind zugewandt. Die Arbeit nach Deutschland war auf Weisung Moskaus eingestellt worden. Deshalb und aufgrund der allgemeinen Kriegslage – die Deutschen waren an allen Fronten im Vormarsch – bot sich Mewis der Sicherheitspolizei als ein enttäuschter Antifaschist dar, der, anders als Wehner, kaum einen gefährlichen Eindruck machte. Mewis gelang es, gewollt oder nicht, die schwedische Polizei von seiner Harmlosigkeit zu überzeugen. Er gab zu, Stahlmann zu kennen, auch an Treffen zwischen diesem und Wehner teilgenommen und von deren Tätigkeit gewußt zu haben, bestritt aber, damit irgend etwas zu tun zu haben. Sehr offenherzig schilderte er den Vernehmern seinen bisherigen Lebensweg. Besonders glaubwürdig mußte Mewis der Polizei durch seine kleine Familie erscheinen. Als er nach seiner Rückkehr aus Spanien erfahren hatte, daß seine Verlobte ein Kind erwartete, habe er nur noch das Verlangen gehabt, eine Familie zu gründen, um sich dann in Ruhe der Parteiarbeit widmen zu können. Glaubhaft konnte Mewis harmlose Gründe für seinen illegalen Aufenthalt in Schweden nennen, darunter die Angst vor der Auslieferung nach Deutschland. Mewis schreckte auch nicht davor zurück, sich als Beschützer der Tochter jenes Franz Dahlem zu präsentieren, der als hoher KPD-Funktionär im Konzentrationslager Vernet in Südfrankreich saß und nach Deutschland ausgeliefert zu werden drohte. Schließlich bezeichnete Mewis sich auch als denjenigen, der versucht hatte, auf die KPD-Führung in Moskau einzuwirken, die politische Arbeit aus Schweden nach Deutschland einzustellen. Durch Hermann Matern habe er in Moskau ausrichten lassen, daß er stets bereit sei, der Partei politisch und propagandistisch zu dienen, nicht aber an illegaler Arbeit in Deutschland teilzunehmen. Mit dieser Auffassung habe er sich im Gegensatz zu Stahlmann und Wehner befunden, die »möglichst viele« deutsche Genossen von Schweden aus nach Deutschland schicken wollten. Diesen beiden schob Mewis die alleinige Verantwortung für die Tätigkeit der deutschen Kommunisten in Schweden zu und bezeichnete sie auch als die Verantwortlichen für die Flucht von Werner Sager und Jakob Welter aus dem Internierungslager Långmora und deren Entsendung nach Deutschland. Seydewitz und Henke gab er als Mitarbeiter der *Welt* an und half, Artikel von ihnen zu identifizieren; beide hatten in den Verhören zwischen dem 21. und 29. August 1942 standhaft jegliche politische Betätigung geleugnet. Mit den Aussagen von Mewis konfrontiert, legten sie jedoch ein Geständnis ab.[53]

Am 7. September machte Mewis weitere Aussagen zu Seydewitz. Ein Trost für Seydewitz und Henke war, daß Mewis' umfangreiche Aussagen sie auch entlasteten: Beide wüßten nichts über die Arbeit nach Deutschland und die Personen, die dorthin geschickt worden waren. Seydewitz gehöre schließlich nicht zur KPD und Henkes Hauptaufgabe sei die Mitarbeit an der *Welt* gewesen. Insgesamt muß man auch Mewis zugestehen, keine wesentlichen Aussagen gemacht zu haben, die der Parteiarbeit Schaden zufügen konnten. So hatte er mit keinem Wort seine Beziehungen zu Hollander erwähnt. Folgenreich war seine Aussage einzig für Wehner, und das war wohl beabsichtigt. Parallel zu dessen Vernehmung vor dem Appellationsgericht hörte die Sicherheitspolizei Mewis am 22. September zu weiteren Details über die Rolle Stahlmanns und Wehners, besonders im Zusammenhang mit der Organisierung der Flucht aus Långmora.[54] Zu Rolf Hagge und Adolf Baier befragt, bestätigte Mewis deren Mitarbeit in der Sabotageorganisation Ernst Wollwebers – beide waren in dieser Angelegenheit im Herbst 1941 verhaftet und verurteilt worden. Er selbst habe ihnen zwar einen Kontakt zu Stahlmann verschafft, eine Mitarbeit in Sabotageaktionen aber abgelehnt.[55] Von einer Verbindung zwischen den Saboteuren und Wehner war aber auch in der Vernehmung von Mewis nie die Rede.

Die Verhaftungen von Mewis, Seydewitz und Henke wurden von vielen deutschen und schwedischen Kommunisten auf Aussagen Wehners zurückgeführt, wenn auch der große Zeitraum von sechs Monaten seit dessen Verhaftung Zweifel an direktem Verrat aufkommen ließ. Aus dem Bericht des Stockholmer Abwehrspezialisten Erik Lönn vom 22. September 1942 geht hervor, daß Seydewitz schon seit geraumer Zeit der Mitarbeit an der *Welt* verdächtigt wurde. Einen ersten Anhaltspunkt hatte die Polizei bereits im Juni 1940 erhalten, als sie einem abgefangenen Brief aus dem Internierungslager Loka Brunn an die sozialdemokratische Flüchtlingshilfe entnehmen konnte, daß es sich bei dem »sogenannten Sozialisten« Seydewitz um einen »Stalinisten« handele.[56] Weitere schwedische Unterlagen deuten daraufhin, daß der Verdacht gegen Seydewitz und die folgenden Verhaftungen Ergebnis von Verrat aus der ersten Leitungsebene der KPD waren: Hedwig Aubert, die norwegische Frau des ehemaligen KPD-Leiters in Oslo, Franz Stephany, hatte sich Anfang 1942 bei der Ausländerbehörde in Stockholm eingefunden, um über die »Gefährlichkeit« bestimmter Kommunisten zu informieren.[57] Ihre Motive bleiben im dunkeln. Da Hedwig Aubert nicht der Partei angehörte, hatte der sowjetische Geheimdienst für sie besonderes Interesse gezeigt, und ein Anwerbungsversuch im Juni 1941 hatte sie sehr erschreckt. Denkbar, daß sie in diesem Zusammenhang Schutz bei schwedischen Stellen suchte. Jedenfalls berichtete sie über den Kreis ihr aus Oslo bekannter Kommunisten, darunter über Max Seydewitz, von dem sie vermutete, daß er für die Russen arbeiten könnte.[58] Die Polizei nahm Seydewitz ab April 1942 unter Beobachtung; schnell stand fest, daß er sich regelmäßig mit dem 1938 aus der Sowjetunion gekommenen Sprachwissenschaftler Wolfgang Steinitz traf. Nach einem solchen Treffen im Hagapark am 9. Juni war Seydewitz mit dem Fahrrad zur Mattheus-Kirche gefahren und hatte dort einem der Polizei nur als »Partisanen-Richard« bekannten Mann ein braunes Kuvert übergeben. Die Adresse Richard Stahlmanns, um den es sich handelte (wie die Schweden erst 1952 von Aubert erfuhren), war bald ermittelt. Seine Überwachung begann am 14. Juli 1942. Da Stahlmann bei schönem Wetter oft ins Freibad ging, konnten wiederholt seine Kleider kontrolliert werden. Sie brachten aber keine weiteren Anhaltspunkte. Seine Badevergnügen und die regelmäßigen Kinobesuche zur Mittagsvorstellung ließen die Polizei zur Überzeugung kommen, es mit einem harmlosen Boten der Redaktion der *Welt* zu tun zu haben. Dafür sprachen Stahlmanns regelmäßige Kontakte mit verschiedenen Personen, so dienstags mit Seydewitz und donnerstags mit Georg Henke. Wahrend es der Polizei gelang, Mewis und Henke festzunehmen, konnte Stahlmann am 18. August entweichen.[59]

Im Untersuchungsgefängnis Falun erreichte Wehner Anfang November 1942 das Urteil des Appellationsgerichts. Offenbar waren die Aussagen von Karl Mewis über Wehners eigentliche Rolle in der KPD und in Schweden in den Augen des Gerichts sehr schwerwiegend, denn es entsprach dem Antrag des Staatsanwalts auf Verschärfung der Strafe für beide Angeklagten. Wehner erhielt nun ein Jahr Zwangsarbeit; Hansson mußte neun Monate ins Gefängnis.[60] Die Härte der Strafverschärfung wird daran deutlich, daß in Fällen der Strafumwandlung üblicherweise ein Monat Strafarbeit gegen zwei Monate Gefängnis aufgerechnet wurde.[61]

Branting war besonders erbost, daß er das für die Verhandlung so wichtige Memorandum der Sicherheitspolizei mit den belastenden Aussagen von Karl Mewis bei der zweiten Verhandlung nicht gekannt hatte. Aber sein Protest gegen diesen kaum als Lappalie zu bezeichnenden Formfehler fand keine Beachtung, ebensowenig sein späterer Schriftsatz, in dem er Wehners Verschwiegenheit der Redseligkeit Mewis' gegenüberstellte. Am 15. Dezember 1942 wurde Wehner ins Strafgefängnis Vänersborg überführt. Hatte Wehner nach dem ersten Urteil geschwiegen, protestierte er gegen das Urteil der zweiten Instanz verzweifelt; Anwalt Westerståhl appellierte Ende Dezember in Wehners Auftrag an das Oberste Gericht und stellte klar, daß Wehner die in der ersten Instanz ausgesprochene Strafe akzeptiert hatte, obwohl er sich für unschuldig hielt. Die Verschärfung sei unzumutbar; Westerståhl bat um Feststellung des Urteils der ersten Instanz. Durch Mewis' Aussagen war die Lage nun aber eine andere geworden. Am 27. Januar 1943 wurde die Strafverschärfung auch in letzter Instanz bestätigt.[62]

In diese Zeit der Einzelhaft fallen Wehners Aufzeichnungen »Selbstbesinnung und Selbstkritik«[63], in denen er die Machtergreifung des Nationalsozialismus und den Zusammenbruch der Arbeiterbewegung in Deutschland reflektierte. Wehners »eigene Erfahrungen und die eigene Tätigkeit« lagen der Niederschrift zwar zugrunde, doch wollte er sie nicht als »Erinnerungen« gewertet sehen: »Ginge es um die Schilderung von

Erinnerungen, so wäre viel mehr zu erzählen, als es hier geschehen konnte.«[64] Bei dieser Schrift handelt es sich also nur sehr bedingt um eine Vorarbeit für die späteren »Notizen«.

Wehners erste Konzeption datiert vom 27. Juli 1942 und trägt den Titel »Zwanzig Jahre durch Niederlagen. Beitrag zu einer Untersuchung des Zusammenbruchs der Arbeiterbewegung in Deutschland«. Er wollte »gestützt auf eine durch eigene Erfahrungen untermauerte Darstellung des Zusammenbruchs, seiner Ausmaße und seiner Folgen nachweisen, daß die deutsche Arbeiterbewegung die Demokratie aufgegeben hat« und dadurch der Zusammenbruch erfolgt sei. Die Ursachen für dieses Abgehen von Demokratie wollte er in zwei Richtungen untersuchen: »bezügl. Reformismus – Ministerialismus und ›Radikalismus‹ – Kommunismus«. Ausdrücklich wollte Wehner nach der »Schuld« der KPD fragen. Mit dem Verweis auf Lenins Brief an den Jenaer Parteitag der KPD, »daß der begreifliche und gesunde Haß gegen den Klassenverrat der Sozialdemokratie die Leute blind gemacht hat, so daß sie keine richtige Strategie auszuarbeiten vermochten«, kam Wehner zu der für sein weiteres strategisches Denken wichtigen Schlußfolgerung, daß »nur eine revolutionäre sozialistische Arbeiterpartei mit grundsätzlich klarer Haltung zu Sozialismus, Demokratie, Nation, Volk [...] die Schwierigkeiten der Nachkriegszeit meistern« könne. Weder die Sozialdemokratie noch die Kommunistische Partei seien 1918 den Aufgaben gewachsen gewesen. Seine »Quintessenz« lautete: »Das Schlimmste wäre der Versuch, gestützt auf eine im Kriege siegreiche Macht, dem deutschen Volk eine ›fertige‹ Partei aufzwingen zu wollen, die an frühere Parteitätigkeit ›anknüpft‹, aus ›taktischen‹ Gründen ihre ›Selbstkritik‹ auf ein Minimum beschränkt und den Gegner von früher (innerhalb der Arbeiterbewegung) gewaltsam verdrängen wollte.« Wehner lehnte für die Nachkriegszeit ein »kolonisiertes« Deutschland ab. Keine fremde Staatsmacht könne die Aufgabe der sozialistischen Arbeiterbewegung übernehmen.[65] In seiner »Neuplanung« vom 30. August, die bereits unter dem Titel »Selbstbesinnung u. Selbstkritik« firmierte, wollte er sich dann aber nicht von vornherein auf die Arbeiterbewegung »beschränken«, sondern im Sinne der beiden Titelforderungen auf die wesentlichen Fehler, die zum deutschen Zusammenbruch, zu Nazismus und Krieg geführt hatten, eingehen. Entsprechend milder fiel dann im Endmanuskript die Kritik an der KPD aus.[66]

»Das Jahr 1942 geht in grauer Unbestimmtheit zu Ende«, schrieb ein depressiver Wehner. »Um so deutlicher und quälender vernimmt der Einsame in der Gefängniszelle die Stimmen in seinem Innern. Sie lassen ihn nicht zur Ruhe kommen. Sie sind schlimmer als die bohrenden, sägenden Gedanken, die wohl keinem politischen Gefangenen fremd sind und sich um den Punkt bewegen, wie es – seit er aus der Kampflinie gerissen worden ist – um seine Sache steht.« Wehner bewegte die eigene Ungewißheit, mehr aber ein anderes Schicksal: »Jeder Gedanke an das eigene Volk und sein Schicksal wird zu einem Dorn und Stachel.« Erstmals gab ihm der Frontverlauf, den er dank Arno Behrischs Unterstützung genau verfolgen konnte, mehr Grund zum Hoffen, als es sein Glaube »an den Sieg der gerechten Sache« bisher gekonnt hatte. Ein geradezu religiöses Gefühl ergriff den nun auch die Bibel studierenden Wehner bei dem Gedanken der Völkerversöhnung. Als Realist wußte er aber um die große Schuld des eigenen Volkes, von dem er erwartete, daß es »offenkundig vor der Menschheit« das Seine tue, »um jede Identifikation des schuldbeladenen Regimes mit dem deutschen Volk als Gesamtheit auszuschließen«. Seine Gedanken gehörten den »Männern und Frauen des deutschen Widerstandes« – und Trauer erfaßte ihn, daß alle ihre Opfer umsonst gewesen sein sollten. Wehners Sprache erinnerte kaum noch an die eines kommunistischen Funktionärs. Nicht nur, daß er von den »Märtyrern des ungleichen Kampfes« gegen Hitler sprach, er zitierte auch aus der Predigt eines Bischofs: »Und ihr habt nicht gewollt! – Siehe, euer Haus soll euch wüst gelassen werden.« [Matthäus 23, 37] Wehner quälte dabei immer wieder die Frage nach dem eigenen Lebenssinn: »Wer wird denn nach Dir verlangen, der Du schon zehn Jahre in Deinem eigenen Volk ein Fremder warst, dem niemand Gastfreundschaft gewähren durfte, ohne sich schwerer Strafe auszusetzen?« Er bekannte sich deutlich zu der Schuld, die die Deutschen auf sich geladen hatten. Zur Wiedergeburt, die er nicht automatisch mit der Niederlage Hitlers kommen sah, forderte er in erster Linie »Selbstbesinnung und Selbstkritik«. Vor neuen Wegen, »nachdem die ausgetretenen alten zu so verhängnisvollen Resultaten geführt haben«, solle niemand Angst haben.[67]

Wehners persönliche Schlußfolgerungen sind aus der Niederschrift noch nicht eindeutig abzulesen. Er konstatierte die »Lähmung der sozialistischen Arbeiterbewegung«, hielt sich aber gegenüber der KPD zurück. Sie habe »intensiver als andere Parteien« gegen die NSDAP gekämpft, doch »unrichtige Schlußfolgerungen« aus ihrer Faschismusanalyse gezogen.[68] Seine Überlegungen hinsichtlich der Frage, wie das nazistisch-totalitäre System die Massen in seinen Bann ziehen konnte, machten ihm sicherlich klar – so jedenfalls bestätigte er im Mai 1946 –, »wie vieles darin kongruent mit anderen, entgegengesetzten, Systemen ist«[69]. Im Winter 1942/43 war er aber noch zu keiner eindeutigen Abrechnung fähig. Trotz seines Bekenntnisses zur sozialistischen Oktoberrevolution und dem Aufbau einer sozialistischen Gesellschaftsordnung auf dem Territorium der Sowjetunion betonte er, mit der Niederschrift nicht »als Repräsentant irgendwelcher politischer Richtung angesehen« werden zu wollen. Seine Gedanken fußten auf »Überlegungen, die meist Jahre hindurch in den verschiedensten Lagen und von verschiedenen Seiten den Verfasser beschäftigt haben, entstanden und entwickelt in einer ereignisreichen und schweren Zeit«; die Gefängniseinsamkeit habe ihnen nur »den letzten Schliff« gegeben.[70] Die geplanten weiteren Teile dieses 1994 publizierten Manuskripts sollten die Titel tragen: »Der Zusammenbruch der deutschen Arbeiterbewegung«, »Ein Volk, das Schaden nahm an seiner Seele« und »Voraussetzungen zur Gesundung«.[71]

In Moskau ließen unterdessen Berichte über den Verlauf des Prozesses gegen Wehner und über sein Auftreten Zweifel an der Berechtigung seiner Verdammung als »Parteiverräter« aufkommen. Vor allem Brantings gewandelte Einstellung wird dort Eindruck gemacht haben. Nach Lage der Dinge wollte die Kaderabteilung der Komintern im Februar 1943 den Parteiausschluß Wehners nicht mehr eindeutig bestätigen, da ihrer Meinung nach nicht alle Fragen geklärt waren; zumindest sollten Mewis und Stahlmann zuvor gehört werden. Eine endgültige Entscheidung über Wehners und Mewis' Zukunft schien damit noch auszustehen.[72]

Mit dem Kriegsverlauf, besonders nach Stalingrad, verbesserte sich die Situation der politischen Flüchtlinge in Schweden. Der Justizminister berief am 28. April 1943 eine Sachverständigenkommission ein, der unter Vorsitz von Gunnar Dahlmann, einem Richter am Obersten Gericht, je ein Vertreter des Außenministeriums, der Sozialbehörde, der Gewerkschaften, sowie der Rechtsprofessor Åke Holmbäck[73] angehörten, der am 16. März im Reichstag eine Interpellation zur Flüchtlingsfrage eingebracht und auf den rechtlosen Zustand der Internierten aufmerksam gemacht hatte, die über Jahre ihrer Freiheit beraubt würden, ohne vor einem Richter gestanden zu haben.[74] Schon am 1. August legten die Sachverständigen ein Memorandum zur Behandlung der Ausländer vor, das die Einführung eines Verhörverfahrens im Falle einer längeren Internierung und klarere Regeln für die Überprüfung der einzelnen Fälle forderte.[75] Im Laufe des Jahres 1943 wurde für viele Kommunisten die Internierung in Aufenthaltsbeschränkung umgewandelt. Zu den aus der Internierung Entlassenen gehörte auch Karl Mewis, der wegen seiner Aussagebereitschaft nie hatte vor einen Richter treten müssen und am 7. Januar 1943 zusammen mit Georg Henke ins Lager Smedsbo gebracht wurde. Schon in der ersten Woche durfte ihn seine Familie besuchen, Anfang Februar erhielt er auch Urlaub; seine Internierung dauerte insgesamt kein halbes Jahr.[76] Bereits im Februar 1943 waren die ehemaligen KPD-Leitungsmitglieder Viktor Kunze und Paul Peschke entlassen worden; bald folgten Erich Glückauf, Georg Henke, Sepp Miller und andere. Eine kleine Gruppe unter Mewis und Glückauf sammelte sich jetzt in und um Stockholm. Die Parteileitung konstituierte sich neu und bestand nun aus Karl Mewis,

Erich Glückauf, Franz Stephany und Heinz Rauch. Durch die Aufenthaltsbeschränkungen für die Mehrzahl der Mitglieder war aber kaum von einer effektiven Parteiarbeit zu sprechen. Nach der Verhaftung Wehners und der anderen führenden KPD-Funktionäre war die Zusammenarbeit mit der schwedischen Bruderpartei auf den Nullpunkt gesunken. Auch 1943 lehnte die SKP jede Hilfe bei der Schaffung von Verbindungen nach Deutschland ab, die wohl auch von Moskau nicht mehr gewünscht wurden. Während die deutschen Kommunisten deshalb einerseits kaum noch Veranlassung hatten, die vom schwedischen Staat auferlegten Beschränkungen zu durchbrechen, eröffnete ihnen die fehlende Kontrolle durch Moskau seltene Freiräume für Initiativen vor Ort. Die von der Sowjetunion wieder propagierte Volksfrontpolitik bot zudem Anlaß für politische Arbeit im Rahmen der allgemeinen Aktivitäten des deutschen Exils in Schweden. Die Ansprüche der KPD-Spitze in Stockholm blieben dabei bescheiden; sie orientierte sich an dem in der Sowjetunion gerade gebildeten Nationalkomitee Freies Deutschland (NKFD), forcierte die Entwicklung der Einheitspolitik mit den deutschen Sozialdemokraten und suchte die künftige Gewerkschaftsarbeit für ein Deutschland nach Hitler vorzubereiten. Zu den konkreten Aufgaben des KPD-Exils gehörte die Publikation der Zeitschrift *Politische Information,* die ab Juli 1943 halbmonatlich in Stockholm herausgegeben wurde, sowie von Broschüren und Materialien. Von nicht geringer Bedeutung war auch die Bildung einer Organisation für die nach Schweden geflüchteten Deserteure.[77]

Für Karl Mewis standen die Zeichen jetzt günstig. Zunächst brauchte er sich keine Sorgen über ein Bekanntwerden seiner Schwatzhaftigkeit gegenüber der schwedischen Sicherheitspolizei zu machen, die kein Interesse an seiner Kompromittierung hatte, und auch von Branting war ein Bruch der Schweigepflicht nicht zu erwarten. Die einzige Gefahr einer Entlarvung lauerte in seinem alten Widersacher Wehner, der ihn schon 1941 hatte aus allen Machtpositionen drängen wollen; ihn hatte Mewis wirklich schwer belastet. Aber Wehner saß noch im Gefängnis, und Mewis hatte alles getan, um Wehners Ruf sowohl in Moskau als auch in Schweden gründlich zu verderben. Während Mewis zum unbestrittenen KPD-Führer in Skandinavien aufstieg – er wurde im Oktober 1943 Mitunterzeichner des Aufrufs zur Sammlung der Deutschen in Schweden, im Januar 1944 Gründungsmitglied des »Freien Deutschen Kulturbundes« und im Februar 1944 Vorstandsmitglied –, blieb Herbert Wehner außen vor. Im Herbst 1943 hatte er seine Zuchthausstrafe verbüßt, und obwohl er von der kommunistischen Bewegung augenscheinlich fallengelassen worden war, galt er den schwedischen Behörden weiter als Sicherheitsrisiko. Mit seiner offiziellen Ausweisung am 21. Juli 1943 durch die Landespolizei in Älvsborgs län[78] erging ein Beschluß zu seiner Internierung, und am 18. September 1943 brachte man Wehner direkt vom Strafgefängnis Vänersborg ins berüchtigte Lager Smedsbo.

Die Freiheit bleibt beschnitten

Die Verfügung vom 16. Februar 1940 über die Errichtung von Internierungslagern gab der Sozialbehörde das Recht, Ausländer zu internieren, wenn gegen sie verhängte Ab- und Ausweisungbeschlüsse nicht verwirklicht werden konnten oder wenn sonst »besondere Umstände« vorlagen. Am bekanntesten wurden die Lager Långmora und Smedsbo, beide lagen im Verwaltungsbezirk Kopparbärg und waren ursprünglich zur Arbeitserziehung gedacht; Långmora bot für 150, Smedsbo für 60 Internierte Platz. Den Lagern stand jeweils ein Direktor vor, der von einem Assistenten und Wachpersonal unterstützt wurde. Trotz einer scharfen Lagerordnung wurde im November 1942 bei einer Großrazzia der Polizei deutlich, daß die Internierten wohlorganisiert waren und über Pläne zur Selbstbefreiung und zum Partisanenkampf im Falle einer deutschen Okkupation verfügten. Daraufhin veranlaßte die schwedische Regierung zum 1. Januar 1943 eine Verschärfung der Bestimmungen. Die ohnehin seltene Gewährung eines Urlaubes (generell höchstens 24 Stunden) stand fortan ebenso im freien Ermessen der Ausländerbehörde wie der Empfang von Besuch. Die Internierten waren gezwungen, die ihnen vorgeschriebenen Arbeiten auszuführen, für die sie bei guter Führung ein minimales Taschengeld erhielten. Eigentum, ob mitgeführt oder mit der Post erhalten, war ihnen versagt. Bei kleinsten Übertretungen drohte Strafarrest. Das Lager Smedsbo, wo Wehner am 18. September 1943 eintraf, umfaßte ein umzäuntes Areal von vier Hektar und galt zu Recht als das am schwersten bewachte;[1] sein erster Direktor Gustav Uhr wurde 1943 wegen allgemeiner Unbeliebtheit durch Manny Friberg abgelöst[2].

Unter den etwa 30 Internierten von Smedsbo war Wehner der einzige bekannte Kommunist, denn kurz zuvor hatte für die meisten politischen Exilanten die Zeit der Internierung ihr Ende gefunden. Wehners körperlicher Zustand war nach dem langen Zuchthausaufenthalt nicht der beste; bei der ärztlichen Aufnahmeuntersuchung klagte der Neuankömmling über rheumatische Beschwerden, und der Lagerarzt konstatierte Wehner Kraftlosigkeit und Niedergeschlagenheit. Schon nach kurzer Zeit sollte sich Wehner aber wieder erholen.[3]

Ende Oktober 1943 trafen in Smedsbo alte Bekannte Wehners ein: die Kommunisten Willi Bick, Richard Rösner und Paul Werther, die von der KPD-Gruppe in Kopenhagen kurz zuvor als »schwankende Genossen« nach Schweden abgeschoben und bei ihrer Ankunft sofort verhaftet worden waren. Mit ihnen hatte Wehner zum Teil schon im Saargebiet und später in Paris zusammengearbeitet, und mit dem fast gleichaltrigen Werther teilte Wehner das Zimmer. Hier fand sich Gelegenheit, über Mewis und dessen Arbeit in Stockholm zu sprechen. Werther hatte in Dänemark die Unterbringung der Instrukteure Hallmeyer und Emmerlich organisiert, Hallmeyer auf die Reise geschickt und anschließend alle Verbindungen an den Funktionär Paul Helms übergeben. Helms war im Oktober 1941 von der Gestapo verhaftet worden und ähnlich Wiatrek mit fliegenden Fahnen übergelaufen. Seinem Verrat waren viele Genossen, darunter Conrad Blenkle und Werthers Frau, zum Opfer gefallen.[4] Der Abgrund von Verrat in den eigenen Reihen, der sich dabei auftat, erschütterte Wehner tief. Mit Werther, Bick und Rösner entwickelte sich eine Freundschaft, und freundschaftliche Beziehungen pflegte Wehner auch mit vielen der jungen Militärflüchtlinge[5], denen es gelungen war, sich dem deutschen Kriegsdienst zu entziehen, und die nun in der Internierung lebten.

Im Lager hatte Wehner endlich wieder die Möglichkeit zu ausgiebiger Lektüre; durch Geschenke schwedischer Bürger, aber auch der britischen Botschaft in Stockholm war eine ansehnliche Bibliothek zusammengekommen.[6] Dank seiner ausgedehnten Literatur- und Sprachstudien wurde Wehners Schwedisch immer besser. Der Lagerverwaltung fiel er durch sein korrektes Auftreten auf. Er galt als freundlich und hilfsbereit, wenngleich sehr zurückhaltend. Nach anfänglichen Handlangerarbeiten im Freien erhielt er Mitte Dezember eine Art Hausmeisterstelle, die ihm einige Freiheiten gewährte.[7] Doch Wehners Leben in Smedsbo war alles andere als einfach. Die ersten Monate wohnte er in einer Gemeinschaftsbaracke, dann in einem Vierer-, schließlich in einem Zweier-Zimmer; das dort geltende Rauchverbot war für den passionierten Pfeifenraucher ein großes Problem.

Bereits nach der ersten Woche im Lager wandte sich Wehner in einem auf schwedisch abgefaßten Brief an Georg Branting. Zwar erbat er auch einige juristische Bücher, aber der eigentliche Grund lag woanders: Wehner war nicht entgangen, daß Branting schon zum Ende des ersten Prozesses, mehr aber noch in den Folgeverhandlungen die Zweifel und Verdächtigungen gegen seine Person nicht nur korrigiert, sondern ihm indirekt auch Beistand geleistet hatte. »Ich danke Ihnen dafür«, so Wehner, »daß Sie mir durch Ihre Erklärung geholfen haben, und, daß Sie mir durch Ihre freundlichen Worte das Gefühl gegeben haben, daß ich nicht völlig mißverstanden wurde.« Wehner bedauerte, daß es zu Mißverständnissen gekommen war und bat um ein Gespräch außerhalb von Smedsbo. Branting antwortete ebenso freundlich wie kurz: Er versprach, die Literaturwünsche zu erfüllen und wünschte Wehner baldige Freiheit. Über ein Gespräch verlor er indes kein Wort. Wehner bedankte sich überschwenglich, versäumte dabei aber nicht, seine traurige Situation zu schildern. Anschaulich beschrieb er das langweilige Lagerleben und die beengten Verhältnisse; gerade unter den Militärflüchtlingen gebe es viele Krisen, Nervosität und Verzweiflung, weshalb er beschlossen habe, gemeinsam mit einem österreichischen Jurastudenten einen Studienzirkel einzurichten. Indirekt forderte er Branting auf, gegen die Erklärung eines Repräsentanten der Ausländerbehörde in der schwedischen Presse Stellung zu nehmen, der die Internierten als »asoziale Elemente« oder »politische Fanatiker« bezeichnet hatte, die man »isolieren« müsse.[8]

Das Lagerleben stellte den Gleichmut der Internierten auf

harte Proben. Direktor Friberg bereitete es anscheinend Vergnügen, sie mit immer neuen Vorschriften zu reizen. Beispielsweise forderte er größere Pünktlichkeit beim Essen. Da die Internierten keine Uhren tragen durften, war es aber eine nahezu unlösbare Aufgabe, auf den Glockenschlag in der Speisebaracke zu erscheinen. Solche »Disziplinübertretungen« quittierte Friberg auf kränkende Weise: Er ließ alle vor der Baracke antreten und auf den letzten Mann warten. Gegen solche Schikanen der Lagerleitung hielt sich Wehner jedoch zurück.[9]

Die Hauptbeschäftigung der Internierten in Smedsbo war seit Januar 1941 das Kuvertkleben, das natürlich nicht sehr beliebt war. Bemühungen von verschiedener Seite, eine andere, weniger langweilige Beschäftigung zu finden, scheiterten. Bei guter Führung erhielten die Internierten ein Taschengeld von 90 Öre am Tag, das sich durch Extra-Arbeiten erhöhen konnte.[10] Wehners Organisation des Arbeitstempos der Internierten war es zu verdanken, daß die Pflichtnorm nicht allzu hoch lag.[11]

Nach späteren Aussagen des Internierten Robert Hansen-Nygaard waren die Lager auch regelrechte Spionagezentralen. Der 1908 geborene Norweger war im Juni 1940 als Flüchtling nach Schweden gekommen. Er hatte mit dem Lager Långmora und den Haftanstalten Falun und Kalmar Bekanntschaft gemacht. Im Juni 1943 war er nach Smedsbo überwiesen worden, wohin er im September von einem Freigang nicht zurückkehrte.[12] Zuvor hatte er mehrere Militärflüchtlinge in Smedsbo aufgefordert, ihr Wissen über die deutsche Wehrmacht den Alliierten zur Verfügung zu stellen. Dem kamen die zum Teil Wehner nahestehenden Deutschen Josef Forschner, Hans Falbe, Josef Gillhuber und andere nach. Forschner, der ebenfalls geflohen war, hatte nachweislich am 16. Oktober Kontakt sowohl mit Vertretern der norwegischen Botschaft als auch mit dem Sekretär beim sowjetischen Militärattaché, Peter Gousev. Die Gruppe wurde im März 1944 verhaftet und wegen Spionage zu zum Teil hohen Strafen verurteilt.[13] Ob Wehner von diesen Aktivitäten wußte, ist nicht bekannt.

Seiner Gewohnheit entsprechend, wandte Wehner auch in

Smedsbo viel Zeit fürs Schreiben auf. Da ihm journalistische Tätigkeit verwehrt war, führte er eine umfangreiche Korrespondenz. Zu den Briefpartnern gehörten auch die Mineurs, seine ersten Stockholmer Quartiergeber. Gegenüber Knut Mineur beklagte Wehner die Internierung, wollte das Lager aber keinesfalls mit einem deutschen KZ vergleichen. Er empfand jedoch Trauer über Begriffe wie »asoziale Elemente« oder »politisch Radikale«; gerade die Militärflüchtlinge verstünden nicht, warum sie wie Verbrecher behandelt würden. Aus den Äußerungen des verschlossenen Wehner war nur schwer zu erkennen, wie es um sein Verhältnis zum Kommunismus und zur Sowjetunion stand – immerhin mußte er sich von dieser Seite im Stich gelassen fühlen. Ein Brief an Mineur zeigt Wehners tiefe Verbundenheit mit dem Lande Lenins und Stalins, das schließlich auch ein wichtiger Garant für einen Sieg über das verhaßte Hitler-Regime war. Gemeinsam mit Mineur freute er sich über die militärischen Erfolge der Sowjetunion gegen Hitler. Einig fühlte er sich mit dem Schweden auch in der Liebe zur Sowjetunion: »Ich weiß, wie Du, mein lieber Freund«, schrieb Wehner am 7. November 1943, dem Jahrestag der Oktoberrevolution, »unsere Brüder, die den Sozialismus errichtet haben, liebst. Und ich gestatte mir, Dir gerade heute in Gedanken die Hände zu reichen, um Dich zu grüßen und zu bekräftigen, daß wir, jeder auf seine Weise und auf seinem Platz, das Beste tun werden, um dem historischen Fortschritt zum Sieg zu verhelfen.«[14] Dieser Brief blieb eine der wenigen prosowjetischen Stellungnahmen des »späten« Wehner. Immer stärker rang er mit seinem Verhältnis zum Kommunismus, immer weniger wollte er anderen von seinen Zweifeln mitteilen.

Viel Zeit verwendete Wehner darauf, das Leben im Lager für alle möglichst angenehm zu gestalten. Auf seine Initiative gingen zum Beispiel schwedische Sprachkurse und Stenographiekurse zurück. Er selbst war mit Übersetzungen schwedischer Bücher beschäftigt. Die Lagerverwaltung hatte bald erkannt, daß Wehner zu den »intelligentesten Ausländern« in Smedsbo gehörte. Unter den Internierten verfügte er über großen Einfluß und war auch zu ihrem Vertrauensmann gewählt worden; allerdings hatte die Ausländerbehörde diese Funktion nicht anerkannt. Die leitende Position übte er gemeinsam mit Paul Werther, Willi Bick, Richard Rösner und Walter »Hein« Müller aus. Gegenüber der Lagerverwaltung trat Wehner nur in Kleinigkeiten offen als Führer der Internierten auf, etwa mit der Bitte, bestimmte Sportgeräte einzukaufen oder den Dienstplan an Feiertagen zu ändern. Bei einem Besuch des parlamentarischen Kontrollausschusses unter der Leitung von Oberrichter Gärde am 11. Dezember 1943 hinterließ Wehner einen sehr guten Eindruck. Man machte ihm Hoffnung auf baldige Entlassung, sofern er verspreche, sich »auf Ehre und Gewissen« politisch jeder Aktivität während seines Verbleibens in Schweden zu enthalten. Eine solche Erklärung verfaßte Wehner am 15. Dezember 1943.[15]

Zum Weihnachtsfest 1943 gestaltete Wehner eine kleine Zeitung mit etwas holprigen Gedichten und Zeichnungen über das Leben im Lager. Noch war die Welt in Smedsbo in Ordnung. Zur Entstehungsgeschichte der Verse hieß es: »Meist geschah es in tiefer Nacht, wenn des Kessels erstes Glühen Wärme ließ durch Röhren ziehen. [...] daß im Lokuskämmerlein Herbert nachts oft fröstelnd sitzet, manchmal über Fehler schwitzet; die er selbst sich eingerührt, weil man in Smedsbo jetzt stenographiert.« Wichtiger als die Selbstironisierung war Wehner die Stärkung des Zusammengehörigkeitsgefühls. So heißt es im Marschlied (»Im Sitzen zu singen. Melodie: Westerwald«): »Laß uns Kameraden sein! Alle, ob groß oder klein, ziehn wir ja an einem Strang, tönt gemeinsam unser Sang.«[16]

Die positive Einschätzung der Kontrollkommission aus Stockholm konterkarierte kurze Zeit später Direktor Friberg mit Schreckensmeldungen über einen »verschlagenen« Wehner. Tatsächlich hatte sich das Klima im Lager noch im Dezember 1943 wesentlich verändert. Das Eintreffen einer größeren Gruppe von Dänen hatte das geordnete System unter Wehners Führung gestört. Die Dänen wollten die Führungsrolle der deutschen Kommunisten nicht anerkennen und beschwerten sich andauernd bei Friberg. Schwerwiegend war der Vorwurf, Wehner und die anderen Kommunisten hätten ihnen verboten, die Arbeitsnorm überzuerfüllen. Wehners noch Mitte Dezember so gute Chancen auf baldige Entlassung waren damit auf den Nullpunkt gesunken. Er galt nun als besonders hinterhältig und gefährlich.[17]

Die Situation im Lager spitzte sich weiter zu. Dem im Juli 1943 entlassenen Werner Sager, mit dem er einen ausgedehnten Briefwechsel führte, schrieb Wehner im Februar 1944: »Das ganze Leben hier wird uns systematisch vergällt. [...] Das Lager ist planmäßig mit Leuten aufgefüllt worden, die in Wirklichkeit nichts mit politischen Flüchtlingen gemein haben, und die nun, hinter der trüben Nebelwand eines wohlfeilen antideutschen Chauvinismus, das Zusammenleben der Internierten vergiften. Zuhälter, Schwarze Börsen-Händler, versoffene ehemalige Beamte u. ä. spielen sich nun als antideutsche Kämpen auf und bringen ihre anderswo zu kurz gekommenen Gelüste zum ›Aktivismus‹ zur Geltung. [...] Wir können nichts anderes tun, als durchzuhalten, aber das tun wir.«[18] Das tägliche Leben aber wurde für Wehner zur »Hölle«[19]. Am 17. Februar 1944 teilte ihm das Justizministerium zudem mit, daß er weiter interniert bleiben würde. Wehner war verzweifelt: »Ich befinde mich in einer Maschinerie, die mit mir macht, was sie für gut befindet, ohne daß ich jemals Gelegenheit bekomme, meinen Standpunkt und alles, was von meiner Seite aus zu sagen wäre, anzubringen.« Zwei Tage später wurden Wehners Vertraute Rösner, Bick und Werther aus dem Lager entlassen. Er war nun wieder allein. Melancholisch notierte er am 20. Februar: »Heute scheint die Sonne ins Fenster, und ich denke, wenn ich den blendenden Schnee sehe, wie gut es sein müßte, auf Skiern durch den Wald zu fahren.«[20]

Seit Februar führte Wehner auch wieder eine umfangreiche Korrespondenz mit ehemaligen Kampfgefährten aus der KPD. Neben Werner Sager und dessen Frau Lilo gehörten zum Kreis der Briefpartner Willi Bick, Gustav Endres, Walter Müller, Herbert Warnke und Paul Werther. Später sollten noch Kurt Adam und Willy Langrock hinzukommen. Den Kontakt zu Richard Rösner, der in Eskilstuna eine Stelle in einer Lampenfabrik bekommen hatte und dort bei dem ehemaligen Spanienkämpfer Arthur Henschel wohnte, hätte die Ausländerbehörde beinahe verhindert. Rösners Brief an Wehner vom 12. März 1944 hielt die Lagerleitung zurück; die Ausländerbehörde bestätigte die Beschlagnahme nicht nur, sondern schrieb vor, den Adressaten nicht einmal von der Existenz des Briefes zu unterrichten; Rösner ließ sich aber nicht entmutigen.[21]

Herbert Warnke hatte Ende März an Rösner nach Smedsbo geschrieben. Der war aber bereits abgereist. Da Wehner von Rösner eine Postvollmacht besaß, beantwortete er Warnkes Brief. Damit nahm eine Korrespondenz ihren Anfang, die Warnke offensichtlich gerne annahm; Warnke berichtete von der ersten Landeskonferenz deutscher Gewerkschafter vom Februar, von der er sich viel versprach, waren doch auch zwei Kommunisten in die Leitung gewählt worden.[22] Daß es sich um Karl Mewis und Arthur Henschel handelte, erwähnte Warnke nicht[23]; der Briefwechsel lief bis mindestens Juni 1944[24].

In ihrer (begrenzten) Freiheit hatten Willi Bick und Paul Werther ihren Genossen Wehner nicht vergessen. Seit Februar 1944 betrieben sie in Alingsås ein kleines Unternehmen zur Herstellung kunstgewerblicher Waren. Unmittelbar nach ihrer Ankunft hatten sie Wehner mit Dankschreiben für seine Freundschaft regelrecht überschüttet. Paul Werther schrieb zum Beispiel: »Dieses Smedsbo mit Dir an der Spitze, Du der allen ein guter Freund und mehr als alle anderen mit durchgemacht hast – dieses Smedsbo werde ich gerne gedenken.« Dabei versicherte er Wehner ewige Freundschaft. Ähnliche Briefe kamen auch von Bick, der Wehners Standhaftigkeit und Hilfsbereitschaft pries sowie die Bemühungen, die Zeit in Smedsbo nützlich zu verwenden. Trotz allem hätten »diese Jahre der Enttäuschungen und der persönlichen Entbehrungen doch das Gute, daß sich persönliche Freundschaften entwickelt haben, die ein starker Aktivposten für die Zukunft« seien; das mache »die Zukunft schon etwas heller«.[25] Wehner war gerührt: »Ich bin kein mit sich selbst zufriedener Organisationsmensch, und wenn ich ein persönliches Verhältnis zu Menschen habe, so liegt darin stets etwas vom eigenen Inneren. Um so mehr schmerzt dann Trennung. Aber bei aller gegenwärtigen Bitternis haben wir doch mindestens das Gefühl, daß wir einander in der Zeit, in der wir hier gemeinsam waren, manches gegeben haben, und daß auch zeitweilige räumliche Entfernung das Band unserer Freundschaft nicht zu zerstören vermag.«[26]

Werther und Bick vermittelten Wehner den Kontakt zu Charlotte Burmester, der Witwe eines in Deutschland im KZ umgebrachten Kommunisten, die mit ihren Kindern in Göteborg lebte. Aus dieser Verbindung entstand eine lebenslange Gemeinschaft. Von Alingsås aus setzten sich Bick und Werther auch sonst für Wehner ein und suchten Verbündete für entsprechende Aktionen. Einen fanden sie in dem 40jährigen Kommunisten Gustav Endres aus Saarbrücken, den sie eigentlich gar nicht hätten aufsuchen dürfen, denn sein Verhältnis zur KPD war offiziell nicht geklärt.[27] Endres war von der KPD »abgehängt«, jeder Kontakt zwischen ihm und der Parteigruppe also untersagt. Endres war deshalb nicht wenig überrascht und erfreut, die Genossen bei sich zu sehen. Bick und Werther traten ihm gegenüber als Vertreter der Parteigruppe in Smedsbo auf und erteilten ihm den Auftrag, Wehner, den sie als guten Kommunisten bezeichneten, legal oder illegal aus der Internierung zu holen. Gern wollte Endres helfen. Er kannte Wehner aus der Abstimmungszeit im Saargebiet 1935, wo er selbst Instrukteur der KPD-Bezirksleitung gewesen war. Zuletzt waren sie sich in Frankreich begegnet, wo Wehner ihm den Auftrag zur Aufnahme einer Verbindung nach Deutschland erteilt und eine entsprechende Geldsumme übergeben hatte.[28] Kurz darauf war Endres nach Schweden gekommen und erfreute sich seit kurzem einer festen Anstellung als Kraftfahrer.

Seit Anfang 1944 stand Endres mit Wehner in Briefkontakt. Er schickte Früchte, Brot und Konserven ins Internierungslager. »Solche Unterbrechungen des Einerlei und solche Bereicherung dieses Lebens« nahm Wehner gerne an. »Die Früchte sind unter solchen Lebensverhältnissen ein wahres Labsal«, schrieb er dankbar. »Von dem Brot und der frischen Butter habe ich schon einige kräftige Stücke verdrückt, mit dem höchsten Genuß. Solches Brot habe ich schon mehrere Jahre nicht mehr gegessen. Den prima Kuchen schnabulierte ich gestern abend, gemeinsam mit zwei Norwegern, zu duftender Schokolade.«[29] Von Bedeutung war, daß Endres die Möglichkeit besaß, sich in Stockholm für den Internierten zu verwenden. Seine diesbezüglichen Pläne diskutierte er zunächst mit Wehner. Endres' Vorschlag, Wehners ehemaligen Pflichtverteidiger Westerståhl einzuschalten, lehnte Wehner mit der Begründung ab, während des Prozesses sei es zwischen ihnen zu einer Auseinandersetzung gekommen. Auch von Branting war die Rede; Wehner erinnerte sich aber nur ungern der Kontroverse vor Gericht, die ihn »monatelang in der einsamen Gefängniszelle geplagt« habe. Er war im Zweifel, ob sich Branting für ihn interessieren würde. Niedergeschlagen klagte Wehner gegenüber Endres: »Das System von Gefängnis und Konzentrationslager, dem ich seit dem 18. Februar 1942 unterworfen und ausgeliefert bin, peinigt mich furchtbar. Ich vertrage einen Puff. Aber was mit mir getrieben wird, ist nicht von Pappe. Dieses System soll mich vielleicht zugrunde richten, jedenfalls habe ich das bestimmte Gefühl, als ob alles darauf angelegt ist.«[30] Der Freund versuchte, ihn zu beruhigen. Er habe Westerståhl getroffen, der sich sehr einsetze. Auch habe er von der Ausländerkommission erfahren, daß Wehner entlassen würde, wenn man sicher sei, daß er sich ruhig verhielte. Endres hatte sich dafür verbürgt und rechnete ernsthaft mit Wehners baldiger Entlassung.[31]

Am 18. März 1944 hatte Wehner ein halbes Jahr Internierung hinter sich; eine Überprüfung seines Falles durch die Ausländerbehörde war deshalb vorgeschrieben. Willi Bick und Paul Werther wandten sich an die Behörde und verwiesen auf ihre erfolgreiche geschäftliche Unternehmung, in die sie Wehner gern einbeziehen würden. Sie konnten also einen Arbeitsplatz für ihn nachweisen. Ob des »schmerzlichen Eindrucks«, den Wehner bei ihrer Abreise aus Smedsbo gemacht hatte, appellierten sie, man möge sich bei der Überprüfung auch »von menschlichen Gefühlen« leiten lassen. Wehner dankte für diese Bemühungen, über die er natürlich unterrichtet wurde, sah aber kaum Erfolgsaussichten.[32]

Gustav Endres nahm, so sein späterer Bericht, zunächst Kontakt mit dem schwedischen KP-Vorsitzenden Sven Linderot auf. Dieser soll erklärt haben, Wehner habe zwar Fehler gemacht, aber wenn ihm geholfen werden könne, solle man das tun. Daraufhin sei Endres zu Anton Plenikowski nach Uppsala gefahren. Wehner alles andere als zugetan, riet dieser, nichts zu tun, ohne zuvor mit Mewis gesprochen zu haben. Karl Mewis erklärte schließlich, man solle Wehner helfen, und schlug eine Unterschriftensammlung vor. Auch Georg Branting soll einbezogen worden sein, der trotz Bedenken zugestimmt habe.[33] Eine Bestätigung dieses Berichts findet sich in einem Brief Warnkes an Wehner vom März 1944. Darin versicherte Warnke, Wehner sei als Mitglied des Freien Deutschen Kulturbundes ebenso wie in der Landesgruppe deutscher Gewerkschafter willkommen. Wehner nahm die Vorschläge mit Interesse und Dankbarkeit an.[34] Der Freie Deutsche Kulturbund war die zahlenmäßig bedeutendste Organisation der deutschen Emigration in Schweden; ein Kind echten »Volksfrontgeistes«, hielten die Kommunisten darin wichtige Schaltstellen. Dem Abwehrspezialisten Erik Lönn galt der FDKB gar als kommunistische Tarnorganisation.[35] Für die Kommunisten war Wolfgang Steinitz als Kassenwart im Vorstand, der allerdings als Parteiloser auftrat; Erich Glückauf arbeitete in der Pressekommission.[36] Am 11. April 1944 schickte Wehner dem FDKB seinen Aufnahmeantrag, besorgt, als Internierter nicht als vollwertiges Mitglied arbeiten zu können, aber sehr daran interessiert, zumindest »die schriftlichen Dinge« zugeschickt zu bekommen, die »für die dem Bund angeschlossenen Personen von Interesse« wären. Zwei Wochen später bestätigte Steinitz Wehners Mitgliedschaft.[37]

Die Zustände im Lager Smedsbo wurden für Wehner immer drückender. Die Selbstverwaltungseinrichtungen, darunter die sogenannte Kantinen-Kooperative, wurden aufgelöst. Wehner mußte schließlich bemüht sein, niemandem einen – erwünschten – Anstoß für Drangsalierungen zu geben, was ihm »schwer, verflucht schwer« fiel. »Das werde ich nie vergessen«, schrieb er Ende März einem Freund.[38] Seine Stimmung besserte sich kaum, als er von den Gerüchten und Verleumdungen hörte, die gegen ihn im Umlauf waren. Schon während der Haft hatte er erfahren, daß manche auf seine Kosten »ihren Schnabel gewetzt« hätten. Er hoffte, irgendwann imstande zu sein, »sie das später mal in meiner Gegenwart repetieren zu lassen«. Wehner durchlebte eine tiefe Krise. »Ich tu', was ich vermag«, äußerte er Mitte April 1944 gegenüber Endres. »Und daß ich bis jetzt nicht zu den vielen traurigen Fällen gerechnet werden muß, die Selbstmordversuche gemacht haben oder in eine Nervenheilanstalt gebracht werden mußten [...], zeugt wohl davon, daß ich ohne Aufhebens meinen Mann steh'. Ich richt' mich auch darauf ein, noch eine erkleckliche Zeit in diesem Paradies verbringen zu dürfen, und ich mach' mir keine Illusionen.«[39]

Dazu hatte er auch wahrlich keinen Grund. Von Endres wußte er, daß die Bemühungen um seine Entlassung bei der SKP und dem KPD-Exil kaum Unterstützung fanden.[40] Ende April war Endres erneut in Uppsala, wo er mit Mewis und anderen deutschen Kommunisten über eine Unterstützung Wehners sprach. Angesichts der Fortschritte, die Endres mit Hilfe schwedischer Bürger gemacht hatte, sicherten die KPD-Führer zu, nun auch etwas tun zu wollen. Die Blöße, daß Endres' Bemühungen erfolgreich sein könnten, die deutschen Kommunisten aber keinen Handschlag zur Befreiung des ehemaligen Spitzenfunktionärs unternommen hätten, wollten sich Mewis und Genossen nicht geben.[41] Wehner war von dieser Entwicklung gar nicht begeistert. Eindringlich warnte er Endres, Leute zu aktivieren, die an ihm gar kein Interesse nahmen; schließlich wollte er denen nicht auch noch dankbar sein müssen.[42] Die Sorge war aber unbegründet. Bald wurde Endres »von gewisser Seite« bedrängt, sich nicht zu stark für Wehner einzusetzen. Dabei schwang die Unterstellung mit, er verfolge dabei vielleicht auch unlautere Ziele. Das traf Endres tief. Andererseits erklärte man ihm, daß er aufgrund eines Beschlusses beauftragt sei, Schritte in die Wege zu leiten, um Wehner zu helfen. »Mach' Dir nun ein Bild, wie großzügig man geworden ist«, höhnte Endres, »nach bereits drei Jahren.« Und er stellte klar, daß ihm von einem Beschluß niemals etwas bekannt gewesen sei.[43]

Die insgesamt betrüblichen Nachrichten beeinträchtigten die Gesundheit des inzwischen doch sehr einsamen Wehner; ständig klagte er über Schmerzen. An Ostern 1944 war er so schwach, daß er für die Grüße an Familie Mineur auf die Hilfe eines norwegischen Vertrauten angewiesen war;[44] der Lagerarzt verordnete ihm ein Stärkungsmittel[45].

Seit Mai 1944 unterhielt Wehner Kontakt zu Kurt Adam, der schon länger versucht hatte, mit ihm in Verbindung zu kommen. Der 40jährige Stettiner Kommunist, ehemaliger Emi-Leiter der Kopenhagener KPD-Emigration, war von der Partei wegen »Abweichens« von der politischen Linie isoliert worden. Gegen den Willen der Genossen hatte ihn Kurt Vieweg 1943 mit nach Schweden genommen. Adam hatte Arbeit in der Viskose-Fabrik »Konstsilke« in der kleinen Industriestadt Borås angenommen. Sein Verhältnis zur KPD war nicht ganz klar. Die Parteianklagen waren schon in Dänemark erweitert worden; einigen galt er als Verräter und Gestapo-Agent. Adam war dabei, eine umfangreiche Rechtfertigung zusammenzustellen, die nicht nur Namen und Adressen enthalten sollte, sondern auch viel belastendes Material über mächtige Funktionäre. Aus Dänemark gingen deshalb besorgte Rufe an die Parteigruppe in Borås, die von Adam Einsicht in das Material verlangte – angeblich, um eventuelle Gefährdungen illegaler Genossen auszuschließen. Adam verweigerte dies und fiel noch tiefer in Ungnade.[46] Davon findet sich indes nichts in Adams Briefwechsel mit Wehner. Gleich zu Beginn hatte Adam Wehner Hoffnung auf einen Arbeitsplatz bei »Konstsilke« gemacht; der neue Betriebsleiter sei schon in Kenntnis gesetzt und Wehner brauchte dort nur anzurufen.[47]

Doch die Perspektive harter Schichtarbeit weitab von der Hauptstadt Stockholm war für Wehner wenig verlockend. Eine angenehmere Zukunft versprach eine Nachricht von Josef Wagner aus Uppsala: Wagner, der Ende 1943 freigekommen war, wollte nach Rücksprache mit Professor Åke Holmbäck, der seit kurzem der Leitung der Ausländerbehörde angehörte, für Wehner eine Anstellung am Rassenbiologischen Institut in Uppsala erwirken, wo er selbst arbeitete. Am 7. Mai 1944 schickte Wehner einen kurzen Lebenslauf nach Uppsala, in dem er seine journalistische Tätigkeit in den Vordergrund stellte, seine kommunistische Vergangenheit aber verschwieg: »Schon 1924 hatte ich mit der Herausgabe einer eigenen Zeitschrift begonnen, hatte 1926 den Verlag einer Zeitschrift besorgt und widmete mich von 1927 an ausschließlich schriftstellerischer und publizistischer Arbeit, neben organisatorischer Tätigkeit in der Arbeiterbewegung. 1930 wurde ich zum Abgeordneten des sächsischen Landtages gewählt. Seit 1933 habe ich unter den besonderen Verhältnissen der Illegalität gelebt und mich, abgesehen von journalistischer Tagesarbeit, gelegentlich zeitweiliger Aufenthalte im Ausland schriftstellerisch und durch Vorlesungen über national-ökonomische, historische und politische Themen betätigt. Auch literaturkritisch war ich zeitweilig tätig.«[48] Tags darauf schrieb Wehner an Holmbäck einige Worte des Dankes und gelobte, alles zu tun, »um zu zeigen, daß Sie einem Menschen geholfen haben, der das Vertrauen, das Sie in ihn gesetzt haben, nicht enttäuschen wird«[49]. Wehner hatte nicht die geringste Ahnung, daß sich bei Holmbäck inzwischen Mewis als wichtige Führungsfigur in einem Deutschland nach Hitler eingeführt hatte.[50]

Am 21. Mai 1944 bat Wehner in einem Gnadengesuch um Entlassung aus der Internierung sowie um Aufenthalts- und Arbeitserlaubnis für Schweden: »Zwei Jahre und drei Monate sind vergangen, seit ich am 18. Februar 1942 festgenommen worden bin. [...] Eine so lange Zeit ist eine schwere Belastung für einen Menschen, der seit dem 30. Januar 1933 immer ohne eigenes Heim leben mußte, und auf so vieles verzichten mußte, was ein Mensch gewöhnlich hoch schätzt. Darf ich [...] untertänigst bitten, das zu berücksichtigen?« Wehner verteidigte sein für strafwürdig befundenes Verhalten damit, daß er nur »aus ideellen Motiven und mit dem Ziel, meinem eigenen Volk zu helfen, gehandelt habe«, und bat um eine Chance, »zu beweisen, daß ich mich vollkommen loyal im Rahmen schwedischer Gesetze verhalten will und kann«. Wenig bescheiden, unterbreitete Wehner auch schon konkrete Vorstellungen über eine künftige Arbeit: am besten die Beschäftigung mit wissenschaftlichen und literarischen Problemen. Er beabsichtige, in Deutschland nach seiner Rückkehr eine Volkshochschule zu eröffnen. Sein Gnadengesuch beschloß er mit der Versicherung, sich jeglicher politischer Tätigkeit während seines Aufenthaltes in Schweden enthalten zu wollen.[51] Doch seine Hoffnung, schon bald nach Uppsala zu kommen, war trügerisch – ganz in der Nähe lebte und wirkte schließlich sein Rivale Karl Mewis.

Die Sicherheitspolizei hatte am 27. Januar 1944 mit Karl Mewis einen, wie es scheint, freundlichen Gedankenaustausch geführt. Mewis war nun ein geachteter Politiker; als Führer der deutschen Gewerkschaftsgruppe in Uppsala hatte er insofern Gewicht, als diese auch von der schwedischen Gewerkschaftsorganisation anerkannt war. In dem Gespräch mit der Sicherheitspolizei war es auch um den »Aufruf zur Sammlung der Deutschen in Schweden« gegangen, den die von der KPD dominierte Zeitschrift *Politische Information* am 8. November 1943 veröffentlicht hatte. Über zwanzig deutsche politische Flüchtlinge hatten ihn unterzeichnet, was der politischen Abstinenz-Auflage widersprach. Mewis gab gegenüber den Sicherheitsbeamten zu verstehen, daß man, sofern die schwedischen Behörden nicht einschritten, solche Aktionen ausweiten wolle; wie die Flüchtlinge aus Norwegen oder Dänemark wollten auch die Deutschen offiziell an der *Politischen Information* mitarbeiten. Mit dem Selbstbewußtsein eines hohen KPD-Funktionärs vertraute Mewis den Schweden an, daß er mit dem Vorrücken der Roten Armee ins Baltikum die Aufforderung seiner Parteiführung aus Moskau erwarte, dort die Kommunistische Partei zu reorganisieren. Die Beamten waren von diesem neuen-alten KP-Führer beeindruckt: Keine Spur mehr von Niedergeschlagenheit wie nach seiner Verhaftung – für alle sichtbar hatte Mewis sein Klassenbewußtsein zurückgewonnen. Er fühlte sich auf der ganzen Linie in seiner Ablehnung der Sabotage und seinem Eintreten für Loyalität gegenüber dem schwedischen Staat bestätigt, was ihm, wie er den Sicherheitsleuten erneut versicherte, von Stahlmann und Wehner als Passivität vorgeworfen worden war.[52]

Von einem solchen guten Leumund konnte der Internierte Wehner nur träumen. Im Zusammenhang mit seinem Gnadengesuch war der Direktor des Internierungslagers Smedsbo um Stellungnahme gebeten worden. Friberg beschrieb am 25. Mai 1944 die Gefährlichkeit Wehners und äußerte starke Zweifel, daß dieser sich in Freiheit loyal zum schwedischen Staat verhalten würde. Dennoch unterstützte Friberg Wehners Entlassung: Dadurch seien die anderen Internierten nicht länger Wehners »fanatischer kommunistischer Propaganda« ausgesetzt, und auch für das Personal würde das Leben leichter. Für einen Ausländer vom Typ Wehners sei die Internierung nach den geltenden Bestimmungen ohnehin kein Hindernis gegen illegale Tätigkeit, mokierte sich Friberg, der wiederholt versucht hatte, die Bestimmungen zu verschärfen. Falls Wehner nicht entlassen werde, bat Friberg wenigstens um dessen Verlegung in ein anderes Lager.[53]

Während das Tauziehen um seine Entlassung anhielt, mußte Wehner weiter die Verleumdungen und Auseinandersetzungen im Lager erdulden. Mitte Juni war er erneut bei der Lagerleitung als kommunistischer Propagandist denunziert worden, diesmal von einem dänischen Pastorensohn. Die sowjetische Offensive in Finnland hatte den Streit zwischen Kommunisten und Antikommunisten im Lager verschärft. Eine Beruhigung der Lage erwartete die Lagerverwaltung nur durch eine Verlegung der Wortführer beider Gruppen. Am 23. Juni 1944 informierte Friberg die Ausländerbehörde über die angespannte Lage und fügte hinzu, Wehner sei »viel zu klug […], um sich in Handgreiflichkeiten zu begeben«; doch sei er mit seiner »fanatischen Kommunistenpropaganda zweifellos ein gefährlicher Provokateur«.[54] Wehner hoffte nun auf baldige Entlassung. Anfang Juli machte er erstmals von der Möglichkeit Gebrauch, um Urlaub nachzusuchen, um einen auch der Polizei genehmen Aufenthaltsort für die Zeit danach ausfindig zu machen, denn Uppsala schied aufgrund von Sicherheitsbedenken der Polizei zunächst aus.

Wehner mußte in die nicht weit von Göteborg entfernte Industrie- und Garnisonsstadt Borås ausweichen, mit gut 50 000 Einwohnern die siebtgrößte Stadt des Landes. Mit Hilfe von Lotte Burmester in Göteborg und Kurt Adam in Borås erhielt er eine Anstellung als Viskosearbeiter. Seine Entlassung am 21. Juli 1944 verlief so hastig, daß er sich nicht einmal von seinen Bewachern hatte verabschieden können. Das holte er am 25. Juli mit einem Kartengruß nach.[55]

Eine erste Unterkunft in Borås fand Wehner bei Kurt Adam.[56] Wie sehr ihn ein solcher Quartiergeber in den Augen rechtgläubiger Kommunisten verdächtig machen mußte, war ihm dabei sicher nicht bewußt. Wehners Aufenthaltsgenehmigung blieb auf die Stadt beschränkt; er stand unter Kontrolle der dortigen Sicherheitspolizei, bei der er sich jeden Montag melden mußte. Eine Anstellung fand er, wie die anderen deutschen Kommunisten, bei AB Svenskt Konstsilke. Sein Stundenlohn im Drei-Schichten-System betrug 98 Öre. Gegenüber Knut Mineur klagte er über sein trauriges Schicksal in Borås, vor allem über die schwere körperliche Arbeit, die minimale Entlohnung, die besondere Polizeikontrolle und die Aufenthaltsbeschränkung.[57]

Herbert Wehner fühlte sich weiterhin der KPD verpflichtet. Bei aller durch die schwedischen Bestimmungen auferlegten Zurückhaltung ließ er das deutlich erkennen. Seine Isolierung vom Parteileben führte er allein auf die Machenschaften von Mewis und Konsorten zurück. Neben Lotte Burmester schienen auch Teile der Parteigruppe in Borås bereit, ihn zu akzeptieren – immerhin waren darunter seine alten Smedsbo-Kameraden Walter Müller, Willi Bick und Paul Werther sowie sein neuer Quartiergeber Kurt Adam. Kurt Vieweg leitete die Gruppe. Sie alle waren von der deutschen Parteileitung in Kopenhagen 1943 als weniger gute Genossen nach Schweden abgeschoben worden. Diesem Personenkreis eröffnete Wehner seine dunklen Befürchtungen über die gegenwärtige KPD-Führung in Stockholm. Er deutete an, daß Mewis während der Inhaftierung belastende Aussagen gemacht und Auskünfte über interne Parteiangelegenheiten gegeben habe. Auch vermutete Wehner, seine Verhaftung sei das Ergebnis von Verrat aus den eigenen Reihen gewesen. Im kleinen Kreis schreckte er nicht davor zurück, Karl Mewis als Polizeispitzel zu bezeichnen. Aus diesen Gründen müsse er vorläufig eine Mitarbeit in der KPD ablehnen. Er warte auf die Entscheidung des Zentralkomitees in Moskau. Einem sowjetischen Genossen habe er bereits eine schriftliche Stellungnahme für das ZK in Moskau zur Weiterleitung übergeben. Eine offizielle Beschuldigung gegen Mewis lehnte er ab, da eine entsprechende Untersuchung außerhalb der Kompetenz der Parteileitung in Stockholm lag.[58]

Mit Wehners angekündigtem Wiedereintritt in die Partei war Karl Mewis ein furchtbarer Gegner erstanden. Seine gerade errungene Führungsrolle war mehr als gefährdet. Auf der allgemeinen Parteikonferenz der KPD an Ostern 1944 hatte Mewis seine Position weiter ausbauen können; das Ansehen der deutschen Kommunisten und der Führung unter Mewis im besonderen war wieder so hoch, daß auch Gäste der kommunistischen Parteien Schwedens, Norwegens und Österreichs teilnahmen. Auf der von Herbert Warnke präsidierten Versammlung demonstrierten die Deutschen völlige Einmütigkeit. Die Linie hatten Mewis mit seinem Referat zur politischen Lage und Glückauf zu den Aufgaben der deutschen Kommunisten in Schweden vorgegeben. Sowohl die Entschließung als auch die Wahl der neuen Parteileitung erfolgten einstimmig. Der neuen Führung gehörten Karl Mewis, Erich Glückauf, Franz Stephany und Heinz Rauch an.[59] Diese Eintracht konnte Herbert Wehner nur stören.

Als Mewis von Wehners Ankunft in Borås hörte, ging er in die Offensive. In der zweiten Augusthälfte 1944 berief er eine

Parteikonferenz nach Stockholm ein, zu der die dort lebenden deutschen Kommunisten und die Leiter der verschiedenen KPD-Gruppen in Schweden eingeladen waren. Unter den Teilnehmern waren Paul Peschke, Sepp Miller, Paul Verner, Paul Friedländer, Herbert Warnke, Viktor Kunze und wahrscheinlich auch Paul Werther, der kurz zuvor von Borås nach Stockholm gezogen war. Auf dieser Zusammenkunft gab Mewis eine Erklärung zum ehemaligen Spitzenfunktionär Wehner ab, von dem man bis dahin nur wußte, daß er aus der Internierung entlassen und in Borås eingetroffen war und sich noch nicht offiziell bei der KPD angemeldet hatte. Mit dieser »Sünde« leitete Mewis die Verleumdung seines Widersachers ein. Er erwähnte kurz, daß Wehner bis 1942 zusammen mit ihm und Stahlmann die gemeinsame Parteileitung gebildet hatte, um dann zum heiklen Punkt der Verhaftung zu kommen: Obwohl Wehner, wie Mewis zugeben mußte, die ersten vier Wochen geschwiegen hatte, waren dann mehrere schwedische Genossen, die mit ihm zusammengearbeitet hatten, verhaftet worden. Die darüber aufgebrachte SKP hatte daraufhin alle deutschen Genossen aus ihren illegalen Quartieren gewiesen. Ein abschließendes Urteil über Wehner wagte Mewis aber noch nicht zu sprechen; über dessen Parteiausschluß 1942 war er augenscheinlich nicht informiert.[60] Die KPD-Funktionäre beschlossen, die Leitungsmitglieder Erich Glückauf und Heinz Rauch zu Wehner zu schicken, um seine Stellungnahme zu erfahren. Wehner lehnte diesen Kontaktversuch ab.[61]

Düstere Andeutungen über Mewis und dessen Umfeld kamen auch von Josef Wagner aus Uppsala. Wie Wehner war Wagner davon überzeugt, daß die gegenwärtige Führung unter Mewis »verfault« sei, wie man im Parteijargon sagte. Über Wagners Auffassungen war die schwedische Polizei aufgrund eines Spitzels in seiner Umgebung gut informiert. Dadurch war Erik Lönns Sicherheitsabteilung über die geistige Gemeinschaft Wagner-Wehner und deren Gegnerschaft zu Mewis bestens im Bilde. Wenig überraschend war für Lönn, daß Mewis inzwischen die Leitung der KPD-Emigration übernommen hatte. Für dessen

Führungsrolle sprach, daß er sich allmählich den Ruf erworben hatte, ein Mann mit großer Zukunft in Deutschland zu sein. Interessante Aufschlüsse ergaben sich aus den Spitzelberichten über die Hintergründe des gespannten Verhältnisses zwischen den Top-Kommunisten: Nun erfuhr Lönn, daß Wehner seinerzeit direkt aus Moskau mit der Aufgabe nach Schweden gekommen war, Karl Mewis abzulösen. Mewis, der sich Stahlmanns Rückendeckung sicher sein konnte, habe sich 1941 geweigert abzutreten. Um nicht die ganze Arbeit zu gefährden, habe man den Kompromiß einer gemeinsamen Leitung gewählt. Jetzt, 1944, berief sich Mewis auf seine alten Verdienste und präsentierte sich als Mann Dimitroffs in Schweden. Gegenüber zweifelnden Mitgenossen konnte er sich auf Paul Peschke, Herbert Warnke und Paul Verner stützen.[62] Letzterer war auf Wehner besonders schlecht zu sprechen, war der es doch gewesen, der vor Jahren dafür gesorgt hatte, daß Verner seine gute Position als Berufsrevolutionär in Holland verloren hatte und eine Weile das harte Brot des einfachen Emigranten essen mußte. Da Mewis von Verners wenig mutigem Verhalten vor der schwedischen Polizei wußte, war Verner auch erpreßbar.

Wiederholt hatte Wagner versucht, Moskau über die Lage der deutschen Kommunisten in Schweden und seine Kritik an der Leitung zu informieren. Ein solcher Rapport an die Komintern vom August 1944 fiel Anfang September in die Hände des schwedischen Sicherheitsdienstes. Er enthielt schwere Anschuldigungen gegen Karl Mewis: der arbeite nicht gern, sei arrogant und lebe auf großem Fuß; Wagner drückte sein Erstaunen darüber aus, daß Mewis sich frei bewegen könnte, und äußerte die Vermutung, er sei bei den Verhören wohl sehr offen gewesen und »wohl immer noch sehr offen gegenüber schwedischen Stellen« ... Weiterhin schilderte er ausführlich die Rolle von Fritz Hollander als Geldgeber von Mewis, woraufhin dieser ins Blickfeld der Sicherheitspolizei geriet. Am 18. September stellte die Polizei einen zweiten Bericht Wagners sicher, der über die kommunistische Konferenz vom August mit dem Verdikt gegen Wehner referierte.[63]

Herbert Wehner bemühte sich gleichfalls, Moskau über die Vorgänge in Stockholm und vor allem über die Lage der KPD-Gruppe zu informieren. Bei der Suche nach eigenen Verbindungen kam Wehner auf Simon Sorkin, mit dem sich Wagner im Gefängnis Kalmar angefreundet hatte. Sorkin hatte sich als ehemaliger Mitarbeiter der sowjetischen Handelsvertretung vorgestellt, der wegen Spionage einsaß. Wehner lernte ihn kurz kennen, als Sorkin am 26. Mai 1944 nach Smedsbo überführt wurde. Wagner und Wehner ließen sich von dem abenteuerlichen Auftreten Sorkins blenden und schenkten ihm Vertrauen; für ihn sprach seine im Mai 1941 erfolgte Verurteilung wegen Spionage für die Sowjetunion und seine anfängliche Betreuung durch den von den Sowjets bevorzugten Anwalt Arvid Rudling. Sorkin war wie Wehner von den Sicherheitsmännern Söderström und Åkerberg vernommen und auch vom selben Gericht verurteilt worden. Das gemeinsame Schicksal mußte Vertrauen einflößen. Dabei war Sorkin ein durchaus undurchsichtiger Typ. Gegenüber der Gefängnisleitung von Kalmar lobte er im Juni 1944 nicht nur die Haftanstalt, sondern auch den neuen Direktor in Smedsbo, Friberg, der ihm »ein sehr intelligenter und humaner Mensch zu sein« schien.[64] Sorkin hatte sich vor seiner Festnahme in Stockholm als windiger Geschäftsmann und Spitzel betätigt, lange bevor der Machtbereich Moskaus auf sein Heimatland Estland ausgedehnt war. Nach dem Umsturz, den er in Finnland und Schweden erlebt hatte, war er Mitarbeiter der sowjetischen Staatsreederei geworden und als solcher den Werbungen des sowjetischen Sicherheitsdienstes erlegen. Wie er in den ersten Verhören gestand, sollte er die estnischen Flüchtlinge in Stockholm bespitzeln.[65] Im Oktober 1940 war er zur Stockholmer sowjetischen Gesandtschaft gerufen worden, wo ihn Andrej Grauer empfangen und aufgefordert hatte, »sich als Jude solidarisch mit der Sowjetunion« zu zeigen. Grauer erwartete von ihm sofortigen Bericht über alle Geschehnisse an Bord des Schiffes, auf dem Sorkin Dienst tat.[66] Allein die Erwähnung des Namens des NKWD-Offiziers wird Wehner vom geheimdienstlichen Hintergrund der Verhaftung Sorkins überzeugt haben. Von Smedsbo aus erhielt Sorkin schon im Juli mehrmals verlängerten Urlaub nach Stockholm. Dort hielt er sich zur Zeit von Wehners Entlassung auf, und dorthin wurde er am 22. September 1944 auch entlassen. Im Oktober suchte Sorkin Wagner in Uppsala auf. Er stellte sich ganz auf dessen politische Linie und erreichte auf diese Weise einen weiteren Vertrauenszuwachs. Die schwedische Sicherheitspolizei kontrollierte Sorkins Verbindungen zu Wagner und Wehner ebenso wie seine Kontaktversuche mit der sowjetischen Gesandtschaft.[67]

Wehner schrieb in den »Notizen«, daß sich Simon Sorkin »erbot«, seine Sache »an Pieck zu vermitteln«. Er habe ihm deshalb eine »kurze Darstellung der Provokationen Mewis' und seiner Komplizen« für den KPD-Vorsitzenden übergeben.[68] Da die schwedische Sicherheitspolizei den Kontakt offensichtlich von Anfang an kontrollierte, geriet Wehners Schreiben anstatt nach Moskau in die Hände der Schweden. Seine harte Abrechnung mit Mewis und anderen machte deutlich, daß Wehner weder mit dem Kommunismus allgemein noch mit der KPD gebrochen hatte. Er sprach allein Mewis und seinen Leuten die Führerschaft ab und prangerte die Bildung einer »Mewis-Clique« an, die auf gegenseitiger Kenntnis über zahlreiche un- oder antikommunistische Handlungen gründe. Richard Stahlmann wußte laut Wehner von Mewis' unverantwortlicher und »verbrecherischer« Handlungsweise in den Jahren 1940/41. Wehner führte eine Reihe von Beispielen für das gemeinsame Versagen seiner ehemaligen Leitungsgenossen an, so die ursprünglich schlechte Vorbereitung der Deutschlandreisen Josef Wagners und Charlotte Bischoffs. Auch erhob Wehner den später wiederholt mit umgekehrten Vorzeichen geäußerten Vorwurf, daß sich Mewis 1941 in seiner und Stahlmanns Anwesenheit geweigert habe, selbst nach Deutschland zu gehen. Ferner bezichtigte er Mewis des »prinzipienlosen Gruppenverhaltens« mit seinem Schwiegervater Franz Dahlem, das sich in erster Linie gegen Walter Ulbrichts (sic!) Einfluß in der deutschen Parteiführung richte. Auch davon wisse Stahlmann, der zusammen mit Wehner Anfang Juni 1941 einen Bericht über diese Dinge für die Parteiführung verfaßt hatte, in dem gefordert worden war, Mewis ganz auszuschalten.

Wehner prangerte Mewis' prinzipienloses Verhalten gegenüber dem Instrukteur Georg Henke an, dem es geglückt war, von seinem Einsatz in Deutschland wohlbehalten nach Schweden zurückzukehren. Einige Unklarheiten in Henkes Bericht waren von Mewis zunächst akzeptiert worden. Bei der später von Moskau geforderten Untersuchung hatte sich aber gezeigt, daß Mewis unverantwortlicherweise Henke die Adresse eines Gestapo-Konfidenten als Verbindungsmöglichkeit empfohlen hatte. Erst daraufhin habe Mewis begonnen, Mißtrauen gegen Henke zu schüren. Dieser schwieg, da er sich, nach Wehners Einschätzung, mit seinem Verhalten in Deutschland als unfähig erwiesen hatte und schuldig fühlte. Für Wehner war Henke ein klarer Fall von »ausgeprägt kleinbürgerlicher Sorglosigkeit«.

Auch im Verhältnis zwischen Mewis und Paul Peschke sah Wehner als Basis die gegenseitige Rückversicherung.[69] Wehner hatte mit Peschke, damals Mitarbeiter der Gewerkschaftsabteilung des ZK, »hin und wieder in der Zeit zu tun« gehabt, als er als Sekretär der Bezirksleitung Ostsachsen (später Sachsen) die Gewerkschaftsarbeit leitete. Später hatte Wehner ihn in Berlin getroffen, wo Peschke als Sekretär im kommunistisch geführten Einheitsverband der Berliner Metallarbeiter arbeitete. Wehner hatte früher weniger Peschkes »zeitweilig ziemlich stark sektiererische Einstellung« kritisiert als vielmehr dessen Weitherzigkeit in Fragen der Konspiration, die er in Paris selbst erlebt hatte.[70] Peschke war im Januar 1939 nach Schweden gekommen, wo ihn sofort eine enge Zusammenarbeit mit Mewis verband. Er leitete in dessen Auftrag die Emigration. Die von Mewis vorgegebene politische Linie mit ihrer Überbetonung des Nationalen galt Wehner noch 1944 als ungeheure Verfälschung der tatsächlich beschlossenen. Aus seiner Sicht verband Mewis und Peschke der Wunsch, diese Verfehlung nicht publik werden zu lassen. Als weitere Delikte zählte Wehner Peschkes Beteiligung an der unzulänglichen Vorbereitung der Instrukteurreisen auf und dessen Scheitern beim Versuch, eine Zentralstelle der Partei in Oslo aufzubauen. Eine zwischen Peschke und Warnke bestehende Rivalität nutze Mewis; mit beiden habe sich Mewis »zwei ergebene Mitschuldige« geschaffen, die um seine Gunst buhlten.[71] Schließlich klagte Wehner über Mewis' besondere Beziehungen zu Fritz Hollander: Bei diesem besitze Mewis eine »absolute Monopolstellung«, er nutze ihn zur Nachrichtenbeschaffung und als Korrespondenzstelle. Kein anderer dürfe mit Hollander in Kontakt treten; auch über dessen persönliche Unterstützung für Mewis bestehe keinerlei Kontrolle – ein Umstand, den Wehner vergeblich zu ändern versucht hatte. Wehners Rapport sollte Moskau nie erreichen; er kam am 25. September in den Besitz der schwedischen Polizei, die ihn in ihren Archiven verschwinden ließ.[72]

Im September war Wehner der Landesgruppe deutscher Gewerkschafter in Schweden beigetreten.[73] Offensichtlich fühlte er sich nach vermeintlich erfolgreicher Kontaktaufnahme mit Moskau nun »befreit«. Er glaubte, berechtigte Hoffnung hegen zu können, daß seine Angelegenheit bald geklärt werde. Entsprechend wollte er sich von Borås aus wieder in das politische Leben einmischen.

In seinen »Notizen« von 1946 erwähnte Wehner solche Aktivitäten und entsprechende Motive nicht. 1957 stellte er fest, er sei seit seiner polizeilichen Festnahme in Stockholm »aus jeder Tätigkeit im Rahmen oder in Verbindung mit der Kommunistischen Partei Deutschlands oder einer anderen Kommunistischen Partei ausgeschieden«. Nach seiner Entlassung aus der Internierung habe er es abgelehnt, vor einer Parteiinstitution »zu erscheinen oder mit ihr in Unterhandlungen zu treten«. In Borås habe er lediglich »einmal einigen Personen, die eine Zeit mit mir im selben Lager gewesen waren und von denen einige in dem Betrieb arbeiteten, einige meiner Erfahrungen bezüglich der Verseuchung der illegalen politischen Arbeit der Kommunistischen Partei vorgetragen«. Wehner betonte, er habe bis zu seiner Rückkehr im September 1946 »jede Teilnahme an einer Organisation oder an Veranstaltungen, die in irgendeiner Weise mit der kommunistischen Partei oder ihren Organisatoren in

Beziehung zu bringen waren, abgelehnt«[74]. Letzteres ist insofern unrichtig, als er auf Empfehlung des kommunistischen Spitzenfunktionärs Herbert Warnke sowohl in die überparteiliche Landesgruppe deutscher Gewerkschafter als auch in den Freien Deutschen Kulturbund eingetreten war.

Wehners Darstellung vom März 1957 über sein Auftreten vor »Personen« in Borås steht nicht im Widerspruch zu der Feststellung, die Kurt Vieweg auf einer Pressekonferenz in Hamburg im September 1957 traf; Vieweg nannte dort »Spätherbst 1944« als Termin einer Zusammenkunft in seiner Wohnung, bei der Wehner ein klares politisches Programm entwickelt habe, das später in der Auseinandersetzung mit dem Stalinismus allgemein wiedergekehrt sei. Die Anwesenden seien damals überzeugt gewesen, Wehner habe mit dem Stalinismus gebrochen. Kompromißvorschläge des »Beauftragten der KPD« (sic!) habe er schroff zurückgewiesen. Danach sei Wehner aus der Partei ausgeschlossen worden.[75] In den Papieren im Wehner-Nachlaß ist ausschließlich von einer Zusammenkunft die Rede, die am 20. Oktober 1944 stattgefunden haben muß.[76] Wehner berichtete Paul Werther über eine »Unterhaltung mit Willi und seinen Bekannten« an diesem Tag. Als weitere Teilnehmer erwähnte Wehner »Hein« und »Karl«. Mithin handelt es sich ausschließlich um Genossen aus Borås: Willi Bick, Walter (Hein) Müller und Karl Hennemann. Wehner äußerte gegenüber Werther Zweifel am Sinn dieses Treffens. Er habe seinen Standpunkt aber »ruhig und abgemessen dargelegt, ohne auch nur eine Spur persönlicher Animosität hineinzutragen«. Das Echo sei aber »ganz negativ« gewesen, was Wehner vor allem auf Bick zurückführte. Der alte Freund sei »keineswegs der vorurteilslose und wohlwollende Mann«, für den ihn Werther hielt. Im Laufe des Gesprächs habe sich herausgestellt, daß der Boykottbeschluß gegen Wehner in Stockholm damit begründet worden war, daß die Genossen in Borås schon mit einem solchen vorangegangen seien. Wehner hatte allen Grund zu vermuten, daß Bick hinter dieser Intrige steckte. Schon Wehners ablehnende Haltung zu der Zusammenkunft mit Glückauf und Rauch war von Bick überaus ärgerlich und feindlich aufgenommen worden. Allgemein war Wehner enttäuscht, daß seine sachlichen Argumente überhaupt nicht zur Diskussion gestanden hatten. »In welcher mehr oder weniger entstellten Form der Inhalt des Gesprächs nun weitergetragen werden wird«, sei außerhalb seines Einflusses. Trotzdem tue es ihm »nicht leid, diese sachliche Aufklärung gegeben zu haben, denn niemand kann sagen, daß ich etwas gesagt hätte, das ich nicht zu belegen imstande gewesen wäre«. Nach der Enttäuschung über Bick und angesichts der Stockholmer Verleumdungen, die ihm immer stärker bewußt wurden, äußerte Wehner auch leise Zweifel an der Ehrlichkeit Werthers, der sicher von diesen Entwicklungen gewußt habe[77] – was dieser kurz darauf verneinte[78].

Wehners Konzept für einen Auftritt vor den Kommunisten in Borås ist erhalten geblieben: Auf sechs Seiten erklärte er darin seine »Haltung gegenüber einigen Verleumdungen und ihren Urhebern« und warum er sich nach der Haft nicht am Parteileben beteiligt hatte. Weiterhin wehrte er sich gegen Behauptungen, er habe »Gerüchte« in Umlauf gesetzt, sich einer »Aufklärung des Sachverhalts entzogen« und »abseits gestellt«. Er mußte berücksichtigen, daß die Genossen aus Borås und Göteborg in eine »eigenartige Lage« gekommen waren. Obwohl ihn mit einigen nahe Bekanntschaft verband, besaßen auch sie keine in alle Einzelheiten gehende Erklärung für sein Verhalten. Andererseits waren sie von ihrer Parteileitung über eine angebliche Gerüchtemacherei Wehners informiert worden. Einige hatten schon offen geäußert, daß sie seine Haltung nicht verstünden, besonders nicht nach dem Kontaktangebot durch Glückauf und Rauch. Aus Wehners Rededisposition wird ersichtlich, daß er sich zum einen durch seine Verantwortlichkeit gegenüber seinem Auftraggeber und zum andern aufgrund seines fehlenden Vertrauens zu Mewis und dessen Mitstreitern an einer allgemeinen Erklärung gehindert sah. Zu ersterem notierte er ergänzend: »Volles Vertrauen, daß die Sache schließlich geklärt wird. Nicht ich habe mich zu verteidigen. Insofern ich Fehler gemacht habe, sind sie klargestellt.« Den Kontakt zu Mewis'

Abgesandten habe er abgelehnt, seine Haltung bedeute aber kein Mißtrauen gegenüber den Genossen der Emigration. Die KPD-Emigration sei aber »a) nicht zuständig, b) nicht geeignet«. Seine Ablehnung der derzeitigen Leitung begründete er mit der »politischen Linie« von Mewis, für die er sich einige Beispiele notierte. Mewis' gegenwärtige Politik bezeichnete er als »Fortsetzung und Vergröberung der Verfälschung der politischen Linie«, die von der Komintern vorgegeben worden war. Hier sei kein Erkenntniszuwachs, keine Selbstkritik zu beobachten. Kriminelle Anschuldigungen, die er erheben könnte, würden an seiner allgemeinen Einschätzung nichts ändern, sie nur wesentlich vertiefen. Auch zur Frage der Einhaltung der Parteidisziplin wollte Wehner Stellung beziehen. Mit dem Hinweis, daß ein Bolschewik nicht nur Disziplin, sondern auch »Wachsamkeit« kennen müsse, griff er das Beispiel der Haltung Dahlems in Paris 1939 und des Zusammenbruchs der dortigen Leitung auf. Wehner verfolgte mit seiner Rede offensichtlich das Ziel, alle gegen ihn gerichteten Verleumdungen, Gerüchte und Behauptungen zurückzuweisen und es so unmöglich zu machen, ihn zu diskriminieren und zu isolieren.[79]

Ein sehr detaillierter Bericht über das Auftreten Wehners in Borås findet sich im ehemaligen Zentralen Parteiarchiv der SED. Karl Mewis hatte, wahrscheinlich Ende November 1944, eine Darstellung für Moskau verfaßt. Darin ist von zwei Auftritten Wehners die Rede, und zwar am 29. Oktober und am 19. November 1944. Beim ersten Termin handelte es sich um eine regelrechte Parteiversammlung, auf der Wehner seine vorbereitete Rede gehalten haben kann. Im November fand dagegen eine kleine Beratung in der Wohnung Viewegs statt, zu der dessen Aussagen von 1957 passen könnten.

Nach Mewis[80] fand durch Vermittlung von Charlotte Burmester und einiger Freunde und Genossen Wehners in Borås am 29. Oktober 1944 eine Parteiversammlung statt, zu der Wehner geladen war. Wehner habe die Gelegenheit genutzt, um über seine Stellung zur Partei zu sprechen. Mewis, der im weit entfernten Uppsala lebte, war von dieser Versammlung nicht unterrichtet worden. Wehner habe eine Linie von der in seinen Augen fehlerhaften Politik der KPD-Leitung in Paris 1939 unter Franz Dahlem bis zur politischen Tätigkeit von Mewis in den Jahren 1940 bis 1942 gezogen und Mewis wiederholt als Abenteurer bezeichnet. Er habe auch den Vorwurf erhoben, daß Mewis sich geweigert habe, nach Deutschland zu fahren. Weiterhin habe Wehner durchblicken lassen, daß bei seiner Verhaftung Verrat im Spiel gewesen sei, wobei er offensichtlich Mewis verdächtigte. Seine Aufgabe in Schweden sei es gewesen, den »Stall auszumisten« und Mewis zu entfernen. Nur weil er mehr Beweismaterial gegen diesen habe sammeln wollen, sei Mewis in seiner Funktion verblieben. Am Schluß seiner Rede habe Wehner auch Anschuldigungen gegen Erich Glückauf, Franz Stephany und Paul Verner erhoben.

Kurt Vieweg als verantwortlicher Funktionär der Gruppe Borås beeilte sich daraufhin, Mewis vom Ergebnis der Versammlung zu unterrichten und diesen zu einer Folgeveranstaltung einzuladen. Im zweiten Teil seines Berichts nach Moskau schilderte Mewis dieses Treffen am 19. November 1944. Wehner, der anders als der nun geladene Mewis seinen Unterhalt selbst verdienen mußte, hatte wissen lassen, daß er erst um 16.00 Uhr zu dem für 10.00 Uhr angesetzten Treffen kommen könne. Mewis versuchte, folgt man seinem Bericht, zwei Stunden lang die Versammlung zu überzeugen, Wehner nicht auftreten zu lassen. Zuletzt opponierte nur noch Kurt Adam. Die anderen unterstützten den Vorschlag, einige Genossen zu bestimmen, die mit Wehner eine »Aussprache« führen sollten. Zuvor gab Mewis seinen Bericht: Wehner habe Fehler begangen, für die er sich verantworten solle. Seine Verhaftung habe der Partei »einen furchtbaren Schlag« versetzt und das Vertrauen der Bruderpartei zur KPD auf »eine unerhörte Belastungsprobe« gestellt. Die Notwendigkeit der Konspiration vorschützend, gab Mewis zwar keine Auskunft über Wehners eigentliche Aufgabe in Schweden, beschrieb aber maliziös die Umstände der Verhaftung. Die Parteileitung habe damals keine Stellung bezogen, weil sie Wehners Angelegenheit nach dessen Freilassung klären wollte.

Allerdings seien einige Vorwürfe gegen Wehner derart, daß er vor einer Entscheidung des ZK nicht zu verantwortlicher Arbeit herangezogen werden könne. Kontaktangebote der Parteileitung seien von Wehner abgelehnt, dafür aber Verleumdungen und Gerüchte verbreitet worden. Erst daraufhin habe die Parteileitung den Beschluß gefaßt, weitere Bemühungen einzustellen und die Mitglieder aufzufordern, allen Kontakt mit Wehner abzubrechen. Mewis erhob deshalb gegen die anwesenden Genossen den Vorwurf: »Ihr habt euch dann durch falsche Informationen dazu hinreißen lassen, Wehner in einer Mitgliederversammlung das Wort zu erteilen. Ihr habt das Spiel eines Mannes erleichtert, der zur Verdeckung seiner Fehler vor keinem Mittel des Betrugs, der Verleumdung und der Zersetzung der Partei zurückschreckt.«

In der anschließenden Aussprache versuchte wieder allein Kurt Adam, Wehner zu verteidigen und mit dem Hinweis auf eine mögliche Haftpsychose zu entschuldigen. Die Versammlung nahm schließlich folgenden Beschluß einstimmig an: »Wehner wird von der Gruppe aufgefordert, sein Verhältnis zur Partei mit der zuständigen, gewählten Parteileitung zu klären. Falls Wehner zu dieser kein Vertrauen hat, kann er sich an die SKP wenden. Falls er Anklagen gegen leitende Parteigenossen zu erheben hat, ist es seine Pflicht, dieselben auf dem üblichen Parteiwege vorzubringen. Sollte Wehner sich nicht bereit erklären, sein Verhältnis zur Partei auf diese Weise zu ordnen, werden die Mitglieder sofort alle Beziehungen zu ihm abbrechen.« Vier Genossen wurden beauftragt, Wehner diesen Beschluß mitzuteilen, darunter selbstverständlich Karl Mewis. Als Wehner gegen 16.00 Uhr zur vermeintlichen Parteiversammlung erschien, traf er in Kurt Viewegs Wohnung nur noch die vier Abgesandten an. Wehner, so Mewis in seinem Bericht, sei erschüttert gewesen, aber ruhig und überlegt geblieben. Nachdem ihm der Beschluß mitgeteilt worden war, erklärte er, nicht erwartet zu haben, einfach vor vollendete Tatsachen gestellt zu werden. Es liege gar nicht in seiner Absicht, Anklagen zu erheben oder einen Kampf zu führen. Er wolle sich nur gegen die

Gerüchte um seine Person wehren. Seine Angelegenheit könne von keiner Instanz in Schweden behandelt werden. Wehner habe dann versucht, die Genossen von der Ehrlichkeit seiner Absichten zu überzeugen: Seine Verhaftung nur auf einen Konspirationspruch zurückzuführen, sei zu einfach. Gewiß habe er Friedel Wagner öfter getroffen, auch ein Verhältnis mit ihr gehabt; aber dieser Umstand genüge nicht zur Beurteilung der Verhaftung. Vielmehr habe er die Genossin so oft getroffen, weil er durch sie bestimmte Mitteilungen von ihrem Mann erhalten wollte. Seine Verhaftung könne aber noch andere Ursachen haben, zumal die Polizei schon in den ersten Vernehmungen genaue Kenntnisse von seiner Tätigkeit gehabt habe. Er selbst habe nach der Verhaftung drei Wochen lang überhaupt keine Aussagen gemacht. Den Vorwurf, Solveig Hansson verraten zu haben, wies Wehner zurück; sie sei von seiner früheren Wirtin beschrieben und dadurch verhaftet worden. Unter dem Druck der Indizien habe Hansson schließlich zugegeben, mit Wehner gearbeitet zu haben. Dabei habe sie einen unbekannten Mann genannt, der sie mit Wehner in Verbindung gebracht hätte. Weil Wehner dieser »X« im Hintergrunde nicht paßte, habe er versucht, auf sie einzuwirken, diese Behauptung zu ändern. »Das sture und freche Verhalten« Hanssons habe seine Position sehr erschwert. Darauf führe er auch den Zusammenstoß mit Branting zurück. Wehner berichtete laut Mewis auch von seiner vor Gericht erfolgreich behaupteten Legende, aus Norwegen gekommen zu sein. Erst im zweiten Prozeß habe man ihm neues Material vorgelegt, welches die Polizei im Arbeitsraum von Stahlmann entdeckt hatte, als dieser im August 1942 mit knapper Not der Verhaftung entkommen war, darunter die Korrespondenz sowie die Fotokopien von Berichten nach Moskau und anderes vertrauliches Material. Wehner bestritt, gegenüber den Genossen in Borås Mewis als Verräter bezeichnet zu haben. Die Emissäre der Parteileitung, Erich Glückauf und Heinz Rauch, habe er damals als nicht kompetent abgelehnt. Wehner soll schließlich vorgeschlagen haben, als einfaches Parteimitglied an der Gruppenarbeit teilzunehmen und auf den Entscheid des ZK zu warten. Dazu habe auch sein Versprechen gehört, sich diszipliniert zu verhalten und von allen Anschuldigungen gegen bestimmte Funktionäre Abstand zu nehmen.[81]

Nun mußte Mewis handeln, denn er kannte Wehner als klugen Taktiker. Er unterbreitete am Schluß seines Berichts »über die Aussprachen mit Wehner in Borås 1944« den Vorschlag, umgehend Wilhelm Pieck zu informieren und anzufragen, ob Wehner nicht bereits ausgeschlossen sei und inwieweit sich die KPD-Führung in Schweden mit der Angelegenheit überhaupt befassen solle. Weiterhin drängte er darauf, die Meinung von Richard Stahlmann und »den hiesigen Freunden« einzuholen und der Gruppe mitteilen zu dürfen, daß ein Beschluß erst nach Abschluß der Untersuchung durch die Parteileitung gefaßt werden könne.[82] Mewis' sehr detaillierter Bericht kann, zumindest was den zweiten Teil betrifft, kaum erfunden sein. Da auch der Nachlaß Wehners nicht vollständig ist, muß angenommen werden, daß es zu drei Zusammenkünften gekommen war: am 20. und 29. Oktober und am 19. November. Demzufolge war das erste Gespräch nur eine Vorbereitung der gemeinsamen Parteiversammlung, der dann das auch von Vieweg beschriebene letzte »offizielle« Gespräch mit der KPD folgte.

Kurz vor Weihnachten 1944 fand Wehner wieder Zeit, an die Mineurs zu schreiben. Etwas verklausuliert teilte er ihnen seine schwierige Lage mit. Daß »einige weniger anständige Menschen die Gelegenheit genutzt hatten«, ihn zu verleumden, habe er bald bemerkt. »Leider läßt meine Lage nicht zu«, so Wehner am 20. Dezember 1944, »daß ich diese Konstruktionen entlarve, und Hilfe, die Sache aufzuklären, habe ich bisher nicht bekommen, auch nicht von der Seite, die eigentlich daran interessiert sein müßte.« Wehner konnte nicht verstehen, warum aus Moskau keine Nachricht kam, warum seine Berichte nicht beantwortet oder wenigstens bestätigt wurden. Ihm blieb nur, Knut und Elsbeth Mineur zu versichern, daß nicht er es war, der Knut damals Schwierigkeiten bereitet und als Quartiergeber angegeben hatte. Und er versicherte den beiden, daß die diskreditierenden Behauptungen gegen ihn »Lüge« seien.[83]

Eine »Konferenz der Parteiarbeiter« des KPD-Exils in Schweden zu Weihnachten 1944 beriet auch den Fall Herbert Wehner. Sie beschloß am 26. Dezember 1944 einstimmig: »Die Untersuchung des Verhaltens von Wehner im Zusammenhang mit seiner Tätigkeit von 1942 muß dem Z. K. vorbehalten bleiben. Das Verhalten Wehners nach seiner Freilassung ist parteischädigend und macht eine Einreihung Wehners in die Parteiarbeit unmöglich.«[84] Mewis hatte einen beachtlichen Sieg errungen.

Wehner hatte wenig Möglichkeit, persönlich in den Lauf der Ereignisse einzugreifen. Seine Aufenthaltserlaubnis blieb auf Borås beschränkt. Noch am 21. Februar 1945 legte Kriminalkommissar Erik Lönn in einer Denkschrift an den Chef der Sicherheitspolizei dar, wie gefährlich der deutsche Spitzenfunktionär sei. Er warnte vor Wehner, den er als einen »der intelligentesten und gefährlichsten internationalen Kommunisten« bezeichnete, die je Schweden besucht hatten. »Erwiesenermaßen« unterhielt dieser gute Verbindungen mit führenden Kreisen in der Sowjetunion. Deshalb bilde er ein »latentes Gefahrenmoment«. Eine Schlußfolgerung, die Lönn offensichtlich aus Wehners abgefangenen Berichten an Wilhelm Pieck gezogen hatte. Niemand könne wissen, wie lange die sowjetische Führung auf ein außenpolitisches Instrument wie die Komintern verzichte. Im Falle der Wiederaufrichtung einer entsprechenden Organisation habe Wehner, so glaubte Lönn, in ihr einen sicheren Platz. Generell beschwor Lönn die Gefahr der Kontaktaufnahme des sowjetischen Nachrichtendienstes mit dem Deutschen, wenn sich Gelegenheit ergebe, das hieß, wenn er in oder in die Nähe der Hauptstadt käme. Gegen eine Aufenthaltsgenehmigung für Uppsala führte Lönn an, daß dort Wehners »größter Widersacher« lebe; mit Mewis, der eine »ausgeprägt volksfrontfreundliche kommunistische Taktik« vertrat, war Lönn wohl nicht unzufrieden. Auf jeden Fall würde seiner Meinung nach der Streit der Konkurrenten die schwedische Flüchtlingspolitik belasten.[85]

Einen wahrscheinlich letzten Versuch, seine Parteiangelegenheiten in Ordnung zu bringen, unternahm Wehner am 17. März

1945. In einem Schreiben an den schwedischen KP-Vorsitzenden Sven Linderot beklagte er sich über die gegen ihn gerichtete Kampagne innerhalb des KPD-Exils und besonders darüber, daß er noch keine Gelegenheit erhalten habe, dagegen Stellung zu beziehen. Besonders heftig verwahrte er sich gegen Behauptungen von Mewis, er sei ein Parteifeind und betreibe Fraktionsbildung. Auf Initiative von Mewis wäre er jetzt so weit isoliert, daß er sogar vom Verbandsleben der deutschen Gewerkschaftsorganisation ausgeschlossen sei. Da er annehmen müsse, daß die Beschuldigungen gegen ihn auch auf der für Ostern angesetzten KPD-Konferenz erhoben werden würden, wolle er noch im Vorfeld Klarheit schaffen. Da Mewis verschiedentlich geäußert habe, daß alle Beschlüsse in Sachen Wehner mit den »schwedischen Freunden« abgestimmt seien und namentlich Linderot sein Einverständnis erklärt habe, wolle Wehner dem schwedischen Genossen seine Stellungnahme unterbreiten, denn er konnte sich dessen Verhalten nur durch falsche Informationen erklären. Warum er es bis jetzt vermieden habe, mit der SKP in Kontakt zu kommen, brauche er wohl nicht näher zu erläutern. Ohne Umschweife wolle er über seine zweifellos vorhandenen Fehler berichten, doch »ernste Fakten« sprächen dafür, daß bestimmte Personen ein »bestimmtes Verhältnis« zur Polizei hätten. Wehner vertraue nun auf Linderots Hilfe, dem er schon früher geschrieben habe, doch seien die Briefe wohl nicht an ihr Ziel gelangt. Er erwarte nun eine Einladung für ein persönliches Gespräch, zumindest aber die Aufforderung zu einem schriftlichen Bericht. Doch Wehners Bitte um schnelle und klare Antwort blieb vergeblich.[86]

Gegen Erik Lönns Bedenken erteilte Erik Hallgren, der Chef der schwedischen Sicherheitspolizei, Wehner nun eine Aufenthaltsgenehmigung für Uppsala. Dazu hatten Vorstöße verschiedener schwedischer Bürger beigetragen, die auf Wehners fast unerträgliche Lebensverhältnisse und den großen psychischen Druck, dem er ausgesetzt war, hingewiesen hatten. Auch der Arzt des Zentrallazaretts in Borås bescheinigte Wehner, nur sehr schwer mit der harten Arbeit im Drei-Schichten-System zurechtzukommen; sein ohnehin schwer angeschlagenes Nervensystem werde dadurch noch mehr belastet. Der wohlmeinende Arzt empfahl deshalb eine Anstellung in einer Bibliothek. Da ein entsprechendes Angebot von Professor Gunnar Dahlberg vom Rassenbiologischen Institut in Uppsala seit Mai 1944 vorlag, holte die Ausländerkommission dessen Rat ein. Dahlberg, der aus seiner politischen Einstellung als Linker nie ein Hehl gemacht hatte, war der Ausländerbehörde in Flüchtlingsfragen schon öfter ein verläßlicher Partner gewesen. Der KPD-Führung galt er, so schreibt jedenfalls Erich Glückauf in seinen Memoiren, als »ein uns wohlgesonnener bürgerlicher Demokrat«. Regelmäßig forderte Dahlberg Internierte für die Arbeit in seinem Institut an, um diese freizubekommen und ihnen eine Aufenthaltsgenehmigung für Uppsala zu verschaffen. In seiner Auswahl ließ er sich oft von den Vorschlägen der kommunistischen Roten Hilfe leiten.[87] Sein Verhältnis zu Karl Mewis, dessen anmaßende Art ihm mißfiel, war offenbar nicht das beste. Sicher wußte er von den Konflikten Wagners und Wehners mit Mewis und wollte Wehner deshalb aus seiner mißlichen Lage befreien. An die Ausländerkommission gab Dahlberg einen Bericht aus ärztlicher Sicht. Angesichts des »krankhaft depressiven Eindrucks«, den Wehner auf ihn machte, drückte er seine Befürchtung einer weiteren Verschlechterung aus, was in solchen Fällen gemeinhin zum Suizid führe. Wehner sei aber nicht so krank, daß er stationär behandelt werden müsse; Dahlberg schlug eine mäßige Arbeit vor. Auch hielt er eine Beobachtung der Entwicklung des psychischen Zustandes für wünschenswert. Lakonisch setzte er hinzu, daß bei weiterer Verschlechterung eine Schock-Behandlung sicher gute Ergebnisse bringe, diese aber aufgrund ihres Risikos nur in sehr schweren Fällen Anwendung finden dürfe. Diese Schreckensmeldung verband er mit dem Hinweis auf seine Bereitschaft, Wehner in seinem Institut anzustellen.[88] Die Ausländerkommission aber zögerte noch immer mit einer Entscheidung.

Die deutschen Kommunisten in Schweden hielten ihre zweite Landeskonferenz über die Osterfeiertage im April 1945 ab.

Vom gewachsenen Ansehen der KPD und von den in ihre Zukunft gesetzten Erwartungen zeugte die Tatsache, daß SKP-Chef Sven Linderot selbst das Wort ergriff. Diesmal hatte Mewis das Präsidium an Paul Peschke übertragen. Die Mitglieder der neu konstituierten KPD-Leitung nutzten die Chance zur Profilierung. Mewis nahm im Hauptreferat zur Lage in Deutschland und den daraus folgenden Aufgaben der deutschen Kommunisten in Schweden Stellung. Erich Glückauf sprach über die Lehren der demokratischen Massenbewegung. Als Unterreferat galten Georg Henkes Ausführungen zur Wirtschaftslage im »Dritten Reich«. Anschließend nahmen Franz Stephany, Herbert Warnke und Heinz Rauch zu den Arbeitsergebnissen der KPD-Gruppe in Schweden Stellung.

Doch nicht alle deutschen Kommunisten in Schweden waren mit der neuen Führung und deren Politik einverstanden. Nicht zuletzt das schwelende Wehner-Problem blieb ein Stein des Anstoßes. Eine Fronde gegen Mewis hatte sich ganz in seiner Nähe, in Uppsala, gebildet. Ihre bekanntesten Vertreter waren Josef »Willi« Wagner und Viktor Kunze. Die beiden kannten sich seit 1936 und hatten bis zu Kunzes Verhaftung im Dezember 1939 auch eng zusammengearbeitet. Erst im April 1943 trafen sie sich im Gefängnis in Kalmar wieder. Damals und dann im Internierungslager Oedevata hatte Wagner schwere Anschuldigungen gegen Mewis erhoben, die bei Kunze nicht wenig Eindruck hinterließen. Im Februar 1945 erhielt er die Erlaubnis, sich in Uppsala anzusiedeln, wohin Wagner schon im Oktober 1943 entlassen worden war. Sie wurden am Rassenbiologischen Institut Arbeitskollegen.[89] Viktor Kunze erklärte der neuen Parteiführung schriftlich, er habe sich von der hiesigen Emigrationsgruppe zurückgezogen, weil er »weder politisches noch persönliches Vertrauen zu Karl Mewis« habe. Vor einem Ausschluß aus der KPD fühlte er sich ebenso sicher wie Wagner oder Wehner: »Was die Drohung mit Ausschluß aus der Partei anbetrifft, weise ich darauf hin, daß Ausschlüsse nur vom Sekretariat getätigt werden können, welches es zur Zeit nicht gibt.«[90] Doch Mewis sah das anders. In geschlossener Beratung ließ er die Konferenz Kaderfragen behandeln. Josef Wagner und Viktor Kunze wurden ausgeschlossen. Das Verdikt gegen Wehner vom 26. Dezember 1944 wurde der Parteikonferenz zur Bestätigung vorgelegt und gegen die Stimme Willy Langrocks angenommen.[91] Langrock, der mit Wehner in Borås gesprochen hatte, hielt dessen Argumentation für schlüssig und die Forderung, seine Angelegenheit erst nach der Rückkehr in Deutschland abschließend zu klären, für billig. Deshalb wandte er sich gegen jede organisatorische Maßnahme gegen Wehner und heizte damit seine schon länger bestehenden persönlichen Differenzen mit Mewis an.[92] Insgesamt hatte Mewis aber »Einmütigkeit« erreicht. Im Ausgleich für diesen Vertrauensbeweis erweiterte er seine Parteileitung, der nun auch Paul Peschke, Herbert Warnke, Georg Henke, Irma Schmidt, Paul Nissen und Paul Verner angehörten.[93]

Mit dem Beschluß hatte die Isolierung Wehners eine neue Dimension angenommen. Das Schweigen sowohl des schwedischen Funktionärs Linderot als auch Moskaus mußten Wehner immer stärker erkennen lassen, daß die kommunistische Bewegung ihn fallengelassen hatte.

Enttäuschung und Wandel

Die deutsche Kapitulation am 8. Mai 1945 leitete für die auf der ganzen Welt verstreuten Hitler-Flüchtlinge einen neuen Lebensabschnitt ein. Das Exil hatte den meisten »die Pein der Heimatlosigkeit, die Brotlosigkeit des Existenzverlustes, die unwillige Duldung des Unwillkommenen«[1] bedeutet. Auch Internierung und Gefängnis gehörten nicht zu den Ausnahmen des zurückgelegten Weges. Trotzdem zog es nicht alle zurück nach Deutschland. Auch in Schweden wollten 70 Prozent der deutschen Emigranten bleiben.[2] Für ihre Entscheidung dürften familiäre und berufliche Gründe maßgeblich gewesen sein, zunehmend aber auch die Unlust, in die chaotischen Verhältnisse der Nachkriegsjahre, in ein besetztes und zerstörtes Land zurückzukehren. Einer großen Zahl blieb die Rückkehr in ihre Heimat auch verschlossen, da dort die deutschsprachige Bevölkerung aufgrund alliierter Beschlüsse zwangsweise umgesiedelt wurde.[3] Für das Gastland wurde das Bleiben der Exilanten aber zu einem Problem, vor allem hinsichtlich ihrer Versorgung und Unterbringung. In Schweden betrug nach offiziellen Angaben die Zahl der Flüchtlinge am 1. April 1945 über 100 000 Personen, 5 000 davon waren Deutsche und Österreicher.[4]

Unter den *politischen* Emigranten war der Gedanke an eine Heimkehr immer lebendig geblieben. Nach dem Sturz Hitlers sahen sie zunächst keine Hindernisse mehr für eine Rückkehr. Sie wollten umgehend in das besiegte und besetzte Deutschland zurück, obwohl und auch weil sie um die zahlreichen Schwierigkeiten wußten.[5] In Schweden rechnete man bei Kriegsende mit 800 deutschen politischen Emigranten, darunter 200 Sozialdemokraten und 100 Kommunisten. Diese Zahlen wurden später mehrfach nach oben korrigiert.[6] Allein unter den 30 000 Menschen, die Anfang 1945 durch die sogenannte Bernadotte-Aktion aus deutschen Konzentrationslagern nach Schweden gekommen waren,[7] befanden sich einige hundert deutsche Antifaschisten, die das politische Exil verstärkten.

Der Wunsch nach baldiger Rückkehr prägte auch die bei Kriegsende in der ganzen Welt verstreuten KPD-Gruppen. Durch die immer noch gestörten Kommunikationswege blieben diese auf sich selbst gestellt und dem direkten Zugriff Moskaus entzogen. Mehr als sonst in der KPD üblich, konnten konträre Meinungen und Einschätzungen die Diskussionen vor Ort prägen. Das traf auch auf das KPD-Exil in Schweden zu. Kurz nach Kriegsende schien hier die Zusammenarbeit mit anderen politischen Gruppierungen einen Aufschwung zu nehmen; einmütig begrüßte man die Veränderungen in Deutschland.

In Schweden hatten die Landesleitungen der Landesgruppe deutscher Gewerkschaften, der Sozialdemokraten, der KPD und des Freien Deutschen Kulturbundes bereits im Februar 1945 in einer gemeinsamen Stellungnahme von ihrer »Pflicht, an der Neugestaltung Deutschlands von Anfang an mitzuarbeiten«, gesprochen und aus der Identität der eigenen Ziele mit denen der Anti-Hitler-Koalition eine Zusammenarbeit des deutschen Volkes mit den Besatzungsmächten abgeleitet.[8] Die vier Organisationen hatten sich in einer Zentralstelle deutscher antinazistischer Organisationen zusammengeschlossen, »um eine Reihe von Aufgaben der kommenden Aufbauarbeit gemeinsam in Angriff zu nehmen«[9]. In ihr arbeiteten von der KPD Karl Mewis, Erich Glückauf, Franz Stephany (an seiner Stelle später Heinz Rauch) sowie Wolfgang Steinitz mit.[10] Die Zentralstelle widmete sich unter anderem der Ausarbeitung gemeinsamer Gesichtspunkte für den deutschen Wiederaufbau und der objektiven Information des Auslandes über die Verbrechen Hitler-Deutschlands.[11] Unmittelbar nach Kriegsende begann die Zentralstelle, die Rückkehrmöglichkeiten zu untersuchen und Anmeldungen für die Heimreise entgegenzunehmen.[12] Die *Politische Information* publizierte im August 1945 nach Berlin gerichtete Grußschreiben der einzelnen Emigrantenorganisationen, die auch den Wunsch nach Rückkehr und Mitarbeit beim Wiederaufbau ausdrückten. Nur die KPD-Landesleitung unter

Karl Mewis sandte ihrem Parteivorsitzenden Wilhelm Pieck lediglich Grüße, ohne den dringenden Wunsch nach Rückkehr zu erwähnen,[13] denn entsprechende Signale aus Moskau waren ausgeblieben.

Zunächst organisierten die deutschen Kommunisten eine Binnenwanderung: Die im Oktober 1943 von Dänemark nach Schweden geflüchteten Genossen kehrten im Juni 1945 dorthin zurück. Unter ihnen befanden sich Richard Rösner, Kurt Vieweg und Willi Bick.[14] Paul Werther, mit dem Wehner noch im Dezember 1944 in freundschaftlichem Kontakt gestanden hatte[15], war nach Konsultation mit den Sowjets von Mewis und Glückauf mit dem amerikanischen Geheimdienst OSS in Verbindung gebracht worden. Mit unfreiwilliger Hilfe der Amerikaner wurde so die Verbindung mit der KPD-Gruppe in Kopenhagen im März 1945 wiederhergestellt. Werther nahm aber nicht nur mit den illegalen deutschen Kommunisten Verbindung auf, er überbrachte gleichzeitig Waffen und Munition für die dänische Widerstandsbewegung. Ende April kehrte er nach Schweden zurück, um Bericht zu erstatten. Zwei Tage nach der deutschen Kapitulation in Dänemark kam Werther am 7. Mai als erster Emigrant aus Schweden nach Dänemark zurück.[16] Franz Stephany ging im August 1945 zurück in die norwegische Hauptstadt.[17]

Das Ergebnis ihrer Umfrage zum Rückkehrwunsch teilte die Zentralstelle Anfang August 1945 dem schwedischen Außenministerium mit. 250 Erwachsene hatten sich zur sofortigen Rückkehr nach Deutschland bereit erklärt.[18] Die schwedische Reaktion war überaus positiv.[19] Zunächst schien auch gute Aussicht auf baldige Heimkehr zu bestehen. Karl Mewis stürzte sich mit Begeisterung in die Vorbereitungsarbeiten, ohne Rücksicht auf das Schweigen Moskaus beziehungsweise nun Berlins. Trotz der komplizierten Verbindungswege hätte es wenigstens von Berlin aus möglich sein müssen, die Kommunisten in Stockholm nach Hause zu beordern. Das aber war nicht geschehen, und auch Herbert Wehner mochte sich fragen, warum er keine Nachricht von Wilhelm Pieck erhielt.

Eine Möglichkeit, den Kampf um seine Rehabilitierung aufzunehmen, bot sich Wehner im Januar 1945, als in Schweden nach Bekanntwerden einer nationalsozialistischen Unterwanderung der Ausländerbehörde eine Parlamentarische Untersuchungskommission eingesetzt wurde, die die schwedische Flüchtlingspolitik untersuchen sollte. Ende 1944 war Robert Paulson, Mitarbeiter der Staatlichen Ausländerkommission, bei der seit Juli 1944 alle Ausländerangelegenheiten konzentriert waren, verhaftet worden. Bald verdichtete sich der Verdacht, Paulson habe seit Ende 1941 Informationen über einen Mittelsmann nach Deutschland gegeben.[20] Der Untersuchungskommission, benannt nach ihrem Vorsitzenden, dem Sozialdemokraten und früheren Außenminister, Rickard Sandler, gehörten die Reichstagsmitglieder Georg Branting, Gunnar Hedlund, Gustav Mosesson und Sven Ivar Sefve an. Hauptaufgabe der Kommission war, die Behandlung der Flüchtlinge durch die schwedischen Behörden zu untersuchen. Durch die engen Verbindungen Paulsons mit der Sicherheitspolizei, über deren Existenz der Reichstag erst im Januar 1943 eher zufällig informiert worden war,[21] geriet diese jedoch bald in den Mittelpunkt des allgemeinen Interesses[22]. An die Kommission konnten sich alle Flüchtlinge wenden, die glaubten, in der Vergangenheit Unrecht erfahren zu haben. Von dieser Möglichkeit machte eine große Zahl auch Gebrauch.

Wehner hatte sich noch von Borås aus an die Sandler-Kommission gewandt. Da er der Post in so heiklen Angelegenheiten zu Recht mißtraute – erst im Juni 1945 stellte der schwedische Sicherheitsdienst seine umfangreiche Post- und Telefonkontrolle ein[23] –, schickte er am 20. März 1945 Charlotte Burmester mit seinem Schreiben direkt nach Stockholm. Hierin bat Wehner die Kommission, ihm die Möglichkeit zu geben, persönlich vorzusprechen.[24] In seinem Antrag bezichtigte er die schwedische Sicherheitspolizei der »Konstruktion« von Material, was fälschlicherweise zu seiner Verurteilung wegen Nachrichtentätigkeit geführt habe. Besonders arg hätten es die Beamten in den Verhören im September 1942 mit ihren »Verfälschungen,

Verdrehungen und Übergriffen« getrieben. Wehner protestierte auch gegen seine Ausweisung aus Schweden 1943, die sich auf einen irreführenden Rapport der Sicherheitspolizei stütze. Besonders war ihm daran gelegen, daß die fortgesetzten Kontrollmaßnahmen gegen seine Person aufgehoben wurden: »Abgesehen davon, daß ich persönlich Klärung wünsche, d. h., daß ich nicht länger als eine verdächtige und illoyale Person, sondern als politischer Flüchtling behandelt werden möchte [...], könnte eine Untersuchung der Angaben, die ich vor der parlamentarischen Untersuchungskommission zu machen gedenke, zeigen, daß das Vorgehen der Sicherheitspolizei von Aspekten bestimmt wurde, deren Beleuchtung für die Kommission von Interesse sein müsse.«[25]

Wehner hatte dabei die enge Zusammenarbeit der schwedischen Polizei mit der Gestapo im Auge. Daran sollte nach Möglichkeit aber wenig gerührt werden; die von ihrer Abwicklung bedrohte Sicherheitspolizei versuchte gerade, die nicht zu verheimlichenden Besuche in Berlin vom März 1941 und die Gegenbesuche herunterzuspielen. Kommissar Erik Lönn hatte erklärt, persönlich alle Beziehungen zur deutschen Polizei mit seinem Urlaub ab 1. Februar 1942 beendet zu haben.[26] Seit dem Sommer 1943 waren in der Tat die Präferenzen andere geworden, und allmählich war es zu einer Annäherung an die westlichen Dienste gekommen. Der Fall Wehner hätte 1945 nur das noch nicht gefestigte Vertrauensverhältnis zu den Engländern und Amerikanern belastet. Eine Untersuchung seiner Andeutungen hätte zutage gebracht, daß die Gestapo tatsächlich über seine Aussagen vor der schwedischen Polizei informiert worden war. Auf sie bezogen sich zum Beispiel ausdrücklich die großen Abschlußberichte der Gestapo Hamburg über die KPD-Abschnittsleitung Nord vom 10. September 1942 und über die Organisation der Komintern vom 18. Februar 1944.[27]

Inzwischen hatte die Stockholmer Ausländerkommission angesichts der ärztlichen Gutachten und der Einschätzung des Chefs der Sicherheitspolizei doch ein Einsehen mit Wehner gehabt. Vielleicht hatte sein Antrag an die Sandler-Kommission diese Entscheidung auch beschleunigt. Die Aufenthaltsgenehmigung für Uppsala erhielt Wehner aber erst nach Ende des Krieges, am 9. Mai 1945. Auch diese Nachricht erreichte ihn aber nicht gleich; jedenfalls erwähnte er diese wichtige Veränderung noch nicht in seinen Pfingstgrüßen an die Familie Mineur vom 18. Mai, in denen er seiner Freude über Radiomeldungen aus Deutschland Ausdruck gab, die von überlebenden Genossen aus den Konzentrationslagern berichteten: »Es ist natürlich bitter, nicht dabeisein zu können, wo nun im Heimatland die schwere aber doch sehr positive Arbeit ihren Anfang nimmt.« Bisher habe er keine realen Aussichten auf eine Heimreise; alles deute eher darauf hin, daß das auch noch eine Weile so bleiben werde.[28]

Am 18. Juni 1945 kam Wehner nach Uppsala, wo er in der Statistischen Abteilung des von Professor Dahlberg geleiteten Rassenbiologischen Instituts als Archivarbeiter Anstellung fand.[29] Seine Bewegungsfreiheit blieb weiter eingeschränkt; allerdings brauchte er sich nur noch alle vierzehn Tage bei der Polizei zu melden. Bevor die Sandler-Kommission Wehner anhörte, ließ sie sich am 15. Juni 1945 seine Polizeiakte kommen. Neben den Dossiers der Ausländerbehörde umfaßte diese allein sechs Aktenordner mit insgesamt 569 Seiten. Am 24. August lud die Kommission Herbert Wehner nach Stockholm ein. An der Anhörung nahm auch Georg Branting teil. Aus seinen Erfahrungen mit Branting schloß Wehner, kaum eine Chance zu haben, die Kommission davon zu überzeugen, daß er weder Nachrichtentätigkeit für eine fremde Macht betrieben noch jemanden verraten hatte. Trotzdem versuchte er sein Bestes und schilderte ausführlich die Methoden der Sicherheitsbeamten in den Verhören. Entweder schenkte ihm die Kommission keinen Glauben, oder sie war angesichts der dicken Akte von seiner Schuld überzeugt. Vergeblich wartete Wehner auf eine Reaktion. Im Herbst 1945 schrieb er ein zweites Mal an die Kommission. Neben einer Klarstellung des Protokolls der Anhörung faßte er kurz sein Anliegen zusammen: Das Urteil gegen ihn gehöre einer abgeschlossenen Periode an; nicht die Wiederaufnahme seines Verfahrens, sondern allein die Wiederherstellung seiner Ehre als politischer Flüchtling sei sein Ziel. Nur durch unglückliche Umstände sei er in Konflikt mit dem schwedischen Gesetz gekommen. Nie habe er sich aber etwas zuschulden kommen lassen, was als gegen Schweden gerichtet qualifiziert werden könne. Wehner drängte auf Aufhebung des Ausweisungsbeschlusses sowie der polizeilichen Melde-Auflage und der Aufenthaltsbeschränkung.[30]

Die Kommission holte Stellungnahmen von den namentlich beschuldigten Polizeioffizieren ein, die sich ausgesprochen entrüstet zeigten und Wehners Anschuldigungen in das Reich der Phantasie verwiesen. Sein Antrag wurde zu den Akten der Kommission gelegt. Fünfzehn Jahre später sollte Wehner das Scheitern seines Versuchs einer Rehabilitierung Branting zuschreiben, den er intern auch der geheimen Mitarbeiterschaft für den sowjetischen Nachrichtendienst beschuldigt haben soll.[31]

Noch im Sommer 1945 war Wehner für viele deutsche Kommunisten in Schweden eine Integrationsfigur; vor allem für die, die nicht zur Gruppe um Karl Mewis gehörten. Eine wichtige Rolle spielte hier Willy Langrock, der als alter Komintern-Funktionär über viele Beziehungen verfügte. Langrock, 1889 in Leipzig geboren, hatte dort zu den Gründern der KPD gehört; seitdem rechnete er zu den hauptamtlichen Parteiarbeitern.[32]

Langrock vermittelte in Schweden verschiedene Kommunisten an Wehner, den er als aufrechten Menschen und guten Genossen schätzte. Als Hans Holm, der von 1940 bis zu seiner Verhaftung 1943 den illegalen Grenzapparat der norwegischen KP organisiert hatte, kurz vor Kriegsende aus dem KZ entlassen und mit dem Roten Kreuz nach Schweden gekommen war, erhielt er von Langrock die Adresse Wehners.[33]

Wehners Bekannten- und Freundeskreis in Uppsala blieb aber beschränkt. Neben Josef Wagners Frau Frieda gehörten dazu der linke Sozialist Peter Blachstein aus Dresden sowie der in Opposition zu Mewis stehende Kommunist Viktor Kunze. Josef Wagner hatte sich vom Kommunismus Stalins abgewandt und eine eigene politische Linie entwickelt. Der engagierte einstige Lehrer hielt vor der »Gesellschaft für demokratischen Wiederaufbau in Europa« Vorträge über die Erneuerung des Schulwesens in Deutschland, die so großen Anklang fanden, daß ihn die Amerikaner für den Aufbau eines demokratischen Schulsystems in ihrer Besatzungszone anforderten. Mit ihrer Hilfe gehörte Wagner zusammen mit den linken Sozialisten Irmgard und August Enderle zu den ersten, die am 13. Juni 1945, zwei Tage vor Wehners endgültiger Übersiedlung nach Uppsala, nach Deutschland zurückkehren durften.[34]

Über seine Zukunftspläne schrieb Wehner im Juli 1945 an einen ehemaligen Mitinternierten: »Ich habe keine Illusionen hinsichtlich irgendwelcher Hilfe oder auch in der Hinsicht, daß irgendwer uns rufen oder ernennen würde. Auch denke ich überhaupt nicht in der Weise, als werde irgendjemand auf einen von uns warten. Ganz fern liegt es mir, hier irgendwelche Konstruktionspläne entwerfen zu wollen. Worauf es ankommt, ist, ob man sich gedrängt fühlt und bereit weiß, von den bescheidensten Anfängen an mit der harten Arbeit zu beginnen, die unter dem Motto steht: ›Die Befreiung der Arbeiterklasse muß das Werk der Arbeiter selbst sein.‹« Dabei hatte Wehner die Hoffnung, daß andere, »ja wahrscheinlich viele andere«, früher oder später in derselben Richtung wirken würden. Mit ihnen würden sich Bindungen ergeben, die »zu einer Arbeitsgemeinschaft wachsen« könnten.[35]

Mitte August 1945 ging von der amerikanischen Besatzungsmacht in Deutschland eine Initiative zur Rückholung der deutschen Emigranten aus. Vertreter der US-Militärregierung traten in Schweden an die Landesleitung der SPD mit der Bitte heran, »ihnen aus der Reihe der in Schweden lebenden deutschen Emigranten solche zuverlässigen Personen namhaft zu machen, die fähig und bereit sind, beim Neuaufbau des deutschen Staates und des öffentlichen Lebens mitzuwirken, sei es in der Gewerkschaftsbewegung oder anderen demokratischen Organisationen, im öffentlichen Verwaltungsdienst, im Schul- oder Erziehungswesen, im Gerichts- und Polizeidienst usw.«. Die Amerikaner stellten Unterstützung in der Frage der Genehmigung der Einreise nach Deutschland in Aussicht.[36] Ihre Initiative brachte Unruhe auch in die Reihen der kommunistischen Emigranten; Mewis wurde mit Briefen bestürmt. Doch nicht alle waren so zurückhaltend und beantworteten den Fragebogen erst nach seiner Zustimmung. Die diszipliniertesten Kommunisten erwarteten weitere Initiativen von ihrer Parteiführung und schlugen vor, daß der Zentralausschuß, am besten mit Unterstützung Georg Brantings, mit dem Problem der Remigration an die Stockholmer Legationen der vier Besatzungsmächte herantreten solle.[37] Andere Mitglieder der KPD-Gruppe füllten die amerikanischen Fragebögen aus, übergaben sie aber zur weiteren Verwendung ihrer Parteileitung.[38] Aus Göteborg hörte Mewis, daß seine dortigen Genossen nach Rücksprache mit der SKP die amerikanischen Fragebögen nicht nur ausgefüllt, sondern auch direkt ans Konsulat geschickt hatten. Sie erbaten nun Verhaltensmaßregeln für den Fall, daß die Amerikaner positiv antworteten. Offensichtlich war man einem Irrtum aufgesessen – Mewis zürnte: »Wer erleichtert den Amerikanern die Arbeit mit solchen falschen Informationen?«[39]

Etwa zur gleichen Zeit hatte die KPD-Führung in Schweden, wahrscheinlich nur, um überhaupt etwas zu tun, von den Rückkehrwilligen Lebensläufe verlangt. Das löste ebenfalls Irritationen aus. Alte Parteimitglieder fühlten sich gekränkt. Sie hatten den Eindruck, daß, wenn der »Lebenslauf nicht den richtigen Anklang« finde, man nicht zurückkehren könne: »Vom Sudetengebiet und anderswoher werden sie zwangweise nach Deutschland deportiert, und von uns fordert man Lebensläufe.« Außerdem wollten die Rückkehrwilligen genauere Informationen; man könne schließlich nicht dauernd auf dem Sprung sein.[40] Am Ende erhielt die Stockholmer KPD-Führung über Franz Stephany aus Oslo wenigstens eine indirekte Bestätigung für die Bemühungen um die Rückkehr. Hans Holm, inzwischen wieder in Oslo, hatte Nachricht von seiner Frau aus Moskau erhalten. Danach habe Wilhelm Pieck geäußert, daß alle Kräfte für den Aufbau gebraucht würden. Stephany dämpfte aber mögliche Erwartungen; er selbst rechne nicht vor dem Frühjahr 1946 mit der Rückkehr. Selbst einem alten Komintern-Funktionär, dem isländischen KP-Chef Einar Olgeirsson, war die Reise nach Berlin verwehrt worden, was die undurchsichtige Lage in der Ostzone unterstrich.[41]

Neuen Auftrieb erhielten die Bemühungen um Rückkehr mit der Ankündigung schwedischer Stellen, ein Schiff – die »Regina« – bis Lübeck zur Verfügung zu stellen. »Endlich eine Perspektive«, schrieb Herbert Warnke am 6. Oktober 1945 an Mewis. Nun kam es darauf an, das Schiff auch richtig auszulasten; dafür mußten gut 150 Rückkehrwillige gewonnen werden. Optimistisch schlug Warnke vor, Anfang November in allen wichtigen Städten gemeinsam mit den Partnern Abschiedsfeiern der deutschen Emigranten durchzuführen.[42] Mewis verschickte erneut »Meldezettel – Die Rückreise nach Deutschland betreffend«. Die Emigranten sollten sich zur Rückkehr über Lübeck bereit erklären, was nicht ganz problemlos war.[43] Weiterhin fehlte ein Zeichen aus Moskau oder Berlin. Zum Wortführer der Zweifler wurde Willy Langrock, der ernste Bedenken gegen überhastete Initiativen ausdrückte.[44] Am 10. Oktober fragte er Mewis nach dem Einverständnis der Besatzungsmächte, besonders der UdSSR. »Es wurde zwar darauf verwiesen«, so Langrock, »daß in Lübeck alle Okkupationsmächte vertreten sind und die Weiterreise dann in die einzelnen Zonen dort entschieden wird. Dies ist etwas sehr mager und kann zur Folge haben, daß die Weiterreise dann in die amerikanische und möglicherweise englische Zone in wenigen Wochen erfolgen kann, die anderen aber möglicherweise monatelang in Lübeck rasten müssen, womit uns nicht gedient ist.« Langrock glaubte gar an ein politisches Manöver gegen die Sowjetunion und appellierte an die »Disziplinpflicht«, auf eine Mitteilung zumindest aus Berlin zu warten. Er wies auf mögliche Probleme durch die Evakuierung aus den Ostgebieten und dem Sudetenland hin. Die momentane Lage könne schließlich bedeuten, daß »unsere Anwesenheit und Mitarbeit jetzt noch nicht für erforderlich«[45] gehalten wird. Langrock unterrichtete Wehner von diesen Reiseplänen der Führung um Mewis und von seinen Protesten. Er erbat »schnellstens« Wehners Auffassung dazu.[46] Mewis konnte auch nach einigen Tagen noch keine befriedigende Antwort geben. Willy Langrock und seine Lebensgefährtin Martha lehnten demonstrativ eine »Beteiligung an diesem Plan« ab.[47] Es blieb aber nicht nur bei ernsten politischen Einwänden.

Allgemein war die Begeisterung für die Rückkehr bald einem Nachdenken über die damit zusammenhängenden Probleme gewichen. Zwar blieb es bei der generellen Bereitschaft, in die Heimat zurückzukehren, doch wurde die bisher unzureichende Organisation bemängelt. Man erwartete von Mewis und Genossen, daß sie Verhandlungen anstrebten, »die einerseits die Unterstützung zurückbleibender Familien durch schwedische Behörden oder befreundete Organisationen zum Ziele haben, oder da, wo die Frau mitfährt, die Kinder bis zu ihrer Heimkehr in Pflege untergebracht werden können und drittens das erworbene Möblement durch die betreffenden Kommunen oder andere Einrichtungen in Verwahr genommen und bei sich öffnender Gelegenheit den Menschen nach Deutschland nachgeschickt wird«. Ein Bericht aus Hälsingborg schloß im Oktober 1945 mit den Worten: »Unter solchen Bedingungen, die dem Mann die Sorge für Kinder usw. abnehmen, werden eine ganze Anzahl unserer Freunde zur sofortigen Heimkehr und Mithilfe am Wiederaufbau bereit sein«[48] – ein freundliches Nein also. Auch andernorts war das Stimmungsbarometer auf dem Nullpunkt. Es schien sehr fraglich, ob vor dem Winter überhaupt 150 Personen für die Rückreise zusammenkommen würden.[49] Aus Berlin fehlte weiter jede Nachricht, obwohl Mewis schon im September Adolf Baier auf den Weg geschickt hatte. Baier, als Wollweber-Mann in Schweden verurteilt, war im Juli 1945 aus der Haft entlassen worden. Im September ergab sich die Möglichkeit der Abreise mit einem Transport von nach Schweden desertierten deutschen Wehrmachtsangehörigen, die nach Lübeck gebracht wurden. Baier sollte sich sofort nach Berlin aufmachen, wurde in Lübeck aber einige Wochen von den Engländern festgehalten. Im Oktober entlassen, ging er nach

Pforzheim und widmete sich dem Wiederaufbau der dortigen KPD-Organisation.[50]

In dieser Situation erinnerte sich Mewis der Worte Langrocks und verlangte alliierte Garantien dafür, daß die Heimkehrer nicht erst in Aufnahmelager überwiesen, sondern direkt in die Heimat entlassen würden. Da solche nicht zu erreichen waren, scheiterten die Pläne für die Rückkehr noch im Oktober.[51] Doch auch sonst standen die Chancen schlecht. Der Alliierte Kontrollrat hatte inzwischen in seiner Proklamation Nr. 2 vom 20. September 1945 festgelegt, daß »niemand ohne eine von den Vertretern der Alliierten [...] ausgestellte Erlaubnis nach Deutschland einreisen«[52] durfte. Bei den Westalliierten dominierten zudem generelle Zweifel am Nutzen der Remigranten.

Nach der Enttäuschung mit dem »Regina«-Projekt reiften unter den Emigranten auch Pläne, über Norwegen oder Dänemark die Heimreise zu erreichen. Schweden hatte zugestimmt, daß deutsche Kriegsgefangene von Norwegen im Transit Schweden Richtung Deutschland passieren konnten. Ungefähr 53 000 wurden in den ersten August-Tagen von Narvik, Trondheim und Oslo auf schnellstem Wege nach Trelleborg gebracht und von dort durch die Briten nach Travemünde verschifft.[53]

Die Kommunisten sammelten Informationen zur »Frage einer politisch-polizeilichen Registrierung und Siebung der deutschen Kriegsgefangenen und Zivilinternierten in Norwegen unter gleichzeitigem Einbau eines Systems von antinazistischen Vertrauensleuten«. Obwohl für die Abschiebung der Deutschen aus Norwegen schwedische Häfen benutzt wurden, war doch offensichtlich, daß aufgrund der militärischen Bewachung dieser Aktionen dort »kaum Möglichkeiten« bestanden, jemanden einzuschleusen. In Norwegen selbst schienen die Aussichten besser. Den Norwegern mußte daran gelegen sein, die Deutschen schnellstens loszuwerden. Deshalb schienen die dortigen Behörden teils zuständigkeitshalber (die Alliierten hatten hier das Sagen), teils innenpolitisch wenig gewillt, den Transport durch langwierige Einzeluntersuchungen aufzuhalten.[54] Schließlich wagte man einen Versuch. Richard Stahlmann, der immer noch illegal in Stockholm lebte, sollte über Norwegen legalisiert werden. Hedwig Aubert, Stephanys Frau, nahm dafür mit dem norwegischen KP-Chef Peder Furubotn Kontakt auf; Furubotn und Stahlmann waren einander nicht unbekannt. In Oslo angekommen, erhielt Stahlmann eine Berghütte zugewiesen; damit war aber die Unterstützung erschöpft. Furubotn nahm keine Notiz von ihm, und er mußte unverrichteter Dinge wieder nach Stockholm zurückkehren.[55]

Die sowjetische Meinung über den Nutzen der Emigranten war auf lange Sicht viel optimistischer als die der Westmächte: Sollte die KPD in Deutschland den sowjetischen Einfluß längerfristig sichern und dafür Schaltstellen auf allen Gebieten besetzen, brauchte sie personelle Unterstützung. Während des Krieges hatten die Sowjets über zweieinhalbtausend Deutsche, politische Emigranten und »umgeschulte« Kriegsgefangene, in ihren Militärapparat eingebaut. Diese Kader waren nun für die zentralen politischen Schaltstellen vorgesehen.[56] Seit dem Sommer 1944 beschäftigte sich das Politbüro der KPD angesichts des Vormarsches der Roten Armee mit dem Problem der Remigration. Zumindest einzelne Funktionäre sollten für die Arbeit im befreiten Deutschland möglichst bald nach Moskau geholt werden. Schon im November 1942 hatte sich das deutsche ZK in dieser Angelegenheit an Dimitroff gewandt, was der aber als »jetzt unmöglich« abgelehnt hatte.[57] Am 4. August 1944 wiederholte Pieck seine Bitte, einige wichtige Funktionäre aus den anderen Exilländern nach Moskau zu holen, sein Vorstoß blieb jedoch ohne Folgen.[58] Spätestens seit Anfang 1945 hatte die Vorbereitung der KPD-Führung in Moskau auf die Übersiedlung nach Deutschland eine neue Qualität gewonnen. Kaderpläne wurden entworfen, die »Eignung der Funktionäre« abgewogen; Hermann Matern beispielsweise erhielt das Prädikat »geschulter Genosse, parteitreu und für führende Funktionen geeignet«[59]. Die deutschen Kommunisten außerhalb der Sowjetunion galten als »Reserve«. Eine Liste »bekannterer Parteimitglieder in der Emigration in kapitalistischen Ländern« verzeichnete unter Stockholm Karl Mewis, Herbert

Warnke, Sepp Miller, Paul Peschke, Erich Glückauf, Alfred Noll, Richard Stahlmann, Curt Trepte, Max Seydewitz und Dr. Friedländer;[60] der aus der Partei ausgeschlossene Herbert Wehner war nicht darunter. Eine zeitlich wahrscheinlich ältere Liste erfaßte »Mitglieder in der Emigration, die als nächste für die Arbeit in Deutschland in Frage kommen«. Angegeben »in der Reihenfolge ihrer Qualifikation für Parteiarbeit« waren Stahlmann, dann Warnke, Mewis, Glückauf, Miller, Peschke und schließlich der Schauspieler Trepte. Stahlmann, bisher »hauptsächlich auf militärpolitischem Gebiet« tätig, galt als »qualifizierter Genosse, dem Aufgaben des Sicherheitswesens übertragen werden können«. Warnke wurde als »leitender Gewerkschaftsfunktionär für Hamburg« eingeplant. In bezug auf Karl Mewis hatten die Moskauer Kaderplaner Zweifel; seine konspirativen Fehler bei der Organisation der Arbeit nach Deutschland sollten »noch nachgeprüft werden«. Er galt als Parteifunktionär folglich nur noch »im Bezirksmaßstab geeignet«. Das Urteil über Erich Glückauf fiel noch schlechter aus: Seine Parteiarbeit in Berlin war als »unbefriedigend« eingeschätzt worden, und in Prag hatte er »Verbindungen mit einer verdächtigen Frau« gehabt, weshalb er auch nicht wieder dorthin geschickt worden war. Wie Mewis sollte er nicht im zentralen Parteiapparat eingesetzt werden. Er war nur »als Redakteur für Bezirkszeitung geeignet«. Zu den anderen drei wollte man sich noch nicht festlegen. Sepp Miller, ehemaliger Reichstagsabgeordneter der KPD, hatte zwar »einige konspirative Fehler« bei der Organisierung der Roten Hilfe in Bayern begangen, galt aber trotzdem als »parteitreuer Genosse«. Über Peschke wußte man, außer daß er in der Illegalität »von einer anderen Stelle zur Organisierung einer Spezialarbeit nach Dänemark geschickt« worden war, nichts Aktuelles, ebenso nicht über Trepte.[61] In Vorbereitung des KPD-Aufrufs vom 10. Juni 1945 notierte Wilhelm Pieck aus einer Gesprächsrunde mit der sowjetischen Führung vom 4. Juni: »Herausholen von Genossen aus Mexiko und Stockholm.«[62] Einen Tag später bat die KPD-Führung in Moskau, »auf Grund der Anweisung, daß qualifizierte leitende Kader zur Arbeit nach Deutschland geholt werden sollen, [...] zunächst folgenden Genossen die Reisemöglichkeit zu verschaffen«: Von Stockholm nach Stettin oder Königsberg sollten Richard Stahlmann, Erich Glückauf, Herbert Warnke und Max Seydewitz (dieser mit der besonderen Empfehlung: »linker sozialdemokratischer Führer, fester Freund der SU. Wir brauchen ihn in der Führung der Partei der Werktätigen«) geholt werden;[63] von Karl Mewis, dem unbestrittenen Leiter der KPD-Gruppe in Schweden, war ebensowenig die Rede wie von Herbert Wehner.

Mit der Verlegung der KPD-Führung von Moskau nach Berlin war das ganze Verbindungssystem zu reorganisieren. Kontakt mit Skandinavien bestand wahrscheinlich erst wieder ab Mitte September 1945, als der dänische, auch für den sowjetischen Außenhandel tätige Kommunist und Gewerkschaftsfunktionär Svend Thorsen Nachrichten von der KPD-Gruppe in Dänemark nach Berlin brachte. Mit zurück nahm er einen Brief für das dänische Zentralkomitee. In diesem bat Franz Dahlem, der das Konzentrationslager überlebt hatte und nun im Politbüro der KPD für Kaderfragen und internationale Verbindungen zuständig war, das dänische ZK im Namen seiner Parteiführung um Mithilfe, »die führenden und qualifiziertesten Funktionäre der KPD« zurückzubringen; die verbleibenden deutschen Genossen sollten »selbstverständlich die Kampagne für ihre legale Rückreise fortsetzen« und inzwischen auch ideologische Arbeit unter den deutschen Flüchtlingen betreiben. »Die wichtigsten Genossen«, so Dahlem, »brauchen wir aber dringend für die Arbeit in Deutschland.« Dieser Wunsch sollte auch dem ZK der KP Schwedens und namentlich Dahlems Schwiegersohn, Karl Mewis, mitgeteilt werden.[64] Dahlem drängte auch innerhalb der KPD auf die baldige Rückkehr der Parteikader aus dem Exil. Angesichts der notwendigen Aufbauarbeit in Deutschland waren politisch qualifizierte Kader sehr knapp. Die besten Leute mußten in die staatlichen Verwaltungen gehen; im Parteiapparat bedeutete das noch größeren Mangel an erfahrenen Funktionären. Mitte Oktober 1945 forderte Dahlem deshalb,

»Mittel und Weg zu finden«, die »zahlreichen sich noch in der englischen, amerikanischen, mexikanischen und skandinavischen Emigration befindlichen qualifizierten Kader nach Deutschland« zu holen. Und er setzte hinzu: »Es muß doch möglich sein, die wichtigsten Funktionäre der KPD aus Schweden und Dänemark über Bornholm nach Stettin und von da nach Berlin zu bringen.«[65]

Ende Oktober 1945 wurde Svend Thorsen in Stockholm avisiert. Ihm ging die Nachricht voraus, daß in Berlin alle politisch Qualifizierten so bald als möglich erwartet würden. Von Thorsen erhoffte Mewis konkrete Nachrichten, »wann und wie wir nach Hause kommen«. Wieder rechnete man in Skandinavien in Zeitabständen von Wochen.[66] Doch die Hoffnungen trogen. Da eine legale Reise nach Deutschland nicht möglich war, sollte die Rückreise der wichtigsten Funktionäre mit Hilfe der Stockholmer Botschaft der UdSSR organisiert werden. Eine gründliche Vorbereitung nahm aber wieder Zeit in Anspruch. Von der Ausländerkommission war im November 1945 zu erfahren, daß eine Genehmigung zur Ausreise nicht erforderlich sei. Man solle sich aber an die Britische Botschaft zwecks Einreisegenehmigung nach Deutschland wenden, da man nur über die deutschen Häfen der britischen Zone einreisen könne.[67] Zwischen Schweden und der SBZ gab es noch keine direkte Reiseroute, da die beschädigten Häfen noch nicht wieder geöffnet waren. Die in Moskau entstandenen Listen über die Auswahl der Funktionäre für die Heimfahrt waren in Skandinavien wahrscheinlich nicht bekannt. Nach Dahlems Brief ist anzunehmen, daß Mewis zumindest für Schweden frei entscheiden konnte; allerdings war eine Genehmigung der sowjetischen Seite erforderlich. Letztlich entsprach die faktische Zusammensetzung der ausreisenden Gruppe den Moskauer Vorstellungen – mit der Ausnahme von Karl Mewis selbst. Doch als langjähriger Vertrauter Moskaus und Führer der KPD-Gruppe in Schweden besaß er genügend Autorität, sich einen Platz zu sichern. Mewis wollte unbedingt schnell nach Berlin: nicht nur, um von dort die Remigration seiner Genossen fördern zu können, sondern weil in der alten Hauptstadt Macht- und Einflußsphären neu verteilt wurden. Da hieß es dabeisein, schließlich war Mewis der Schwiegersohn von Kaderchef Dahlem. Mit den Usancen kommunistischer Kaderarbeit vertraut, hoffte Mewis zudem mit seinem Bericht über die Arbeit des kommunistischen Exils die Meinungsbildung in der Führung rechtzeitig so beeinflussen zu können, daß die Vorwürfe, aufgrund derer ihm 1940/41 die Komintern-Emissäre Stahlmann und Wehner auf den Hals geschickt worden waren, vom Tisch kämen. Außerdem standen die Chancen gut, seinen Widersacher Wehner für immer als Verräter aus den Reihen der Kommunisten zu verbannen.

Zur ersten Gruppe der Rückkehrer aus Schweden gehörten – neben Karl Mewis mit Frau und Kind – Richard Stahlmann, Herbert Warnke, Erich Glückauf, Max und Ruth Seydewitz sowie Rolf Hagge. Hagge, der frühestens im März 1946 mit einer Begnadigung hätte rechnen können, hatte sich im August 1945 vertrauensvoll an Mewis gewandt: »Ich gebe die Hoffnung nicht auf, daß es Euch dort draußen auf irgendeine Weise doch noch gelingt, meine Freilassung zu erwirken.«[68] Sein Vertrauen sollte nicht umsonst sein: In der Nacht zum 1. Oktober 1945 gelang ihm die Flucht aus dem schwedischen Gefängnis.[69]

Die Heimreise mußte zum Teil konspirativ erfolgen. Weder Stahlmann noch Hagge verfügten über Papiere. Sie mußten illegal außer Landes gebracht werden. Walter Sack, der in Südschweden lebte und noch keinerlei »Ärger« mit der Polizei gehabt hatte, war bei der Organisation behilflich.[70] Mewis reiste als französischer Diplomat Lucien Andre Felix, seine Frau Louise mit der Tochter Catherine konnte ihren echten französischen Paß nutzen.[71] Gemeinsam mit Glückauf und Warnke ging es über den Sund nach Kopenhagen, wo sie ihre Reise nach zweitägigem Aufenthalt mit einem dänischen Schiff nach Bornholm fortsetzten. Von dort gelangten sie nach einigen Tagen im Laderaum eines sowjetischen Transportschiffs nach Kolberg, dann ging es mit Lkw bis zur Oder und von dort direkt nach Pasewalk.[72] Für Max und Ruth Seydewitz war die Reise strapaziöser. Allein auf der von sowjetischen Truppen besetzten Insel

Bornholm, wo sie sich mit Stahlmann und Hagge trafen, saßen sie zwei Wochen im sowjetischen Militärlager fest. Nach sechs Wochen schließlich erreichten sie Pasewalk. Stahlmann ging sofort nach Schwerin. Als Seydewitz Ende Januar 1946 in Berlin eintraf, war inzwischen eine weitere Gruppe deutscher Kommunisten aus Stockholm angekommen, die zwei Wochen nach ihm abgefahren war.[73]

In Berlin wurden die Remigranten, soweit sie nicht bei Bekannten oder Verwandten unterkamen, im Gästehaus des Zentralkomitees oder in den kläglichen Resten des Hotels Adlon untergebracht. Seydewitz und seine Frau gehörten zu den Prominenten. Von Pieck als »gute Kommunisten« begrüßt, durften sie im Gästehaus wohnen. Sofort erhielt Max Seydewitz vom Sekretariat der KPD den Auftrag, die führenden Mitglieder des SPD-Zentralausschusses, die er noch aus der Weimarer Zeit gut kannte, aufzusuchen und mit ihnen über die Vereinigung zu sprechen.[74] Auch übertrug man ihm die Chefredaktion der Zeitschrift *Einheit.* Die anderen aus der schwedischen Emigration im Dezember 1945 heimgekehrten Kommunisten sammelte das ZK der KPD zunächst in Schwerin, wo sie zum Teil auch eingesetzt wurden. Hier bildete sich kurzzeitig ein Zentrum der nordeuropäischen Remigration.[75] Karl Mewis wurde Sekretär der KPD-Landesleitung Mecklenburg-Vorpommern. Erich Glückauf übernahm die Chefredaktion der dortigen KPD-Zeitung, bis er in der SED-Landesleitung und ab Juli 1946 in deren Sekretariat die Verantwortung für Werbung, Schulung, Kultur und Erziehung bekam.[76] Herbert Warnke wurde mit dem Aufbau der Mecklenburger Landesorganisation des FDGB beauftragt. Richard Stahlmann und Rolf Hagge sollten aufgrund ihrer »besonderen« Erfahrungen den Aufbau der Landespolizei unterstützen. In der Landeshauptstadt Schwerin sammelten sich auch die Remigranten aus Dänemark: Alfred Drögemüller, Willi Bick, Paul Werther und andere. Die dänische Gruppe hatte am 15. Dezember von der sowjetischen Gesandtschaft in Kopenhagen die Möglichkeit erhalten, über Bornholm, Kolberg und Stettin nach Deutschland zu fahren. Sie war zusammen mit der

Gruppe von Mewis am 30. Dezember 1945 in Schwerin eingetroffen.[77] Zu den ersten Dingen, die sie hier erfuhren, gehörte, daß Herbert Wehner schon 1942 aus der Partei ausgeschlossen worden war.[78]

»Einige der hiesigen ›Führer‹ sind inzwischen abgereist«, schrieb Wehner Mitte Dezember an Kurt Adam. »Von Mewis heißt es, er sei in Berlin.« Wehner empörte, daß »ausgesprochene Gauner« zu den ersten gehörten, die einreisen durften. Ihn ärgerte besonders, daß Mewis' Frau eine Einreiseerlaubnis erhalten hatte, obwohl sie nie in der Arbeiterbewegung tätig gewesen war. »Es macht viel – oder alles – aus«, kommentierte er, »wenn man einen Vater respektive Schwiegervater hat, der mit seinem sprichwörtlich gelenkigen Rückgrat immer wieder die unglaublichsten Stehaufmännchenkunststücke zu produzieren vermag. Nun, Dahlem kann das ausgezeichnet.« Wehner wußte auch, daß Warnke, Glückauf und Seydewitz, den er »Seichtewitz« nannte, ebenfalls gereist waren. Er haderte mit seinem Schicksal, »daß man sich lieber mit weniger qualifizierten Kräften begnügt, als daß man das Risiko auf sich nehmen möchte, diesen oder jenen mehr selbständig denkenden Kopf mit in Kauf nehmen zu müssen«. Für Wehner wurde jetzt immer deutlicher, daß es für ihn keinen Platz in einer Partei geben würde, in der es möglich sei, »mit Vetternwirtschaft und Intrigen etwas zu erreichen«[79]. Zu seiner Person schrieb er wenig später an Adam: »Du weißt, daß ich nichts getan habe, das zu bewußt oder unbewußt falschen Schlußfolgerungen führen könnte. Ich habe mich ruhig verhalten, eine ganze Zeit noch in der immer geringer werdenden Hoffnung, daß mir einmal Gelegenheit gegeben werden würde, richtig zu stellen, was verdreht worden ist. Eine solche Gelegenheit hat mir niemand geboten, und ich zweifle daran, daß man sie mir bieten wird. Hier bin ich in einer Lage, die mir nicht gestattet, etwas zur Klärung zu tun, beziehungsweise eine solche zu forcieren. Dagegen sind hier und waren hier viele, die am Gegenteil interessiert sind.« Seine Erfahrungen innerhalb der kommunistischen Bewegung sagten ihm, wie es weitergehen würde: »Alles, was ich zu tun versuchen würde, würde als

Provokation oder so ähnlichem verschrien werden, – alles, was die anderen tun, geschieht im Interesse der Reinheit, Einheit und anderer … heit.« Resigniert fragte er: »An wen sollte ich mich wenden können, wenn ich dabei auch nur eine schwache Hoffnung auf Objektivitätswillen haben dürfte? Ich weiß niemand.« Daß der ebenfalls durch Intrigen von der KPD isolierte Adam sich in Kopenhagen für Wehner einsetzen wollte, nahm er als Beweis der Solidarität dankbar an. Er riet jedoch davon ab: »Du hast eine schöne und ideale Vorstellung von dem, was die Partei der Arbeiterklasse sei oder sein sollte. In der heute herrschenden Praxis aber wird uns immer wieder demonstriert, daß die Partei nicht einmal diejenigen sind, die noch als Mitglieder gerechnet werden, sondern die, die an entscheidenden Positionen sitzen.« Dieses Fazit sei »Resultat furchtlosen Einsehens der wirklichen Lage«. Aber Wehner war immerhin so optimistisch, daß er die »Sache der Arbeiterklasse« damit nicht für immer vernichtet glaubte.[80]

Zum Neujahrstag 1946 besuchten Martha Schramm und Willy Langrock Wehner, der inzwischen mit Charlotte Burmester und deren beiden Kindern eine Wohnung teilte. Kurz darauf verließ Frieda Wagner Uppsala und ging zu ihrem Mann nach Hamburg, der inzwischen Redakteur beim *Hamburger Echo* geworden war. Wehner nahm ihre zurückgelassenen Sachen in Verwahrung und vereinbarte mit ihr, im Falle der erhofften eigenen Rückkehr die erste Zeit bei Wagners in Hamburg zu wohnen. Mitte Januar 1946 suchte Wehner auch Kontakt zu Bekannten in Westdeutschland, um seine Heimreise vorzubereiten. Ausdrücklich nannte er Josef Wagner als Bürgen, der mancherlei über seine »politischen Auffassungen und über die Verhältnisse, die dazu geführt haben, daß ich hier so eingefroren bin«, berichten könne.[81]

Die Frage der Heimreise wurde dann sehr plötzlich und auf unangenehme Weise aktuell. Mitte Februar 1946, Wehners Visum war abgelaufen, erhielt er von der Ausländerbehörde den Bescheid, daß er aufgrund des alten Ausweisungsbeschlusses mit einem Transport von Ausgewiesenen, Angestellten der deutschen Botschaft und anderen am 6. März verschickt werden würde. Wollte Wehner diese »peinliche Verschickung« vermeiden, mußte er sich im Gegenzug freiwillig zur Mitfahrt melden, was er angesichts der Umstände auch tat, allerdings unter Protest. Durch die Vermittlung von Freunden konnte die Zwangsverschickung abgewendet werden.[82] Etwa gleichzeitig kamen konkrete Vorstellungen zur Rückkehr aus Hamburg; Josef Wagner schrieb: »Dir winkt der Posten des geistigen Leiters eines Verlags, auf den ich verzichte ...« Wagner versicherte seinem alten Vorbild, seine Ansichten und Überzeugungen seien dieselben geblieben, jedoch biete die SPD die »einzige Wirkungsmöglichkeit«.[83] Nach der Erinnerung Viktor Kunzes soll Wehner gegen diese Äußerung gewettert haben, ob Wagner sich einbilde, daß man die SPD zu einer revolutionären Partei machen könne.[84] Der wiederhergestellte Kontakt mit Wagner gab Wehner die Möglichkeit, sich auf eine Adresse in Deutschland zu berufen. Damit war die Gefahr, in ein Auffanglager zu kommen, gebannt. Wehner konnte seine Reise nun selbst betreiben.

»Irgendeinen besonderen Anlaß«, sich an die sowjetischen Behörden zu wenden, sah er nicht. Wenn es möglich war, daß Mewis, Glückauf und Konsorten in der SBZ wichtige Funktionen bekamen, sei für ihn »dort kein Platz«. Denn, so Wehner gegenüber Kurt Adam am 24. Februar 1946, »ich bin weder ein Knecht, der um einen Gnadenplatz bettelt, noch bin ich ein Illusionist, der annimmt, er könne dort Recht und gerechte Behandlung erwarten, wo Leute vom Schlage der Mewis, Glückauf, Henke sich eingenistet haben«. Auch würde ihn nicht wundern, wenn diese Leute ihre neuen Funktionen zu weiteren »Beschmutzungen« ausnützten. »Das notwendige Publikum finden sie allemal«, bemerkte er nicht ohne Verachtung, »und dazu haben sie sich in Gestalt der Nissen, Peschke, Miller u. a. die gehörige Unterstützung mitgenommen. Sie halten zusammen wie Pech und Schwefel, weil sie wissen, daß einer von der ›Toleranz‹ des anderen abhängig ist.« Mit solchen Leuten mochte sich Wehner »nicht mehr an einen Tisch« setzen. Wehner sprach offen aus, daß er die Entwicklung in der KPD für »nicht gesund« hielt. Ihm galten diese Leute allesamt – ausdrücklich schloß er dabei Walter Ulbricht mit ein – als »herzlose politische Karrieristen«. Gegenüber dem noch immer gläubigen Kommunisten Adam versicherte er, daß das »nicht leichtfertig« dahergesagt sei, daß es ihm im Gegenteil »weh« tue. Es habe aber keinen Zweck, sich selbst zu belügen. »Für meinen Teil will ich nicht zurück zu diesem Spiel. Ich will versuchen, so zu leben, daß ich mich nicht vor mir selbst und vor meinen Freunden zu schämen brauche. Das aber müßte ich, wenn ich mir den Anschein geben wollte, bei diesen unmenschlichen Lautsprechern auf Gesinnungsgemeinschaft und Recht zu spekulieren, oder wenn ich glauben sollte, es genüge, dort geduldet zu werden, um dennoch etwas Positives ausrichten zu können.«[85]

Auf Anraten der Ausländerkommission bemühte sich Wehner seit Mitte Februar 1946 bei Hans Mugrauer von der früheren Landesgruppe der deutschen Gewerkschaft um eine Art schriftlicher Anerkennung als politischer Flüchtling. Die Ausländerbehörde war generell nicht bereit, solche Bescheinigungen auszustellen. Sie wollte nur dafür Sorge tragen, daß die Remigranten in ihren Papieren als Flüchtlinge bezeichnet würden, die freiwillig nach Deutschland zurückzukehren wünschten. Damit sollte den Behörden in Lübeck gezeigt werden, daß es sich hier weder um Ausgewiesene noch um Angehörige der ehemaligen deutschen Botschaft handelte.

Mugrauer antwortete, selbstverständlich bekomme Wehner für sich und seine Frau ein solches Schriftstück von ihm, und zwar unabhängig von Parteizugehörigkeit oder Funktion. Der alte Sozialdemokrat ließ es sich nicht nehmen, den ehemaligen kommunistischen Spitzenfunktionär zu belehren: »Denn, lieber Kollege Wehner, schließlich sind wir alle zusammen ja nur einfache Mitglieder. Die Funktionen, die der eine oder andere bekommt, bedeuten für ihn, wenn er sie ehrlich ausführt – und das muß er, sonst ist er schnellstens erledigt, was wiederum nur richtig ist – nur Arbeit und Mehrausgaben.« Wehner brauche auch nicht mißtrauisch zu sein. »Wir Sozialdemokraten sind ja dafür bekannt«, so Mugrauer, »daß wir Parteipolitik im engen, kleinkarierten Sinne innerhalb der Gewerkschaften nicht aufkommen lassen möchten. Deshalb bin ich immer für Zusammenarbeit auf der Basis der praktischen Aufgaben eingetreten.« An gemeinsame Erlebnisse im »Arbeitsausschuß freigewerkschaftlicher Bergarbeiter« erinnernd, zu deren Gründern Mugrauer gehörte und den Wehner in seinem Lebenslauf erwähnt hatte, schlug Mugrauer ein baldiges Treffen vor, das Wehner gern akzeptierte. Zu beider Bedauern ist daraus aber nichts geworden.[86]

Wieder in der Heimat, galt es für die KPD-Remigranten, die eigene Zuverlässigkeit zu beweisen, um bei der Neuaufteilung der Aufgaben und Ämter auch entsprechend bedacht zu werden. Das betraf ganz besonders Karl Mewis. Gleich zu Jahresanfang 1946 schrieb er gemeinsam mit Glückauf und Warnke den Bericht über die Tätigkeit der Emigrationsleitung der KPD in Schweden. In einem separaten Tätigkeitsbericht für die Jahre 1940 bis 1942 spielte er sein Versagen gekonnt herunter.[87] Stahlmann habe seit seiner Ankunft in Stockholm, die Mewis mit November 1940 angab, allein und später gemeinsam mit Wehner die Verbindung zum ZK gehalten; Mewis entlastete sich damit von jeder Verantwortung für die nicht unproblematische Arbeit in dieser Zeit. Das gegen ihn entstandene Mißtrauen erklärte er auf harmlose Weise: »Wahrscheinlich« habe ein Beschwerdebrief, den er im Sommer 1940 nach Moskau gesandt hatte und in welchem das völlige Fehlen jeder Unterstützung durch die schwedische KP aufgezeigt wurde, deren Vorsitzenden Linderot veranlaßt, Informationen an Dimitroff und Pieck zu geben, die nicht gerade objektiv gewesen seien, denn Linderot habe die Tätigkeit der deutschen Kommunisten nur in groben Zügen gekannt. Auch der Verbindungsmann zur SKP habe deren Methoden nicht verstanden. Besonders beklagte Mewis die finanzielle Lage, ohne jedoch die Unterstützung durch Fritz Hollander zu erwähnen. Von Anfang 1940 bis zur Verhaftung Wehners habe Stockholm Kontakt mit den Widerstandsgruppen im Westen und Süden gehabt; weitere Erfolge hätten die

Behinderungen durch die SKP nicht zugelassen. Schließlich nannte Mewis einen weiteren Grund für das Mißtrauen Moskaus: die Göteborger Resolution. Diesbezüglich vertraute er auf seinen alten Förderer Hermann Matern, der die Sache in Moskau »richtiggestellt« habe. Zur Untersuchung seiner Arbeit durch Stahlmann und Wehner hieß es bei Mewis, daß sich Stahlmann »sehr schnell davon überzeugen (konnte), daß meine Berichte den Tatsachen entsprochen hatten«. Kurz nach Wehners Ankunft in Stockholm sei Hermann Matern mit »ausführlichen Informationen« über die Lage in Stockholm nach Moskau gefahren. Nach sechs Wochen habe Wehner mitgeteilt, daß die Untersuchung abgeschlossen und ein Bericht an Pieck gegangen sei. Und weiter: »Dieser Bericht war von uns gemeinsam besprochen. In ihm war ausdrücklich festgestellt, daß alle Voraussetzungen zu einer kollektiven Arbeit bestehen. [...] Anfängliche Meinungsverschiedenheiten über politische Fragen« hätten aufgrund einer kollektiven Beratung und Beschlußfassung die Zusammenarbeit »zunächst« nicht trüben können. Im Sommer 1941 sei die Übersiedlung nach Berlin in der Reihenfolge Mewis, Stahlmann, Wehner beschlossen worden. Von Charlotte Bischoff, deren Abfahrt sich immer wieder verzögert hatte, sei aber nicht die erwartete Nachricht aus Berlin eingetroffen. Deshalb sei die Abreise hinausgeschoben und erst im Januar 1942 erneut mit den Vorbereitungen begonnen worden. Diese hätten sich mit Wehners Verhaftung zerschlagen. »Wie mir Richard mitteilte«, so Mewis, »verlangte die schwedische Partei die vorläufige Einstellung unserer Tätigkeit. Da ich befürchtete, daß Berichte und Materialien aus dem Westen bei oder durch Wehner gefunden wurden, bat ich Sven Linderoth, sofort ein Telegramm über Moskau an Erasmus [Wilhelm Knöchel] zu schicken, mit der Aufforderung, alle Verbindungen nach Schweden abzuriegeln.« Schließlich habe die SKP nach Bekanntwerden der Aussagen Wehners jede Hilfe verweigert. Mewis' Fazit: »Die Verhaftung Wehners mit ihren Folgen zerschlug alle Möglichkeiten zur Fortsetzung unserer Tätigkeit. Aber es wäre falsch zu sagen, daß erst die Verhaftung unsere

Unfähigkeit zur Durchführung der gestellten Aufgaben unter Beweis stellte. In Wirklichkeit ist die ursprüngliche Leitung Wehner, Weber [Wiatrek], Mewis nie praktisch in Tätigkeit gekommen. Die Leitung Wehner, Mewis, Richard [Stahlmann] hat einen Stützpunkt in Berlin geschaffen, den Westen mit Material und Instrukteuren versorgt, aber sie hat nicht die Qualitäten einer Leitung für das Land gezeigt. Von kollektiver Arbeit und verantwortungsbewußter Tätigkeit konnte nur zeitweise die Rede sein.«[88]

Mit keinem Wort erhob Mewis gegen Wehner den Vorwurf des Verrats. Zweifel in dieser Richtung konnte man bei Pieck voraussetzen, der Wehner aus Moskau gut genug kannte. Erich Honecker erinnerte sich, daß er im Zusammenhang mit der Vorbereitung des 70. Geburtstages seines Chefs Pieck Anfang Januar 1946 nach Frankfurt am Main fahren sollte, um dort Gespräche zu führen und Einladungen zu den Geburtstagsfeierlichkeiten zu überbringen. »Außerdem erhielt ich den Auftrag«, so Honecker Anfang 1990, »bei Herbert Wehner vorzusprechen mit der Bitte, mich mit ihm treffen zu können, falls er schon in der britischen Zone sein sollte.«[89] Wehner hatte aber noch keine Möglichkeit zur Rückkehr erhalten.

Die zunächst in Schweden verbliebenen Exilanten bemühten sich weiter um schnelle Rückkehr. Dafür boten sich an Weihnachten 1945 Verbindungen zur polnischen KP an.[90] Auch der schwedische KP-Sekretär Gunnar Bäckström setzte sich auf dem Parteitag der polnischen Bruderpartei in Warschau bei ZK-Sekretär Sambrowski für die Rückkehr der deutschen Kommunisten über polnisches Territorium ein.[91] Am 8. Januar 1946 konnte die erste organisierte Gruppe Stockholm Richtung Heimat verlassen. Darunter befanden sich Paul Verner, dessen Frau Irma Schmidt, Paul Peschke, Wolfgang Steinitz, Franz Stephany, Heinz Rauch, Sepp Miller, Rudi Wetzel und Georg Henke. Sie trafen am 18. Januar 1946 in Berlin ein, wo sie am folgenden Tag am Sitz der KPD von Franz Dahlem offiziell begrüßt wurden. Dahlem gab ihnen eine kurze Schilderung der Lage und bezeichnete die Vorbereitung des Parteitages der KPD und des anschließenden Vereinigungsparteitages als »das gegenwärtig Wichtigste«. Die Remigranten mußten lange Fragebögen ausfüllen und einen ausführlichen Lebenslauf schreiben, besonders für die Zeit nach 1933. Auch hatte jeder die Möglichkeit anzugeben, wo und wie er arbeiten wollte. Nach zwei Tagen sollten sie sich wieder melden, um in die »passende Arbeit« eingesetzt zu werden.[92]

Kadereinschätzungen hatte der letzte Leiter der KPD-Emigration in Dänemark, Alfred Drögemüller, für seine Ende Dezember angekommenen Genossen in der ersten Januarhälfte geschrieben. Abgesehen von kleinen kritischen Anmerkungen, die zumeist auf die besondere Situation der kommunistischen Emigration in Dänemark zurückzuführen waren, fielen sie positiv aus: Willi Bick etwa galt als »politisch [...] qualifizierter Genosse«[93]. Nun war die Reihe an Karl Mewis. Noch am 19. Januar 1946 schickte er an Kaderchef Dahlem eine in aller »Eile« zusammengestellte kurze Charakteristik für die am Vorabend eingetroffenen Genossen als Grundlage für den »Kadereinsatz«. Während er beispielsweise Franz Stephanys Parteitreue, Zuverlässigkeit und organisatorischen Fähigkeiten lobte, war ihm Rudi Wetzel als »Inspirator der berüchtigten Göteborger Resolution« verdächtig geblieben;[94] der Kadereinsatzplan lag Ende Januar 1946 vor[95].

Gelegenheit zu einem ersten Wiedersehen mit bekannten Funktionären der KPD gab es anläßlich der ersten Kulturtagung der KPD vom 3. bis 5. Februar 1946 in Berlin. Max und Ruth Seydewitz waren inzwischen eingetroffen; ebenso reisten Karl Mewis und Erich Glückauf aus Schwerin an. Ein Remigrant, der mit der Gruppe vom 18. Januar gekommen war, berichtete seiner in Schweden verbliebenen Frau enthusiastisch von der guten Atmosphäre in Berlin – anders als in Stockholm »richtig kameradschaftlich«. Besonders hatte ihn das persönliche Interesse des Parteivorsitzenden Pieck beeindruckt, der sich mit jedem Remigranten »recht ausführlich« unterhalten hatte.[96] Am 6. Februar 1946 nahm Pieck auch Gelegenheit, mit Mewis zu sprechen. Dabei ging es nicht zuletzt um den Fall Herbert Wehner, des dritten Mitgliedes der Stockholmer Leitung. Doch Mewis brachte wenig Licht in die Sache. Aus seinen Gesprächen mit den anderen Remigranten konnte Pieck über Wehner nur wenig Neues erfahren haben, denn mit der illegalen KPD-Auslandsleitung hatten vor 1943 nur die wenigsten persönlichen Kontakt unterhalten dürfen, und auch denen gegenüber hatte sich Wehner immer sehr verschlossen gezeigt. Die Mehrzahl wird deshalb Mewis' Beschuldigungen als »Parteilinie« akzeptiert und gegenüber Pieck wiederholt haben.[97]

Die ersten Kadervorstellungen für die Remigranten galten nur vorbehaltlich einer Überprüfung ihres Verhaltens in der Illegalität und im Exil. Das betraf nicht nur Rudi Wetzel und Georg Henke. Henkes Zukunft sollte im Gesamtkomplex der Untersuchung der schwedischen Gruppe geklärt werden; inzwischen durfte er als Redakteur bei der *Deutschen Volkszeitung* arbeiten.[98] Letztlich mußten auch andere um ihre Karriere bangen, darunter Karl Mewis und Richard Stahlmann. Zunächst sollte geklärt werden, ob es in der schwedischen Emigrationsleitung einen Gestapo-Spitzel gegeben hatte. Dem wären dann die mißlungenen Instrukteurreisen von 1940 anzulasten gewesen. Als eine erste Grundlage für die Spitzelsuche dienten die bei der Ankunft erstellten Arbeitsberichte und Lebensläufe der einzelnen Rückkehrer. Einige vermittelten bereits ein Bild vom Verräter Wehner, wenn auch noch nicht eindeutig formuliert. So hatte Paul Peschke am 19. Januar 1946 in seinem Lebenslauf über politische Auseinandersetzungen mit Josef Wagner berichtet, von dem man in Berlin wußte, daß er zur SPD konvertiert war. Peschke bezeichnete Wagner als einen »Mann Herbert Wehners«: »Wagner wurde politisch geschlagen. Sein gleichzeitiges politisches Intrigenspiel unter den Genossen ließ den Verdacht wach werden, es mit einem Agenten zu tun zu haben.«[99] Paul Verner rühmte sich in seinem am selben Tag verfaßten Lebenslauf, aktiv »an der Bekämpfung der Versuche Herbert Wehners [teilgenommen zu haben], die Organisation zu schädigen«. Er warf Wehner vor, »gegen alle und jeden Intrigen und Verleumdungen« verbreitet zu haben. Verner wollte auch scharf gegen Josef Wagner Stellung bezogen haben, dem er seit dessen Rückkehr von einem illegalen Auftrag in Deutschland »liquidatorische Tendenzen« und die Auffassung vorwarf, die ökonomischen Einrichtungen des Faschismus als fortschrittlich bezeichnet und ihre spätere Übernahme nach dem Sturz Hitlers empfohlen zu haben.[100]

Im März 1946 kam die Untersuchung zu einem ersten Abschluß. Sie bescheinigte allen Remigranten eine »mangelnde Wachsamkeit«. Die besondere Verantwortung von Karl Mewis für die Fehler wurde zwar herausgestellt, aber nur, »weil er der politisch verantwortliche Genosse gewesen ist«. Die Untersuchung bezog auch Stellung zu den »von Wehner gemachten dunklen Andeutungen« gegen Mewis über ein Zusammenspiel mit der Gestapo. Dafür habe man keine Anhaltspunkte finden können. Die bekannten Einbrüche in die Parteiarbeit wurden auf den Seemann Hermann Noe von der »Nestor« zurückgeführt, wofür Mewis die Verantwortung übernommen hatte. Das Urteil über Georg Henke war weniger günstig; er habe durch sein unkonspiratives Verhalten der Gestapo die Arbeit erleichtert. Auch die Frage, warum Henke der deutschen Geheimpolizei entgehen konnte, war für die Partei noch nicht völlig geklärt. Dem Sekretariat der ZK-Kaderabteilung schien es deshalb angebracht, Henke außerhalb des eigenen Bereichs zu beschäftigen. Kritik erntete auch Stahlmann, der, wie Wehner, »eigenartige Methoden praktiziert« habe, und Paul Peschke, in dessen Lebenslauf man Widersprüche entdeckt haben wollte.[101]

Aus dem Bericht wird deutlich, daß einflußreiche Kräfte in der SED-Führung – sicher nicht Kaderchef Dahlem – von Wehners »Verrat« noch nicht überzeugt waren. Ganz im Gegenteil hielt man es für möglich, daß Mewis Verrat geübt und Wehner demzufolge kaltgestellt hatte. Das erklärt auch den Kontaktauftrag Honeckers vom Januar 1946. Die Untersuchung vom März 1946 nahm noch nicht abschließend zum Fall Wehner Stellung; vollständige Klarheit war noch nicht erreicht.

In Schweden waren Wehners kommunistische Freunde Kurt Adam und Willy Langrock auch im Frühjahr 1946 noch davon überzeugt, daß dessen Verhältnis zur KPD wieder ins reine kommen würde. Schließlich war ihre eigene Position zur KPD-Führung in Skandinavien gar nicht so verschieden zu der Wehners gewesen. Ende März tröstete Langrock Wehner mit persönlichen Erfahrungen aus den zwanziger Jahren und bezeichnete den Kampf um Wehners »Rehabilitierung mit den Konsequenzen der Unschädlichmachung der Mewis & Co. und noch anderer« als das Notwendigste. Allerdings sah der erfahrene Komintern-Funktionär auch, daß »auf Grund der besonderen Verhältnisse, die hier durch persönliche und andere Freundschaftsverhältnisse eine Rolle spielen«, die Rehabilitierung »möglicherweise nur schrittweise« erreicht werden könne. Er empfahl, sich zunächst schriftlich und dann persönlich an das Zentralkomitee in Berlin zu wenden, also die Rückreise nach Berlin oder Sachsen in die Wege zu leiten. Zweifel Wehners suchte er zu zerstreuen und gab zu bedenken, daß immerhin die Möglichkeit bestehe, daß Wehners »Versuche, den Freunden Bericht und Bescheid zu geben, diese gar nicht erreichten, sondern auf Grund der Dinge hier im Lande irgendwo hängen blieben«, während Mewis' Darstellungen Moskau erreicht hätten. Hoffnung schöpfte Langrock auch aus dem großen Bedarf an guten Leuten in der Heimat und der Tatsache, daß Mewis und Glückauf sicher nicht auf eigenen Wunsch nach Mecklenburg versetzt worden waren. Langrock riet auf jeden Fall zur Rückkehr; alles andere hieße »Abseitsstehen« und würde zu einer verhängnisvollen Isolierung oder einem Zusammenkommen »unter viel widerwärtigeren Umständen« führen. Das Entscheidende sei, Mewis und Konsorten nicht Zeit und Gelegenheit zu geben, den »Dreckberg, den sie aufgebaut haben, noch höher zu bauen, so daß das Niederreißen dieses Dreckhaufens immer schwieriger wird«[102].

Wehner suchte die Diskussion über die politische Entwicklung in Deutschland, in der er insgesamt Anzeichen für eine »mehr aggressive und ›revolutionäre‹ Taktik der KP« zu erkennen glaubte. Ausdrücklich warnte er vor damit verbundenen Hoffnungen auf einen Wandel der KPD. Die »neue Linie« sei nur eine »Begleiterscheinung der Außenpolitik« der UdSSR. Er verwies auf einen Artikel des sowjetischen Präsidenten Michail I. Kalinin, der den gesamten antifaschistischen Widerstandskampf für die Kommunisten reklamiert und die westdeutschen Sozialdemokraten scharf angegriffen und verleumdet hatte. Daraus schloß Wehner, die Zeit, in der die Kommunisten einer Vereinigung mit den Sozialdemokraten das Wort redeten, sei nun endgültig vorbei. Seine Einschätzung der kommunistischen Funktionäre läßt seinen Abscheu klar erkennen; er reihte sie unter »alle diese Berufspolitiker« ein, für die der »Faschismus ungefähr ebensowenig ein wesentliches Erlebnis gewesen [war], wie seiner Zeit für den alten Hindenburg der Krieg, der ihm wie eine Badekur bekommen war. Sie schüttelten sich und machten in alter Frische weiter.« Die aktiven kommunistischen Kämpfer gegen den Faschismus klammerte er davon aus: »Für uns aber, die wir seit 1933 immer wieder neue Erschütterungen erlebt und so oft vergeblich versucht haben, sie mit unseren alten Parteivorstellungen in Einklang zu bringen, muß das Erlebnis der dunklen Jahre und das Suchen nach der Wahrheit die Lebensaufgabe prägen: An der Errichtung einer nicht gleichgeschalteten und wirklich unabhängigen sozialistischen Arbeiterbewegung zu arbeiten, in der die Demokratie *lebt* und nicht bloß ein Schlagwort zur Überlistung von Gegnern ist.«[103]

Im März 1946 fand Wehner Kontakt zu Günter Reimann, der seit langem in den USA lebte. Den ehemaligen Wirtschaftsredakteur der *Roten Fahne* kannte er aus gemeinsamer Parteiarbeit in Berlin zu Anfang der dreißiger Jahre. Wehners Erklärung, warum er zehn Jahre nach dem letzten flüchtigen Zusammentreffen gerade zu Reimann Kontakt suchte, war einfach und typisch für seine Situation: weil er zu ihm Vertrauen hatte. Aus Reimanns Schriften und der persönlichen Bekanntschaft habe er den Eindruck gewonnen, daß sie in »wesentlichen Punkten verwandte Auffassungen über die Probleme« hätten. Wehner schrieb, sich nie mit den offiziellen Verlautbarungen zufriedengegeben zu haben, ohne sie »mit aufrichtigen Menschen und kritischen Genossen zu prüfen und zu diskutieren«.

Gegenüber Reimann zog er schon zu diesem Zeitpunkt eine Lebensbilanz, wie er sie kurz darauf in den »Notizen« ausführlich niederlegen sollte.[104]

Die in Schweden verbliebenen deutschen Kommunisten kamen gruppenweise und in mehreren Etappen zurück nach Deutschland. Zur zweiten Gruppe vom März 1946 gehörten Anton Plenikowski, Gustav Endres, Willi Neumann und Walter Sack.[105] Wiederum schrieb Mewis Kurzcharakteristika. Über Plenikowski hieß es, daß gegen ihn 1939 ein Untersuchungsverfahren eingeleitet worden und er fünf Jahre von der Partei isoliert gewesen war. Als Ursache des Verfahrens nannte Mewis »Differenzen zwischen ihm und einigen weiteren Genossen mit der Emigrationsleitung«. Zu Endres' Isolation von der Partei hieß es kurz, daß sich die Gründe bei späterer Nachprüfung des Ausschlusses als »völlig unzureichend« erwiesen hätten. Er sei politisch zwar nicht sehr qualifiziert, aber in der Lage, jeden fest umrissenen Auftrag der Partei durchzuführen;[106] Endres sollte bald eine Tätigkeit im westdeutschen KPD-Apparat und später im Grenzapparat der SED übernehmen[107].

Der Gründungsparteitag der SED im April 1946, der sogenannte Vereinigungsparteitag, sollte für Wehner der letzte Beweis für die Unmöglichkeit seiner Rückkehr in die kommunistische Bewegung werden. Angesichts der Entwicklung in der Ostzone versicherte er Reimann am 20. April 1946, daß er »nicht grün oder blind genug (sei), um vielleicht zu denken, es könne sich eventuell ein nochmaliger Versuch lohnen«. Und er betonte, daß er »dort nichts mehr zu suchen habe oder zu finden hoffe«[108]. Nun zeichnete sich auch der Bruch mit dem unbelehrbaren Kurt Adam ab. Die Gründung der SED, von Adam als Fortschritt begrüßt, entlarvte Wehner als »Neuauflage der RGO-Politik im Politischen«[109]. Doch den Briefwechsel beendete die Diskussion über die sogenannte Sudetenfrage. Wehner zeigte sich enttäuscht, daß die »Austreibung aller – auch der antinazistischen – Sudetendeutschen« als unausweichliches Schicksal dargestellt wurde, dem man sich nicht entgegenstellen, ja das man nicht einmal diskutieren durfte. Ihn befremdete, daß die tschechoslowakischen Kommunisten in dieser Frage den sozialistischen Internationalismus kampflos aufgegeben hatten. Das war für ihn nationalistischer Opportunismus; Adam brach daraufhin den Briefverkehr ab.[110]

Zu den geächteten Kommunisten, mit denen Wehner weiter Freundschaft hielt, gehörte Viktor Kunze, ehemaliger »Abwehrmann« der Emi-Leitung der KPD, der mit Mewis gebrochen und als Quittung den Parteirausschmiß erhalten hatte. Kunze fühlte sich nicht nur weiter als Kommunist, sondern auch der KPD zugehörig. Wehner und Kunze hatten sich im Februar 1945 kennengelernt. Es dauerte aber sehr lange, bis das Eis gebrochen war. »Wehner ist ein sehr verschlossener Mensch«, schrieb Kunze später, »der nicht so leicht davon spricht, was ihn bewegt, und was er denkt. Ich hatte nur den Eindruck, daß er sehr niedergedrückt ist, und ich brachte das damit in Zusammenhang, daß er von der Partei abgehängt wurde.« Über die Hintergründe wußte Kunze nur, was Mewis im August 1944 hatte verlauten lassen. Allmählich kam Kunze mit dem sechs Jahre jüngeren Wehner in Kontakt. Zusammen unternahmen sie Ausflüge in die Umgebung von Uppsala und verbrachten auch einige Abende in Wehners Wohnung.[111] Dieser Kontakt blieb bis zu beider Rückkehr nach Deutschland bestehen.

Mit der Gründung der SED boten sich den Remigranten in der SBZ neue Karrieremöglichkeiten. Karl Mewis, von Schwiegervater Dahlem schon im Vormonat nach Berlin gerufen, wurde in den Berliner SED-Vorstand und die Stadtverordnetenversammlung gewählt. Auch Richard Stahlmann kam nach Berlin, wo er sich zunächst als »Zonenleiter« im Parteiapparat Fragen der Sicherheit zuwandte. Herbert Warnke, seit dem Ersten FDGB-Kongreß im Februar 1946 Mitglied des Bundesvorstandes und des geschäftsführenden Ausschusses, übersiedelte im Mai 1946 nach Berlin. Willi Bick und Erich Glückauf gehörten seit April dem SED-Landesvorstand in Mecklenburg-Vorpommern an, Sepp Miller stieg zum Hauptreferenten der Abteilung Personalpolitik beim SED-Parteivorstand auf und wurde Mitglied der Zentralen Revisionskommission der SED. Seine Frau

Lotti fand als Sekretärin ebenfalls eine Anstellung in der Kaderabteilung. Paul Peschke, von der Partei zum Berliner Metallarbeiterverband geschickt, wurde im Juni 1946 erster Vorsitzender der IG-Metall der Sowjetischen Besatzungszone. Georg Henke blieb Wirtschaftsredakteur. Rudi Wetzel, der in Stockholm zuletzt für die *Politische Information* gearbeitet hatte, kam zur SED-Presseabteilung, Wolfgang Steinitz zur Zentralverwaltung Volksbildung für Universitäten. Franz Stephany diente der Zentralverwaltung Verkehr und war am 2. Februar 1946 ins Ruhrgebiet gefahren, wo er für die westdeutsche KPD arbeiten sollte. Paul Verner erhielt die Leitung des Jugendsekretariats des Zentralsekretariats der SED. Anton Plenikowski sollte bald Ulbrichts gefürchteter und ergebener Gehilfe werden; unmittelbar nach der Rückkehr übernahm er die ZK-Abteilung Staatliche Verwaltung, nach der Bildung der SED dann die Abteilung Landespolitik und Inneres beim Zentralvorstand.[112]

Für Wehner zeichnete sich Ende April eine reale Chance zur Heimfahrt ab. »Völlig mittellos und von keiner Seite eine Unterstützung« erhaltend, wandte er sich an die Flüchtlingshilfe der Arbeiterbewegung mit der Bitte um eine Beihilfe, um vor der Abfahrt wenigstens Unterwäsche und Strümpfe kaufen zu können; er konnte 100 Kronen dankbar quittieren.[113] Doch der unter großem Presse-Aufwand vorbereitete Transport wurde für Lotte und Herbert Wehner ein Schlag ins Wasser: Die britischen Behörden in Lübeck wollten nur die angeforderten 56 Nazis aufnehmen; am 23. April erfuhr Wehner, daß er von der Reiseliste gestrichen war.[114]

Wehner war nun noch mehr ein Suchender. Zu denen, die ihm geistige Anregung gaben, gehörte Willy Strzelewicz. Der engagierte Sozialdemokrat hatte schon vor 1933 mit der KPD gebrochen. Sein 1943 auf Schwedisch erschienenes Buch »Der Kampf um die Menschenrechte«, in dem er die Grundlagen des deutschen Rechtsstaates nach Hitler beschrieb, hatte Wehner schon im Frühjahr 1944 beeindruckt – nicht nur, weil ihn die Thematik interessierte, wie er damals an Herbert Warnke schrieb, sondern auch, weil er Strzelewicz als jungen Studenten gekannt hatte.[115] Im April 1946 bemühte sich Wehner um ein Treffen mit dem Verfasser; das erbetene Gespräch sollte sich ausdrücklich um »Grundfragen der Arbeiterbewegung« und um die Erfahrungen Wehners handeln.[116] Aus dem Treffen nahm Strzelewicz den Eindruck mit, Wehner habe »sich innerlich von der KP gelöst und aufgehört, ein Kommunist zu sein«, wisse aber »noch nicht, wohin«.[117]

Auch die 1944 im sozialdemokratischen Verlag Tiden erschienene Schrift von Gunnar Dahlberg, »Die zukünftige Gesellschaft«, imponierte Wehner. Vor allem beeindruckte ihn, daß Dahlberg seine Darlegungen nicht mit »Zitaten aus grundlegenden Schriften von Marx und Engels und anderen sozialistischen Gesellschaftsforschern« anreicherte, also »weniger Wert auf die Ausdeutung von Leitsätzen« legte, wie es bei den Kommunisten Pflicht war, »als darauf, aus den Verhältnissen selbst nachzuweisen, weshalb und in welcher Richtung unsere Gesellschaftsordnung umorganisiert werden muß«[118]. Schriften sogenannter Renegaten, etwa Arthur Koestlers »Sonnenfinsternis«, bestärkten ihn in seiner Kritik am Kommunismus. In Briefen in die Heimat empfahl er dringend, Koestler und Ignazio Silone zu lesen: »Sie würden eine heilsame Wirkung ausüben, weil sie das eigene Denken, die Selbstbesinnung, das Handeln im Einklang mit dem eigenen Gewissen und das unermüdliche Suchen der Wahrheit zu Grundaufgaben jedes Sozialisten erklären.«[119]

Wehner galt seit dieser Zeit auch als Auskunfts- und Referenzperson der SPD. Frühzeitig warnte er vor der klandestinen Politik der KPD. So kommentierte er Anfang Mai 1946, Kommunisten wie Franz Stephany und Paul Nissen seien via Polen in die Ostzone gelangt und von dort weiter nach Herne und Köln in Westdeutschland geleitet worden. »Euch brauche ich nicht zu erzählen, daß sie natürlich nicht auf eigene Faust diese weite Reise unternommen haben«[120], schrieb er an Wagner. Wehner gab ehemaligen Kommunisten Referenzen, so etwa Josef Wagner[121], aber auch dem ihm persönlich unbekannten Siegfried Neumann. Wehners Mahnung zur Vorsicht vom März 1946 liest sich wie eine vorweggenommene Analyse der Verfolgung der Westemigranten in der SED nach 1950. Nach seiner Auffassung waren die Ränkespiele der dreißiger Jahre auch nach zehn Jahren noch keinesfalls vergessen oder abgeschlossen. Die Wiederaufnahme früher umstrittener Kommunisten in die Partei – Wehner nannte unter anderem Rudi Wetzel – sah er als taktisches Einschwenken der Ulbricht-Leute und »keineswegs als Zeichen größerer Toleranz«. Er nahm zwar an, daß ein Teil eine Zeitlang unbehelligt bleiben werde – aber »nur einige Zeit, und auch das gilt nicht für alle«. Wehner war felsenfest davon überzeugt, daß etwa Anton Ackermann »für immer« daran interessiert sein müsse, einige der früheren Parteigegner »unschädlich zu machen!!!«. Wehner bezog sich damit auf Erfahrungen in Moskau, wo Ackermann 1940 die Auseinandersetzungen mit der »Berliner Opposition« zum Gegenstand einer ausführlichen schriftlichen Anklage gemacht hatte.[122]

Mindestens seit Mai 1946 organisierte Wehner Hilfsaktionen für Bedürftige und »Genossen in der Heimat«, darunter Ausgebombte und alleinstehende Frauen mit Kindern. Soweit es in seinen Kräften stand, kam er auch selbst für solche Pakete finanziell auf. Großen Wert legte er darauf, daß die Hilfe die Richtigen erreichte. Wagners Vorschlag, Pakete an die Arbeiterwohlfahrt zu senden, kam ihm zu »geschäftsmäßig« vor.[123] Auf die Möglichkeit, mit Paketsendungen zu helfen, hatte er Langrock schon im März aufmerksam gemacht, als er erfahren hatte, daß die Stockholmer Firma Schenker & Co. Sendungen in die SBZ vermittelte.[124]

Kurz bevor Langrock nach Deutschland zurückkehren konnte, kam wieder Bewegung in den »Fall Wehner«. Die große schwedische Tageszeitung *Dagens Nyheter* brachte am 11. Mai 1946 Informationen, die angeblich aus den Verhörprotokollen Wehners von 1942 stammten. Langrock schickte Wehner den Zeitungsausschnitt mit dem dringenden Rat, eine Berichtigung zu verlangen, aus der hervorgehe, daß die Mitteilungen über die Reise von Charlotte Bischoff nicht von ihm stammten. Langrock hoffte, mit der Aufhebung der Geheimhaltung der Prozeßunterlagen werde sich die Möglichkeit ergeben, »die gemeinen

Schachzüge der Mewis & Co. zu entlarven«[125]. Wehner beschwerte sich unmittelbar beim Justizministerium, denn ihm war bisher Einblick in die Protokolle und Gerichtsakten verwehrt worden.[126] Über das Ergebnis seines Protests ist nichts bekannt.

Am 19. Mai 1946 verabschiedeten sich Martha Schramm und Willy Langrock mit bewegenden Worten von Herbert und Lotte Wehner;[127] unter Leitung von Willy Langrock und Willi Rohde machte sich die dritte organisierte Gruppe der KPD-Emigration von Schweden aus in die SBZ auf. Zu der Gruppe gehörten auch Werner und Lilo Sager.[128] Man reiste mit dem Schiff über Polen und kam auf zwei großen Transportautos der Sowjetarmee Anfang Juni 1946 im zerstörten Berlin an.[129] Auch diese Rückkehrer kamen schnell zum Einsatz. Sager wurde als stellvertretender Polizeipräsident in Halle eingesetzt, Langrock erhielt die Leitung einer Abteilung im SED-Zentralsekretariat und die Geschäftsführung mehrerer Verlage.

Angesichts der Abfahrt der meisten seiner ehemaligen Weggefährten verbitterte es Wehner, daß er »gezwungenermaßen von jeder Teilnahme an der Arbeiterbewegung« absehen mußte. Die Rückkehr nach Deutschland sollte hier Veränderung bringen. Denn er spürte eine Verpflichtung, »in Auseinandersetzungen um die Wege der Arbeiterbewegung und um ihre Grundlagen überhaupt, mit aus eigenen Erfahrungen gewonnenen Erkenntnissen einzugreifen«[130]. Willy Langrock und seine Lebensgefährtin Martha Schramm hielten auch nach ihrer Rückkehr Kontakt zu Wehner, wie die SED-Oberen finster bemerkten. Als ein kleiner Notizzettel mit Grüßen Wehners auftauchte, den Martha Schramm bei Berliner Bekannten hinterlassen hatte, ließ Dahlem dieser Verbindung nachforschen.[131]

Zunehmend verspürte Wehner das Bedürfnis, sich kritisch mit dem eigenen Weg auseinanderzusetzen. In dieser Absicht entstanden zwischen dem 23. Mai und dem 23. Juli 1946 die »Notizen«. Schon Mitte Mai hatte er Reimann unterrichtet, daß er eine Niederschrift begonnen habe, die er ihm in die Staaten schicken wolle. Er hoffte und erwartete, daß sie bei ihm gut und sicher aufgehoben wären, also »nicht zu literarischem Kleingeld« gemacht würden.[132] Wehner bezeichnete die »Notizen« als ersten Versuch, »einem Freunde und mir selbst zu erklären, was ich in der kritischen Periode erlebt und erfahren habe«. Dabei habe er sich bemüht, »die Vorkommnisse so zu schildern, wie sie wirklich vonstatten gegangen sind«, und ganz bewußt vermieden, von einer hohen Warte aus zu schreiben. Der »ursprüngliche Zweck« war also die Verständigung mit Reimann, dem er aber auch freistellte, von dem Manuskript Gebrauch zu machen. Allerdings, so Wehner, verdiene niemand, der noch Verbindung zur kommunistischen Bewegung unterhalte, das Vertrauen, die »Notizen« zu lesen. Wehner warnte Reimann auch, sein Text enthalte Namen von Menschen, »denen durch Unvorsichtigkeit noch viel Leid geschehen könnte«. Und er fügte hinzu, »daß man nicht in einem einzigen Falle durch Unachtsamkeit oder aus sogenannten höheren Erwägungen Menschen noch größeres Leid zufügen soll«[133].

Im Sommer 1946 half Viktor Kunze dem Sohn Lotte Burmesters bei der Vorbereitung auf sein Examen und war deshalb regelmäßig zwei Abende in der Woche bei der Familie zu Gast. Trotz des häufigen Besuchs wurde sich Kunze nie darüber klar, wie Wehner zur Kommunistischen Partei und zur Sowjetunion stand. Einmal habe er den ehemaligen Spitzenfunktionär gefragt, was er, Kunze, tun könne, um selbst wieder Mitglied zu werden. Wehner sei sehr sachlich auf diese Frage eingegangen. Kunze gewann den Eindruck, so jedenfalls erinnerte er sich wenige Monate später, daß auch Wehner seine Sache mit der Partei ins reine bringen wollte. Direkt danach gefragt, habe Wehner aber geantwortet, daß bei ihm die Sache ganz anders liege, denn er sei schließlich kein unbekannter Mann. Wenn die Partei Wert darauf gelegt hätte, ihn wieder in ihren Reihen zu sehen, hätte man sich schon längst von Berlin aus an ihn gewandt.[134]

In dieser Zeit unternahm Wehner verschiedene Versuche, seine Heimkehr in die Wege zu leiten. Schon Anfang Mai hatte er Wagner gebeten, über Peter Blachstein und Siegfried Neumann zu versuchen, das Westbüro der SPD, wo Neumann arbeiten sollte, für seinen Fall zu interessieren.[135] Wehner beteuerte wiederholt seine Absicht, in der Heimat »mit allen Kräften für die Unabhängigkeit der sozialistischen Arbeiterbewegung zu wirken und allen Tendenzen totalitärer und antidemokratischer Art«[136] entgegentreten zu wollen. »Wir haben keine sogenannten Ansprüche ans Leben«, schrieb er nach Deutschland. »Was wir wollen und wünschen ist, Gelegenheit zur Mitarbeit am demokratischen Wiederaufbau zu erhalten. Daß wir dabei mit mancherlei Erfahrungen behilflich sein können, ist nicht zuviel gesagt. Am liebsten möchte ich teilnehmen an Volkshochschularbeit oder überhaupt Jugendbildung, um mich dabei noch schriftstellerisch betätigen zu können.«[137] Spätestens Anfang Juni 1946 rechnete Wehner fest mit der Hilfe der SPD-Führung und namentlich auch Willy Brandts. Es mußte seiner Auffassung nach möglich sein, »den dafür verantwortlichen Menschen [in Hannover] nahezulegen, bei der Erwirkung von Einreisegenehmigungen sich unser anzunehmen«[138].

Das Manuskript der »Notizen« hatte Wehner Peter Blachstein mitgegeben, der auf dem Weg in die Vereinigten Staaten war und dort Reimann traf.[139] Blachstein las die »Notizen« mit großem Interesse und war »verblüfft«, wie lange Wehner den Zynikern im kommunistischen Apparat guten Glauben zugebilligt hatte. »Ich überrasche Dich sicher auch nicht, wenn ich Dir sage«, so Blachstein Anfang September 1946 an Wehner, »daß ein gewisses Mißtrauen nicht leicht zu überwinden ist und irgendwie bestehen bleibt und wohl nur durch gemeinsame Erfahrungen beseitigt werden kann.«[140] Der Autor des Selbstzeugnisses war zutiefst enttäuscht und »ein wenig resigniert«. Gegen Mißtrauen »verschlägt mein Versuch, meine Absichten ohne Beschwörungsversuche darzulegen, selbstkritisch darzulegen, nicht«. Schließlich könne er nicht damit aufwarten, »einige große, an die Öffentlichkeit gedrungene Skandale gegen Bürokraten zustande gebracht« zu haben. Er sei auch nicht aus der Partei gefeuert worden, nachdem er etwa bis zuletzt vergeblich versucht hätte, die Führung zu behalten oder zu ergattern. »Nein«, so ein verzweifelter Wehner, »ich bin gegangen, als ich erkannt hatte, daß jeder weitere Versuch, in diesem Rahmen zu wirken, nur um den Preis persönlicher Korrumpierung und Erniedrigung erkauft werden könnte.« Und er setzte hinzu, er sei »schweren Herzens« gegangen. »Denn immer noch dachte und denke ich an die vielen guten und ehrlichen Menschen, die ich innerhalb der KPD und ihres Einflußbereichs kennen gelernt habe und tätig weiß. Aber ich bin gegangen, als ich sah, daß mit dem herannahenden Sieg der SU über Deutschland nur eine neue Periode einer furchtbaren reaktionären Entwicklung innerhalb der komm. Bewegung beginnen würde. Und es gibt für mich kein Zurück oder Paktieren.«

So Wehners Fazit kurz vor der Rückkehr nach Deutschland. Schuldig fühlte er sich nicht. Er sei bereit, laut und offen zu sagen, warum er das oder jenes geschrieben oder gesagt oder getan habe, ohne Versuche, sich Hintertürchen offenzulassen. »Mir war die Arbeiterbewegung von frühester Jugend auf Lebensinhalt, und ich will weder mit Kniffen noch mit Seitensprüngen von Dingen wegzukommen versuchen, denen ich verbunden gewesen bin.« Wehner wollte – auch das war ein Anliegen der »Notizen« – die Anerkennung, daß er »ehrlich gerungen« hatte, er hoffte, man glaube ihm, daß seine nunmehrige Auffassung teuer erkauft und ehrlich erkämpft war.[141]

Wehner, den es nach Deutschland zog, konnte nicht in die Ostzone, aber auch in den anderen Teilen seines Vaterlandes schien er nicht willkommen zu sein. Das war sein »Dilemma«, wie er es viele Jahre später ausdrückte.[142] Da Charlotte Burmester aber ein gewisses Anrecht geltend machen konnte, in ihrer Heimatstadt Hamburg zu leben, wurde ihnen allen schließlich im September 1946 die Reise erlaubt. Da Wehner seit seiner Entlassung nur das Notwendigste verdient hatte, um den Lebensunterhalt bestreiten zu können, zudem auch aktive Solidarität geübt hatte, war er immer noch völlig mittellos. Wiederum mußte er sich an Hilfsorganisationen wenden, um vor der Heimreise wenigstens etwas Kleidung kaufen zu können; vom Komitee für staatenlose Flüchtlinge erhielten er und seine Frau im September 140 Kronen.[143]

Wehner plagten offensichtlich große Zweifel hinsichtlich der eigenen Perspektive im neuen Deutschland. Dabei ging es um mehr als um eine parteipolitische Richtungswahl. Er fühlte sich bereits deutlich zur SPD hingezogen. Begeistert hatte ihn vor allem eine Rundfunkansprache Kurt Schumachers, die er in Uppsala gehört hatte.[144]

Doch hatte er auch Bedenken, ob er als ehemaliger Spitzenfunktionär der KPD, der in Moskau nicht frei von Schuld geblieben war, überhaupt zurück in die Politik gehen konnte. Seine »Notizen« hatte er Ende Juli 1946 mit einer Hymne an das »einfache Leben« abgeschlossen, ein Begriff, den er dem gleichnamigen Buch Ernst Wiecherts entlehnt hatte, das er erstmals 1941 in Stockholm gelesen hatte. Die Begegnung mit diesem Buch nannte Wehner in einem späteren Interview einen Glücksfall: »So leben, wie du es wirklich, ohne Umschweife, mit deinem Gewissen vereinbaren kannst. Und nicht so viele Dinge machen müssen, die immer erst besonders erklärt werden müssen.«[145] Bei Wiechert findet der Romanheld über einen Bibelvers zurück zum Christentum. Der Pfarrer erklärt ihm, daß das kein Zufall sei, »daß der Vers auf einen Menschen wartet und der Mensch auf seinen Vers«; wenn sich »ein bestimmtes Stück der Lebensbahn, ein Sturz oder ein Aufstieg, oder auch nur eine bestimmte Düsternis oder Verwirrung« erfüllt habe, dann sei der Vers da. Aber er wolle nicht einem frommen Leben das Wort reden, sondern einem arbeitsamen: »Wir haben getötet, und nun wollen wir arbeiten, schwer und keuchend und schweißbedeckt, nichts als arbeiten. Und dann wollen wir sehen, ob wir wieder würdig sind, seinen geliebten Namen auszusprechen.« Es ist offensichtlich, daß sich Wehner, der in der Zeit der Einzelhaft in Schweden wieder mit der Bibel in Berührung gekommen war, angerührt fühlte. Auch er hatte »gesündigt« und wollte sich durch Arbeit wieder einen Platz in der Gesellschaft schaffen. Der Pfarrer in Wiecherts Roman rät zu einer einfachen Arbeit, denn »ein Pferdeapfel ist leichter zu beseitigen als Intrigen oder politische Feindschaft«. Und außerdem könne ein Straßenkehrer »immer hoffen, einmal Minister zu werden«[146]. An diesen Rat wollte sich auch Herbert Wehner halten. In Anlehnung an Wiechert stellte er sich im Sommer 1946 die Maxime, ein »einfaches Leben« zu führen: »Ein Leben, in dem das Streben bestimmend ist, nicht Kluft noch Widerspruch zwischen dem als Wahrheit erkannten [sic] und dem eigenen Tun entstehen zu lassen.«[147]

Konspiration gegen Wehner

Herbert Wehner und Charlotte Burmester trafen am 23. September 1946 in Lübeck ein. Von dort reisten sie weiter nach Hamburg, wo sie bei Josef und Frieda Wagner eine erste Unterkunft fanden. Auf dem Heimkehrerschiff waren sie von ehemaligen kommunistischen Genossen beschimpft und von Sozialdemokraten ignoriert worden – und bei ihrer Ankunft in entsprechend trostloser Stimmung.[1]

In Hamburg hatte Wehner zunächst für eine, dann für weitere zwei Wochen eine Aufenthaltsgenehmigung bekommen; erst nach dem 15. Oktober erhielt er eine unbefristete Genehmigung, die ihm endlich die Möglichkeit gab, sich frei zu bewegen, auch nach Hannover, wohin ihn Siegfried Neumann eingeladen hatte.[2] Wehner hoffte, als freier Schriftsteller arbeiten und auf diesem Gebiet »Nützliches« leisten zu können. Er dachte dabei weniger an Mitarbeit bei einer Zeitung als daran, Bücher zu übersetzen oder selbst zu schreiben.[3]

Schnell fand Wehner Kontakt zu Sozialdemokraten. Das jüngste Mitglied des SPD-Landesvorstandes, Hellmut Kalbitzer, unterrichtete mit Wehners Einverständnis den britischen Nachrichtendienst von dessen Ankunft in Hamburg. Kalbitzer wollte ihm auch bei der Kontaktaufnahme mit Kurt Schumacher helfen, doch über eine Schwester von Charlotte Burmester in Hannover fand Wehner bald selbst den Weg zum SPD-Vorsitzenden. »Nach anfänglichem Zögern, ob er der SPD beitreten solle – sein Einwand war, seine Vergangenheit sei eine zu große Belastung für die SPD, was bei ihm manchmal zur fixen Idee zu werden schien; oder war es verdrehte Eitelkeit? – bewarb er sich als Redakteur bei der sozialdemokratischen Zeitung ›Hamburger Echo‹«[4], so Kalbitzer in seinen Erinnerungen. Am 8. Oktober 1946 trat Herbert Wehner der SPD bei.[5] Die Hamburger Sozialdemokraten zeigten sich von dem Ex-Kommunisten beeindruckt. Seine Geistesschärfe und sein fester Wille, den Totalitarismus jeder Spielart zu bekämpfen, ließen ihn zu einem gerngesehenen Diskussionsredner bei den Sozialistischen Geistesarbeitern Hamburgs werden. Schließlich öffneten die ihm auch den Weg zur Sozialistischen Arbeitsgemeinschaft der Hamburger SPD, dem offiziellen Beratungsgremium des dortigen Parteivorstandes. Vor diesem Forum hielt er am 25. Oktober einen ersten großen Vortrag, der zu einer Kampfansage an den Kommunismus sowjetischer Prägung und besonders gegen Umarmungsversuche der SED wurde. Seine Totalitarismus-Überlegungen aus der Analyse des Nationalsozialismus hatte er auf die Arbeiterbewegung und den Kommunismus übertragen. Den Ausgangspunkt für »totalitäre Tendenzen innerhalb der Arbeiterbewegung« sah er »in der Reduzierung des Sozialismus auf eine bloße Lehre von der Strategie und Taktik des Kampfes zur Befreiung der Arbeiterklasse«. Seine Kritik richtete sich deshalb nicht allein gegen Stalin als Vergewaltiger Leninscher Ideen, vielmehr habe der Stalinismus »seine Wurzeln in den Ideen Lenins selbst«. Der SED sprach er jeden Sozialismus ab, »selbst wenn 4/5 der Menschen dort subjektiv der Meinung sind, sie seien Sozialisten. [...] Wenn sie dann anderen Menschen gegenüber Dinge, die sie im internen Kreis kritisieren, nicht mehr kritisieren, sondern verteidigen, dann werden sie damit zu einem Werkzeug einer Macht, die dem Sozialismus fremd ist.«[6]

Der SED-Parteivorstand erfuhr von der Ankunft Wehners in Deutschland erst am 12. Oktober durch eine Meldung der KPD-Wasserkante. Die kommunistische Bezirksleitung bat Berlin um eine Stellungnahme zu dem ehemaligen Spitzenfunktionär, der sich bei ihr aber noch nicht angemeldet hatte. Weitere Informationen über Wehners Aufenthalt trafen in Berlin zwei Tage später aus Hamburg ein. Am 8. November schließlich teilte Kurt Müller vom KPD-Vorstand in Hannover mit, Wehner sei Anfang des Monats Sekretär von Karl Meitmann, dem SPD-Vorsitzenden in Hamburg, geworden.[7] Die Wehner-Feinde konnten aufatmen – erstmals lag ein Fakt vor, der, auch wenn er sich als unrichtig erweisen sollte, Wehners angeblichen Verrat an der kommunistischen Sache zu bestätigen schien. Nahezu befreiend für seine Gegner in Ost-Berlin war Wehners halboffizielles Auftreten am 7. November in Hamburg. Man wußte, daß er zuvor vor den Sozialistischen Geistesarbeitern gesprochen hatte. Doch offenbar verfügte die SED dort über keine »Kontaktpersonen«. Durch Friedrich August Fischer, einen Hamburger Funktionär des Kommunistischen Jugendverbandes, erfuhr man in Ost-Berlin Mitte November von Wehners antisowjetischen Äußerungen am Tag der Oktoberrevolution. Fischer galt in Hamburg »quasi als Mentor der kommunistischen Studentengruppe«. In dieser Eigenschaft war er zu einem der Donnerstags-Treffen junger Intellektueller aller politischen Schattierungen bei einem englischen Offizier eingeladen worden. Zur Debatte stand die Entwicklung in der Sowjetunion. Fischer sollte die Diskussion einleiten. Wehner hielt eine Art Korreferat über Staat und Demokratie, in dem er die Theorien von Marx und Engels für überholt erklärte. Nach Fischers Darstellung führte er aus: In der Sowjetunion existiere keinerlei Recht des einzelnen vor der Gesellschaft oder gegen die Gesellschaft, ja nicht einmal Gleichberechtigung, sondern eine hierarchische Abstufung, die man sich nicht einmal im Traume vorstellen möchte: die unterste Stufe lebe in weit größerem Elend, als man es sich ausdenken könne, während die oberste viel unumschränkter herrsche als im am meisten kapitalistischen Lande. Sozialismus ohne Demokratie sei ein Abklatsch des Kooperativ-Systems, wie es auch unter Hitler bestanden habe. Es komme einer Entrechtung des Menschen gleich, der zum Roboter gemacht werde. Wehner berief sich laut Fischer auf persönliche Erfahrungen und habe von den Razzien in den Moskauer Hotels berichtet. Er selbst sei dort zweimal verhaftet gewesen.

Wehner habe auch erklärt, manche der Hamburger Genossinnen hätten sich nach der Verhaftung ihrer Männer in Moskau prostituieren müssen, um ihren Lebensunterhalt zu verdienen. Wehners Fazit sei gewesen: Macht, konzentriert in den Händen einer kritiklos dastehenden Führerschicht, entarte; das überstandene totalitäre System habe dafür den parallelen Beweis geliefert.[8]

Die Stunde der Wehner-Gegner war damit gekommen. Die von Wehner schon 1944 beschriebene Rückversicherung als Grundlage einer Verschwörung gegen ihn sollte nun tatsächlich zum Tragen kommen. Die Konspiration gegen ihn umfaßte aber einen größeren Personenkreis, als Wehner damals ahnen konnte. Auch vermeintliche Freunde schlossen sich der einflußreichen Gruppe unter Kaderchef Franz Dahlem und dessen Schwiegersohn Karl Mewis an. Walter Ulbricht ließ sie gewähren. Ein verunsicherter Pieck, formal der mächtigste Deutsche in der sowjetischbesetzten Zone, hatte bis jetzt wohl das Schlimmste verhindern können. Nun schien das Schicksal seines früheren Günstlings Wehner besiegelt.

Aufgrund des Berichts von Fischer wies Dahlem am 29. November 1946 an: »Bitte sofort von allen Genossen, die den Fall Herbert Wehner genau kennen, alles konkrete Material über seinen Verrat und seine Tätigkeit vor und nach dem Ausschluß aus der Partei zusammentragen zu lassen.«[9] Die Kaderabteilung beim SED-Zentralvorstand schickte entsprechende Aufforderungen an einen ausgewählten Personenkreis.[10] Verantwortlich für solche Überprüfungen war ihr Referat Untersuchungen und Schiedsgerichte. In einer späteren Propagandaschrift des Ministeriums für Staatssicherheit hieß es zur Arbeit des als Vorläufer gesehenen Referats: »Es galt, Genossen vor ungerechtfertigten Verdächtigungen zu schützen und gleichzeitig Klarheit über solche Fälle zu gewinnen, wo sich die Verdachtsmomente bestätigten und weiterführende Maßnahmen eingeleitet werden mußten.« An erster Stelle stand aber wohl »die Entlarvung von Parteifeinden und ihrer konkreten Hintermänner«, besonders aus dem Ostbüro der SPD, das »innerhalb der SED ein weitverzweigtes Agentennetz« aufbaue.[11]

Obwohl am wenigsten involviert, folgte Georg Henke der Aufforderung Dahlems am schnellsten. Er hatte genug mit den noch aktuellen Verdächtigungen wegen seiner Deutschlandreise von 1940 zu tun und wollte nicht auch noch in die Wehner-

Sache hineingezogen werden. Darum schrieb er am 30. November 1946 an Referatsleiter Bruno Haid wohl nicht nur »der Ordnung halber«, wie er sich ausdrückte; er war bemüht, die eigene Zuverlässigkeit unter Beweis zu stellen. Zwar habe er Wehner gar nicht gekannt, doch wisse er, daß Willy Langrock »noch etwas Kontakt« gehalten habe.[12] Herbert Warnke, inzwischen beim FDGB-Bundesvorstand in Berlin, schickte seinen Bericht als zweiter; der ehemalige Hamburger Werftarbeiter und KPD-Reichstagsabgeordnete hatte angesichts der offensichtlichen Macht der Wehner-Konspirateure »kalte Füße« wegen seiner bisher verschwiegenen Briefkontakte mit Wehner bekommen. »Ich führte die Korrespondenz im Einvernehmen mit der Parteileitung (Mewis, Glückauf)«, rechtfertigte sich Warnke. »Als ich aber in der Korrespondenz Wehner gegenüber durchblicken ließ, daß ich diesen Briefwechsel nicht etwa privat führe, antwortete er plötzlich nicht mehr. Von mir aus habe ich diese Korrespondenz auch nicht wieder angeknüpft.« Warnke mußte befürchten, daß daraus eine große Sache werden könnte. Deswegen versuchte er, sich aus der Angelegenheit soweit wie möglich herauszuhalten, andererseits aber die Darstellung der Konspiranten zu decken: Er selbst habe Wehner in Schweden nie getroffen, kannte die »ihn betreffenden Dinge also nur mittelbar«. Doch wisse er um die negative Haltung der schwedischen Kommunisten zu Wehner. Warnke betonte den »schlechten Eindruck«, den er vom Verhalten Wehners bereits nach dessen Verhaftung in Schweden gehabt haben wollte, was eindeutig eine Zwecklüge war. Mit größerer Sicherheit ging er gegen Wagner vor. Er nährte den Verdacht, dieser habe schon längere Zeit für die Engländer gearbeitet. Warnke behauptete, »Wagner habe die vor kurzem erfolgte Übersiedlung Wehners und auch Kunzes nach Hamburg besorgt«. Man könne davon ausgehen, »daß alle drei als erbitterte Gegner der SED, der Politik in der Ostzone und der Sowjetunion auftreten werden«. Letztlich stützte er nicht nur den Verratsvorwurf, er rief förmlich dazu auf, »gegen Wehner und seine Bande« einen entscheidenden Schlag zu führen.[13]

Weniger in das Anti-Wehner-Bild paßte der Bericht Willy Langrocks vom 8. Dezember. Langrock wollte Wehner in Stockholm nur ein- oder zweimal begegnet sein. Langrock berichtete, nach seiner Umsiedlung nach Falköping habe er während eines Besuchs bei der Ausländerbehörde in Stockholm Bruno Wiese, Mitglied der Emi-Leitung der KPD, getroffen. Von ihm habe er erfahren, die deutsche Kommunistin Erika Friedländer habe von einer schwedischen Bekannten, die mit dem für Polizeifragen zuständigen Staatssekretär Tage Erlander verwandt war, die Mitteilung bekommen, daß sich die deutschen Kommunisten nicht über die Verhaftungswelle zu wundern brauchten, »denn die Polizei habe gute Verbindungen bis zu Ihren höchsten Stellen«. Langrock hatte Mewis über das Gespräch unterrichtet, worauf dieser ihn über die Aussagefreudigkeit Wehners vor der Polizei informierte. Langrock war es verdächtig erschienen, daß Mewis erst zwei Jahre später den Spitzel-Verdacht auf einer Parteikonferenz erwähnte, dann aber als Tatsache präsentierte und auf Aussagen Wehners vor der Polizei verwies; der beschuldigte Wehner sei dabei nicht anwesend gewesen. Kurz nach dem Beschluß der Versammlung, zwei Genossen der Parteileitung zu einer Aussprache zu Wehner zu schicken, habe er, Langrock, Wehner in Borås aufgesucht. Wehner sei bemüht gewesen, ihm zu versichern, daß er in den ersten Wochen nach seiner Verhaftung keine Aussagen gemacht habe, um der Partei die Möglichkeit zu geben, sein Zimmer zu räumen und entsprechende Sicherungen durchführen zu können. Erst dann habe er zu seinem Quartier Angaben gemacht. Die späteren Verhaftungen könnten nicht von seinen Aussagen herrühren, da sie nichts über die Arbeit und die Verbindungen unter den deutschen Parteimitgliedern enthielten, ebensowenig über die Instrukteurreisen nach Deutschland. Wehner habe ihm gegenüber zugegeben, bei der Polizei über seine Zusammenarbeit mit einer schwedischen Genossin ausgesagt zu haben, »weil nach seiner Auffassung dadurch die Spuren seiner Zusammenarbeit mit der deutschen Partei abgelenkt würden und er auf diese Weise gefährdete deutsche Funktionäre schützen wollte«. Schließlich habe

Wehner feststellen müssen, daß alle Unterlagen aus seiner Wohnung in den Besitz der Polizei gelangt waren. Die Auslagerung eines Teils seines Materials zum Schwager seiner Wirtin habe Wehner für verantwortungslos und böswillig gehalten, man hätte voraussehen müssen, daß die Polizei auch dort Hausdurchsuchungen vornehmen würde. Schließlich habe er erklärt, seinen Prozeß politisch geführt zu haben und hauptsächlich deshalb zu einer so hohen Strafe verurteilt worden zu sein. Über alle diese Dinge habe er einen ausführlichen Bericht zur Weiterleitung an das Zentralkomitee der KPD in Moskau geschrieben. Ein zweiter Bericht, in der Internierung in Smedsbo verfaßt, sei an den schwedischen KP-Chef Linderot mit der Bitte um Weiterleitung gegangen, aber nicht beantwortet worden. Wehner habe in Borås die Auffassung vertreten, daß eine Untersuchung seines Falles erst in Deutschland erfolgen könne. »Ich habe der Parteileitung nach dieser Unterredung mitgeteilt«, so Langrock im Dezember 1946, »daß nach meiner Auffassung die Argumente Wehners gegen eine in Schweden vorzunehmende Untersuchung begründet sind, und eine Regelung vorgeschlagen, eine Verständigung zwischen der Parteileitung und Wehner vorzunehmen, nach der Wehner weiter in der Partei politisch tätig sein konnte.« In diesem Sinne sei er, Langrock, immer gegen jede organisatorische Maßnahme der Partei gegen Wehner aufgetreten, bevor nicht eine unparteiische Untersuchung möglich war. Dadurch hätten sich dann aber die Differenzen, die er mit der Parteileitung in Stockholm hatte, weiter verschärft, und Mewis habe ihm die Rückreise erschwert.[14] Der aufschlußreiche Bericht Langrocks fand Ende 1946 bei der Kaderabteilung keine Resonanz. Dafür sorgte neben Franz Dahlem schon Karl Mewis.

Mewis, der sich bereits im Januar ausführlich über Wehner geäußert hatte, sandte der Abteilung Personalpolitik am 10. Dezember 1946 einen neuen Bericht zum »Verhalten von Herbert Wehner«. Diesmal war der Verratsvorwurf gegen seinen ehemaligen Genossen in einen großen Zusammenhang gestellt. Wehner sollte nun bereits vor seiner Festnahme Verrat geübt haben. Kurz nach Beginn des Krieges gegen die Sowjetunion habe Wehner in einer Leitungssitzung in Stockholm die Frage gestellt, ob man nicht jetzt den Kontakt mit der englischen Presse aufnehmen müsse. »Ich wandte mich entschieden dagegen«, so Mewis, »weil das aus Gründen unserer Arbeit unzweckmäßig war, aber auch deshalb, weil ich wußte, daß W. in Paris enge Beziehungen zu ausländischen Korrespondenten unterhalten hatte.« Richard Stahlmann habe aber an diesem Kontakt Interesse gezeigt, weil ihm auch daran gelegen gewesen sei, einen KPD-Aufruf in die englische Presse zu lancieren. Er habe deshalb mit den Sowjets über diese Angelegenheit gesprochen. Wehner und er hätten dann den Versuch unternommen, über einen sudetendeutschen Korrespondenten Verbindung zur englischen Presse zu bekommen, seien aber gescheitert. Etwa zur gleichen Zeit hätten schon enge Beziehungen zwischen Wagner und Wehner existiert. Wagner galt Mewis als belastet, weil er 1938/39 beim »Nachrichtendienst von Edo Fimmen« mitgearbeitet hatte; tatsächlich war es zeitweilig zu einer Zusammenarbeit mit dem Generalsekretär der Internationalen Transportarbeiter-Föderation gekommen, der mit englischer Unterstützung antinazistisch tätig war.[15] »Ob und welche Beziehungen Wagner 1941 zu Engländern unterhielt und ob er Wehner schon damals in Kontakt gebracht hatte«, sei ihm »nicht bekannt.« In Smedsbo sei Wehner zwar als Kommunist aufgetreten, habe aber gegenüber Willi Bick und Paul Werther über innere Angelegenheiten der Partei gesprochen und den »unschuldig Verfolgten« gespielt. Mewis warf Wehner auch unkonspiratives und provokatives Verhalten vor, weil er Deserteure mit Aufträgen und Briefen nach Stockholm an verschiedene Geheimadressen geschickt habe. Mewis konstatierte eine eindeutige »Provokation« – ein Urteil, das Sven Linderot geteilt haben soll. Schließlich habe sich Wehner nach seiner Freilassung in Borås in die Arbeit der Parteigruppe »eingeschaltet« und durch Langrock, Bick und Werther sowie einige Österreicher begonnen, Gerüchte gegen die Parteileitung in Umlauf zu setzen. Schließlich warf Mewis Wehner vor, in Uppsala »engen Kontakt« mit Peter Blachstein gehabt zu haben, den er als »Leiter der Trotzkistischen Gruppe in Schweden« denunzierte. Mewis beschloß seinen Bericht mit Haßtiraden wie der, Wehner sei ein »vom Ehrgeiz zerfressenes Individuum«[16].

Unerwartet hatte sich inzwischen Viktor Kunze, der im September 1946 zusammen mit Wehner nach Deutschland gekommen war, bei der KPD in Hamburg gemeldet. Wahrheitsgetreu gab er dort an, zu Ostern 1945 aus der Partei ausgeschlossen worden zu sein; die Gründe lagen 1946 auch der SED vor: persönliches Mißtrauen gegen Karl Mewis. Kunze hielt den Parteiausschluß für unvereinbar mit dem Statut.[17] Auf eine entsprechende Anfrage gab Mewis im November 1946 zu Protokoll, Kunze sei bereits auf der Parteikonferenz 1944 ausgeschlossen worden, »weil er der Aufforderung, die Beziehungen zu Josef Wagner (Willi) abzubrechen und die Verbreitung zersetzender Gerüchte zu unterlassen, nicht nachkam«. Natürlich wollte Mewis einen solchen Gegenspieler aus alten Tagen nicht wieder in der Partei sehen: »Wiederaufnahme ist unmöglich.« Mewis' Begründung, Kunze sei zusammen »mit dem englischen Agenten Wagner« nach Deutschland gekommen, entsprach nicht den Tatsachen. Mewis wollte Kunze als Agenten denunzieren, mußte allerdings, um sich selbst nicht dem Vorwurf fehlender Wachsamkeit auszusetzen, einschränken, daß er bis 1941 ein guter Parteiarbeiter gewesen sei. Am Ende empfahl Mewis, Kunze über seine Verbindungen zu Wagner und Wehner zu befragen.[18]

Viktor (Vitja) Kunze[19] war nach seiner Entlassung aus der Internierung bei Professor Dahlberg in Uppsala untergekommen und dort bis zu seiner Rückkehr nach Deutschland im September 1946 beschäftigt gewesen. Die SED-Kaderabteilung recherchierte nun angestrengt nach Verratsmomenten. Auch Sepp Miller, inzwischen selbst ein mächtiger Mann in Personalangelegenheiten, war um seine Meinung gefragt worden. Er wollte Kunzes Wiederaufnahme »nicht empfehlen«, weil Kunze und Wagner sich jetzt in Hamburg befänden – und er vergaß nicht hinzuzufügen, daß die beiden »auch enge Verbindung mit

Herbert Wehner« unterhielten. Aufgrund der Einschätzungen von Mewis und Miller verfaßte die SED-Abteilung Personalpolitik unter Dahlem Ende November 1946 eine negative Stellungnahme für die KPD-Wasserkante.[20] Dort war Kunze aber bereits vier Wochen zuvor das KPD-Mitgliedsbuch ausgehändigt worden: Alfred Drögemüller, ein ehemaliger Nordeuropa-Emigrant,[21] der zumindest gewisse Vorstellungen von den Parteiränken im schwedischen Exil besaß, hatte eine positive Einschätzung zu Kunze gegeben, den er seit 1934 aus der dänischen Emigration kannte und 1938 in Schweden wiedergetroffen hatte. Kunze galt ihm »als ein sehr zuverlässiger, fleißiger und der Partei ergebener Genosse«. Nach der Rückkehr hatte Drögemüller in Schwerin von mehreren Remigranten nur Gutes über Kunze gehört, so von den Mitgliedern der letzten Parteileitung in Schweden, Franz Stephany und Erich Glückauf, die in Kunze einen »ehrlichen Genossen« sahen.[22] Kunze verfaßte am 12. Dezember 1946 die ihm aufgetragenen Berichte über seine Kontakte zu Wagner und Wehner,[23] die Berlin aber erst Wochen später erreichten.

Mitte Dezember 1946 traf auch Richard Stahlmanns Bericht in der SED-Kaderabteilung ein. Das ehemalige Mitglied der Stockholmer Dreier-Leitung war bemüht, seine Rolle zu verschleiern und sich in gutes Licht zu setzen. Sein Bericht war der umfangreichste von allen und erstaunlich flüssig geschrieben, was Zweifel an Stahlmanns Urheberschaft aufkommen läßt. Besonderen Raum widmete er dem »Fall Wagner«. Die Absicht dabei war, diesen als britischen Agenten zu entlarven und damit auch Wehner in diese Ecke zu drängen. Als einziger bezichtigte Stahlmann Wehner der Feigheit. Wehner habe nach seiner Ankunft in Stockholm festgelegt, daß zuerst Mewis, dann Stahlmann nach Deutschland fahren sollte; er selbst habe in Stockholm bleiben wollen. Als ein Telegramm aus Moskau alle drei nach Deutschland beorderte, »verzerrte sich sein Gesicht zu einer Fratze, die Zähne knirrschten hörbar«. Seine Untätigkeit nach Wehners Verhaftung erläuterte Stahlmann so: »Ich wurde, da die Polizei ein wahres Kesseltreiben gegen mich veranstaltete, von der Außenwelt vollkommen abgeschnitten. Als ich aus meiner Isolierung zurückkam, war Funk [Wehner] schon wieder frei.« Stahlmann präsentierte sich als überzeugter Anhänger der Verratstheorie: Wehners »Verrat« habe die gesamte Arbeit der deutschen Kommunisten »lahmgelegt«, Wehner habe aber »auch an der schwedischen Arbeiterklasse Verrat geübt«.[24]

Erich Glückaufs Bericht datiert vom 15. Januar 1947. Er kannte Wehner bereits seit 1930 und hatte, wie Erich Honecker, mit ihm auch vor der Saarabstimmung zusammengearbeitet. Während Honecker sich später erinnerte, viel von Wehner gelernt zu haben, beschrieb Glückauf Wehners damaliges Verhalten jetzt wenig positiv: »trank viel, führte ein ausschweifendes Leben« und habe zur »Gruppe um Schulte, Schubert und Flieg« gehört; die ehemaligen Politbüromitglieder Fritz Schulte und Hermann Schubert waren nach 1933 gegen Ulbricht und Pieck aufgetreten, wofür sie 1935 degradiert wurden und schließlich mit dem Tod bezahlten. Die Abneigung Glückaufs gegen Wehner beruhte auf Gegenseitigkeit. In Moskau hatte Wehner 1939 über Glückauf wenig schmeichelhaft geschrieben: »ein ziemlich leichtfertiger und zur Oberflächlichkeit neigender Mensch« mit einem »für seine Arbeitsfähigkeit ungünstigen Lebenswandel«.[25] Glückauf und Wehner waren sich erst wieder 1941 in Stockholm begegnet, wo sie sich wenigstens einmal in der Woche meist zusammen mit Stahlmann trafen. »Hier fiel mir auf«, so Glückaufs Bericht 1947, daß Wehner »wiederholt mit Worten der Verachtung gegenüber Genossen des Politbüros sprach, besonders gegenüber Wilhelm Pieck.« Auch habe Wehner ein merkwürdiges Verständnis von Parteidisziplin erkennen lassen. Nach Wehners Verhaftung wollte Glückauf von Linderot erfahren haben, »daß seiner Meinung nach dieser Verrat nichts Zufälliges« sei. Schon vor seiner Verhaftung habe Wehner sich in einem »Zustand der Depression befunden«, und die Stärke, die er nach außen zeigte, sei nichts anderes gewesen »als der Versuch, seine innere Zerrissenheit zu überdecken«. Der schwedische KP-Chef sagte damals angeblich auch, »daß es jetzt unzweckmäßig sei, Wehner auszuschließen, man müsse abwarten bis er aus der Haft käme, um noch weitere Fragen zu klären«. Glückauf, der Kontaktmann der deutschen Kommunisten zu den Sowjets, wußte offensichtlich auch von der Verbindung Wehners zu Simon Sorkin. Er schrieb, Sorkin sei von einem Vertreter der sowjetischen Repräsentation als »schlechter sowjetischer Staatsbürger« bezeichnet worden. Schlußfolgerungen überließ er der SED-Kaderabteilung, doch die Tatsache, daß Wehner mit seinen Aussagen vor der Polizei nicht alle »reingerissen« habe, erklärte er mit Wehners bewußter Täuschungsabsicht gegenüber der KPD: Wehner habe »neben der schwedischen Polizei vor allem der Gestapo und dem Intelligence Service dienen wollen«[26].

Willi Bick kannte Wehner ebenfalls aus gemeinsamer Arbeit. In seinem Bericht vom 23. Januar 1947 hieß es zu ihrer erneuten Begegnung im Lager Smedsbo im Oktober 1943: »Sofort fiel mir sein niedergedrücktes Wesen, ja man kann sagen, seine Zerstörtheit auf. Im Lager versuchten wir, eine Schulungsarbeit durchzuführen. In den Stunden unserer Zusammenkünfte fuhr er völlig unbegründet Genossen an, die z. B. auf Grund einer Volksschulbildung einfach nicht in der Lage sein konnten, Fremdworte in der entsprechenden Sprache auszusprechen. Wegen unbedeutendster Angelegenheiten wurde er irritiert.« Bick erwähnte auch Wehners gute Beziehungen zu den Militärflüchtlingen im Lager, über die er Verbindungen nach Stockholm aufzunehmen versuchte. Über die Zeit in Borås wußte er nur gegen Kurt Adam zu hetzen, der immer noch als möglicher Verräter oder Gestapo-Agent galt – ein Vorwurf, der, obwohl unhaltbar, nie zurückgenommen wurde. Um Wehner zu belasten, datierte Bick Adams Parteiausschluß einfach vor: Wehner habe davon gewußt und trotzdem mit diesem Freundschaft geschlossen. Außerdem berichtete Bick, daß sich Wehner ihm gegenüber, dem vermeintlichen Genossen und Kameraden, offen geäußert hatte: »Auf unserem gemeinsamen Arbeitsplatz teilte er mir sinngemäß folgendes mit, Karl Mewis hätte während seiner Inhaftierung belastende Aussagen und Auskünfte über interne Parteiangelegenheiten gegenüber der schwedischen Polizei gemacht. Seine Verhaftung sei vielleicht auch das Werk von Mitgliedern der damaligen illegalen Gruppe. Mewis sei ein Polizeispitzel. Aus allen diesen Gründen müsse er vorläufig die Mitarbeit ablehnen. [...] Er warte auf die Entscheidung des ZK.« Und Bick weiter: »In der Zwischenzeit erschien in Borås nach Wehners Mitteilung ein Vertreter unserer Freunde, der als Verbindungsmann Wehners schriftliche Stellungnahme dem ZK und den Freunden nach drüben übermitteln würde.« Mewis offiziell zu beschuldigen, habe Wehner mit der Begründung abgelehnt, die Angelegenheit liege außerhalb der Kompetenz der Stockholmer Leitung.[27] Für seinen Wandel vom Wehner-Vertrauten zum Belastungszeugen belohnte Kaderchef Dahlem Bick kurz darauf mit dem Posten des Schweriner Generalstaatsanwaltes.

Nun trafen auch Kunzes Berichte in Berlin ein und sorgten für einige Verwirrung. Vor allem seine äußerst positive Einschätzung des Verhaltens Wehners in Uppsala konnte den Eindruck vermitteln, Wehner habe die kommunistische Sache noch nicht aufgegeben: »Ich habe Wehner persönlich als einen sehr kameradschaftlichen Menschen kennengelernt, von dem ich jedoch den Eindruck hatte, daß er sehr verbittert sei und daß er zu verschlossen ist, um mit jemandem einen richtigen Gedankenaustausch zu haben. Ich hatte bis zuletzt die Hoffnung gehabt, daß Wehner Schritte unternehmen würde, um wieder in Kontakt mit der Partei zu kommen.«[28]Dieser in Hamburg geschriebene Bericht hätte wie eine Bombe wirken müssen. Von der dortigen KPD war er an die Personalabteilung der SED nach Berlin gegangen, die ihn am 22. Januar 1947 als Hausmitteilung an Pieck, Ulbricht, Dahlem und Ackermann mit der Bemerkung schickte, der Bericht bringe »eine neue Note in die Angelegenheit Wehner«. Für Ulbricht, der Wehner in der Ecke des Parteifeindes wünschte, war die Sache jedoch klar: »An unserer Stellung kann sich nichts ändern.« Dahlem reagierte mit Datum vom 6. März unerklärlich spät: »Wird ein kurzer zusammenhängender Bericht zusammengestellt? Irgendwie muß man jetzt dem Wehner das Handwerk legen.«[29] Auf Piecks Exemplar fehlt jede

Äußerung, einschließlich des Zeichens der Kenntnisnahme.[30] Da Kunze im Frühjahr 1947 nach Ungarn ging,[31] ließ Dahlem den Fall anscheinend auf sich beruhen.

Einem unabhängigen Bearbeiter der SED-Kaderabteilung müssen beim Lesen der verschiedenen Berichte einige Widersprüche aufgefallen sein. Während der eher unbeteiligte Warnke von Kontakten zu Wehner berichtete, an denen auch Mewis und Glückauf beteiligt waren, erklärte Glückauf, daß schon damals die Auffassung bestand, daß es diese Kontakte nicht geben solle. Willi Bick, seinerzeit für Wehner sehr engagiert, hatte die Zeichen der Zeit begriffen und gegen seinen ehemaligen Genossen gewettert, mit keinem Wort aber die von ihm und Paul Werther initiierte Hilfsaktion erwähnt. Karl Mewis spann im Hintergrund weiter die Fäden. Sein Wort galt viel in der Kaderarbeit der SED; für die schwedische Emigration blieb er die entscheidende Instanz. Wenn sich Bruno Haid als zuständiger Referatsleiter Informationen zum kommunistischen Exil in Skandinavien verschaffen wollte, fragte er bei Mewis an; bisweilen konsultierte er auch Richard Stahlmann oder Sepp Miller[32] – alles prinzipielle Wehner-Gegner.

Inzwischen war auch an Werner Sager in Sachsen eine Aufforderung zur Berichterstattung über Wehner ergangen. Mewis ließ die Kaderabteilung nicht nur wissen, daß ihn Sagers Bericht sehr interessiere, sondern denunzierte diesen auch gleich als Freund des als Agenten geltenden Wagner.[33] Sager, jetzt stellvertretender Polizeipräsident in Sachsen-Anhalt, war während seiner Haftzeit in Schweden mit Wagner in Kontakt gekommen, von dem er von Wehners Vorwürfen gegen Mewis erfuhr. Sager mußte annehmen, daß diese den Tatsachen entsprachen, da sich Wehner bei der Organisierung der Flucht aus dem Internierungslager Långmora indirekt als Beauftragter des ZK ausgewiesen hatte. Sager war seinem Bericht zufolge »damals, wie Wagner, der Meinung, daß man gegen eine solche leichtsinnige Arbeitsweise des Genossen Mewis in der Partei Stellung nehmen müßte«. Zu seiner von Wehner organisierten Reise nach Deutschland ließ Sager wissen, daß diese »mit der nötigen Sorgfalt und Umsicht ausgeführt« worden war. Nach seiner Entlassung aus der Internierung habe sich die Angelegenheit aber zu Gunsten von Mewis, den er 1942 noch gar nicht kannte, geklärt. Sager verheimlichte der Partei seine Korrespondenz aus dieser Zeit nicht. In seinem letzten Brief habe er Wehner schließlich »darauf hingewiesen, daß, falls er sich zu unrecht behandelt fühlt, er sich an die Schwedische Partei zu wenden hätte, um dort eine Klärung seiner Angelegenheiten zu erlangen«, und sein Desinteresse an einer weiteren Korrespondenz mitgeteilt.[34]

Schon im Januar 1947 hatte die SED eine Untersuchung gegen Sager eingeleitet. Trotz verschiedener positiver Aussagen ehemaliger Emigranten[35] sorgten die Sicherheitsorgane der SBZ dafür, daß der stellvertretende Polizeipräsident nicht aus den Augen gelassen wurde; die Hallenser Genossen hatten »in vorsichtiger Form zu prüfen«, ob Sager »Verbindung mit einem Wehner, Hamburg, Wagner, Westen, und Siggi Neumann, teils Westen, teils Berlin, hat«. Neumann war ab 1. Juli 1947 als Leiter des Ost-Büros der SPD vorgesehen,[36] dessen Aufbau Wehner seit 1947 aktiv begleitete; sein Wissen und seine Erfahrung sollten eine Infiltration durch die SED verhindern helfen. Ost-Berlin drängte Ende März 1947 auf »sofortige Erledigung des Auftrages in Sachen Sager«[37]. Einen Monat später zeigte die Überwachung »Ergebnisse«; Sager habe »tatsächlich über eine Frau Verbindung [...] nach Lübeck und Köln« und werde »weiter beobachtet«. Am 8. Mai 1947 verlor Sager auf Veranlassung sowjetischer Stellen, die im Sicherheitsapparat und auch sonst die Kaderoberhoheit hatten, sein Amt als stellvertretender Polizeipräsident. Als interne Begründung galten Reibereien zwischen ihm und dem dortigen Vertreter der Sowjets.[38] Sager durfte zwar in untergeordneter Position bei der Polizei bleiben,[39] aber erneut war ein Zweifler an Wehners »Verrat« diszipliniert. Gleichwohl war es Mewis noch immer nicht gelungen, seinen Platz im Zentralkomitee zurückzuerhalten; bei der Aufstellung der Kandidatenliste für den 2. Parteitag war er wieder gestrichen worden.[40]

Herbert Wehner war ein stiller Arbeiter und zäher Kämpfer geblieben. Ende November waren die Aufenthaltsformalitäten und die Versorgung mit Lebensmittelkarten zwar geklärt, doch fehlte den Remigranten eine Wohnung; sie saßen weiter bei Wagners in einem kleinen unbeheizten Raum. Wehner klagte, daß er auch nach fast zwei Monaten in Deutschland noch nicht mehr habe leisten können »als Gelegenheitsarbeiten«. Der größte Teil der Zeit vergehe »unter Anstrengungen, die elementaren Lebensbedingungen zu sichern«[41]. Nach langen Mühen erhielten er und seine Frau in der Hansestadt endlich eine schöne Etagenwohnung zugewiesen, doch besaßen sie kaum Möbel und Hausrat.[42] Andere Probleme quälten die Rückkehrer aber weit mehr. Besonders Lotte Burmester litt unter der Verständnislosigkeit, ja Feindseligkeit, die man in Deutschland den politischen Remigranten und besonders den Ex-Kommunisten entgegenbrachte. Persönliche Kontakte blieben für die Familie selten. In einem Brief vom 15. Dezember 1946 klagte Wehner darüber, wie schwer es sei, »ein wenig Wärme« zu finden: »Auch ich, der ich bisher stets um die Weihnachtszeit mich wie ein Kind gefühlt habe, fühle nun eine Leere, die mich traurig macht. Das ist wohl hauptsächlich darauf zurückzuführen, daß wir hier inmitten der vielen Leute doch noch ganz allein sind. Und dies Alleinsein ist anders als beispielsweise das in der Gefängniszelle oder in der Illegalität.«[43]

Wehners Abkehr vom Kommunismus geschah nicht an einem Tag; sie vollzog sich vielmehr als langjähriger Prozeß der Besinnung und Selbstüberzeugung. Dabei halfen ihm Freunde und vor allem Bücher. Zu Wehners Lieblingszitaten aus Lessings Schriften gehörte: »Nicht die Wahrheit, in deren Besitz irgendein Mensch ist oder zu sein vermeinet, sondern die aufrichtige Mühe, die er aufgewandt hat, hinter die Wahrheit zu kommen, macht den Wert des Menschen.«[44] Für Gerhard Beier, Freund und Kenner Wehners, wird die Nahtstelle zwischen dem alten und dem neuen Wehner am deutlichsten dort sichtbar, wo Wehner im Vorwort zu Gunnar Dahlbergs Buch »Die zukünftige Gesellschaft« noch einmal die Kernsätze aus Marx' Vorwort

»Zur Kritik der politischen Ökonomie« zitierte, den Bogen zur Situation des Jahres 1947 zog und Dahlberg bescheinigte, »den Nachweis der Notwendigkeit und Möglichkeit einer sozialistischen Umgestaltung mit den Mitteln zielbewußter Reformen« geführt zu haben, deren Initiatoren und Träger die »breiten Schichten« sein müßten, die »unter der politischen Führung der Sozialdemokratie im Rahmen des demokratischen Staates um Einfluß ringen«. »Diese Reformen sind«, so Wehner weiter, »im Zusammenhang der gesellschaftlichen Entwicklung gesehen, Schritte einer großen und umfassenden Revolution, von deren Durchführung alles andere abhängt.«[45] Auch die Rückbesinnung auf den christlichen Glauben half Wehner bei seinem Wandel. Dem Marxismus brauchte Wehner als Sozialdemokrat nicht abzuschwören, schon gar nicht unter Kurt Schumacher; den Stalinismus aber, dessen wahres Wesen er unter Schmerzen immer deutlicher erkannte, verabscheute er aus tiefstem Herzen. Die Idee der Menschenrechte, die von Stalin mit Füßen getreten wurde, das Erleben der schwedischen Demokratie, die Gespräche mit Freunden – alles das hatte zu seinem Wandel beigetragen.

In Ost-Berlin startete Franz Dahlem Mitte August 1947 eine neue Offensive in Sachen Wehner. Der Abteilung Personalpolitik schlug er vor, jemanden zu beauftragen »auszuarbeiten, warum Wehner aus der KPD ausgeschlossen wurde«. Er mahnte Sorgfalt an: »Das Material muß hieb- und stichfest sein, denn es soll eines Tages veröffentlicht werden.« Er rechnete damit, daß Wehner versuchen würde, sich »mit allen Mitteln zu verteidigen«. Deswegen sei »eine besonders sorgfältige Vorbereitung des Anklagematerials notwendig«[46]. Bruno Haid schien inzwischen ehrlich bemüht, die Angelegenheit Wehner abzuschließen. Zunächst wollte er sich mit Dahlems Mitarbeiterin Grete Keilson über einige Widersprüche in der Sache unterhalten. Er drängte darauf, sowohl den Beschluß vom 6. Juni 1942 über Wehners Parteiausschluß zu beschaffen, als auch zu versuchen, die Prozeßmaterialien aus Schweden anzufordern. Nachdem ersteres gelungen war,[47] schlug Haid im April 1948 vor, Dahlem, der eine Schweden-Reise plante, solle Georg Branting bitten, die in seinem Besitz befindlichen Unterlagen der SED zur Einsichtnahme zu überlassen[48].

Inzwischen hatte sich Wehner zu einem ernstzunehmenden Gegner der SED entwickelt. Auf einem SPD-Parteitag war er scharf gegen die Vereinbarkeit einer Mitgliedschaft in der SPD und bei der Vereinigung der Verfolgten des Naziregimes (VVN) aufgetreten: »Das KZ-Erlebnis und die gemeinsamen Gefahren und Opfer der Illegalität bedeuten für jeden, der sie durchmachte, sehr viel. Aber sie werden heute von der kommunistischen Propaganda heimtückisch und skrupellos zur Bildung einer falschen Legende und eines Mythos ausgenutzt und unsere Leute, die rückwärts sehen, verfangen sich in diesen Erinnerungen und Sentimentalitäten. Sie werden untüchtig, die politischen Versager von heute zu sehen. Das ist aber gerade das, was die Kommunisten wollen. Sie wollen uns ablenken von dem furchtbaren Terror von heute, der einen Vergleich mit dem von gestern und vorgestern durchaus aushält. Indem man die Aufmerksamkeit auf die Henker von gestern lenkt, will man nur die Aufmerksamkeit auf die Mörder von heute ablenken.« Wehner fragte, wie man sich »gemeinsam an einen Tisch mit Leuten setzen [kann], von denen man weiß, daß sie sich jenem verbrecherischen System mit Leib und Seele verschrieben haben?«[49]

Wehner ging jetzt also stärker in die Öffentlichkeit. Westreferentin Else Fugger von der SED-Abteilung Werbung, Presse, Rundfunk, die aus dem KZ Ravensbrück mit der sogenannten Bernadotte-Aktion im April 1945 nach Schweden gelangt war,[50] schrieb Ende Oktober 1948 an die Abteilung Personalpolitik: »Es wäre zu erwägen, ob man nicht durch eine entsprechende Veröffentlichung seine politische Rolle in der Vergangenheit der Öffentlichkeit zur Kenntnis bringen sollte, denn es ist anzunehmen, daß Wehner in der SPD jetzt Karriere machen wird.«[51] Angesichts solcher Pläne waren positive Äußerungen über Wehner – wie die von Viktor Kunze – störend. Als Franz Dahlem 1948 hörte, Kunze komme als ungarischer Handelsattaché nach Berlin, forderte er Ende Oktober die SED-»Abwehr« auf, den Fall zu überprüfen.[52] Dahlems Bemühungen veranlaßten schließlich den ungarischen Repräsentanten in Berlin, dem Zentralkomitee der ungarischen KP mitzuteilen, daß Kunze in Stockholm einer parteifeindlichen Gruppe angehört habe, woraufhin Kunze sofort aus Berlin zurückgezogen und in die Mühlen der stalinistischen Nachkriegsprozesse geriet.[53] Alfred Drögemüller, der für Kunzes Wiedereintritt in die KPD verantwortlich war, bekam im Mai 1949 ebenfalls Schwierigkeiten mit der Partei. Wahrscheinlich bestand kein direkter Zusammenhang mit dem Fall Wehner, aber die Ursachen der stalinistischen Verhaftungswillkür klären zu wollen, ist ein schier unmögliches Unterfangen. Immerhin ist vorstellbar, daß Drögemüller, von Wehners Parteiverrat nicht überzeugt, bestimmte Maßnahmen gegen ihn in seinem Hamburger Verantwortungsbereich nicht unterstützt oder sabotiert hatte, denn in Hamburg war eines Tages ein ehemaliger Mitinternierter Wehners aus Smedsbo, der dreißigjährige Wehrmachtsdeserteur Hans Oberpichler, aufgefallen, bei dem die Polizei Messer und Pistole fand, mit denen er nach eigener Aussage Wehner ermorden wollte.[54] Über einen befreundeten Hamburger Kriminalbeamten erfuhr Wehner von weiteren Anschlägen und vorgetäuschten Unfällen. Die Polizei mußte schließlich Maßnahmen zu seinem Schutz ergreifen.[55] Eine Bestätigung für eine Beteiligung Ost-Berlins an den Attentatsversuchen gegen Wehner konnte in den SED-Archiven bisher nicht gefunden werden; auszuschließen ist diese Annahme aber nicht.

Mit der Gründung der beiden deutschen Staaten 1949 gelangte Herbert Wehner über seinen Einfluß in der SPD hinaus in eine weithin sichtbare Machtposition. Als Vorsitzender des Bundestagsausschusses für Gesamtdeutsche Fragen wurde er bald zu einem Antipoden der SED. Aber auch sein Gegenspieler aus KPD-Tagen, Walter Ulbricht, hatte seine Machtposition in der SED weiter ausgebaut. Doch das Schicksal der Anti-Wehner-Konspiranten war keineswegs einheitlich. Zunächst sah es so aus, als seien sie in der SED-Nomenklatura auf dem Vormarsch.

Karl Mewis, im April 1949 in Berlin noch Leiter der Abteilung Parteischulung, sollte auf Ulbrichts Geheiß nach Sachsen verschwinden. Erich Glückauf hingegen holte das Politbüro im Mai in die unter Franz Dahlems Leitung neu gebildete Westkommission. Mit Rückendeckung von Wilhelm Pieck schickte Kaderchef Dahlem Mewis anstelle von Glückauf jedoch zurück nach Schwerin,[56] von wo aus Mewis 1951 auch die Vollmitgliedschaft im Zentralkomitee erhielt und zu einer zweiten Parteikarriere ansetzen konnte. Walter Ulbricht wird es übel aufgestoßen sein, daß Dahlem sich hinter dem Rücken seinen Plänen widersetzt hatte; dessen gewaltige Arbeitsaufgaben auf internationalem Gebiet vorschützend, nahm ihm Ulbricht im Herbst 1949 die Verantwortung für Kaderfragen ab und unterstellte diesen wichtigen Bereich sich selbst.[57]

Richard Stahlmann leitete seit September 1948 die Abteilung Verkehr in der SED-Hauptabteilung Organisation, wo er sich wieder »technischen Fragen«, diesmal in der Westarbeit, widmen konnte.[58] Herbert Warnke hatte 1948 die Leitung der Einheitsgewerkschaft FDGB übernommen und wurde im Januar 1949 zusammen mit Kurt Vieweg in den SED-Parteivorstand kooptiert. Sepp Miller, seit 1946 Hauptreferent der Abteilung Personalpolitik, war ab 1949 deren Leiter. Paul Verner, der sich in der Wehner-Sache zurückgehalten hatte, war unbelastet von den Ränken auf der Stufenleiter des Erfolgs an Mewis vorbeigezogen. Zunächst Mitglied des Zentralrats der FDJ und Abteilungsleiter für Jugendfragen im Parteiapparat, übernahm er nach der Ersten Parteikonferenz im Januar 1949 die einflußreiche Organisationsabteilung der SED. 1950 zog er ins Zentralkomitee und dessen Sekretariat ein und gehörte dem Deutschen Volksrat, dann der Volkskammer an. Mit dieser Ämterhäufung war er der einflußreichste Schweden-Remigrant geworden.[59] Auch Willy Langrock blieb trotz seiner ursprünglichen Wehner-Sympathien in Amt und Würden; im August 1949 erhielt er die Leitung einer Hauptabteilung in der Deutschen Wirtschaftskommission.[60]

Einige Vertreter der gegen Wehner gerichteten Konspiration

wurden jedoch bald selbst Opfer der Parteiränke, denn Moskau hatte zur Jagd auf Westemigranten geblasen. Obwohl das skandinavische und vor allem das schwedische Exil nach Stalins plötzlichem Tod nicht mehr systematischer Verfolgung ausgesetzt war, mußten viele Remigranten Funktionsverlust und Repression hinnehmen. Die Zusammensetzung der zwölfköpfigen Untersuchungskommission[61], der unter Leitung von Walter Ulbricht auch Mewis-Förderer Hermann Matern, Politbüromitglied und Vorsitzender der Zentralen Parteikontrollkommission, und Paul Verner angehörten, wird hinsichtlich des Exils in Skandinavien beruhigend gewirkt haben. Richard Stahlmanns Zuverlässigkeit stand außer Frage, war er doch für sowjetische Organe tätig gewesen, bei denen man besser nicht nachfragte. Stahlmann war nun am Aufbau einer Spionageorganisation für die DDR beteiligt, deren erster Leiter er 1951 werden sollte. Mit dem Aufbau des Außenpolitischen Nachrichtendienstes, dem Vorgänger der Hauptverwaltung Aufklärung, war von sowjetischer Seite Andrej Grauer beauftragt worden.[62] Grauer dürfte ebensowenig wie Wladimir Semjonow, Politischer Berater des Vorsitzenden der Sowjetischen Kontrollkommission und bald Hoher Kommissar, an einer zu genauen Durchleuchtung der Vorgänge in Schweden interessiert gewesen sein, was vielleicht auch eine Erklärung für die moderate Untersuchung des KPD-Exils in Schweden darstellt.

Anders als Stahlmann traf Mewis 1952/53 harte Kritik, die aber nicht seiner Vergangenheit, sondern seiner aktuellen Tätigkeit galt.[63] Zwei Jahre später, Mewis hatte sich inzwischen von der kranken Tochter des gestürzten Dahlem getrennt, war alles vergessen und seine Position gefestigt. Viele kamen aber nicht so gut davon: Paul Peschke, in der ersten DDR-Regierung Staatssekretär im Ministerium für Arbeit und Gesundheitswesen, hatte sich schon im April 1950 das Mißtrauen der SED-Führung zugezogen; bei der Regierungsumbildung im Dezember 1950 wurde er nicht wieder auf die Liste der Regierungsmitglieder gesetzt und auf den Posten des Direktors für Sozialversicherung abgeschoben.[64] Sein alter Kontrahent

Herbert Warnke nutzte nach dem 17. Juni 1953 die Gunst der Stunde, ihn für ein Jahr kaltzustellen. Schließlich fand man für Peschke einen Posten beim Ausschuß für Deutsche Einheit.[65] Sepp Miller wurde 1952 als wissenschaftlicher Mitarbeiter ins Museum für deutsche Geschichte verbannt.[66] Franz Dahlem traf es am härtesten. Mit demselben Vorwurf, der ihm schon in Moskau – und nicht zuletzt von Wehner – gemacht worden war, nämlich »politische Blindheit« im französischen Exil, hätte er 1953 leicht ein zweiter Slansky werden können.[67] Von allen in die Wehner-Sache Involvierten mußte Alfred Drögemüller, seit 1948 Chefredakteur von *Wissen und Tat,* der theoretischen Monatszeitschrift der KPD, am meisten erdulden. Die willkürlichen Anschuldigungen gegen ihn wurden offiziell im Februar 1951 zurückgenommen, doch noch im selben Monat schleppte ihn Richard Stahlmann, der seinem Ruf als »Techniker« und Apparatemann treu geblieben war, in ein Stasi-Gefängnis, aus dem Drögemüller erst wieder im September 1953 herauskommen sollte. Man warf ihm vor, Verbindungsmann einer trotzkistischen Fraktion zu Siggi Neumann und Margarete Buber-Neumann zu sein und für den britischen Geheimdienst zu arbeiten.[68]

Gustav Endres, der in Schweden eine Aktion zur Befreiung Herbert Wehners durchgeführt hatte, bekam Schwierigkeiten anderer Art. Nach seiner Rückkehr in die SBZ im April 1946 hatte die Partei ihn in seine Heimat nach Saarbrücken zurückgeschickt, wo er Ende 1950 den Auftrag erhielt, für die SED einen Grenzapparat aufzubauen. Dieser fiel in die Kompetenz von Richard Stahlmann. Im Dezember 1951 hatte auch Endres über sein Verhältnis zu Wehner berichten müssen. Seine Schilderung[69] muß in Berlin Befremden ausgelöst haben, und als ihm im März 1952 die Schleusung zweier griechischer Kommunisten mißlang, mußte er in Berlin Rapport erstatten. Dabei nutzte man die Gelegenheit, ihn in Sachen schwedischer Emigration und Herbert Wehner zu befragen. Erich Mielke, der starke Mann im Ministerium für Staatssicherheit, erließ am 18. Juli 1952 gegen Endres sogar Haftbefehl, doch als sich in zermürbenden Verhören zeigte, daß seine Aussagen über die Aktivitäten zur Befreiung Wehners für einige hohe SED-Funktionäre peinlich werden könnten, wurde Endres am 5. August 1952, nachdem er »Selbstkritik« geübt hatte, entlassen.[70]

Zu den betroffenen prominenten Skandinavien-Remigranten gehörte auch der Landwirtschaftsexperte und ZK-Sekretär Kurt Vieweg. An seinem Fall rollte die Zentrale Parteikontrollkommission (ZPKK) im Juni 1952 die Frage des nordischen Exils erneut auf. Nach einer ersten Befragungsrunde ehemaliger Nordeuropa-Emigranten, darunter Erich Glückauf und Paul Werther, wurden »belastende Momente« gegen Vieweg zusammengetragen. Sein freundschaftliches Verhältnis zu Kurt Adam und eine Eigenständigkeit bei der Flucht von Dänemark nach Schweden 1943 bekamen nun großes Gewicht.[71] In einem Verhör Anfang Juli 1952 betonte Vieweg, nur »bis zur Diskussion [...] in Bezug auf Wehner« zu Adam gestanden zu haben.[72] Doch Vieweg blieb nun trotz aller Beteuerungen und Erklärungen verdächtig; die ZPKK stellte deshalb bald mit Befriedigung fest, daß das Ministerium für Staatssicherheit »alle Sicherungsmaßnahmen eingeleitet hat, um eine Flucht Viewegs nach dem Westen zu verhindern«[73]. In einem ausführlichen Lebenslauf mußte Vieweg zu den Auseinandersetzungen mit Wehner in Borås Stellung beziehen.[74] Glückauf, daraufhin ein zweites Mal in Sachen Vieweg befragt, regte die ZPKK zur Überprüfung des Verhältnisses zwischen Wehner und Vieweg, besonders nach Wehners Ausschluß, an.[75] Schließlich blieb das Verdikt der ZPKK gegen den Agrarspezialisten Kurt Vieweg zweideutig. Eine Ursache dafür mag dessen engagierte Zusammenarbeit mit dem Außenpolitischen Nachrichtendienst gewesen sein. Als Ergebnis der ZPKK-Untersuchungen verlor Vieweg zunächst alle Funktionen; im April 1953 stimmte das Sekretariat des ZK jedoch seinem Einsatz als Leiter des zu gründenden ökonomischen Instituts der Akademie der Landwirtschaftswissenschaften zu.[76]

Herbert Wehner war zu einem der wichtigsten Gegner der SED geworden. An seinem Bruch mit der kommunistischen

Bewegung konnte es seit seiner Rückkehr nach Deutschland keinen Zweifel mehr geben. Ost-Berlin reagierte mit wiederholten Attacken gegen seine Person. Unter diesen Voraussetzungen hatten diejenigen, die in Schweden auf Wehners Seite und gegen Mewis gestanden hatten, keine Chance. Langrocks Stellungnahme wurde ignoriert, andere Zweifler an der Verratsbehauptung aus dem politischen Leben gedrängt und verfolgt. Schließlich fielen den Parteisäuberungen um 1950 sowohl ehemalige Wehner-Freunde wie Wehner-Feinde zum Opfer. Nicht Dahlem, sondern Karl Mewis bewies hier jedoch seine Fähigkeit, sich verändernden Bedingungen anzupassen. Der größte Verleumder Wehners ging gestärkt aus allen Säuberungsaktionen hervor.

Die Akte Wehner in Ost-Berlin

Die Kaderabteilung der SED sammelte unter der Kartei-Nummer 555 771 alle verfügbaren Informationen über Wehner. Sie dokumentierte sein Verhalten in Schweden nach dem (geheimen) Parteiausschluß 1942 ebenso wie nach seiner Rückkehr nach Deutschland 1946. Im SED-Archiv gingen die Materialien in eine sogenannte v-Akte – »v« stand für verstorben – ein, wie sie über alle bedeutenden Funktionäre und interessanten Persönlichkeiten angelegt wurde. Sie umfaßt neben Abschriften seiner Artikel für die Kominternpresse aus den Jahren 1938 bis 1940 Berichte über die Schweden-Zeit, seine Ankunft in Hamburg und reicht bis zum Ende der fünfziger Jahre. Hier finden sich auch alle von Dahlem initiierten Berichte; auf diese Sammlung konnte zurückgegriffen werden, wenn den Parteioberen eine Anti-Wehner-Kampagne an der Zeit dünkte.[1] In der Registratur der Kaderabteilung wurde eine zweite, nahezu identische Materialsammlung angelegt. Später sollten zwei Bände mit den schwedischen Prozeßmaterialien in den KPD-Bestand des Parteiarchivs sowie eine vierbändige Materialsammlung aus den sechziger Jahren in den internen Bestand »Büro Ulbricht« kommen.[2] Erich Mielke wurde im Februar 1990 zu einem Koffer mit Akten auch zu Herbert Wehner befragt, gab aber vor, darüber nichts zu wissen;[3] inzwischen sind größere Aktenbestände im ehemaligen MfS-Archiv aufgetaucht, die auch eine Materialsammlung zur Verleumdung Wehners enthalten. Nicht zuletzt die schwedischen Akten spielten hier eine große Rolle.[4] Auch in der Bundesrepublik geisterten und geistern Wehner-Akten herum, die den SPD-Politiker angeblich schwer belasten: 1958 wurden sieben Aktenordner mit Material über Wehners Schweden-Aufenthalt aus dem Ost-Büro der SPD entfernt, die bis heute nicht wieder aufgetaucht sind.[5] Jüngst erst wurde in einem Wochenmagazin Abenteuerliches aus diesem Bestand zitiert.[6]

Als erstes Resultat der zielgerichteten Auswertung der Akte Wehner in Ost-Berlin veröffentlichte das SED-Zentralorgan *Neues Deutschland* am 12. Oktober 1950 den Artikel »Der Lakai McCloys – Herbert Wehner«. Aus dem ursprünglichen Entwurf waren nicht nur konkrete Fakten, die Rückschlüsse auf die damalige Arbeit der KPD erlaubten, sondern auch einige scharfe Formulierungen getilgt. Zur angeblichen Reaktion Wehners auf den Auftrag, nach Deutschland zu gehen, hatte man ursprünglich Stahlmann zitiert: »Als Wehner diese Aufforderung mitgeteilt wurde, verzerrte sich sein Gesicht zu einer Fratze und er wurde aschfahl.« In der publizierten Fassung hieß es kurz: »Wehner lehnte das ab.« Getilgt wurde auch die Tatsache, daß Wehner gegenüber der schwedischen Polizei zunächst geschwiegen hatte. In der Urfassung war das im Sinne der Behauptung Glückaufs begründet, dies hätte ihn »vor der Partei, in der er im Auftrage des englischen Geheimdienstes noch eine zersetzende Rolle spielen sollte, entlarvt«[7].

Ulbricht hatte sich, wie der ehemalige DDR-Spionagechef Markus Wolf berichtet, die Idee zu eigen gemacht, Wehner sei englischer Spion. Dafür hatte es mehrere, in Ost-Berlin begierig aufgegriffene Anhaltspunkte gegeben, nicht zuletzt Wehners Zuzugsgenehmigung nach Hamburg 1946. Im Frühjahr 1951 erhielt dieses Gerücht neue Nahrung: Wehner war die Einreise nach Schweden verweigert worden. Man munkelte, dies sei mit der Begründung geschehen, er sei als Agent des Intelligence Service unerwünscht. Tatsächlich galt in Schweden für Wehner immer noch die Ausweisung vom Juli 1943. Im März 1952 wandte sich der schwedische Botschafter in Bonn, Ragnar Kumlin, in dieser Angelegenheit an sein Außenministerium. Unter Hinweis auf die herausragende Position Wehners sowohl in der SPD als auch im Bundestag schien es Kumlin angeraten, die Ausweisung aufzuheben. Den Prozeß von 1942, in dem Kumlins Expertenurteil eine wichtige Rolle gespielt hatte, stellte er nicht in Frage, meinte aber, daß seit der Verurteilung wegen Spionage zehn Jahre ins Land gegangen seien und Wehners Arbeit sich damals nicht gegen Schweden gerichtet habe.

Außenminister Östen Undén stimmte der Aufhebung zu, die am 4. April 1952 Rechtskraft erhielt.[8]

Im Februar 1953 organisierte die damals noch im Bundestag vertretene KPD eine Kampagne gegen Wehner. Der Kommunist Oskar Müller behauptete, Wehner sei 1942 nicht wegen politischer Differenzen aus der KPD ausgeschlossen worden, sondern wegen ehrenrührigen Verhaltens. Gegen den Ordnungsruf des Bundestags-Vizepräsidenten Carlo Schmid verwahrte sich Müller in einem Schreiben an Bundestagspräsident Hermann Ehlers und wiederholte öffentlich die Verratsbehauptung, wobei er sich auf Georg Branting berief.[9] Die Kommunisten waren aber nicht die einzigen, die gegen den Konvertiten wühlten; Skepsis herrschte auch in den Reihen der SPD. Kurt Schumacher hatte 1948/49 den Leiter des Ostbüros, Stephan Thomas, zu Recherchen nach Stockholm geschickt.[10] Thomas brachte die besagten sieben Aktenordner, wahrscheinlich das gesamte Wehner-Dossier der Sicherheitspolizei, nach Deutschland. Ende 1952 veröffentlichte der mit Spionage vertraute Ex-Kommunist Per Meurling in Stockholm eine Darstellung über »Spionage und Sabotage in Schweden«, die dem »Fall Wehner« zehn Seiten widmete. Meurling konnte sich auf die Prozeßakten stützen und machte das Polizeifoto des nunmehrigen SPD-Funktionärs in der Öffentlichkeit bekannt.[11]

Offenbar gelangte das Material Thomas' oder Meurlings – vielleicht auch beider Unterlagen – in die Hände Adenauers, der »einigen sozialdemokratischen Politikern gegenüber von der Existenz eines ›Dossiers‹ aus Schweden« sprach, Wehner aber keine Gelegenheit zur Äußerung geben wollte, auch nicht, nachdem Ollenhauer dem Bundeskanzler dies nahegelegt hatte.[12] Wehner wollte Aufsehen nach Möglichkeit vermeiden und sandte Adenauer Mitte Oktober 1953 eine schriftliche Stellungnahme, in der er versicherte, daß die sozialdemokratische Opposition gegen die Bundesregierung »eine natürliche Grenze habe, nämlich die Linie, deren Überschreiten Kollaboration mit den sowjetzonalen Blockparteien bedeuten würde oder zur Folge hätte«. Wehner lehnte »jede Berührung mit oder Beziehung zu sowjetischen Stellen oder Personen« ab. Eine Politik der Wiedervereinigung Deutschlands in Freiheit schließe ein, »daß alles getan und gefördert wird, was bolschewistischer Unterminierung, Zersetzung und Verlockung entgegenwirken kann und sie schließlich unschädlich machen wird«. »Ich hätte es dankbar begrüßt«, so Wehner weiter, »wenn Sie dem durch solche Fälschungen zu Unrecht Verleumdeten Gelegenheit gegeben hätten, sich Ihnen gegenüber zur Sache zu äußern, und wenn dadurch hätte vermieden werden können, daß verleumderische Gerüchte unter Berufung auf Mitteilungen Ihrer Umgebung eine Rolle spielen konnten.«[13] Adenauer ließ das Schreiben unbeantwortet.

Im Mai 1955 traten die Pariser Verträge in Kraft. Dem NATO-Beitritt der Bundesrepublik folgte die Bildung des Warschauer Paktes, zu dessen Gründungsmitgliedern auch die DDR gehörte. Trotz der Mitgliedschaft der beiden deutschen Staaten in sich feindlich gegenüberstehenden Militärpakten war es in Ost und West keineswegs allgemeine Überzeugung, daß die Chance zur Wiedervereinigung endgültig vertan sei. Im SED-Politbüro glaubten zum Beispiel Kaderchef Karl Schirdewan und Stasiminister Ernst Wollweber weiter an die Möglichkeit der Wiedervereinigung Deutschlands auf der Basis der militärischen Neutralität. Sie konnten sich dabei auf Verbündete auf sowjetischer Seite stützen, etwa auf Wladimir S. Semjonow, der als Spiritus rector des Staatsvertrages mit Österreich galt und nun ähnliche Überlegungen für die Lösung der deutschen Frage anstellte. Doch die offensichtliche Uneinigkeit in Moskau über die Deutschlandpolitik führte zu einer Vielzahl von Geheimverhandlungen, die zum Teil auch zwischen den beiden deutschen Staaten liefen; ein Beispiel dafür waren die inoffiziellen Gespräche von Bundesfinanzminister Fritz Schäffer im Juni 1955 in Ost-Berlin.[14]

Das Klima für solche Kontakte wurde durch eine entscheidende Zäsur in der Geschichte der kommunistischen Bewegung gefördert. Völlig überraschend brach der sowjetische Parteichef auf dem XX. KPdSU-Parteitag im Februar 1956 mit dem

Stalinismus. Neben der Abrechnung mit dem Personenkult hatte die Kursänderung in der Außenpolitik in Richtung Entspannung und friedliche Koexistenz weitreichende Folgen. Vor allem galt das für Chruschtschows Forderung, die Spaltung der Arbeiterklasse zu überwinden und das Verhältnis zur Sozialdemokratie zu verbessern. Für Ulbricht war der XX. Parteitag eine routinemäßige Hürde, wie er schon so viele erfolgreich genommen hatte. In der SED gab es aber auch kritischen Geist. Reformbereite Kommunisten um Schirdewan und Wollweber begrüßten den Moskauer Kurs. Schirdewan drängte den sowjetischen Parteichef, Ulbricht fallenzulassen. Doch Chruschtschow war selbst von restaurativen Kräften bedrängt und mußte Erschütterungen unbedingt vermeiden. Daß seine Sympathien bei Schirdewan lagen, stand außer Zweifel. Unter dieser Voraussetzung konnten die Reformer in der SED auf breite Unterstützung rechnen: etwa durch den stellvertretenden Ministerpräsidenten Fritz Selbmann, den Chefideologen Fred Oelßner, die ZK-Sekretäre Gerhart Ziller, Paul Wandel und durch den Minister für Staatssicherheit, Ernst Wollweber; sie alle hatte Ulbricht mit seiner ewigen Besserwisserei gegen sich aufgebracht.

Der Opposition ging es aber nicht nur um personelle Veränderungen, sondern um Reformen auf allen Gebieten.[15] Eine Politik, die im wesentlichen auf Entstalinisierung und auf eine Verlangsamung des Tempos des sozialistischen Aufbaus hinauslief, sollte in Deutschland der Entspannung den Weg ebnen. Das schloß Zugeständnisse in den Beziehungen zur Bundesrepublik ein. Die Gruppe um Schirdewan und Wollweber war bereit, den Konföderationsgedanken und die damit verbundenen Vorschläge Schäffers aufzugreifen und als Vorstufe zu freien Wahlen für ein Jahr eine freie politische Agitation zuzulassen. Angesichts solcher Entwicklungen hielt sie Ausschau nach neuen Bündnispartnern. Namentlich das Verhältnis zur SPD sollte besser werden. Dabei konnte sie sich auf Chruschtschows Forderung nach Überwindung der Spaltung der Arbeiterklasse als allgemeine Direktive Moskaus berufen. Kurzzeitig wurden die unsachlichen Angriffe gegen die SPD-Führung eingestellt. Schon im Vorfeld des NATO-Beitritts der Bundesrepublik hatte die SED-Spitze in bestimmten Fragen weitgehende Übereinstimmung mit der SPD-Führung registriert und mit entsprechenden Vorschlägen reagiert.[16] Die SED-Oberen zeigten sich zahm und versuchten sich in konzilianten Gesprächsangeboten. Besondere Aufmerksamkeit fand ein bisher zum Feind Nummer eins stilisiertes SPD-Vorstandsmitglied – Herbert Wehner.

Zu dem wahrscheinlich ersten Treffen mit Wehner war es im Juli 1955 am Rande der Genfer Außenministerkonferenz gekommen; Wehners Gesprächspartner war der gleichaltrige Wilhelm Girnus, seit 1953 Sekretär des Ausschusses für deutsche Einheit. Für eine Fortsetzung des Gesprächs schlug die SED die West-Berliner Wohnung von Propst Heinrich Grüber vor, der seit 1949 Vertreter der Evangelischen Kirche in Deutschland bei der Regierung der DDR war.[17] Zu einem wichtigen Emissär Ost-Berlins in Sachen Wehner wurde damals auch Ernst Hansch, seit 1953 Chefredakteur der beliebten, scheinbar unpolitischen *BZ am Abend,* der zugleich Geheimer Mitarbeiter der MfS-Hauptverwaltung Aufklärung war. Der 1914 geborene Hansch hatte seit 1944 in Holland der KPD-Emi-Leitung angehört, war nach dem Einmarsch der deutschen Truppen von der Gestapo verhaftet und zu umfangreichen Aussagen gezwungen worden; aus dem Strafbataillon 999 gelang ihm in Griechenland die Flucht. Über Moskau nach Deutschland zurückgekehrt, avancierte er 1948 zum Leiter der Pressestelle der Vereinigung der gegenseitigen Bauernhilfe (VdgB), die zur Massenorganisation der Genossenschaftsbauern werden sollte. In dieser Funktion war er gemeinsam mit dem VdgB-Generalsekretär Kurt Vieweg Markus Wolf zu Diensten.[18] Hansch verschaffte sich nun mit der Bitte um ein Interview Zugang zu Wehner. Ohne seinen Parteivorstand zu informieren und im Prinzip gegen das Kontaktverbot verstoßend, empfing Wehner den »Journalisten«, wartete später jedoch vergeblich auf die Publikation seiner Äußerungen.[19]

Wohlwollend verfolgte die SED-Führung in dieser Phase Wehners Prestigegewinn in der SPD und seine Bemühungen in der Deutschland-Politik, die von der Erkenntnis getragen schienen, daß die Lösung der deutschen Frage eine Angelegenheit der Deutschen sein müßte – ein auch in der damaligen sowjetischen Politik opportuner Gedanke. Wehner gehe in seinen Formulierungen »immer bis an die Grenze des Erlaubten«, stellte Ost-Berlin anerkennend fest.[20] Und Wehner signalisierte weitere Gesprächsbereitschaft: Eine polnische Journalistin ließ er wissen, er sei »nicht der Meinung mancher anderer SPD-Leute, daß man nicht mit Ulbricht sprechen sollte, denn ob Ulbricht oder nicht Ulbricht, das sei die Sache der SED«. Er meine, es sei »für die SPD notwendig, mit der SED irgendwie ins Gespräch zu kommen«. Natürlich erreichte diese Nachricht Ulbricht.[21]

Neben humanitären Erwägungen leitete Wehner bei solchen Aktionen der Wunsch, den von Ulbricht verzögerten Entstalinisierungsprozeß voranzutreiben. Mit den kommunistisch-stalinistischen Doktrinen bestens vertraut, glaubte er den Beginn einer inneren Zersetzung des kommunistischen Systems feststellen zu können. Um diese Entwicklung zu befördern, redete er einer Stärkung des Sozialismus durch »Demokratisierung« und »Liberalisierung« das Wort – eine Rhetorik, die in der Bundesrepublik Befremden auslösen mußte. Im Mai 1956 hatte Wehner überraschend dem jugoslawischen Staatspräsidenten und Altkommunisten Josip Broz Tito einen Besuch abgestattet, der übrigens mit Richard Stahlmann befreundet war.[22] Wehner bemühte sich auch um ein Gespräch mit Albert Norden, der als SED-Chefideologe Zeichen der Verständigung mit der SPD gesetzt hatte. Doch Ulbricht betraute den ZPKK-Vorsitzenden Hermann Matern mit dieser heiklen Aufgabe.[23]

Wehners Bestreben in dieser international komplizierten Situation war es, den Ostdeutschen eine blutige Entwicklung, wie sie die Ungarn erlebten, zu ersparen. Doch Matern wagte sich nicht nach West-Berlin und schickte Girnus und Hansch vor; Girnus schrieb in seinem anschließenden Bericht für Ulbricht, er und Hansch hätten das Treffen »auf Veranlassung« von HVA-Chef Markus Wolf wahrgenommen. Das Gespräch fand auf Wehners Zimmer im Hotel »Savigny« in Berlin-Charlottenburg statt. Nach Girnus' Bericht war Wehner der ostdeutschen Seite bewußt entgegengekommen und hatte bemerkt, daß man jetzt verhindern müsse, »daß die Ereignisse in Ungarn dazu mißbraucht würden, um die Situation zu verschlechtern«. Auch soll er Franz Josef Strauß einen »äußerst gefährlichen Mann« genannt haben. Doch Wehners Ziel, ein Gespräch mit Matern, war nicht zu erreichen; dessen Vorschlag, sich in Ost-Berlin zu treffen, mußte Wehner wie Hohn erscheinen. Er begründete seine Ablehnung denn auch mit den feindlichen Aktionen gegen ihn, angefangen von den physischen Bedrohungen in Hamburg um 1950 bis zu den letzten Kampagnen in der DDR-Presse. Besonders entrüstete sich Wehner gegenüber Girnus und Hansch, daß man ihn öffentlich des Verrats von Antifaschisten beschuldigt habe und er am Tod Jakob Welters schuld sein solle. Erst kürzlich habe er im Saargebiet die Folgen dieser Verleumdungen unangenehm zu spüren bekommen. Es werde die Zeit kommen, wo man in aller Öffentlichkeit darüber sprechen werde, kündigte er an; er habe nichts zu befürchten und sei bereit, über seine ganze Vergangenheit zu reden. Wehner wußte, daß Ulbricht diese Drohung verstehen würde. Am Ende des Gesprächs übergab Wehner Namenslisten, darunter eine mit 50 in der DDR inhaftierten SPD-Mitgliedern. Im Gegenzug erbat er eine Liste der in der Bundesrepublik inhaftierten Kommunisten. Dabei versicherte er, der bevorstehende Amnestie-Vorschlag der SPD werde auch alle politischen Vergehen, einschließlich Landesverrat, umfassen. Girnus nahm aus dem Gespräch den Eindruck mit, daß Wehner mit seiner Vergangenheit noch nicht fertig sei und keinen festen inneren Halt in dem politischen Milieu habe, in dem er gegenwärtig lebe. Wehner gehe von der Voraussetzung aus, daß es eines Tages unvermeidlich zu Verhandlungen zwischen Ost und West auch in der Deutschland-Frage kommen werde, und dafür wolle er sich eine »Schlüsselstellung« schaffen, um sich dann vielleicht »in dieser oder jener Weise von der Last seiner Vergangenheit zu befreien«. Doch schränkte Girnus ein, zu einer eindeutigen Beurteilung Wehners habe er nicht gelangen können.[24]

In Anbetracht des Tauwetters in der Sowjetunion griffen in der SED Überlegungen zur »Verbesserung des Sozialismus« immer weiter um sich. Die Oktober-Ereignisse 1956 in Polen und Ungarn hatten die Verwirrung gesteigert, die Intellektuellen opponierten immer offener gegen die Apparateherrschaft. »Revisionistische« Strömungen zeigten sich in der Philosophie zum Beispiel bei Wolfgang Harich und in den Wirtschaftswissenschaften bei Fritz Behrens und Arne Benary, die eine Dezentralisierung und Demokratisierung des Wirtschaftssystems forderten. Darauf zielte auch das Agrarprogramm des Anfang der fünfziger Jahre wegen seiner skandinavischen Emigration als ZK-Sekretär geschaßten Kurt Vieweg. Alle Augen richteten sich auf die Entwicklung in Moskau. Chruschtschow war bei der auf Veränderung hoffenden DDR-Bevölkerung beliebter als in der UdSSR. Befriedigt nahm Ulbricht deshalb im November 1956 die Ernennung Wjatscheslaw M. Molotows zum Minister für Staatskontrolle zur Kenntnis. Die Ulbricht-Getreuen glaubten nach dieser offensichtlichen Stärkung des konservativen KPdSU-Flügels, wieder rigoroser gegen ihre Gegner vorgehen zu können. Am 29. November 1956 wurde die sogenannte Harich-Gruppe verhaftet. Erfolgreich intrigierte im Dezember auch der ZK-Sekretär für Landwirtschaft, Erich Mückenberger, gegen seinen Vorgänger im Amt, Kurt Vieweg.[25] Im Februar 1957, auf der 30. ZK-Tagung, konnte Ulbricht zur »Gegenoffensive« übergehen, wie er es selbst ausdrückte. Mit Erfolg bemühte er sich, jede Diskussion um eine Revision stalinistischer Herrschafts- und Denkstrukturen im Keim zu ersticken. Schirdewans Position war entscheidend erschüttert, als das Plenum verkündete, die Entscheidung der DDR, sich zum Bestandteil des »sozialistischen Lagers« zu erklären, sei unwiderruflich.[26] Über Kurt Vieweg, der politisch den geringsten Rückhalt besaß, konnte Ulbricht bereits ein eindeutiges Verdikt sprechen. Noch im März 1957 schloß die Zentrale Parteikontrollkommission auf ihrer 147. Sitzung, auf der auch über die »Harich-Gruppe« entschieden wurde, Vieweg aus der Partei aus. Er entzog sich dem Kesseltreiben wenige Tage später durch Flucht in den Westen.[27] Der Kontakt zu Wehner wurde aber auch jetzt nicht völlig abgebrochen. Aufgrund eines Presseartikels ließ Ministerpräsident Otto Grotewohl Ende Februar 1957 seinen »Stellvertreter« Ulbricht wissen, es erscheine ihm zweckmäßig, »den Gesprächsversuch von Wehner irgendwie fortzusetzen, damit die sozialdemokratischen Genossen eine Orientierung haben«.[28]

Völlig unvorbereitet traf Wehner eine Kampagne gegen seine Person, die von der schwedischen Presse ausging. *Dagens Nyheter* bezeichnete Wehner in ihrer Ausgabe vom 9. März 1957 als Sowjetspion. Wehner hatte nach seiner Ankündigung, mit der eigenen kommunistischen Vergangenheit an die Öffentlichkeit zu gehen, mit einer Intrige Ulbrichts gerechnet, nicht aber mit »Enthüllungen« aus Schweden. Sofort ging er in die Offensive und erklärte, »niemals für einen Nachrichtendienst der Komintern« gearbeitet, geschweige denn einen geleitet zu haben. In seiner Stockholmer Zeit habe er sich darauf konzentriert, so bald wie möglich in Deutschland seine Widerstandsarbeit gegen das Hitler-Regime wiederaufnehmen zu können. Seine politische Tätigkeit habe vor allem »in der Mitarbeit bei der Herausgabe der in Stockholm erscheinenden deutschsprachigen Wochenschrift ›Die Welt‹« bestanden. Wehner behauptete: »Seit meiner polizeilichen Festnahme in Stockholm bin ich aus jeder Tätigkeit im Rahmen oder in Verbindung mit der Kommunistischen Partei Deutschlands oder einer anderen kommunistischen Partei ausgeschieden. Ich habe es nach meiner Entlassung aus dem schwedischen Internierungslager auch abgelehnt, vor einer Institution der Kommunistischen Partei zu erscheinen oder mit ihr in Unterhandlungen zu treten.« Nach der Entlassung aus dem Internierungslager habe er auf das Ansinnen, für Pieck einen Bericht zu schreiben, erklärt, lediglich bereit zu sein, seine »Erfahrungen bezüglich der Verseuchung kommunistischer Organisationen und Leitungen« zur Kenntnis zu geben; darauf sei aber niemand zurückgekommen. Lediglich in Borås habe er »einmal einigen Personen«, die mit ihm im Lager gewesen waren und von denen einige im selben Betrieb arbeiteten, »einige« seiner Erfahrungen »bezüglich der Verseuchung der illegalen politischen Arbeit der Kommunistischen Partei vorgetragen«.

Von dieser stark geschönten Erklärung ließ sich Hartmut Soell noch 1991 in seiner Biographie über den »jungen Wehner« beeinflussen, als er schrieb, Wehner habe es »auch nach schweren Monaten isolierter Haft in Stockholm [...] offenkundig vermieden, die dann wieder mögliche Nähe zu Schicksalsgefährten zu suchen [...], auch nicht im Internierungslager Smedsbo«[29]. Wehner schloß seine Erklärung resigniert: »Nachdem jahrelang die Nachkriegs-KPD und die Organe der sowjetzonalen SED durch Verleumdung und physische Bedrohung versucht haben, mich zur politischen Kapitulation zu bringen, wird nun offenbar mit dem Mittel der Verleumdung und des Rufmordes von anderer Seite dasselbe versucht.«[30] Die Erklärung sandte er dem Sekretär der Sozialdemokratischen Partei Schwedens (SAP), Sven Aspling, dem schwedischen Botschafter in Bonn, Olof Jödahl, dem SPD-Vorsitzenden Erich Ollenhauer sowie dem Präsidenten des Deutschen Bundestages, Eugen Gerstenmaier. Ihr fügte er seine 1946 in Schweden entstandenen »Notizen« bei sowie den ohne Reaktion gebliebenen Brief an Adenauer von 1953. Der SPD-Vorstand stellte sich hinter Wehner. Ollenhauer bat die schwedische Schwesterpartei um Unterstützung und schickte einen Vertreter zur Schadensbegrenzung nach Stockholm: Peter Blachstein, einen Vertrauten Wehners aus der Zeit in Uppsala, der nun für die SPD im Bundestag saß.[31] Auch hatte Wehner Aspling persönlich um Rat gebeten.[32] Blachstein tat in Stockholm sein Bestes. Wieder in Bonn, dankte er am 28. März der SAP für die »solidarische Hilfe« und bat um weitere Unterstützung; man solle »nichts ungeschehen lassen, was getan werden kann, um Herbert und die Partei vor weiteren Verleumdungen zu schützen«[33].

Als Wehner seine »Notizen« und weitere Dokumente 1957 einem begrenzten Personenkreis zur Verfügung stellte, bekam auch die Stasi »bei einer zuverlässigen Quelle« Gelegenheit, das Material zu fotokopieren. Angesichts der auch in der SED geführten Diskussion über den Personenkult waren Wehners Ausführungen Sprengstoff in den Händen der Ulbricht-Opponenten, die den »Leninschen Parteinormen« wieder Geltung verschaffen wollten. Nach dem Tod Stalins waren sukzessive auch deutsche Emigranten aus den sowjetischen Lagern entlassen worden. Deren Wiedereingliederung in das gesellschaftliche Leben der DDR und in die SED fiel in den Aufgabenbereich von Kaderchef Schirdewan. Durch persönliche Gespräche und schriftliche Berichte wurde ihm immer klarer, daß auch Ulbrichts Hände blutbefleckt waren: Während der großen »Säuberungen« in den dreißiger Jahren hatte der starke Mann der SED in einer Reihe von Fällen Gegner und Rivalen bedenkenlos Stalins Geheimdienst ausgeliefert und sich im Unterschied zu Dimitroff auch nicht für die zahlreichen wahllos eingekerkerten Genossen eingesetzt.[34] Ulbricht mußte sehr daran interessiert sein, alle Hinweise auf die eigene Person zu vertuschen. Deshalb ließ er alle Kopien der »Notizen« einziehen und den Film vernichten. Nur Erich Mielke hatte sich ein Exemplar für sein persönliches Archiv gesichert.[35]

Der in die Bundesrepublik geflüchtete Kurt Vieweg fand bei Wehner, den er aus Borås näher kannte, Unterstützung; mehrmals war er Wehners Gast in Bonn und Hamburg. Wehner zeigte in den Gesprächen mit Vieweg wiederholt Interesse, über die Zeit in Schweden und den Verratsvorwurf zu sprechen. Neben der schwedischen Pressekampagne gab es dafür einen weiteren Anlaß: Unmittelbar vor der Wahl zum Bundestag 1957 hatte Wehner erfahren, daß seine politischen Gegner eine »provokatorische Veröffentlichung« über seine Exilzeit planten. Wehner hoffte auf Unterstützung Viewegs. In Hamburg trafen sie mit Peter Blachstein und Erich Ollenhauer zusammen, die Vieweg baten, Wehners Version auf einer Pressekonferenz zu bestätigen; in Blachsteins Wohnung legte Wehner deshalb seine Position dar und ging auf die Anschuldigungen der SED ein. Den Vorwurf, er habe seine Verhaftung in Stockholm provoziert, wies er zurück, räumte jedoch »persönliche Dummheiten in einer Frauenangelegenheit« ein, die seine Verhaftung erleichtert hätten. Zu seinen Aussagen vor der schwedischen Polizei wiederholte Wehner, nichts dort Unbekanntes gesagt zu haben. Mit einer Veröffentlichung der Verhörprotokolle durch die schwedische Regierung sei nicht zu rechnen, da der größte Teil für 50 Jahre gesperrt sei. Deshalb sei es auch »Blödsinn« zu glauben, daß Adenauer über schwedische Mitteilungen verfüge, die ihn belasten könnten und durch die er erpreßbar sei. Gegen den Vorwurf, englischer Agent zu sein, berief sich Wehner auf seine Frau, Blachstein und einen Kommunisten aus Lübeck, die mit ihm im Flüchtlingslager Kontakt hatten.[36]

Zur Pressekonferenz im September 1957 gab Vieweg in Hamburg zusammen mit den ehemaligen Kommunisten Leo Bauer und Kurt Müller eine Erklärung ab. Den Vorwurf, Wehner sei 1942 wegen »Verrats« aus der KPD ausgeschlossen worden, wies er als »grundfalsch« zurück. Bezugnehmend auf die Parteiaussprache in Borås zwischen Wehner, Mewis, ihm selbst und anderen, schilderte er Wehner als Verteidiger der Individualrechte und der Demokratie in Partei und Staat. Jedem Anwesenden habe sich damals in Borås der Eindruck vermittelt, daß Wehner mit dem Stalinismus gebrochen hatte. Wehner habe einen Kompromißvorschlag von Mewis »schroff« zurückgewiesen; erst danach sei er aus der KPD ausgeschlossen worden. Der politische Bruch mit der KP lag nach Vieweg vor dem Ausschluß, sei also von Wehner selbst vorgenommen worden.[37] Viewegs Fazit wurde objektiv zu einer Wahlkampfhilfe für Wehner und die SPD. Das war gerade zu diesem Zeitpunkt im Sinne reformfreudiger Kreise in der SED, die sich von den mit Wehner aufgenommenen inoffiziellen Kontakten viel versprachen. In den Gesprächen, die von dem Aufstand in Ungarn überschattet waren, hatte Wehner sich als Verbündeter gezeigt, wenn es galt, eine Ausdehnung des Aufstands und dessen Ausnutzung im Bundestagswahlkampf zu verhindern.[38]

Gegenüber Vieweg beklagte sich Wehner über das ambivalente Verhältnis der SED zu seiner Person. Einerseits betrachte man ihn in Ost-Berlin als Verräter, Renegaten, gar als von der Bourgeoisie gekauften Menschen, andererseits wolle man mit ihm über seine Deutschland-Konzeption sprechen. Wehner suchte von Vieweg zu erfahren, ob man ihn in der SED-Spitze vielleicht doch nicht für einen »Lumpen« hielt oder ob man auch mit einem »Lumpen« verhandelte, wenn dieser nur über eine genügend starke politische Position verfügte. Wehner, der selbst glaubte, einen Kompromiß mit der DDR erreichen zu können, war zu dieser Zeit gerade dabei, eine neue Deutschland-Konzeption auszuarbeiten. Auf Viewegs erstaunte Nachfrage legte Wehner einige der mit ihm angeknüpften Kontakte dar; er nannte unter anderem Ernst Hansch.[39]

Im Juli 1957 war es im Machtkampf in Moskau zu einer Entscheidung für Chruschtschow gekommen. Die »Gruppe Malenkow, Kaganowitsch und Molotow« wurde aus der Parteiführung der KPdSU ausgeschlossen. Das SED-Politbüro begrüßte diese Entwicklung rückhaltlos. Durch sein rasches Umschwenken hatte sich Ulbricht die Unterstützung Chruschtschows bei dessen Berlin-Besuch im August gesichert. Mit dieser Rückenstärkung gelang es ihm, seine Position zu konsolidieren. Auf der 33. ZK-Tagung vom 16. bis 19. Oktober 1957 bröckelte die Front der Ulbricht-Gegner weiter. Als erste fielen die ZK-Sekretäre Paul Wandel und Kurt Hager ab und übten »Selbstkritik«; Wandel verlor seine Funktion als ZK-Sekretär. Eindeutig auf die Seite Ulbrichts stellten sich zwei ehemalige Schweden-Emigranten und Wehner-Feinde, Karl Mewis und Paul Verner. International standen die Zeichen für Ulbricht günstig. Die internationale KP-Konferenz vom November 1957, eine Art Erbin der Komintern, deklarierte den »Revisionismus« als »Hauptgefahr« und ebnete so den Weg zum endgültigen Sieg Ulbrichts und seiner Anhänger.[40]

Durch die freiwillige Rückkehr des Agrarspezialisten Kurt Vieweg am 19. Oktober 1957, dem letzten Tag des ZK-Plenums, erhielt erstmals Mielke Einblick in DDR-Kontakte zu Herbert Wehner und in die Arbeitsmethoden der »Aufklärung«. Noch Ende Oktober 1957 mußte Vieweg, unterstützt von seinem ehemaligen Mitarbeiter Ernst Hansch und hohen Stasi-Offizieren, darunter Markus Wolf, eine Erklärung über die Hintergründe seiner Flucht abgeben. Die Sache war so delikat, daß erst der achte Entwurf, an dem Vieweg selbst kaum noch Anteil hatte, halbherzig akzeptiert wurde. Dann begannen regelrechte Verhöre über die Flucht und den Aufenthalt in Westdeutschland.[41] Entgegen Wolfs Versprechungen wurde auf Betreiben Erich Mückenbergers ein Strafverfahren gegen Vieweg eingeleitet.[42]

Nach der Lektüre der Aussagen von Vieweg glaubte Mielke zur Jahreswende 1957/58, dessen Flucht und Rückkehr sei Teil eines Plans der Schirdewan-Wollweber-Fronde. Vielleicht hatte Vieweg im Westen zunächst von Wehner, also von der SPD, Unterstützung für die DDR-Opposition einwerben, nun aber die Reihen der Ulbricht-Gegner in Berlin stärken sollen? – Fortan kam Mielke bei der Erfindung einer »parteifeindlichen Fraktion« eine Schlüsselrolle zu. Er warf seinem bisherigen Chef Wollweber, der am 1. November 1957 abgesetzt worden war, eine Unterschätzung der Gefahren einer westlichen Unterwanderung vor und wandte sich besonders scharf gegen die Spionage-Abteilung des Markus Wolf, über die solcherart Geheimkontakte liefen. Wolf behauptet in seinen Erinnerungen, Ulbricht sei über alle Kontakte genauestens im Bilde gewesen, dem er direkt berichtet habe, also ohne Umweg über Mielke. Wolf will sich auch »für sämtliche Vorschläge Richtung Wehner Ulbrichts Signum«[43] geben haben lassen.

Auf der 35. ZK-Tagung im Februar 1958 konnte mit der angeblichen Fraktion abgerechnet werden. Diese Aufgabe hatte Ulbrichts hoffnungsvoller Kronprinz Erich Honecker übernommen. Er informierte eine ahnungslose Parteigemeinde über die »fraktionelle Tätigkeit der Gruppe Schirdewan, Wollweber und andere«, die die Beschlüsse des XX. Parteitages der KPdSU nicht richtig verstanden habe. Honecker warf Schirdewan »kleinbürgerlichen Größenwahn«, »grenzenlosen Unfehlbarkeitsdünkel«, »krankhaften Ehrgeiz und Überheblichkeit« und Wollweber sträfliche Vernachlässigung des Kampfes gegen feindliche Agenturen und damit Versagen vor, beiden zusammen fraktionelle Tätigkeit. Dabei sei viel »geschwatzt« und

»feindlichen Agenturen« Einblick in Parteiangelegenheiten gegeben worden. Das Plenum beschloß nach Honeckers markiger Rede einstimmig, Schirdewan »wegen Fraktionstätigkeit« aus dem Zentralkomitee auszuschließen und ihm eine strenge Rüge zu erteilen. Wollweber wurde »im Zusammenhang mit seinen Verstößen gegen das Parteistatut« aus dem ZK geworfen und erhielt zudem eine strenge Rüge, die höchste Parteistrafe vor dem Ausschluß. Das Verdikt wurde auf dem Parteitag im Sommer 1958 einmütig bestätigt.[44] Die Kontakte zu Wehner hatten unter diesen Vorzeichen keine Chance auf Weiterführung. Mitte September ging Hermann Matern auf einer Veranstaltung mit westdeutschen Sozialdemokraten in Leipzig-Markkleeberg deutlich auf Distanz zu dem eben noch Umworbenen. Er betonte wiederholt, Wehner »sehr gut zu kennen« und zu wissen, daß er, im Gegensatz zum SPD-Vorsitzenden Ollenhauer, den Marxismus-Leninismus beherrschte. Wehner sei deshalb »der Gefährlichste«. Man könne in ihm keinen Linken sehen, warnte Matern, das Gegenteil sei der Fall.[45]

Wehner, seit 1957 Vorsitzender des außenpolitischen Arbeitskreises der SPD-Bundestagsfraktion und seit 1958 stellvertretender Parteivorsitzender, hätte in der moderaten Deutschland-Politik der Ulbricht-Opponenten zweifellos eher Anknüpfungspunkte gefunden als bei Ulbricht. Aus diesem Geist stammte noch der im März 1959 vorgelegte Deutschland-Plan der SPD, der militärisch verdünnte Zonen und eine Konföderation beider deutscher Staaten anpeilte. Nach Meinung Ost-Berlins enthielt er »eine Reihe beachtlicher Vorschläge [...], die denen der DDR glichen oder sehr nahe kamen«[46]. Aber der Sieg der Ulbricht-Honecker-Richtung, die auf einen forcierten Aufbau des Sozialismus in der DDR setzte und ihren Staat international durchsetzen wollte, hatte die Voraussetzungen für einen deutsch-deutschen Dialog nicht gerade verbessert. Gleichzeitig hatte die DDR eine außenpolitische Offensive gestartet, die sich auf die beiden sozialdemokratisch regierten Ostseestaaten Schweden und Dänemark konzentrierte. Unter Federführung von Karl Mewis, der nicht zuletzt wegen der seit 1958 in seinem

Bezirk durchgeführten »Ostseewochen« als Skandinavien-Spezialist der SED galt, wurde eine stringente Nordeuropa-Politik entwickelt, deren Hauptziel die Anerkennung der DDR war. Wehners ärgster Opponent stieg ins Zentrum der Macht auf; seit 1958 gehörte Mewis dem Politbüro als Kandidat an. Zur Umsetzung der außenpolitischen Vorstellungen in Skandinavien fuhr er im ersten Halbjahr 1959 nach Stockholm und Kopenhagen, wo er von den Ministerpräsidenten empfangen wurde.[47]

Wehner hatte neben den praktischen Schritten für einen deutsch-deutschen Dialog diesen 1958 auch theoretisch begründet. Je geringer die Möglichkeiten für Geheimkontakte mit Ost-Berlin waren, desto stärker ging Wehner mit seinen Gesprächsangeboten in die Öffentlichkeit. Ausgehend von der Erkenntnis der Notwendigkeit einer friedlichen Nachbarschaft – »gleichgültig ob Freund oder Feind des politischen Weges und Systems der Sowjetunion«[48] –, verteidigte er »die in der Diskussion vor sich gehende Auseinandersetzung mit SED und SPD«. In der *Süddeutschen Zeitung* erklärte er im Februar 1958, daß er »keine andere Möglichkeit sehe, als in Anerkennung der in diesem geteilten Deutschland entwickelten Verhältnisse zu einer politischen Praxis zu kommen, die uns vielleicht noch davor bewahren kann, die Endgültigkeit der Teilung schließlich auch eines Tages völkerrechtlich zugestehen zu müssen«. Er habe wenig Bedenken und »gar keine Angst vor der Auseinandersetzung mit den von der kommunistischen SED-Führung vertretenen Postulaten und Kräften«. Wehner nannte es eine »Absurdität des Denkens«, wenn ausgerechnet die Deutschen sich die Auseinandersetzung mit dem Kommunismus dadurch ersparen wollten, daß sie einen Teil Deutschlands unter kommunistischer Herrschaft beließen.[49]

Der Deutschland-Politiker Wehner mußte aber aus dem Desinteresse Moskaus an der sozialdemokratischen Position in der Wiedervereinigungsfrage und der Zerschlagung der Schirdewan-Wollweber-Gruppe Konsequenzen ziehen. Im November 1959 versetzte er Ulbricht auf dem SPD-Parteitag in Bad Godesberg einen Dämpfer. In Ost-Berlin wollte man das neue Parteiprogramm der Sozialdemokraten »als völlige Abkehr von den Zielen und Traditionen der sozialistischen Arbeiterbewegung« verstehen. Aus ostdeutscher Sicht ordnete sich die SPD-Führung, also auch und besonders ihr stellvertretender Parteivorsitzender Wehner, der »imperialistischen Politik unter«[50]. Wenn Wehner die treibende Kraft hinter dem Kurswechsel der SPD war, mußte man ihn ausschalten. Vielleicht lag darin Ulbrichts Motiv, Ende November 1959 von Karl Mewis eine neue Stellungnahme zu Wehners Schweden-Zeit zu verlangen. Diesmal setzte Mewis seinen Verleumdungen noch eins drauf: Da er über Wehner selbst nicht viel Neues zu berichten hatte, nahm er sich dessen Umfeld vor. Im Falle des Wehner-Freundes Josef Wagner, so Mewis 1959, sei »nicht einmal ausgeschlossen, daß er sowohl englischer als auch Gestapo-Agent war«. Erneut tischte Mewis die Story vom englischen Agenten Wehner auf, die Ulbricht nur zu gerne hören wollte. Doch diesmal nahm die Darstellung eine neue Wendung: Wehner habe im Herbst 1941 einen KPD-Aufruf in der gesamten Auslandspresse in Stockholm verbreiten wollen, was er, Mewis, strikt abgelehnt habe. Wehner sei daraufhin »ohne Wissen« der Genossen mit einem englischen Korrespondenten in Verbindung getreten: »Von dieser Zeit an existiert in Schweden der Kontakt zwischen Wehner und dem englischen Nachrichtendienst.« Abschließend behauptete Mewis, Wehner sei von den Engländern nach Hamburg »geholt worden«. Und bescheiden diente sich der erfolgreiche Provinzpolitiker mit großen Plänen seinem Parteiführer Ulbricht an: »Vielleicht sagst Du mir, in welcher Richtung die Sache weitergehen soll.«[51]

Ende Januar 1960 beschlossen Parteirat und Parteivorstand der SPD Richtlinien gegen »Ostkontakte«, die allerdings nie sehr ernst genommen wurden. Wehner verpaßte Ulbricht erneut eine kalte Dusche, als er am 30. Juni 1960 im Bundestag eine außenpolitische Neuorientierung der SPD begründete. Der hoffnungsvolle Deutschlandplan war damit vom Tisch. Wehner wurde jetzt nicht nur in der SED verteufelt, auch in den eigenen Reihen machte sich Unmut gegen seinen Alleingang breit.[52]

Die Westabteilung im Zentralkomitee sah in Wehner den Feind Nummer eins. Abteilungsleiter Heinz Geggel zeigte sich über Wehners Zynismus in taktischen Wahlkampffragen entrüstet, besonders hinsichtlich seiner Erklärung vom 30. Juni. Auf einem anschließenden SPD-Bezirksparteitag hatte Wehner erklärt, daß es bei dem Grundsatzprogramm von Bad Godesberg ebensowenig um Taktik gegangen sei wie bei den außenpolitischen Grundsatzerklärungen in der Bundestagsdebatte; letztere seien die Konsequenz aus der Verabschiedung des Godesberger Programms gewesen. »Man kann diesem Wehner dankbar sein«, so Geggel, »daß er den Punkt auf das i gesetzt hat, auch für die gutgläubigen Mitglieder seiner eigenen Partei.«[53] Wehner wurde fortan zur »imperialistischen Kriegsfraktion« gezählt und fand sich damit aus Sicht des sogenannten Arbeitsbüro Norden in einer Reihe mit Willy Brandt und Fritz Erler.[54]

Das Wehner-Bild, das der SED aus den Reihen der SPD vermittelt wurde, blieb schillernd. Bundestagsmitglied Wilhelm Dröscher äußerte anläßlich eines privaten DDR-Aufenthaltes im März 1961, Wehner sei »im Parteivorstand mit der fähigste Kopf«. Dem Vorwurf, Wehner verrate mit seiner Politik die SPD, widersprach Dröscher »Ich muß ihn verteidigen, was soll er machen, überall ist er als Roter verschrien. [...] Ihm wird vorgeworfen, die Bundesrepublik an die Roten zu verraten. So muß er also dagegen Stellung nehmen. Ja, wenn nicht der Anti-Kommunismus so stark bei uns verbreitet wäre.« Dröscher versprach, nach einem Wahlsieg der SPD werde vieles anders. Er glaubte, »der Genosse Wehner wird nie anders als links stehen«, und bestätigte auch dessen Kenntnis seines und anderer inoffizieller Kontakte mit der DDR.[55] Dieser »Zonenflirt« sollte für den im Verteidigungsausschuß des Bundestages sitzenden Geheimnisträger ein böses Nachspiel haben, denn Dröschers Begegnung wurde im *Neuen Deutschland* weidlich ausgeschlachtet und zog einen Presseskandal in der Bundesrepublik nach sich, der vor allem den geheimen Ost-Kontakten der SPD-Führung, also Wehners, galt.[56]

Eine ganz andere Meinung über den SPD-Vize hatte dessen

ehemaliger Leidensgenosse aus dem schwedischen Zuchthaus Falun, Arno Behrisch. Der stellvertretende SPD-Landesvorsitzende in Bayern gehörte seit 1949 dem Bundestag an. Sich immer zum linken Flügel zählend, war er unter maßgeblicher Mitwirkung der DDR-Spionageabteilung Mitte der fünfziger Jahre in engen Kontakt zur SED-Führung getreten.[57] Die schätzte Behrischs »ehrliche Absichten«, bei der Durchsetzung der SED-Linie in Westdeutschland beziehungsweise bei der »Aufklärung der westdeutschen Bevölkerung« zu helfen«.[58] Behrisch wütete gegen das Godesberger Programm, das er ein Bekenntnis zur »Nato, zum Altar und zum Geldsack« nannte. Neben Willy Brandt sah er in Wehner den »Hauptinitiator der Politik des Bekenntnisses zur Nato« und bezeichnete ihn als den eigentlichen Parteivorsitzenden. Behrisch beklagte sich im Juli 1960 gegenüber der SED über den Druck, der auf ihn vom SPD-Vorstand, und hier besonders von Wehner, ausgeübt werde.[59] Bald darauf verließ er im Zusammenhang mit einem Parteiverfahren die SPD und widmete sich fortan der Deutschen Friedensunion.[60]

Karl Mewis stieg weiter die Karriereleiter hinauf. Dazu trug sein unerbittliches Tempo bei der »Kollektivierung« der Landwirtschaft in seinem Machtbereich bei. Er kam in den Staatsrat, der nach dem Tode Wilhelm Piecks als kollektives Staatsoberhaupt von Ulbricht konstituiert worden war, und im Juli 1961 ins Präsidium des Ministerrats. Mewis hatte Rostock verlassen, um in Berlin Chef der Staatlichen Plankommission zu werden. Die westdeutsche Presse feierte ihn als Ulbricht-Konkurrenten. Sie rühmte ihn als begabten Redner und Einpeitscher mit »sprichwörtlicher Energie und Rücksichtslosigkeit«. Seine Fähigkeiten in wirtschaftlichen Fragen blieben umstritten, aber unzweifelhaft war Mewis »die interessanteste Figur« in der SED-Führungsriege.[61] Interessanter jedenfalls als Erich Honecker, der sich schon als Ulbricht-Kronprinz sah. Um so plötzlicher kam Mitte Januar 1963 Mewis' Degradierung. Den tiefen Fall aus der Spitze von Partei und Regierung konnte er mit sowjetischer Hilfe abfedern. Er behielt seinen Sitz im Zentralkomitee und wurde auf den Botschafterposten nach Warschau abgeschoben, von dem man ihn bei erster Gelegenheit, seinem 60. Geburtstag, in aller Stille verabschiedete. Über die Hintergründe seines Sturzes ist viel spekuliert worden; Mewis' Kaderakte gibt hier wenig Aufschluß. Inzwischen ist bekannt, daß sich das Ministerium für Staatssicherheit frühzeitig Einblick in die Prozeßakten Wehners verschafft hatte.[62] Der verantwortliche Offizier war Paul Laufer.[63] Sein Arbeitsgebiet umfaßte die Bearbeitung von SPD und DGB. In diesem Zusammenhang führte er den damals noch von der DDR aus arbeitenden Günter Guillaume, der als »Kanzlerspion« in die Annalen der deutsch-deutschen Geschichte eingehen sollte. Laufer hatte sich zum besten Kenner des schwedischen Exils entwickelt. Schon in den vierziger Jahren war er im Parteiapparat unter Franz Dahlem und Bruno Haid mit der Materie bestens vertraut geworden. Der Fall Herbert Wehner hatte dabei immer eine Schlüsselstellung eingenommen. Anfang der fünfziger Jahre spielte Laufer in der Untersuchung der nordeuropäischen Emigration eine Hauptrolle. Als Mitarbeiter der HVA hielt er nun das Polizeimemorandum von 1942 mit den Aussagen von Mewis in Händen. Es gehörte genau zu jener Kategorie belastender Dokumente, die er hauptberuflich gegen westdeutsche Politiker zu beschaffen suchte.

Am 6. Januar 1963 lag Walter Ulbricht eine erste Zusammenfassung der schwedischen Prozeßakten vor. Der Historiker Jochen Staadt irrt in seiner 1993 publizierten Studie zur geheimen Westpolitik der SED in den sechziger Jahren, wenn er schreibt, daß die schwedischen Dokumente »nichts« enthielten, was die Verratsbehauptung stützen konnte.[64] Allein die aus den – offensichtlich unvollständigen! – Akten ersichtliche Erklärung Georg Brantings, daß Wehners Angaben vor der Polizei, sofern die Gestapo sie bekommen sollte, der KPD »Schaden« zufügen würden, hätten in Ost-Berlin für eine Kampagne gegen Wehner ausgereicht. Das gilt um so mehr für Wehners angebliche und tatsächliche Aussagen zu Charlotte Bischoff. Ulbricht erkannte jedoch, daß die ebenso protokollierte Aussagefreudigkeit des

SED-Politbürokandidaten Mewis eine Gefahr für die eigene Partei darstellte; Mewis mußte deshalb sofort aus der Schußlinie gezogen werden. Mit Wehners Prozeßmaterial, das war offensichtlich, ließ sich Politik machen, was nicht durch Rücksichten auf Mewis behindert werden sollte. Erich Honecker, als Politbüromitglied verantwortlich für Sicherheitsfragen und damit auch oberster Dienstherr der Staatssicherheit, konnte sich bei diesem Vorgehen gleich eines unliebsamen Konkurrenten entledigen. Schon auf der Tagung des Zentralkomitees am 12. Januar wurde beschlossen, Karl Mewis »von seiner Funktion zu entbinden und als Minister und Mitglied des Ministerrats« abzuberufen.[65] In den Mewis belastenden Aktenfund waren nur sehr wenige Genossen, wahrscheinlich nicht einmal Mewis selbst, eingeweiht worden. Als einziger Spitzenfunktionär in der Geschichte der SED wurde Mewis deshalb offiziell wegen Unfähigkeit abgelöst. Auch im Westen wollte man hinter seinem Sturz in erster Linie Richtungskämpfe in der Wirtschaftspolitik sehen.[66]

Die Prozeßunterlagen waren im Parteiapparat unbekannt geblieben. Das Material tauchte schließlich aus dem Westen kommend wieder in der DDR auf. Vielleicht hatte man Wehner-Feind Behrisch bei einem vertraulichen Gespräch über das in Stockholm liegende brisante Material gegen den übermächtigen Sozialdemokraten informiert. Behrisch hatte sich jedenfalls mit einem Fachmann für Enthüllungskampagnen zusammengetan, mit dem rechten Publizisten und Verlagsinhaber Hans Frederik, der sich damals der Protektion des Passauer Verlegers und Intimus' von Franz Josef Strauß, Hans Kapfinger, erfreute. Kapfinger hatte seinerzeit auch die Kontakte Fritz Schäffers in die DDR gemanagt.[67] Gemeinsam machten sich Arno Behrisch und Hans Frederik auf die Suche nach belastendem Material gegen die SPD-Führung. In der DDR versuchten sie vergeblich Jakob Walcher, einem der Gründer der Sozialistischen Arbeiterpartei (SAP), eine Vollmacht abzuringen, das seinerzeit in Oslo deponierte SAP-Archiv nach Deutschland zu bekommen, um es gegen Willy Brandt ausschlachten zu können. Gemeinsam fuhren sie auch nach Stockholm, wo sie mit Unterstützung schwedischer Kommunisten Zugang zu den Materialien des Wehner-Prozesses bekamen.[68]

Behrisch führte Frederik in Ost-Berlin ein. Er brachte ihn zu seinem Vertrauten im Nationalrat, wo der Publizist sein Anliegen nach »seriösem Informationsmaterial« über bundesdeutsche Politiker und »Nazi-Blutrichter« vorbringen konnte. Daraufhin wurde er an das ostdeutsche Institut für Zeitgeschichte und das Institut für Marxismus-Leninismus (IML) vermittelt. Kurzerhand verständigten sich die SED-Experten für westdeutsche Fragen mit Politbüromitglied Hermann Matern. Im Falle einer Unterstützung für Frederik sollte kein Material über sozialdemokratische Politiker rausgehen. Frederik seinerseits übergab dem IML Kopien von Wehners schwedischen Prozeßakten.[69] Der Institutshistoriker Heinz Kühnrich erhielt den Auftrag, die Materialien zu sichten. Seine Übersicht über die »Akte Wehner« untermauerte die These von Wehners »Verrat«. Kühnrich handelte sicher in gutem Glauben, wenn er schrieb, daß Wehner über Charlotte Bischoff, die er nach Deutschland geschickt hatte, ausgesagt und »Angaben über Parteiverbindungen nach Deutschland« gemacht sowie über die »Unterstützung seiner Tätigkeit in Schweden durch Frau Hansson« ausgesagt habe. Kühnrich nannte eine Fülle von »Fakten«, die Wehners angeblichen Verrat untermauerten: »Eigenhändig geschriebener Bericht Wehners vom 6. März 1942 über ›Umbau und Organisation mit dem Schwerpunkt in Deutschland‹ (Detaillierte Angaben Wehners über die Parteiverbindungen nach Berlin u. a. Orten Deutschlands, den Einsatz von Beauftragten des ZK, der Methodik der illegalen Arbeit u. a.)«, Wehners »Angaben über Gelder, über Zahl der nach Deutschland eingereisten Genossen, seine Verbindungen nach Deutschland und zurück, [...] *seine Reise über Norwegen nach Schweden«*. Zumindest beim letzten Punkt hätten Eingeweihte stutzen müssen, war Wehner doch direkt von Moskau nach Stockholm gefahren. Ulbricht, Mewis und Stahlmann wußten das natürlich, Kühnrich jedoch nicht. Schließlich erwähnte die vertrauliche, nur in vier Exemplaren hergestellte und in der Tendenz eindeutige Inhaltsangabe auch die »Aussage von Karl Mewis«, die in der vorliegenden Zusammenfassung der schwedischen Polizei immerhin 62 Seiten umfaßte. Zu ihr bemerkte Kühnrich: »Mewis gibt detaillierte Angaben über seine Tätigkeit, die Treffs mit Matern, Seydewitz, Henke, Wehner und einem als Kalle (oder Partisanen-Richard) bezeichneten Genossen, sowie über die Tätigkeit der KPD.«[70] Das IML sandte die Information über das brisante Material sowie die Inhaltsangabe von Kühnrich Ende Juli 1963 an Albert Norden, das für Propaganda zuständige Politbüromitglied. Je eine Durchschrift der Inhaltsübersicht ging auch an Hermann Matern und die Westkommission, für die Norden zuständig war. Der Direktor des IML, Roland Bauer, berichtete Norden, daß die rund 400 Seiten starke Gerichtsakte Wehners als »vertrauliches Material« im Archiv liege und nur mit seiner Genehmigung eingesehen werden könnte.[71]

Albert Norden übergab die Angelegenheit seinem Mitarbeiter in der Westkommission Gabo Lewin. Lewin ließ für Matern und Norden Auszüge aus dem Material zusammenstellen. Für Matern, dem Chef der Zentralen Parteikontrollkommission, hatte er einen »besonderen Auszug aus einem Verhör der schwedischen Behörden mit dem Genossen Y« gemacht, auf das er am 16. August 1963 als ersten Erich Honecker aufmerksam machte: »Dieses Verhör ist in der deutschen Übersetzung der Akten, die ich Dir übergebe, auf den laufend numerierten Seiten 147–197 enthalten.« Nach drei Tagen schickte ihm Honecker die Materialien mit »bestem Dank« zurück.[72] Bei jenem »Y« handelte es sich um Karl Mewis. Am folgenden Tag informierte Lewin Matern über die »Angelegenheit Y«, die er in der Zusammenfassung der Prozeßakten zu Wehner »nicht berücksichtigt«, dafür aber eine getrennte siebenseitige Übersicht angefertigt hatte. Aus ihr ging hervor, daß Mewis »über schwedische Kommunisten, über die Tätigkeit der KPD und eine Reihe ihrer Funktionäre im Ausland sowie über Meinungsverschiedenheiten innerhalb der Partei Aussagen gemacht«[73] hatte.

Das der SED 1963 vorliegende Material, dessen Herkunft

allerdings im dunkeln blieb, wie in einer streng vertraulichen Hausmitteilung für Norden und Matern am 17. August angemerkt wurde,[74] sollte ausschließlich gegen Wehner genutzt werden. Lewin plante einen großen Schlag. Zur »wirkungsvollen Auswertung« des Materials sollten Befragungen von Zeitzeugen in der DDR und in Schweden durchgeführt werden. Als Ergebnis war an ein Buch gedacht, das auf einer Pressekonferenz in Stockholm und/oder Berlin unter Einsatz schwedischer und deutscher Zeugen vorgestellt werden sollte. Die Aktion sollte so angelegt werden, »daß sich der Stoß ausschließlich gegen X. [Wehner] richtet und eine Hilfe für die SPD darstellt, die durch einen berufsmäßigen, skrupellosen, feigen und abenteuerlichen Verräter davon abgehalten wird, eine richtige Politik zu betreiben«. Lewin schlug listig vor, zu »behaupten, daß bestimmte Ultras in Bonn über die gesamten Prozeßakten verfügen«, die Wehner mit seinen prokommunistischen Äußerungen sowie seinem Verrat erpreßt hätten, »den Deutschlandplan der SPD zu annullieren, die SPD auf den Kurs der Gemeinsamkeit mit den Ultras zu steuern, in den Gewerkschaften eine Fraktion zu deren Gleichschaltung aufzuziehen, sich für die Änderung des Wahlrechts in Westdeutschland und für die Aufrüstung einzusetzen«. Es sollte bewiesen werden, daß Wehner »heute den gleichen prinzipienlosen Verrat an und innerhalb der SPD [übt], wie er ihn damals an der antifaschistischen Bewegung begangen hat«[75].

Die Rechercheure fragten auch bei der Staatssicherheit zur Person Frederiks nach. Erst dadurch scheint man dort von den neuen Wehner-Akten informiert worden zu sein. Laufer stellte erstaunt fest, daß Behrisch und Frederik in Stockholm offensichtlich mehr Material erhalten hatten als er selbst, das MfS also nur über ein Drittel des nun im SED-Archiv liegenden Materials verfügte.[76] Am 19. August 1963 lagen der SED nähere Informationen über Hans Frederik vor, die sich offensichtlich stark an dessen Selbstdarstellung anlehnten[77]: Frederik, 1906 in Innsbruck geboren, hatte als langjähriges Mitglied der österreichischen Sozialdemokratie nach dem deutschen Einmarsch sieben Jahre in deutschen Zuchthäusern gesessen. Nach seiner Entlassung am 8. Mai 1945 hatte er der provisorischen Regierung der Provinz Sachsen angehört, war jedoch im Oktober 1945 nach Wien zurückgekehrt, wo er kurzzeitig hauptamtlich für die SPÖ tätig wurde. Danach betätigte er sich nicht ohne Erfolg als Verleger und Buchautor und widmete sich besonders der politischen Entwicklung in der Bundesrepublik – auf nicht gerade freundliche und saubere Weise. Dafür arbeitete er auch mit offiziellen Stellen anderer sozialistischer Staaten zusammen.[78] Der 1972 mit Wehners Unterstützung zum Präsidenten des Bundesverfassungsschutzes avancierte Günther Nollau erinnerte sich in seinen Memoiren an den »politischen Pamphletisten«, dem er eine wichtige Rolle in einer gegen ihn gerichteten Rufmordkampagne zuschrieb. Überdeutlich ließ Nollau durchblicken, daß Frederik wahrscheinlich vom KGB gesteuert wurde; Frederik selbst hatte solche Gerüchte durch behauptete Kontakte mit einem sowjetischen Geheimdienst-Oberst »Karpow« herausgefordert.[79] Inzwischen ist bekanntgeworden, daß Nollau richtig vermutet hatte.[80]

In Ost-Berlin war man mit Frederik nicht unzufrieden. Der Publizist gab sich als Förderer der Entspannung und Verständigung und bekannte sich als Anhänger von Franz Josef Strauß, der in der DDR völlig falsch eingeschätzt werde. Andererseits machte er keinen Hehl aus seiner Abneigung gegen bestimmte Politiker auch aus dem Unionslager. Über Ernst Lemmer soll Frederik einem Gesprächsprotokoll zufolge gesagt haben, der »dürfe nicht einfach sterben, sondern er müsse stinken«. Seine Verläßlichkeit bewies Frederik den ostdeutschen Kalten Kriegern durch Publizierung des vom Nationalrat bereitgestellten Materials gegen Dr. Max Frauendorfer (CSU) im Juli 1963. Frederik bat auch um Material gegen Lemmer, Fritz Schäffer, Eugen Gerstenmaier und BND-Chef Reinhard Gehlen; diese Liste erweiterte er im Herbst 1963 auch auf SPD-Funktionäre.[81]

In der SED war der Haß gegen Wehner weiter gewachsen, seit die Westkommission Ende 1962 das vom SPD-Vorstand herausgegebene Referentenmaterial »Das große Porträt über

Herbert Wehner« zur Kenntnis genommen hatte.[82] »In diesem Porträt wird mit Stolz darauf verwiesen«, so der mit wörtlichen Auszügen angereicherte Kommentar der SED-Genossen, daß Wehner »von der CDU-Prominenz als ein Mann anerkannt wird, der auf ihrer Seite steht und einen entsprechenden Kurs in der SPD steuert.«[83] Auch in Moskau hatte man Wehner als Hemmschuh der Entspannung und Stütze von CDU und CSU ausgemacht. Gerade »im Vorgehen zu DDR-Kontakten« hatte der KGB »bedeutende Differenzen« zwischen Brandt und Wehner festgestellt. Brandt wäre wohl bereit, Verhandlungen mit Vertretern der DDR zu führen, wenn er dabei nicht auf den starken Widerstand Wehners stieße. Wehner galt dem KGB als der deutlich stärkere Mann in der SPD, gegen den sich Brandt kaum durchsetzen könne.[84] Ähnlich meinte Geggel Ende 1963: »Während sich das offene deutsche Gespräch über Wege zu einer Verständigung zwischen beiden deutschen Staaten entwickelt und auch sozialdemokratische Mitglieder und Funktionäre in Westdeutschland und Westberlin beginnen, sich an diesem Gespräch zu beteiligen, haben die SPD-Führer Wehner und Erler erneut die aussichtslose Politik des kalten Krieges und der Aggression unterstützt und sich in einem Gespräch mit Führern der ›Pommerschen Landsmannschaften‹ als fanatische Fürsprecher der Gebietsforderungen der westdeutschen Revanchisten erwiesen.« Und weiter: »Mit der offenen Unterstützung der Bonner Revanchisten versuchen Wehner und Erler, im Gleichklang mit den extremsten Bonner Ultras jede Verständigung in Europa, jeden Schritt zu einer Entspannung zu sabotieren.« Geggel forderte in seiner »Argumentationsgrundlage« die Redaktionen auf, »bei Artikeln und Meldungen zu Fragen der SPD sehr sorgfältig und gewissenhaft zwischen der Wehner-Erler-Gruppe einerseits und den Mitgliedern und Funktionären der SPD, einschließlich führender Funktionäre, die den Wehner-Erler-Kurs in dieser oder jener Form ablehnen, andererseits, zu differenzieren«[85].

Die Verleumdungspläne der Westabteilung beim SED-Politbüro wurden 1964 auf der Grundlage der schwedischen Prozeßmaterialien mit großem Aufwand umgesetzt. Mit Hilfe der Mitarbeiterin der internationalen ZK-Abteilung Lilo Sager, Schweden-Remigrantin und frühere Ehefrau Werner Sagers, wurden die in den Materialien genannten Personen um Unterstützung gebeten. Anfang Januar trafen Berichte von Charlotte Bischoff (sie hatte zuletzt im März 1961 einen umfangreichen Bericht über Wehner verfaßt[86]), Willi Bick, Paul Werther und anderen ein. Knut Mineur, der nicht mehr der SKP, sondern einer linken Splittergruppe angehörte, stellte der SED Wehner-Briefe aus den Jahren 1943 bis 1945 zur Verfügung[87]; sie paßten aber nicht ins Bild und fanden keine Verwendung. Eine Strategie zur »Auswertung der Enthüllungen über Wehner« lag zum Jahresanfang 1964 vor. Am 28. Januar stimmten die verschiedenen Abteilungen des Parteiapparates ihre Aktionen ab. Albert Norden, der die Verantwortung trug, stimmte den streng vertraulichen »Maßnahmen in der Wehneraktion« zu: Gegenüber den Bruderparteien der SED sollte die KPD als Informant in Erscheinung treten. Die SED und andere mit der Westarbeit beauftragte Organisationen der DDR sollten darüber hinaus ihre Kontakte zu Mitgliedern sozialdemokratischer Parteien nutzen – »in erster Linie persönliche Kontakte«[88]. Die Westkommission ergänzte diese Vorstellungen dahingehend, daß die Sache in westdeutschen Presseorganen ausgewertet werden müsse. Das Material sollte in der Bundesrepublik und in für dort bestimmten Zeitungen publiziert werden. Über den Deutschlandsender, die *Berliner Zeitung* und die Nachrichtenagentur ADN sollten »Interviews bzw. Beiträge von Antifaschisten, die durch den Verrat Wehners besonders betroffen wurden«, erscheinen. Schwedische Antifaschisten sollten in Stockholm die Prozeßakten Wehners einsehen, die Enthüllungen der *Berliner Zeitung* bestätigen und sich mit entsprechenden Appellen an die westdeutschen Sozialdemokraten wenden.[89]

Die Anti-Wehner-Kampagne war bereits am 24. Januar 1964 in der *Berliner Zeitung* mit einem umfangreichen Pilotartikel unter dem Titel »Zur Person: Herbert Wehner« angelaufen.[90] Nach einer Pause, die den westlichen Presseorganen Zeit zum

Reagieren geben sollte, setzte man mit Zeugenaussagen fort.[91] Gestört fühlte sich Gabo Lewin durch die sowjetische Presseresonanz. Die Gewerkschaftszeitung *Trud* hatte, offensichtlich angeregt von der Veröffentlichung in der *Berliner Zeitung,* am 1. März einen Artikel über Wehner gebracht, der eine »Fülle von Unrichtigkeiten und Verdrehungen« enthielt – etwa den Hinweis, Wehner sei 1945 mit Hilfe des englischen Geheimdienstes nach Deutschland gekommen. Das beeinträchtige »unsere sachlich richtigen Feststellungen«, klagte Lewin gegenüber Werner Lamberz, dem Leiter der ZK-Abteilung Auslandsinformation.[92] Die zur Verbreitung in der Bundesrepublik von der DDR herausgegebenen *Sozialistischen Briefe,* als deren Herausgeber neben anderen Paul Peschke figurierte, setzten die Kampagne beispielhaft um. Sie widmeten Wehner 1964 ein Sonderheft, dem sie folgende Schlagzeilen voranstellten: »Notwendige Richtigstellung eines Lebensbildes«; »Wehner verriet in Schweden Antifaschisten an Gestapo«; »Sozialdemokatischer Reichstagsabgeordneter Branting: ›Ein Provokateur und ein Verräter!‹« Nach einem aktuellen Einstieg, den man in gegenseitigen Hochachtungsbezeugungen von Wehner und Strauß gefunden zu haben glaubte, wurde Lewins Idee vom anhaltenden »Verrat« Wehners aufgetischt. Die Antwort auf das »Rätsel Wehner« habe man in dessen Lebenslauf gefunden, durch den sich von 1941 »bis heute schnurgerade der Verrat an der deutschen Arbeiterklasse und an den Interessen der deutschen Nation« ziehe. Wie von Lewin gefordert, griff man auf das vermutete Dossier über Wehner in Adenauers Händen zurück, mit dem dieser Wehner 1952 angeblich unter Druck gesetzt hatte. Wehner habe »Angst vor Entlarvung«, da er »während des Krieges in Schweden bewußt, ohne Bedenken, um seine eigene Haut zu retten, deutsche und ausländische Antifaschisten der Gestapo ans Messer geliefert« habe. Diese »Zutreiberrolle für Himmlers Henker« sei auch der Grund seines Ausschlusses aus der KPD 1942 gewesen. Der Zeitpunkt von Wehners »Verrat« galt als besonders verwerflich: Wehner habe damals an einen Sieg Hitlerdeutschlands geglaubt. »Wie aus den Akten der schwedischen Polizei und aus den Protokollen des später gegen Wehner geführten Prozesses hervorgeht«, so die angebliche Dokumentation, »verriet er alles, was er aus seiner illegalen Tätigkeit, was er über den illegalen Apparat der antifaschistischen Bewegung wußte. Dabei war ihm wohlbekannt, daß schwedische Polizeistellen damals mit der Gestapo zusammenarbeiteten.« Namentlich wurden einige »Wehner-Opfer« aufgeführt.[93] Im regulären April-Heft der *Sozialistischen Briefe* kam entsprechend dem Propagandaplan die ehemalige Schweden-Emigrantin Erika Friedländer zu Wort, die die »Kollaborateursarbeit des heutigen stellvertretenden SPD-Vorsitzenden Herbert Wehner aus nächster Nähe« erlebt haben wollte. Sie bestätigte die veröffentlichte Dokumentation und das angebliche Urteil Brantings: »Wehner hat nichts mehr mit der Arbeiterklasse zu tun. Er ist kein Antifaschist, sondern ein Verräter und Provokateur.«[94]

Die eingehende Betrachtung solcher Verleumdungen zeigt, daß ein nicht geringer Wahrheitsgehalt in ihnen war – nur am Kern gingen sie vorbei. Das war jedoch kaum oder nur selten den zur Aussage gedrängten Zeitzeugen anzulasten. Viele Fakten waren wahr, untermauerten scheinbar das Axiom des »Verrats«, ohne aber die eigentliche Verratsthese zu stützen. Die Zeitzeugen, derer sich die SED bediente, waren sich ihrer Rolle als Marionetten kaum bewußt – und vieles spricht dafür, daß Marionettenspieler wie Lewin und Geggel tatsächlich glaubten, Wehner sei ein widerlicher Verräter. Beweise für seine feindliche Haltung zur SED und deren Führung hatte er nach 1946 zu Genüge geliefert.

Die Verleumdung Wehners hatte eine Eigendynamik entwickelt; wieder und wieder wurde ihm seine kommunistische Vergangenheit vorgehalten, gerade auch von seinen parteiinternen Kritikern. Ihr Unwillen gegen seinen Führungsstil entlud sich im März 1966. *Die Zeit* veröffentlichte die »Anklage der SPD-Fronde gegen Herbert Wehner«[95], in der seine anonymen Opponenten die »schwedische Affäre« den »Dreh- und Angelpunkt« in seinem Verhalten nannten. Damit war in erster Linie die Kritik verbunden, daß Wehner sich trotz seiner ideologischen Lösung vom Kommunismus weiter stalinistischer Methoden bediene. Befragt, warum seine Vergangenheit immer wieder als Waffe gegen ihn benutzt werde, antwortete Wehner, daß dies »die bequemste Methode (sei), um einen unbequemen Mann zu treffen«. Man brauchte nur zu sagen: »er war Kommunist«, und schon sei klar, daß er mit kommunistischen Methoden arbeite. Resigniert setzte Wehner hinzu: »Ich bin mir jetzt noch weniger sicher, als ich es noch vor einiger Zeit zu sein schien, ob die demokratische Ordnung fähig ist und Gelegenheit gibt, Menschen meiner Art, die sich bemühen, dieser Ordnung zu dienen und sie gegen autokratische und totalitäre Gegner sichern zu helfen, ihnen mit ihren Kräften zu dienen.«[96] Gegen den Vorwurf, seine kommunistische Vergangenheit zu bagatellisieren, erhielt Wehner kurz darauf Beistand von Gräfin Dönhoff: Sie habe »noch keinen CDU/CSU-Politiker oder FDP-Politiker erlebt, der seine Nazi-Vergangenheit oder seine Rolle bei der ›Abstimmung‹ über das Ermächtigungsgesetz in epischer Breite dargestellt hätte«[97].

Der Bundesbeauftragte für die Unterlagen des Staatssicherheitsdienstes der ehemaligen DDR machte im Januar 1994 der Öffentlichkeit einen Teil der von der Stasi gesammelten Wehner-Materialien zugänglich.[98] Die Behörde ging nach der Sichtung der im Sekretariat des Ministers aufgefundenen Akten davon aus, daß das MfS in den sechziger Jahren, »besonders intensiv augenscheinlich zwischen Mitte 1966 und Frühjahr 1968«, Materialien über Wehner zusammengetragen und gleichzeitig Überlegungen angestellt hatte, diese für »operative Aktionen gegen Wehner« zu nutzen.[99] Der 868 Blatt starke Quellenband (ohne die Originalkopien der schwedischen Prozeßakten und deren Übersetzung[100]) umfaßt Originale, Durchschriften, Fotokopien, Kopien von Kopien verschiedener Provenienz.[101] Hier finden sich zum Beispiel Wehners »Notizen« von 1946, ein *Spiegel-Artikel* von 1968 und Teile der sogenannten Lux-Akte, die inzwischen zum größten Teil durch Reinhard Müller publiziert wurde. Aus der Sammlung wird deutlich, daß der »Fall

Wehner« in der DDR mit der Kampagne von 1964 noch nicht abgeschlossen war. Spätestens seit dem Herbst 1965 arbeitete die Staatssicherheit intensiv an einer Zusammenstellung von Material gegen Wehner.[102] Dazu wurde ein »Fragespiegel« erarbeitet; für eine »ins Detail gehende Charakteristik« Wehners sollten besonders herausgearbeitet werden: »seine politischen Auffassungen zu den politischen Hauptfragen der Deutschland-Politik, der NATO, der Einschätzung Westdeutschlands und seiner Rolle im System der Beziehungen zwischen den kapitalistischen Staaten; die Rolle der SPD in der ›Sozialistischen Internationale‹; Auffassungen über die Rolle und die Aufgaben der SPD in Westdeutschland, Zusammenarbeit mit der CDU/CSU und der FDP; persönliche Freundschaften und Verbindungen zu Politikern der vorgenannten Parteien; ausführliche Darlegung seiner Charaktereigenschaften und ihre Auswirkungen auf die praktische Politik des W., auf seine Stellung im PV [Parteivorstand], auf die Wahl seiner Mittel und Methoden in der Politik und im persönlichen Leben«. Zu Wehners Emigrationsaufenthalt in Schweden wollte man neben einer allgemeinen Schilderung der Zusammenarbeit der Emigrantengruppen in Schweden und Dänemark vor und nach dem 9. April 1940 »konkrete und umfassende Angaben« zu Wehners politischer Tätigkeit dort: »genaue Einsatzbezeichnung; Verbindungen nach Deutschland; Zusammenarbeit mit deutschen Institutionen in Schweden; aus der Arbeit bekanntgewordene Fakten über Gestapo-Verhaftungen; Geheimdienst-Verbindungen; namentliche Aufführung der Personen, mit denen W. in Schweden zusammenarbeitete; Reisen des W. in andere Länder«. Der »Fragespiegel«, der in erster Linie Kurt Vieweg vorgelegt werden sollte, ging aber schon über die Thematik Wehner hinaus. Vieweg, 1957 zu zwölf Jahren Zuchthaus verurteilt, war 1964 durch einen Gnadenerlaß freigekommen. Aller Rechte und früheren Vergünstigungen beraubt, blieb er auf die »Fürsorge« der Stasi angewiesen, die sich seiner weiteren Mitarbeit versicherte. Im Zusammenhang mit dem Wehner-Komplex sollte Vieweg auch »eine Aufstellung aller ihm aus der Emigration her bekannten Personen [anfertigen], die in skandinavischer Emigration waren und heute in Westdeutschland in politischen Funktionen tätig sind«[103]. Die Gespräche mit Vieweg waren so vielversprechend, daß der Fall Wehner kurzzeitig in den Hintergrund trat. Trotz bestimmter Zweifel an der Vertrauenswürdigkeit Viewegs wurde festgelegt, die von ihm »bisher aufgenommenen Verbindungen speziell nach Dänemark als Ausgangspunkt für eine allgemeine personelle Aufklärung zu nutzen«. Dabei wollte man zunächst seine Zuverlässigkeit testen.[104]

Ende Mai 1966 hatte Kurt Vieweg ein weiteres Mal seine Einschätzung über Herbert Wehner aus der Zeit in Schweden und aus den Begegnungen 1957 in Bonn und Hamburg niedergeschrieben. Anfang Juni lagen sie der HVA zur Auswertung vor.[105]

Stasi-Minister Mielke informierte Sicherheitschef Honecker am 9. Juni 1966 über Fortschritte Paul Laufers bei der Suche nach Auswirkungen von Wehners »Verrat« in Schweden. Mielke rechnete damit, daß man »ca. 200 Verhaftungen« dem Schuldkonto Wehners anlasten könne.[106] Die Stasi-Hauptabteilung IX[107], die in der Berliner Freienwalderstraße über ein gewaltiges Dokumentationszentrum aus NS-Justizakten verfügte, arbeitete an der Aufklärung von Nazi- und Kriegsverbrechen, sammelte aber auch Materialien des antifaschistischen Widerstandskampfes. Im August 1966 hatte die HA IX/10 die Materialien gegen Wehner geordnet und festgestellt, daß das schwedische Material immer »noch lückenhaft und unvollständig« sei. Gegenwärtig sah sie auf dieser Grundlage »keine Handhabe zu einem strafrechtlichen Vorgehen« gegen Wehner. Weder konnte ein kausaler Zusammenhang zwischen den Aussagen Wehners in Schweden und den Gestapo-Aktionen von 1943 hergestellt, noch konnten die Vorwürfe von Charlotte Bischoff bewiesen werden. Die Abteilung schlug deshalb vor, »wirksame« Materialien mit dem Ziel »einer strafrechtlichen Verfolgung« Wehners im Sinne des Gesetzes zum Schutze des Friedens der DDR[108] zu erarbeiten. »Die begonnene Konzentrierung des Materials gegen Wehner müßte weiter betrieben werden, Sach- und Personenzusammenhänge aufgeklärt und das Material nach folgenden Abschnitten chronologisch zusammengestellt werden: 1. Die Tätigkeit Wehners gegen die Einheitsfront und die Einheit der Arbeiterklasse vor und nach 1945, 2. daß Wehner kein Widerstandskämpfer, sondern Karrierist und Feigling ist, 3. sein Verrat 1942 am Kampf aller antifaschistischen Kräfte gegen den Faschismus, für die antifaschistische demokratische Zukunft Deutschlands.« Eine von der Abteilung gebildete Arbeitsgruppe wollte in Zusammenarbeit mit Paul Laufer weiteres Material »operativ« beschaffen.[109] Im Herbst 1966 drangen weitere Nachrichten in die SED-Zentrale, die Wehner nicht gerade als Freund der SED auswiesen. Im Gegensatz zu dem »weicheren Brandt« schien er gegenüber Ost-Berlin einen harten Kurs fahren zu wollen. Ein Spitzel im SPD-Vorstand zitierte ihn: »Wer mit verschlagenen SED-Leuten umgehe, müsse sich mit einer Portion Kaltschnäuzigkeit wappnen.«[110] Nur einen Monat später hieß es in einer »Information aus dem SPD-Parteivorstand«, Wehner habe gegenüber Brandt geäußert, daß, wer mit SED-Leuten zum Zuge kommen wolle, immer den kürzeren ziehe; scheinbare Loyalität sei dort Taktik und Heuchelei.[111]

Ein Dossier über Herbert Wehner, das KGB-Chef Wladimir J. Semitschastny für die Internationale Abteilung des ZK der KPdSU Anfang Februar 1967 erstellen ließ, bezeichnete Wehner wiederum als »stärkste Persönlichkeit der westdeutschen Sozialdemokraten«. Zudem habe er »den Parteiapparat der SPD fest und dauerhaft in seinen Händen«. Übel nahm man ihm in Moskau seine vertraulichen Kontakte mit der CDU/CSU im Vorfeld der Koalitionsverhandlungen und schließlich seine Parteinahme für Franz Josef Strauß. Im übrigen war Wehner für den KGB nur schwer faßbar: Eindeutig setze er sich »für die Normalisierung der Beziehungen der BRD mit der Sowjetunion und den anderen sozialistischen Ländern ein«, aus der er sich Fortschritte in der Lösung der deutschen Frage erhoffe. Anders als der USA-freundliche Brandt, setze Wehner auf gute Beziehungen zu Frankreich. Die Wiedervereinigung sei für ihn, so die KGB-Recherche, die »Sache einer weitentfernten Zukunft«. Für ihr Erreichen sehe er aber »nur eine Möglichkeit«: die allmähliche Annäherung der beiden deutschen Staaten und im weiteren einen wirtschaftlichen und kulturellen Zusammenschluß. Laut Wehner »mache es keinen Sinn, die Augen vor der Tatsache zu schließen, daß diese DDR existiere«[112]. Alles in allem hatte Moskau über den SPD-Politiker also kein unfreundliches Urteil – anders Ost-Berlin.

Im März 1967 lag zur Auswertung der Schweden-Akten eine neue Teilkonzeption vor; konkrete operative Fragen wurden nicht behandelt. Der Konzeption lag »der Gedanke zugrunde, daß die Feindtätigkeit Wehners wachsen wird«. Deshalb müßten »neue, breitere Kräfte« gegen Wehner mobilisiert werden. Inzwischen war der 1945 und 1947 in Schweden publizierte Untersuchungsbericht der Sandler-Kommission hinsichtlich einer Zusammenarbeit der schwedischen Polizei mit der Gestapo ausgewertet worden. Für die Übersetzung hatte die Stasi Charlotte Bischoff gewonnen. Jetzt sollte ein detailliertes gerichtliches Gutachten zu den Prozeßakten erstellt werden, das das »unverantwortliche und verbrecherische« Handeln Wehners aufdecken sollte. Dafür wollte die Stasi sogar den seinerzeitigen Staatsanwalt Werner Ryhninger ausfindig machen. Der schwedische Ministerpräsident Tage Erlander, der seinerzeit als Staatssekretär die Oberaufsicht über die Polizei führte, sollte durch Inoffizielle Mitarbeiter »direkt oder über zuverlässige Mittelspersonen« zu Wehner befragt werden. Genaue Recherchen nach dem Zusammenhang zwischen Wehners Aussagen und der Zerschlagung der Widerstandsorganisation »Knöchel« durch die Gestapo waren eingeleitet. Überlebende im In- und Ausland sollten befragt werden. Man glaubte immer noch, daß die Prozeßakten unvollständig seien, und wollte sie »legal oder halblegal« vervollständigen.[113]

Beim Sammeln von Wehner-Material wurde die Hauptabteilung Aufklärung in alle Richtungen aktiv. Rolf Wagenbreth, letzter Leiter der Abteilung Desinformation der HVA, recherchierte im Frühjahr 1967 in Moskau, wo ihm der KGB kompromittierende Berichte Wehners für den NKWD aus dem Jahre 1937 zusammen mit Materialien aus dessen Kominternakte übergab[114] – jene Berichte, die zur Jahreswende 1993/94 durch die Medien gehen sollten. Vor allem die Handschreiben Wehners für den NKWD waren als Ergänzung des Materials der Stasi gedacht. KGB-Chef Semitschastny war – anders als in seiner Information für das ZK der KPdSU wenige Wochen zuvor – im Mai 1967 mit Stasi-Chef Mielke völlig einig, »daß es auf Grund der besonders gefährlichen Rolle«, die Wehner »bei der Ausarbeitung der gegen die DDR und UdSSR gerichteten Politik der westdeutschen Regierung und der SPD spielt, zweckmäßig ist, aktive Maßnahmen gegen ihn zu überlegen und durchzuführen«. Semitschastny drückte die Hoffnung aus, mit den zur Verfügung gestellten Dokumenten – »in Verbindung mit den Materialien, über die ihr Apparat verfügt« – die Erarbeitung »scharfer aktiver Maßnahmen« gegen Wehner zu ermöglichen. Auch erklärte er die Bereitschaft des KGB, bei weiteren Maßnahmen zur Kompromittierung Wehners, etwa innerhalb der finnischen Sozialdemokratie, zu helfen: »Unsere Vertreter in Berlin werden an der Erörterung dieser Maßnahmen und der Ausarbeitung konkreter Aktionen teilnehmen.«[115]

Aus den Unterlagen der Staatssicherheit geht hervor, daß zumindest noch Mitte März 1968 an dem »Fall Herbert Wehner« gearbeitet wurde.[116] Die politische Entwicklung ließ eine neue Medienkampagne gegen ihn aber offensichtlich nicht als opportun erscheinen. Spätestens im Juni 1968 hatte Wolfs Aufklärung Wehner erfolgreich kontaktiert, der sich auch sofort an inoffiziellen Kontakten zur SED-Führung interessiert zeigte.[117] Nach bisheriger Aktenlage ist die Annahme, die Stasi habe Wehners Entscheidung mit dem Moskauer Material von 1937 beeinflußt, reine Spekulation. Allerdings war Wolfs Truppe der politischen Entscheidungsfindung der SED-Spitze wohl auch zu weit vorausgeeilt. Noch war die Entscheidung zur Entspannungspolitik auch gegenüber der Bundesrepublik nicht gefallen.

Im Mai 1969, vier Monate vor der Bundestagswahl, publizierte Hans Frederik eine Dokumentation über Wehners Zeit in Schweden unter dem Titel »Gezeichnet im Zwielicht seiner Zeit«[118]. Nach der Pleite seines Verlages soll ihm die HVA unter die Arme gegriffen und eine neue Gründung (»verlag politisches archiv«) finanziert haben.[119] Frederiks dort verlegtes Anti-Wehner-Pamphlet fand reißenden Absatz und fügte Wehner, der SPD und damit der von den Sozialdemokraten betriebenen Entspannungspolitik schweren Schaden zu. Wehner fühlte sich verraten und persönlich gekränkt. Entsprechend cholerisch begegnete er Ende Juni 1969 dem Ost-Berliner Anwalt Wolfgang Vogel in einem vertraulichen Gespräch in Bonn: Er habe immer die Hoffnung gehabt, so der aufgebrachte Minister für Gesamtdeutsche Fragen, es werde ein Mindestmaß der Verständigung mit der SED geben. Jetzt wisse er aber, daß es der SED lieber sei, mit Strauß und Kiesinger zu paktieren als mit der SPD. Man habe alles getan und nichts ausgelassen, um die SPD erfolgreich zu diskreditieren. Es werde zu keiner Großen Koalition mehr kommen und er werde unabhängig davon auch nicht mehr in der Regierungsverantwortung mitwirken. Für die humanitären, vertraulichen deutsch-deutschen Verhandlungen, die über sein Ministerium liefen, sei dies das Ende. Auch von Vogels Kontakten werde nur noch ein »Trümmerhaufen« bleiben. Wehner sah voraus, daß seine ganze Tätigkeit in diesem Rahmen abgewertet werden würde. Das 90minütige Gespräch brach Wehner anders als sonst ab, ohne ein neues Treffen zu vereinbaren.[120]

Frederiks Buch unterstützte objektiv die Gegner der Entspannung, und es wäre interessant zu wissen, welche Kreise in Ost-Berlin dabei die Fäden zogen. Zu den Skeptikern der deutsch-deutschen Entspannung gehörte auch Ulbricht; es ist sehr wahrscheinlich, daß er über die HVA die schon 1964 geplante Publizierung einer Auswahl von Wehners Prozeßunterlagen als Torpedo im Wahlkampf einsetzte. Anders verhält es sich mit der Veröffentlichung von Wehners »Notizen«. Diesen Text hatte Ulbricht schon 1957 versucht verschwinden zu lassen, doch als Honecker 1964 Einblick nehmen wollte, konnte Mielke ihm am 27. November 1964 ein Exemplar zur Verfügung stellen.[121] Als Ulbricht 1969 die Nachricht von der illegalen Publizierung der Wehnerschen »Notizen« beziehungsweise über den Ärger der Herausgeber mit Wehner erhielt, beauftragte er den Dänemark-Remigranten Max Spangenberg, Leiter des sogenannten Arbeitsbüros der Westkommission, mit der Beschaffung des Nachdrucks und entsprechender Materialien. Wehner und der Wiener Europa Verlag hatten am 19. August eine einstweilige Verfügung gegen den Raubdruck »Herbert Wehner 1933–45« beim Landgericht Bonn erreicht. Doch das Gericht war der Exemplare nicht habhaft geworden. Daraufhin hatte Wehner den Vorstand des Verbandes der Deutschen Studentenschaften am 10. Oktober auf Herausgabe aller Exemplare verklagt. Spangenberg konnte am 31. Oktober 1969 das gesamte Material einschließlich der Gerichtsakten vorlegen.[122] Wehners »Notizen«, von denen mehrere Kopien angefertigt wurden, ermöglichten fortan einem breiten Kreis in der SED-Führung, sich ein eigenes Bild vom »Parteifeind« Wehner zu machen, das sicher auch zu manchen persönlichen Korrekturen geführt haben wird. Das kann kaum im Sinne Ulbrichts gewesen sein.

Aus den Wahlen zum Deutschen Bundestag gingen am 28. September 1969 SPD und FDP als Sieger hervor. Herbert Wehner übernahm den Fraktionsvorsitz der SPD und blieb ein wichtiger Ansprechpartner für jene Kräfte im Osten, die in der deutschen Frage um Entspannung bemüht waren. Schon Anfang September war der Stasi über einen westdeutschen Diplomaten quasi ein inoffizieller Kontakt mit Wehner angeboten worden. In Ost-Berlin konnte man die Offerte nicht recht deuten, sah man in dem Vermittler doch einen Karrierediplomaten, der sich durch die Vermittlung persönliche Vorteile versprach. Dieser wiederholte im Mai 1970 aber das Angebot, über Kurt Vieweg mit Wehner ins Gespräch zu kommen.[123] Der Diplomat hatte bei einem Besuch in Bonn Wehner von seiner Freundschaft mit Vieweg erzählt. Die hohe Wertschätzung, die Wehner angeblich Vieweg entgegenbrachte – auch wegen dessen »charaktervoller Haltung« im Zuchthaus Bautzen –, veranlaßte die HVA, die Möglichkeit einer Verbindung Wehner-Vieweg näher zu untersuchen. Vieweg sollte ein Schreiben an Wehner vorbereiten. Auch wenn dieser Weg wohl nicht beschritten wurde,[124] kann man aus den Entwürfen einiges über die Gedankenwelt der HVA zu Beginn der sogenannten Entspannungspolitik und wohl auch über die Hintergründe der Frederik-Publikation erfahren.

Im Begleitschreiben an den Diplomaten, der den Brief an Wehner weiterleiten sollte, begründete Vieweg seinen Schritt mit einem »historischen Gerechtigkeitsgefühl« und »anderen Erwägungen«. Als Ausgangspunkt für sein plötzliches Interesse an einem Kontakt zu Wehner diente das kurz zuvor erschienene Buch von Karl Mewis (»Im Auftrag der Partei«), das Vieweg als »oberflächliche Glorifizierung der Rolle des Verfassers in der Emigrationszeit« abtat. Der Erinnerungsband sei aber deshalb von Interesse, weil er »die alten Behauptungen und Verleumdungen« gegen Wehner wiederhole. Viewegs Brief sollte Wehner über das Echo auf diese Verleumdungen informieren. Ehemalige Emigranten und Historiker hätten ziemlich einheitlich ihr Unverständnis geäußert, »die damaligen zweckpropagandistischen Äußerungen zu wiederholen und neue hinzuzufügen«. Vor allem Georg Henke sei aufgebracht, daß Mewis trotz Kenntnis der NS-Justizakten zu Emmerlich und Hallmeyer die »absolut widerlegte« Behauptung erneuere, Wehner habe diese aufs Schafott gebracht; ebenso habe sich Kurt Siegmund geäußert. »Interessant war in dieser Beziehung auch«, so Vieweg, »daß Charlotte [Bischoff], die sonst in der Vergangenheit auch manch Unverantwortbares gesagt hat, sich weigerte, dem schwedischen Journalisten Mert Kubu, der sie wegen der Behauptungen Mewis' gegen Dich interviewen wollte, Auskunft zu erteilen.« Sogar der dänische Anwalt Carl Madsen[125] habe nach dem Studium aller Gerichtsakten in Stockholm und des Branting-Nachlasses geäußert, daß Mewis seine Anschuldigungen nie belegen könne. Neben diesen »erfreulichen Reaktionen« auf die »schmutzigen Geschichtsfälschungen«, die einem »neurotischen Haßkomplex« entwachsen seien, habe das

Ganze aber auch eine politische Dimension. Man werte die entsprechenden Passagen gegen Wehner »allgemein als einen privaten Versuch, [...] gerade im gegenwärtigen Augenblick großer politischer Entscheidungen zwischen dem Osten und dem Westen eine Art kalten Krieg zu entfachen«. Über die Motive und Ursachen gebe es aber verschiedene Interpretationen. Vieweg wollte aus berufenem Munde gehört haben, daß Mewis das Buch in einer Zeit geschrieben hatte, »als er, wenn auch nur in schwachen Andeutungen, von Auseinandersetzungen in der Parteiführung erfuhr«. Mewis habe sich eindeutig auf die politischen und persönlichen Positionen des alten Führungskreises eingestellt. Er habe dabei weniger eine überholte politische Linie unterstützen, als auf Positionen des Mannes setzen wollen, von dem er annahm, daß er sich wie immer in der Vergangenheit durchsetzen werde. Man sage, so Vieweg, »Mewis hat in seinem Bestreben, im letzten Augenblick von der aufgezwungenen Rentnerposition zu kommen, Pech gehabt, auf die Politik und Personen zu setzen, deren Position sich international und national nicht mehr halten ließen«. Eine andere Interpretation schien Vieweg aber wichtiger: Die Attacken gegen Wehner seien der Versuch »von Mewis und seinen Gesinnungsgenossen [...] die jetzt von der Sowjetunion eingeleitete europäische Politik, besonders im Verhältnis zur BRD und die neue politische Linie der gegenwärtigen Führung bei uns zu erschweren und wenn möglich zu torpedieren«. Vieweg wollte in diesem Zusammenhang gehört haben, daß Mewis seine Hand auch bei einer Hetzschrift gegen Wehner im Spiel gehabt habe; offensichtlich war damit »Gezeichnet im Zwielicht seiner Zeit« gemeint. Man sei sich in der Ablehnung des Mewis-Buches einig; bestimmte Kreise sprächen sogar »von Sabotage und Blockadeversuchen der Orthodoxen«. Diese zählten Mewis zu einer Gruppe, »die im Grunde ihres Herzens gern das Scheitern der Ostverträge sehen würden, weil sich dann nach ihrer Meinung die Ereignisse weiter in scharfer Konfrontation und Abgrenzung wie bisher im Inneren unkompliziert abspielen würden. Der westliche Besucherstrom und die damit verbundene Auseinandersetzung von Hunderttausend Menschen außerhalb der Kontrolle hat in dieser Hinsicht bei der erwähnten Gruppe manchmal direkt panikartige Reaktionen hervorgerufen.« Vieweg schloß mit der Feststellung, die Reaktionen auf das Buch von Mewis zeigten, daß auch in der DDR etwas in Bewegung gekommen sei »gegenüber der völlig erstarrten Konfrontation und Abgrenzung der Vergangenheit«[126].

Markus Wolf konnte sich an diese Aktion in einem Gespräch mit dem Verfasser im April 1994 nicht erinnern.[127] Nach Aktenlage wurde der Brief auch tatsächlich nicht abgeschickt.

Im Vorfeld der Gespräche zwischen den beiden deutschen Staaten erreichten Ost-Berlin Ende 1970 erneut Signale von Wehner, »inoffizielle Kontakte« aufzunehmen, über die weder die FDP noch die westlichen Verbündeten informiert werden sollten. Diese Kontakte sollten dann wirksam werden, falls in den offiziellen Gesprächen Schwierigkeiten auftreten würden.[128] Dieser Kontaktversuch kam direkt aus Bonn und wurde als seriös eingeschätzt. Doch erst mußte Ulbricht aus seiner Machtposition gedrängt werden, was Honecker mit Unterstützung aus Moskau zur selben Zeit gelang. Jetzt konnte das Gesprächsangebot Wehners aufgegriffen werden. In Absprache mit Breschnew und Gromyko war Honecker im Sommer 1972 bereit, mit Wehner Verhandlungen zu führen. Ende Mai 1973 berichtete die Presse einer erstaunten Öffentlichkeit in beiden deutschen Staaten von einem Treffen Honeckers mit Wehner. Im gleichen Jahr erfuhr Wehner in Moskau, daß seine Komintern-Kaderakte geschlossen sei.[129] Aus seinem Moskauer Auftritt mit den Ausfällen gegen Willy Brandt zog *Die Welt* den Schluß: »Wehner optiert im Richtungskampf der deutschen Politik eindeutig für den Osten und versucht auf diese Weise ein sozialistisches, wenn irgendmöglich neutralisiertes Gesamtdeutschland zu verwirklichen oder wenigstens anzubahnen.« Dies sei kein Wandel in seiner Politik; in Moskau sei »weder ein alter noch ein neuer Wehner, sondern der immerwährende Wehner, der sich die unterschiedlichen Charaktermasken vors gleichbleibende Antlitz hält«[130], aufgetreten.

Mit Honeckers Machtantritt war zunächst keine Klarheit in den »Fall Wehner« gekommen. Zwar waren weitere Auflagen von Mewis Memoiren unmöglich geworden, eine öffentliche Rücknahme des Verratsvorwurfs durfte es aber zunächst nicht geben. Max Seydewitz, der 1976 seine Erinnerungen zum schwedischen Exil publiziert und sich zu Wehner sehr zurückhaltend geäußert hatte,[131] gab auf Dahlems Nachfrage zu, daß er sich zu Wehner nicht äußern »durfte«[132]. Karl Mewis traf in den achtziger Jahren ein generelles Rede- und Auftrittsverbot.[133]

Der Spiegel veröffentlichte 1977 eine Artikelserie über Wehner, der 1978 das Buch von Alfred Freudenhammer und Karlheinz Vater folgte, das der Öffentlichkeit die schwedischen Prozeßunterlagen zum größten Teil zugänglich machte, darunter das Memorandum von 1942 mit den Aussagen von Mewis.[134] In der DDR blieben die Prozeßunterlagen aber weiter tabu. Franz Dahlem kamen nach der Spiegel-Lektüre erste Zweifel an seinem früheren Urteil über Wehner und seinen Ex-Schwiegersohn Mewis, der sich von seiner Tochter getrennt hatte, als ihr Vater in Ungnade gefallen war. Weitere drei Jahre brauchte es, bis Dahlem dem schwedischen Reichsarchiv sein wissenschaftliches Interesse »an den Prozeßunterlagen, vor allem am Vernehmungsprotokoll gegen Karl Mewis« mitteilte. Er habe »gehört«, daß die Akten nun zur wissenschaftlichen Auswertung freigegeben seien. Dahlem scheint aber nicht mehr bekommen zu haben, als Frederik schon 1963 geliefert und Freudenhammer/Vater 1978 publiziert hatten.[135]

Spätestens 1977 war also öffentlich richtiggestellt, daß nicht Wehner Verrat an der KPD geübt hatte, dieser Vorwurf aber gegen Karl Mewis erhoben werden konnte. Offensichtlich gab es zwischen der Spiegel-Veröffentlichung und Mewis Verlust seiner Mitgliedschaft im SED-Zentralkomitee auf dem folgenden Parteitag 1981 einen direkten Zusammenhang: Honecker hatte in seinen 1980 erschienenen Memoiren über Wehner zum Erstaunen nicht nur der SED-Mitgliedschaft verkündet, während des gemeinsamen kommunistischen Kampfes an der Saar »viel von ihm gelernt« zu haben.[136] Eine Teilrehabilitierung Wehners ließ nun nicht mehr lange auf sich warten. Das *Neue Deutschland* publizierte im Januar 1983 ein Interview, das Wehner der *Süddeutschen Zeitung* aus Anlaß des 50. Jahrestages von Hitlers Machtantritt gegeben hatte. Staunend las die DDR-Bevölkerung nun über die enge Zusammenarbeit Wehners mit den legendären KPD-Führern Ernst Thälmann und Wilhelm Pieck.[137] Wer die Usancen in den kommunistischen Parteien in so delikaten Fragen wie einer Rehabilitierung kannte, wußte Bescheid. Schließlich druckte das SED-Zentralorgan zu Wehners 80. Geburtstag ein Glückwunschschreiben Honeckers an den »sehr geehrten Genossen« mit »sozialistischem Gruß« samt Wehner-Foto auf der Titelseite – eine Ehrung, die nur sehr bedeutenden Genossen zuteil wurde. Der neue Kurs in der DDR brachte Wehner, wie nicht anders zu erwarten, wiederum Mißtrauen in der Bundesrepublik ein.[138] Nachdem der »Fall Wehner« in der DDR diese Wende genommen hatte, waren dort die alten Verdächtigungen tabu. Als der Historiker Klaus Mammach 1987 in seinem Buch über den deutschen Widerstand Wehners Verhalten in Schweden als »Verrat« bezeichnen wollte, forderte Honecker Mammachs Ausschluß aus der SED und seine Abberufung als Professor.[139]

Die vollständige Wiederherstellung der Ehre Wehners hinsichtlich des Verratsvorwurfs erfolgte erst mit dem Ende der DDR. Anfang 1990 äußerte sich ein nachdenklicher Honecker über die Persönlichkeit seines einstigen »Vorbilds«: Vor dem XX. Parteitag der sowjetischen Kommunisten 1956 habe er an das »Märchen« geglaubt, das man Wehner »untergeschoben« hatte, um ihn aus der Partei auszuschließen. Später habe er mit Wehner darüber gesprochen und dessen Handeln verstanden. Trotz der oft extrem antikommunistischen Äußerungen pries der Ex-SED-Chef den sozialdemokratischen Zuchtmeister als Förderer der »Einheit der Arbeiterbewegung« und des Aufbaus »einer sozialistischen deutschen Republik«.[140] Dieses Zeugnis aus kommunistischem Munde wäre Wasser auf die Mühlen der Wehner-Feinde gewesen, doch der Kärrner der SPD war am 19. Januar 1990 in Bonn gestorben. Zu seinem Tod, die Mauer war seit zwei Monaten gefallen, konnte man im SED-Zentralorgan lesen, Wehner sei 1942 »auf Grund von Verdächtigungen und Beschuldigungen wegen angeblichen Verrats aus der KPD ausgeschlossen«[141] worden.

Herbert Wehner war seit seiner Ankunft in Deutschland ein Feind des totalitären SED-Regimes gewesen. Das hat ihn nie gehindert, mit der DDR zu verhandeln, wenn er damit Menschen helfen konnte. Außer Frage ist, daß ihn seine Vergangenheit, vor allem aber der Verratsvorwurf, belastete und er darüber gerne Klarheit erreicht hätte. Diese Faktoren bestimmten wesentlich sein Handeln – und führten nicht nur in der DDR zu Mißverständnissen.

Zusammenfassung

Die fünf schicksalsschweren Jahre in Schweden zwischen 1941 und 1946 nehmen einen wichtigen Platz im Leben Herbert Wehners ein. Die bisher klaffende Lücke in der Biographie des Politikers war um so schmerzlicher, da es sich um die Jahre seiner Abkehr vom Kommunismus Stalins und seiner Hinwendung zur Sozialdemokratie Kurt Schumachers handelte. Seit nunmehr fast fünf Jahrzehnten wird über die eigentlichen Hintergründe dieses Wandels eines kommunistischen Spitzenfunktionärs spekuliert. Dabei ist wiederholt der Vorwurf laut geworden, Wehners Bruch mit dem Kommunismus in schwedischer Haft nach 1942 sei eine der großen Legenden der Zeitgeschichte. In Wirklichkeit sei Wehner mit kommunistischem Auftrag in die Reihen der deutschen Sozialdemokratie gedrungen, um dort sowjetischen Interessen zu dienen. Ein Vorwurf ganz anderer Art, aber inhaltlich eng mit Wehners Wandel verbunden, wurde ihm von kommunistischer Seite gemacht: Der führende Widerstandskämpfer gegen die NS-Diktatur sollte seine Verhaftung in Schweden selbst inszeniert und in der anschließenden polizeilichen Untersuchung und vor Gericht Geheimnisverrat begangen haben, in dessen Folge angeblich Hunderte von Kommunisten in Deutschland von der Gestapo verhaftet worden seien.

Die vorliegende Untersuchung konnte auf der Grundlage bisher nicht zugänglicher Quellen die biographische Lücke schließen und vielen Spekulationen ein Ende machen. Sechs Fragenkomplexe standen dabei im Mittelpunkt: Welche Aufgaben hatte Wehner in Schweden zu erfüllen? Wie kam es zu seiner Verhaftung? Wie sind seine Aussagen vor der Polizei und vor Gericht zu beurteilen? Welche Hintergründe hatte Wehners Loslösung von der kommunistischen Bewegung und wann ist sie zu datieren? Welche Auswirkungen hatte der Verratsvorwurf später auf die Beziehungen Wehners zur SED und zur

DDR? Welche neuen Erkenntnisse über Mechanismen der SED-Kaderpolitik erwachsen aus dem »Fall Wehner«?

Im ersten Jahr seines Schweden-Aufenthaltes war Herbert Wehner nicht nur publizistisch aktiv. Er führte eine Untersuchung gegen den dortigen Führer des KPD-Exils, Karl Mewis, und war gleichzeitig mit dem Aufbau einer neuen KPD-Leitung in Deutschland beschäftigt. Nach dem deutschen Überfall auf die Sowjetunion übernahm er die Führung der deutschen Kommunisten in Schweden. Im krassen Gegensatz zu dieser Führungsposition stand das fehlende Vertrauen der Sowjets zu ihm. In der Tat widersprach Wehners Politik auf mehreren Ebenen jener Moskaus. Seine im Dimitroffschen Sinne nationalkommunistischen Vorstellungen ließen ihn Handlangerdienste für die UdSSR konsequent ablehnen. Unter diesen Umständen kann es kaum verwundern, daß er es nicht vermochte, Mewis, der das Vertrauen des sowjetischen Geheimdienstes besaß, wegen fehlerhafter Politik abzulösen. Es scheint unter diesem Blickwinkel auch naheliegend, daß die kurz vor der geplanten Abreise nach Deutschland erfolgte Verhaftung Wehners auf eine gezielte Indiskretion oder Denunziation zurückging. Diese Frage konnte aber nicht zweifelsfrei geklärt werden.

Eindeutig kann hingegen der Verratsvorwurf zurückgewiesen werden. Aus der Untersuchung wird deutlich, daß Wehners Aussagebereitschaft in Schweden zunächst das Ziel verfolgte, Klarheit über seine Identität zu schaffen. Dafür mußte er viele konkrete Angaben über Personen machen, die ihn identifizieren konnten. Nach der Erhebung der Anklage wegen Spionage für eine fremde Macht versuchte er, seine Arbeit im Rahmen der KPD als rein nationalen Widerstandskampf für eine von Moskau unabhängige Partei darzustellen. Dafür war ein tiefer Einblick in die Arbeitsweise und die – nun nicht mehr realisierbaren – Pläne für den weiteren Kampf zum Sturz der Hitlerregierung und für die Beendigung des Krieges notwendig. Hinter diesen Aussagen verbarg sich eine Strategie, die auf den Schutz der Exilorganisation der KPD ausgerichtet war. Niemand erlitt Schaden. Dokumente der schwedischen Sicherheitspolizei beweisen zudem, daß er weder Charlotte Bischoff, noch seine schwedische Gehilfin Hansson verraten hatte. Auch spätere Verhaftungen deutscher Spitzenfunktionäre wie Mewis, Seydewitz und Henke standen in keinem Zusammenhang mit seinen Aussagen. Von Verrat konnte in nicht einem Fall die Rede sein, auch wenn das für einzelne Zeitgenossen damals und später nicht immer durchschaubar war.

Wehner, dessen Parteiausschluß von 1942 weder ihm noch der KPD-Emigration bekannt war, hatte sich in der Internierung auch aus kommunistischer Sicht untadelig benommen. Er trat offen als Kommunist auf und unterhielt mit den deutschen Kommunisten im Internierungslager freundschaftliche Beziehungen. Als ihm die Möglichkeit gegeben war, nahm er Kontakt zum Vertrauensanwalt der Kommunisten, Georg Branting, auf. Das gewünschte Gespräch kam aber nicht zustande. Nach einem Gnadengesuch wurde Wehner 1944 Arbeit in der Industriestadt Borås zugewiesen. Sein inzwischen weiter gewachsenes Mißtrauen gegen Karl Mewis ließ ihn auf Distanz zur KPD-Emigration gehen. Davon unbeschadet blieb seine umfangreiche Korrespondenz mit befreundeten deutschen und schwedischen Kommunisten. Wehners Teilnahme an KPD-Veranstaltungen in Borås ist ein quellenkritisches Problem; hier wurde davon ausgegangen, daß er in Borås dreimal mit Kommunisten diskutierte. Wehner erwähnte in seinen »Notizen« nur ein inoffizielles Treffen und bestritt alle weiteren Kontakte zum KPD-Exil. Als Gründe für seine politische Zurückhaltung nach der Entlassung aus der Internierung gab er später neben dem ihm staatlicherseits auferlegten Verbot politischer Betätigung und seinen Problemen mit Mewis noch einen dritten, in den bisherigen Betrachtungen ausgesparten Grund an: Wie auch seine Berichte für Moskau aus dem ersten Jahr in Schweden zeigen, war er sich seiner Verantwortung für dic in Moskau zurückgelassene Lebensgefährtin Lotte Treuber bewußt. Er wollte sich deshalb die Aussicht, einem ihm »sehr nahestehenden Menschen eventuell später noch helfen zu können, wenn dazu noch irgend eine kleine Chance wäre«[1], nicht verbauen.

Als sich im September 1944 eine Gelegenheit bot, einen Rapport über das Treiben der KPD-Emigration unter Mewis' Führung an Wilhelm Pieck zu schicken, nutzte Wehner sie möglicherweise auch wegen seiner Moskauer Lebensgefährtin. Nach der nur scheinbar erfolgreichen Kontaktaufnahme mit dem vertrauten KPD-Vorsitzenden war er auch bereit, wieder in das politische Leben einzutreten. Das wurde letztlich nur durch Intrigen verhindert. Noch im März 1945 bemühte sich Wehner um eine Klärung seiner Angelegenheit im Rahmen der kommunistischen Bewegung. Mewis, der sich inzwischen sogar mit der schwedischen Sicherheitspolizei arrangiert hatte, gelang aber noch vor Kriegesende die vollständige Isolierung seines Widersachers. Bei der Verbreitung des Verratsvorwurfs gegen Wehner verbuchte er auf der KPD-Konferenz der Exilgruppe zu Ostern 1945 einen ersten Erfolg. Als sich nach der Rückkehr der Emigranten zur Jahreswende 1945/46 herausstellte, daß Wehner schon 1942 aus der KPD ausgeschlossen worden war, brach sich der Verratsvorwurf endgültig Bahn. Zur Verschleierung eigener Fehler kam ein »Verräter Wehner« nicht nur Mewis und Richard Stahlmann recht. Für Anton Plenikowski war es zum Beispiel von Vorteil, wenn dunkle Punkte seiner Vergangenheit nicht weiter überprüft würden, sondern seine lange Isolierung von der Partei auf das Wirken des »Agenten Wagner«, eines engen Wehner-Vertrauten, zurückgeführt werden konnte. Viele früher von Wehner arg Gerügte hatten nur auf die Stunde der Vergeltung gewartet; mehr oder weniger aktiv trugen sie seit ihrer Rückkehr zu seiner Brandmarkung als Verräter bei. Dazu gehörten Sepp Miller, Paul Peschke, Paul Verner und ganz besonders Franz Dahlem, Schwiegervater von Mewis und nun SED-Kaderchef. Zweifler am Verrat wurden ignoriert oder systematisch verfolgt.

Wehner sollte erst neun Monate nach Mewis die Möglichkeit zur Rückkehr nach Deutschland erhalten. Zweifel am Kommunismus Stalins waren ihm bereits in Moskau gekommen. Doch schon sein Beitritt zur KPD war traumatisch geprägt: Auf keinen Fall wollte er in die Isolation geraten oder abseits stehen.

Das hinderte ihn nach 1942 auch an einer Trennung von der kommunistischen Bewegung. Dabei mag die Verantwortung für Lotte Treuber, die ja nicht freiwillig in Moskau geblieben war, eine Rolle gespielt haben. Aber wohin hätte Wehner sich auch wenden können? Bestärkt durch Kommunisten wie Kurt Adam und vor allem Willy Langrock, die in Opposition zur KPD-Exilleitung standen und zum Teil ähnliche Schicksale erdulden mußten, glaubte sich Wehner frei in seiner Entscheidung für oder gegen die KPD. Den eigentlichen Ausschlag gab die erfolgreiche Rückkehr von Karl Mewis und seiner Anhänger nach Deutschland und deren Karriere in der SBZ. Als letzte Zäsur für Wehners Bruch ist die Zwangsvereinigung von KPD und SPD zur Einheitspartei auszumachen. Aufgrund eigener Erfahrungen hatte er schnell die unehrenhaften Motive Ulbrichts und Genossen erkannt. Der Bruch wurde subjektiv von Wehner selbst vollzogen. Die Akten von KPD und SED zeigen, daß das Verdikt gegen ihn 1945/46 noch nicht eindeutig war. Dazu ist es erst nach dessen feindlichen Äußerungen zur Politik Stalins und zur SED und seinem Bekenntnis zur SPD gekommen. Auch das bestätigt – zumindest moralisch – Wehners Behauptung, er selbst habe sich vom Kommunismus getrennt. Da der Bruch intellektuell schon um 1942/43 erfolgt war, fand Wehner nun schnell Zugang zu sozialistischen und sozialdemokratischen Ideen. Mit Hilfe seines Freundes Josef Wagner, der inzwischen Funktionen in der deutschen Sozialdemokratie übernommen hatte, kam er kurz nach seiner Ankunft in Deutschland zur SPD, wo eine große Karriere auf ihn wartete.

Das Schicksal des ehemaligen KPD-Spitzenfunktionärs Herbert Wehner gibt auch Aufschluß über die Mechanismen kommunistischer Kaderpolitik. Der Geheimbundcharakter der Bewegung machte es dem einzelnen unmöglich, Entscheidungen »von oben« nachzuvollziehen. Der Ausschluß Wehners aus der KPD 1942 ging auf – unter Umständen gewollte – Fehlinformationen zurück. Eine Korrektur war angesichts der Verschwörung kaum noch möglich. Die Legende vom »Verräter Wehner« wurde mit dem ganzen Apparat kommunistischer Kaderpolitik durchgesetzt. Eine Folge des Verwirrspiels um Wehner war, daß die Verratslegende schließlich ein Eigenleben führte und die DDR-Staatssicherheit bis zuletzt von ihr überzeugt blieb. Das war aber kein Hinderungsgrund für Verhandlungen mit einem einflußreichen Politiker des Westens. Das vermeintliche (Geheim-)Wissen um Wehners Vergangenheit galt in Ost-Berlin vielmehr als Faustpfand, um den Verhandlungspartner gefügig zu machen. Davon wurde zum Schaden Wehners auch wiederholt Gebrauch gemacht.

Wehners Freunden und Verehrern ist es immer schwergefallen, seine komplexe Persönlichkeit richtig einzuschätzen. Das betrifft auch und gerade seine Abkehr vom Kommunismus, die vielfach schematisch in die Zeit seiner Haft in Schweden datiert wird. Doch noch 1946 war sich Wehner seiner Sache nicht völlig sicher. Vielleicht hat Helmut Schmidt, der Wehner 1946 in Hamburg traf, dessen durch tiefe Brüche charakterisierte Persönlichkeit am ehesten verstanden. Zu den Motiven von Wehners Wandel schrieb Schmidt in seinem Nachruf für *Die Zeit:* »Zunächst vielleicht, weil ihn seine äußere Lebenssituation dazu gezwungen hat; dann aber, weil er Demokratie erlebt und gelernt hat.«[2]

Dokumente

Eidesstattliche Erklärung

Für den Fall, daß ich, der staatenlose – ehemalige deutsche Staatsbürger – Herbert Wehner, jetzt oder später aus dem Internierungslager entlassen würde, verpflichte ich mich hiermit auf Ehre und Gewissen, mich in der Zeit, in der ich mich in Schweden aufhalten werde, jeder Form politischer Tätigkeit zu enthalten.

Smedsbo Lager für Ausländer, By kyrkby, den 15. Dez. 1943

gez. Herbert Wehner

Quelle: RA, SUK, lägerarkiv, Smedsbo, Vol. B: 1, Försäkran (aus dem Schwedischen von Michael F. Scholz)

Aus Wehners Bericht an die Komintern von 1944

[...]
Die Organisation, deren Leitung mit dem Anspruch auftritt, die Kommunistische Partei Deutschlands zu repräsentieren, und die sich den Anschein gibt, die rechtmäßige Vertretung der deutschen Kommunisten zu sein, ist nach dem Prinzip gegenseitiger Rückversicherung zusammengesetzt. Die führenden Personen halten zusammen, trotzdem oder besser weil sie von zahlreichen unkommunistischen oder antikommunistischen Handlungen wissen, die die verschiedenen Mitglieder begangen haben. Ich kann aus meiner eigenen Erfahrung folgende Beispiele anführen.

Richard[1] (im folgenden mit R bezeichnet) weiß wohl von Mewis' (M) unentschuldbarer und verbrecherischer Handlungsweise aus den Jahren 1940/1941. Er weiß, daß M 4 Instrukteure nach Deutschland an Adressen geschickt hatte, die von der Gestapo kontrolliert wurden, wobei nicht nur diese 4 Genossen in den Tod geschickt wurden, sondern auch ein ganzes Verbindungsnetz unter Gestapo-Kontrolle kam und wertvolle Menschen dem Feind ausgeliefert wurden. Er weiß weiter, daß M Rapporte nach Hause schickte und in erster Linie gegenüber R und mir mit Rapporten auftrat, die nach Auskunft aus der Heimat sein sollten, die in Wahrheit aber von einem Mann stammten, der schon zu Kriegsbeginn verhaftet worden war. Er weiß weiter, daß Mewis sich beim Transport von zwei der obengenannten 4 Instrukteure, wie auch beim Transport von Material oder bei der Aufnahme und Aufrechterhaltung von Verbindungen einer Gruppe nicht kontrollierter deutscher Seeleute bediente, die sich als von der Gestapo organisiert und unterhalten erwiesen. Er weiß, daß M 1940 Henke (He) in die Heimat zu einer Gestapo-Verbindung schickte, wodurch viele wichtige Personen unmittelbar unter Gestapo-Kontrolle gerieten. Er weiß auch, daß M, der merkte, daß seine Handlungsweise im Zusammenhang mit Henkes Reisen nicht vertretbar war, versuchte, He zu verdächtigen, um sich selbst zu retten. Er weiß auch, daß M dabei war, Willi W[2] und LB[3] unter solchen Voraussetzungen in die Heimat zu schicken, die deren Untergang bedeutet hätten. Richard weiß weiter, daß M sich 1941 direkt weigerte, selbst in die Heimat zu fahren, und daß er (abgesehen von dutzenden feigen Ausflüchten) eine politisch präzisierte Motivierung dafür gab. Er kennt das prinzipienlose Gruppenverhalten, das M mit Franz D[4] verband, und welches sich in erster Linie gegen Walter U:s[5] Einfluß in der deutschen Führung richtete. Richard kennt den Fakt, daß M:s Rapport nach Hause aus dem Jahre 1939 auf Lügen aufbaute und geschrieben war mit dem Mut der Verzweiflung. Trotzdem Richard von all' diesen gravierenden Tatsachen Kenntnis hat und trotzdem Richard Anfang Juni 1941 zusammen mit mir selbst einen sachlichen Rapport verfaßte und unterzeichnete, der nach Hause gesandt werden sollte, in dem gefordert wurde, Mewis ganz und gar abzukoppeln, toleriert er Mewis nun, weil er nichts anderes wagt, alldieweil er sich einmal geweigert hatte, nach Deutschland zu fahren und später unterlassen hatte, wichtige Maßnahmen zur Organisierung seiner eigenen Arbeit im Lande zu ergreifen.

Auf der anderen Seite hatte M im Herbst und Winter 1941 die Auffassung vertreten, daß R sowohl wegen großer Unvorsichtigkeit als auch fehlender Geschicklichkeit anderen geschadet hatte, die mit ihm in Berührung gekommen waren.

Ob es sich um etwas handelte, was die Polizei bei dieser Gelegenheit erfand, oder nicht, will ich dahingestellt sein lassen, aber es ist eine Tatsache, daß man in der Sabotageabteilung Ende September 1942, als M:s und He:s Fälle behandelt wurden, behauptete, daß man versucht hatte, R festzunehmen. Nur seine Jacke mit seinen ganzen Notizen war in ihre Hände gefallen. R:s Signalement hatte die Polizei in jedem Fall schon vor dem Zeitpunkt meiner Festnahme im Februar 1942.

Zum oben Gesagten kann über das Verhältnis zwischen M – He folgende Ergänzung gemacht werden. Während der letzten Reise in die Heimat hielt sich He einige Wochen ohne Kontrolle auf. Er gab eine Erklärung, die M akzeptierte, aber später, als He:s Angelegenheit untersucht wurde, und es sich zeigte, daß M unverantwortlicherweise ihm die Adresse eines für die Gestapo tätigen Verräters als gute Verbindungsmöglichkeit genannt hatte, begann er, He zu verdächtigen. He weiß das. In jedem Fall wußte er es dann. Im Zusammenhang mit dieser Adressenangelegenheit hat He bewiesen, daß ihm das elementare Vermögen fehlt, feindliche Personen, die ein Doppelspiel treiben, zu beurteilen und zu entlarven. Ob diese Verhaltensweise Grund zu weitgehenden Konsequenzen geben mußte, konnte man damals nicht wissen. Ich hatte den Eindruck, daß wir es mit einem Fall fehlender Wachsamkeit und ausgeprägt kleinbürgerlicher Sorglosigkeit zu tun hatten.

Das Verhältnis zwischen M und Peschke[6] (P) basiert gleichfalls auf Rückversicherung. P hatte in den Jahren 1939/1940 eng mit M zusammengearbeitet und war der, der in M:s Auftrag die hiesige politische Emigration informierte und leitete. Die politische Linie, die Mewis ihm als die in der Heimat beschlossene ausgab, war eine bis zur Unkenntlichkeit entstellte Karikatur der Wirklichkeit. Das wird am besten dadurch bewiesen, daß P so weit ging, daß er Hitlers Rolle als die eines deutschen Tschiangkaischeks[7] darstellte, und die Schlußfolgerungen für die deutschen Kommunisten auf der Grundlage dieser Gleichstellung zog. Was M also zu befürchten hat, ist, daß P dessen vollständig unkommunistische politische Haltung des Jahres 1940 öffentlich macht. Weiter hat P mitgewirkt bei der Organisierung der Reisen der obengenannten Instrukteure. Umgekehrt braucht P M:s Unterstützung, weil M dessen phantastische politische Bocksprünge aus der Zeit kennt, in der P und seine Kameraden vom Unteroffiziersregiment interniert waren, und auch aus der Zeit, wo er zusammen mit österreichischen Genossen interniert war.

Das letzte gilt auch für das Verhältnis zwischen P und Warnke[8] (Wa), das von einer direkt skandalösen Rivalität gekennzeichnet war, die ihren besonders grotesken Ausdruck im Lager fand. M:s Methode gegenüber beiden ging dahin, sie gegeneinander auszuspielen, und sich auf diese Weise zwei ergebene Mitverbrecher zu schaffen, die beide um seine Gunst stritten.

»F. H:s«[9] Verbindungen mit M waren sehr intimer Art. M nutzte ihn in wenigstens dreierlei Hinsicht aus; finanziell, für Nachrichten und für die Korrespondenz. Finanziell gesehen, hatte M sich eine absolute Monopolstellung bei »F. H.« geschaffen. Er sprach für »F. H.« ein »Parteiverbot« aus, Personen finanziell zu unterstützen, ohne zuvor von M Order erhalten zu haben. »F. H.« glaubte, daß M der Führer der deutschen Partei war, dessen Anweisungen er absolut befolgen müßte. Er unterstützte auch M persönlich, und über diese Unterstützung gibt es nicht die geringste Kontrolle. Ich versuchte, das zu beenden, besonders weil ich wußte, daß »F. H.« auch Verbindungen mit Freunden von zu Hause hatte, die durch die Verbindung mit M in Gefahr kommen könnten. Deshalb gab ich R Anweisung, allein mit H den Kontakt aufrecht zu halten. M richtete sich aber nicht nach einem entsprechenden Beschluß, sondern traf »F. H.« heimlich, wobei »F. H.« das vor R verbarg. M kontrollierte konsequent alles, was »F. H.« tat, und »F. H.« richtete sich absolut nach ihm. Aus diesem Grund kam M bei »F. H.« auch mit dem Freund L[10] zusammen, was ich erst Monate später auf Umwegen erfuhr. M berichtete dort vollständig unverantwortliche Dinge für L über die Lage in Deutschland und über unsere Arbeit. Durch »F. H.« bekam M wiederum viele von L:s Schilderungen zu erfahren. L war deutlich nicht sehr vorsichtig in seinen persönlichen Berichten, denn er hatte zum Beispiel bei Steinitz[11] und bei »F. H.« über seine Erlebnisse in Finnland berichtet. Nach R:s Erzählung hätte er zufällig R in der Wohnung von Steinitz getroffen, wobei er gesagt hatte, daß er ihn kannte und wußte, mit welchem Boot R gekommen war.

Als ich einmal Gelegenheit hatte, mit einem Freund aus der Heimat zu sprechen, bat ich diesen, dieses unmögliche Triangelverhältnis zu beenden. Wir kamen überein, daß »F. H.« seine Berichte, die auf Reiseschilderungen aus Deutschland, Dänemark und Finnland usw. basierten, direkt übergeben sollte, und daß Richard ihn nur aufsuchen sollte, wenn es die Korrespondenzverbindung oder evtl. finanzielle Transaktionen (Beschaffung von Valuta) betraf. »F. H.« wurde über dieses Verfahren informiert und ermahnt, unbedingt vorsichtig zu sein. Er hat sich jedoch nicht danach gerichtet und seine heimlichen Treffen mit M und dessen Frau fortgesetzt.

M hatte ein Abkommen mit »F. H.« über finanzielle Unterstützung für sich selbst durch »F. H.« und auch finanzielle Unterstützung für seine Frau für den Fall, daß M auf Reisen war oder, daß M kein Auskommen hätte. Da die finanziellen Verbindungen zwischen M und »F. H.« absolut undurchsichtig waren, versuchten R und ich den Tatsachen auf die Spur zu kommen. Zu diesem Zeitpunkt hatten wir den Eindruck, daß M versuchte, durch »F. H.« für sich ein Teil der Summe von 25 000 Dollar sicherzustellen, die in Amerika als Unterstützung für den antifaschistischen Kampf in Deutschland gesammelt worden waren. In jedem Fall versuchte »F. H.« in dieser Angelegenheit, ständig Kontakt mit Personen in Amerika aufzunehmen oder zu halten. Er informierte darüber M, aber nicht R. M hatte, wie schon gesagt, »F. H.« eingeschärft, daß er über bestimmte Dinge nur mit M sprechen dürfte, und daß er ihn »á jour« mit allem halten müßte.

Auch bei einer Gelegenheit, in der R zu »F. H.« sagte, daß keine dritte Person etwas über eine alte Briefverbindung in Amsterdam wissen dürfe, zeigte es sich doch, daß »F. H.« M genau darüber informiert hatte. M hatte die Briefe sogar früher als R lesen dürfen.

Über »F.H:s« Unzuverlässigkeit in dieser Hinsicht hatte ich zwei Gespräche mit einer Freundin von zu Hause, die darüber berichtete. Sie versicherte mir, daß man »F.H:s« Hilfe nur noch in einigen wenigen Fällen brauchte, und daß man im übrigen seinen Berichten nur geringen Wert zumaß.

Für M war »F. H.« jahrelang die einzige Nachrichtenquelle gewesen. Er hat seine Berichte vollständig auf solches Material gebaut.

[...]

Quelle: RA, SUK, Hemliga arkivet, doss. ang. Mewis, Bl. 38–44. (Rückübersetzung aus dem Schwedischen von Michael F. Scholz).

Bericht über die Aussprachen mit Wehner in Borås 1944 (von Karl Mewis)

In B. hatte am 29. 10. eine kombinierte Mitgliederverslg. der Gen. aus B[orås] und Göteborg stattgefunden, in welcher H. W.[12] über seine Stellung zur Partei referierte. Die Landesleitung war vom Stattfinden dieser Versammlung nicht unterrichtet worden. Die Gen. hatten Wehner gestattet zu sprechen, weil sie hofften, er würde seine zersetzende Tätigkeit einstellen und eine Erklärung für sein Verhalten geben.

Stattdessen hielt W. ein Referat, in welchem er die gröbsten Beschuldigungen gegen Mitglieder der Parteileitung erhob und behauptete, er habe das volle Vertrauen des Gen. W. Pieck[13]. Wesentlicher Inhalt des Referats: Es geht eine klare Linie von der lange vorbereiteten Auslieferung des Parteiapparates durch die Mitglieder des Sekretariats Merker[14] und Dahlem[15] in Paris an die französische Polizei zur politischen Tätigkeit von Mewis in den Jahren von 1940–42. (Keine Beweise, nur verleumderische Behauptungen, wie, Mewis ist ein Abenteurer usw.) Mewis hat sich geweigert ins Land zu fahren, er hat W:s Hochgehen veranlaßt. Er, W., habe in M.[16] den Auftrag bekommen, in St.[17] auszumisten und Mewis zu entfernen. Er habe nur mehr Beweismaterial sammeln wollen, deshalb sei Mewis in Funktion geblieben. Glückauf[18] und Stefany[19] seien Intriganten und Fraktionisten. Paul Verner habe im Gefängnis einen Brief an den König geschrieben, worin er bereue jemals Kommunist gewesen zu sein. Die Partei habe W. in der Haft nicht betreut und Verleumdungen gegen ihn verbreitet.

Die Mitgieder waren über das Referat entsetzt und wünschten einen Vertreter der Parteileitung zu sprechen.

Am 19.11. begann um 10 Uhr eine neue Verslg. der Freunde von Borås und Göteborg, an welcher ich teilnahm. Bei Eröffnung teilte der Vorsitzende mit, daß W. an ihn herangetreten sei und den Wunsch geäußert habe an der Mitgliederverslg. teilzunehmen. Er komme aber erst um 16 Uhr von der Arbeit. 2 Stunden wurde von den Mitgliedern darüber diskutiert, ob W. teilnehmen solle. Nur ein Gen. (Adams[20]) war dafür. Alle anderen vertraten den Standpunkt man solle einige Gen. bestimmen, die eine Aussprache mit W. durchführten. Ich sprach erst zum Schluß, da es notwendig war zu sehen welche Auffassungen die Gen. hatten. Schlug dann vor die Debatte abzubrechen, um zunächst die Auffassung der Parteileitung über W:s Verhalten anzuhören. So wurde beschlossen. Mein Bericht enthielt in großen Zügen:

W. hat Fehler begangen, für die er sich verantworten muß. Sein Hochgehen und dessen Folgen haben der Partei einen furchtbaren Schlag versetzt und das Vertrauen der Bruderpartei zu uns auf eine unerhörte Belastungsprobe gestellt. Aus verständlichen Gründen können hier nicht die Fragen der damaligen Arbeit und des Verhaltens von W. behandelt werden. Was jedoch die Frage seines Hochgehens betrifft, so steht folgendes fest: er wurde in der Wohnung der Gen. Friedel Wagner verhaftet, mit welcher er fast täglich privat zusammenkam, obwohl ihr Mann fortgesetzt Polizeiverhören ausgesetzt war, während man seine Verbindungsleute in St. ausfindig machen wollte.

Von den deutschen Gen. wurde weder öffentlich noch innerparteilich etwas über W. gesagt. Vielmehr bezogen wir den Standpunkt, seine Angelegenheit könne erst nach der Freilassung geregelt werden. Allerdings sind einige der Vorwürfe gegen W. solcher Art, daß W. vor Entscheidung durch das ZK nicht zu verantwortlicher Arbeit herangezogen werden kann. Nach W:s Freilassung hat die Parteileitung mit W Kontakt gesucht; aber vergebens. W. verbreitete Gerüchte, weigerte sich aber mit der Parteileitung zu sprechen, oder für seine verleumderischen Behauptungen einzustehen. Daraufhin faßte die Parteileitung den Beschluß, weitere Bemühungen einzustellen und forderte die Mitglieder auf allen Kontakt mit W. abzubrechen. Ihr habt euch dann durch falsche Informationen dazu hinreissen lassen, W. in einer Mitglieder-Verslg. das Wort zu erteilen. Ihr habt das Spiel eines Mannes erleichtert, der zur Verdeckung seiner Fehler vor keinem Mittel des Betrugs, der Verleumdung und der Zersetzung der Partei zurückschreckt.

In der Aussprache versuchte nur ein Freund (Adams) W. zu verteidigen, resp. zu entschuldigen (Haftpsychose usw.). Alle übrigen Freunde verurteilten mit Schärfe das Verhalten und das Auftreten von W. Danach wurde folgender Beschluß einstimmig angenommen:

W. wird von der Parteigruppe aufgefordert sein Verhältnis zur Partei mit der zuständigen, gewählten Parteileitung zu klären. Falls W. zu dieser kein Vertrauen hat, kann er sich an die SKP[21] wenden. Falls er Anklagen gegen leitende Parteigenossen zu erheben hat ist es seine Pflicht, dieselben auf dem üblichen Parteiwege vorzubringen. Sollte W. sich nicht bereit erklären sein Verhältnis zur Partei auf diese Weise zu ordnen werden die Mitglieder sofort alle Beziehungen zu ihm abbrechen.

Vier Gen. wurden beauftragt W. diesen Beschluß mitzuteilen. Auf Wunsch der Genossen nahm ich an der nachfolgenden Sitzung mit W. teil.

Besprechung mit W.

W. erschien gegen 16 Uhr. Er trat zunächst ruhig und überlegt auf. Ein Freund teilte ihm den Beschluß der Gruppe mit. Darauf erklärte W., er habe sich das anders gedacht, hätte nicht erwartet einfach vor vollendete Tatsachen gestellt zu werden. Aber vielleicht gestatte man ihm einige Ausführungen. Er habe ja überhaupt nicht die Absicht Anklagen zu erheben oder einen Kampf zu führen. Er habe sich nur dagegen gewehrt, daß über ihn Gerüchte verbreitet worden seien. Seine Angelegenheit könne von keiner Instanz in Schweden behandelt werden, das müsse vielmehr später geschehen. Aber er sei sicher, daß sein Verhältnis in ein anderes Licht kommen würde, falls man die Tatsachen kenne. Dafür wolle er einige Belege geben.

1. Seine Verhaftung nur auf einen Konspirationsbruch zurückzuführen, das sei zu einfach. Gewiß habe er Friedel Wagner öfter getroffen, auch ein Verhältnis mit ihr gehabt; aber dieser Umstand genüge nicht zur Beurteilung der Verhaftung. Außerdem habe er Friedel so oft getroffen, weil er durch sie bestimmte Mitteilungen von ihrem Mann haben wollte. (Wagner war sofort nach der Rückkehr verhaftet worden und wurde täglich von der Polizei vernommen. W. traf Friedel W. sofort,

wenn sie im Polizeihause gewesen war.) Er vermute es gäbe noch andere Ursachen für seine Verhaftung. Dies zeige u. a. die Tatsache,

2. daß die Polizei schon in den ersten Vernehmungen von seiner Tätigkeit gewußt habe, Namen von anderen illegalen Gen. kannte und sagen konnte, welche Geldsummen er Hagge, Beier[22] und andere gegeben habe.

3. Er habe nach der Verhaftung drei Wochen überhaupt keine Aussagen gemacht. Dann habe er die Straße angegeben, in der seine Wohnung lag und ungefähr das Haus. Er nahm an seine Wohnung wäre inzwischen ausgeräumt und abgedichtet worden. Man entdeckte dann auf Grund seiner Angaben die Wohnung, vernahm die Wirtin und diese gab ihren Bruder als Quartiermacher an. Derselbe und dessen Frau wurden verhaftet. Bei der Haussuchung in dessen Wohnung habe man alles Material von W. gefunden, einschließlich des letzten Berichtes an Westdeutschland. und einen Chiffreschlüssel.

4. Seine frühere Wirtin habe nun Frau Hansson beschrieben und dadurch, nicht durch seine Angaben, sei Frau Hansson verhaftet worden. Unter dem Druck der Indizien habe Frau Hansson zugegeben, mit W. gearbeitet zu haben, allerdings habe ein unbekannter Mann sie mit W. in Verbindung gebracht. Weil W. aber dieser X im Hintergrunde nicht paßte, hätte er versucht auf Frau H. einzuwirken, daß sie diese Behauptung ändere. (Er umging die Frage, ob er einen Freund der SKP als den Mann im Hintergrund angegeben hat.) Das sture und freche Verhalten von Frau Hansson habe W's Position sehr erschwert. Darauf sei auch sein Zusammenstoß mit Branting zurückzuführen.

5. Es sei offensichtlich, daß die schwedischen Freunde ihn im Stich gelassen, ja als Provokateur behandelt hätten.

6. Er habe stets nur behauptet, aus Norwegen gekommen zu sein.

7. Im 2. Prozeß habe man ihm neues Material vorgelegt, welches die Polizei im Arbeitsraum von Kalle (Richard)[23] endeckte, als dieser im August 1942 mit knapper Not der Verhaftung entgangen war. Darunter soll sich die Korrespondenz befunden, haben, sowie die Fotokopien von Berichten nach zuhause und anderes vertrauliches Material.

Außer diesen Dingen erzählte er, daß Friedel W. ihn einmal in Vännersborg besucht habe und dort hätte er ihr gesagt seine Verhaftung müsse noch andere Ursachen haben. Bestreitet aber mich als Verräter bezeichnet zu haben.

Auf meine Fragen warum er behauptet habe:

a) ich hätte ihn hochgehen lassen,

b) ich hätte mich geweigert ins Land zu fahren,
c) P. Verner sei ein Verräter,
d) zur Parteileitung habe er kein Vertrauen,
antwortete er folgendes.

a) Das habe er nie gesagt. und könne es überhaupt nicht sagen. Aber er meine eben es sei zu einfach zu glauben er sei durch sein Verhältnis zu Friedel Wagner hochgegangen. Es müsse noch etwas anderes vorliegen.
b) Das hätte er nie gesagt. Es wäre aber so gewesen, daß er und Richard infolge meiner Erkrankung und meines Verhaltens den Eindruck gehabt hätten ich wollte nicht ins Land fahren. Darum hätten er und Richard 14 Tage vor W's Verhaftung beschlossen, abzufahren, mich aber hier zu lassen.
c) Er habe nicht gesagt, P. V. sei ein Verräter; aber es existiere ein Gen., der die Abschrift des Briefes von PV an den König habe, in welchem PV um Gnade bittet. Er selbst habe den Brief nicht gesehen. Den Namen des Mannes nannte er nicht.
d) Mit mir habe er Meinungsverschiedenheiten gehabt.

Glückauf sei ein Intrigant übelster Sorte. Er habe u. a. Franz Stefany angestiftet eine Anfrage zu schreiben, warum in einem Artikel von W. der Name Thälmann nicht genannt werde. Dies habe Glückauf noch acht Tag vor der Verhaftung von W. in Gegenwart von Richard selbst zugegeben. Gegen Stefany habe er sonst nichts.

Gegen Heinz Rauch habe er überhaupt nichts; aber Heinz sei erst nach 1933 und nach seiner Teilnahme an den Kämpfen in Spanien zur direkten Parteiarbeit herangezogen worden und darum habe er auch mit diesem nicht sprechen wollen, als Glückauf und Rauch in B. waren.

Beim Versuche alle früheren Verleumdungen abzuschwächen betonte W. in »Notwehr« gehandelt zu haben und machte den Versuch die Schuld auf falsche Auslegungen anderer Genossen abzuladen. Das veranlaßte die anwesenden Genossen mit aller Schärfe zu betonen, daß sie solche Manöver auf Kosten unbeteiligter Gen. nicht dulden werden.

W. Bick stellte W. die Frage ob er auch ableugnen wolle noch vor 14 Tagen gesagt zu haben: »Ich werde dafür sorgen, daß der Mewis nicht nur politisch, sondern auch physisch ausgerottet wird.« W. antwortete in unverschämter, zynischer Weise und bestritt, jemals solche Behauptung aufgestellt zu haben.

3 der anwesenden Freunde betonten im Verlaufe der Sitzung, daß doch die Zurücknahme des wesentlichen Teils der Verleumdungen den Weg zu einer Regelung öffne.

W. schlug vor er wünsche nur als einfaches Mitglied an der Gruppenarbeit teilzunehmen und wolle auf den Entscheid des ZK warten. Er werde keinerlei Gerüchte fabrizieren und sich diszipliniert verhalten.

Danach erklärte ich, daß dies zu erreichen die Absicht der Parteileitung war, als sie Gl. und R. nach B. schickte. Aber W. lehnte es ab mit ihnen zu sprechen und er eröffnete stattdessen den Kampf gegen die Parteiorganisation. Er hat wie ein Mensch gehandelt, der zur Verdekkung seiner Fehler wild um sich schlägt, soviel Dreck als möglich gegen andere Gen. schleudert, um damit eine Überprüfung seines Verhaltens zu erschweren. Die Stärke der Kommunisten besteht unter anderem in der ihnen eigenen bolschewistischen Selbstkritik, in der Aufdeckung eigener Fehler. Heute stehe der Einreihung W's in die Parteiarbeit auch das schändliche Verhalten in der letzten Zeit entgegen. Aber vielleicht lasse sich noch eine Regelung finden, falls W. seine zersetzende Tätigkeit einstelle. Auf die Ausführungen W:s zu den Begleitumständen und Folgen seiner Verhaftung könne ich nicht eingehen, würde aber die Partei über das Gehörte informieren.

Nach Erstattung meines Berichts würde die Parteileitung der Gruppe unseren Beschluß mitteilen.

Als nach dieser Aussprache die Gruppe über das Resultat informiert wurde sah ich, daß Adams meine Bemerkung, es werde sich vielleicht eine Regelung finden lassen, so auslegte, als sei nun die Heranziehung W:s gesichert und alles erledigt. Das veranlaßte mich den Gen. mit aller Schärfe zu sagen, daß W:s Verhalten parteifeindlich war und noch keineswegs sicher ist, daß die Parteileitung die neue Taktik von W als Beweis dafür betrachtet, daß er seine Fehler einsieht und zur loyalen Mitarbeit bereit ist.

Schlußbemerkung:
Die Aussprache ergab eine völlig neue Taktik von W. Ich hatte erwartet er würde seine bisherige Methode fortsetzen. Stattdessen versuchte er andere Gen. zu belasten, ohne aber seine ursprünglichen Anklagen völlig zurückzunehmen. Er bezieht nach wie vor die Linie seine Fehler zu verdecken und Verdächtigungen gegen andere Freunde auszusprechen.

Offenbar sieht er aber ein, daß die Parteiorganisation jetzt gefestigt ist und ihn ohne Schwierigkeiten isolieren würde, falls er die alte Taktik fortsetzt. Deshalb will er jetzt Zutritt zur Partei gewinnen und auf neue Weise den Kampf aufnehmen.

Solange W. nicht vollständig abrüstet und offen seine Fehler eingesteht, kann ich nicht davon ausgehen, daß er in der Parteigruppe B. positiv mitarbeiten wird.

Da ich nicht berechtigt war in B. zum Verhalten W's vor und nach seiner Verhaftung Stellung zu nehmen und es zunächst darauf ankam zu verhindern, daß die Parteigruppe zersetzt wird, ist dort ein Schritt zur Normalisierung getan. Ich bin aber überzeugt, daß die Gruppe jetzt jeden Beschluß der Parteileitung in Sachen W. loyal durchführen wird.

Vorschlag:

a) sofort Wilhelm[24] informieren und anfragen, ob W. nicht bereits ausgeschlossen ist, resp. falls nicht, inwieweit wir uns mit der Angelegenheit überhaupt befassen sollen.

b) Die Meinung von Richard und den hiesigen Freunden einholen.

c) Der Grupp[e] mitteilen, daß ein Beschluß erst gefaßt werden kann, wenn die Parteileitung die Untersuchung einiger Fragen abgeschlossen hat, welche sich aus dem Bericht ergeben.

Quelle: SAPMO, BA, DY 30/IV 2/11/v. 5211, Bl. 89–92.

Beschluß der KPD-Funktionärssitzung Weihnachten 1944

Beschluß der KPD-Funktionärssitzung Weihnachten 1944 (der Parteikonferenz Ostern 1945 zur Bestätigung vorgelegt und gegen die Stimme Willi Langrocks angenommen)

Nach dem Bericht über die Angelegenheit Wehner beschließt die Funktionärskonferenz der deutschen Kommunisten in Schweden folgendes:

Die Untersuchung des Verhaltens von Wehner im Zusammenhang mit seiner Tätigkeit von 1942 muß dem Z. K. vorbehalten bleiben.

Das Verhalten Wehners nach seiner Freilassung ist parteischädigend und macht eine Einreihung Wehners in die Parteiarbeit unmöglich.

Stockholm, den 26. Dez. 1944

Quelle: SAPMO, BA, DY 30/IV 2/11/v. 5211.

Aus Wehners Brief an die Parlamentarische Untersuchungskommission in Stockholm, 8. Oktober 1945

[...]

Das, was ich vor der Parlamentarischen Untersuchungskommission vorbringen will, kann vielleicht wie folgt zusammengefaßt werden:

Das Urteil gegen mich gehörte einer Periode an, die vorüber ist. Die Behandlung meiner Person als Flüchtling sollte nicht länger von den Gesichtspunkten bestimmt werden, die in der Zeit galten, in der ich verurteilt wurde und meine Strafe verbüßte.

Es ist nicht die Wiederaufnahme des Prozesses, die ich auf einem Umweg anstrebe, sondern es geht mir einzig darum, daß die Parlamentarische Untersuchungskommission von den Materialien Kenntnis nimmt, die mit meinem Fall in Zusammmenhang stehen. Das mag dazu beitragen, daß ich nicht länger als suspektes und verdächtiges Individuum von den schwedischen Behörden betrachtet und behandelt werde, sondern als politischer Flüchtling, der durch unglückliche Umstände in Konflikt mit den schwedischen Gesetzen gekommen ist, aber sich niemals etwas hat zu Schulden kommen lassen, das als gegen Schweden gerichtet, betrachtet werden könnte.

In erster Linie ist es mein Wunsch, die Kommission darauf aufmerksam zu machen, daß ich politisch gegen das Hitler-Regime in Deutschland tätig war, wie ein deutscher Widerständler gegen die nazistische Diktatur, daß ich niemals im Dienst irgendeiner fremden Macht gestanden habe. Da auch niemand etwas anderes beweisen konnte, sondern das Gericht sich mit Konstruktionen behelfen mußte, daß ich durch meine damalige Mitgliedschaft in der deutschen kommunistischen Partei, die ihrerseits der nun aufgelösten Kommunistischen Internationale angehörte, als im Dienst einer fremden Macht betrachtet werden konnte, nach all diesem meine ich, daß es gerecht wäre, wenn ich wenigstens jetzt, lange nach dem Tod des Hitlerregimes und dem Ende des Krieges, mein anspruchsloses Leben ohne besondere polizeiliche Überwachung und ohne die Drohung mit dem Vollzug des Ausweisungsbeschlusses leben dürfte.

Wenn ich in meinem Gespräch mit der Parlamentarischen Untersuchungskommission auf Geschehnisse und Äußerungen im Zusammenhang mit meinen Polizeiverhören eingehen mußte, bin ich mir darüber klar, daß meinen Angaben nicht als Beweis gewertet werden können, weil ich als ehemaliger Gefangener mit meinen Angaben allein gegen einige Beamte stehe. Aber ich habe diese Angaben trotzdem gemacht, weil ich hoffte, daß die Kommission die Möglichkeit bekommt, sie mit Aussagen zu vergleichen, die ihnen vielleicht von anderer Seite zukommen, sodaß meine Angaben wenigstens zur Beschreibung der damaligen Situation dienen. Ich beanspruche also nicht die Rolle des Anklägers gegen Personen, die ich auf diese Weise charakterisieren mußte, sondern ich mache diese Angaben, um die damalige Atmosphäre und die Umstände zu beleuchten, die schließlich im Urteil gegen mich kulminierten.

[...]

Quelle: RA, Komm Nr. 984, AD Nr. 152 (Übersetzung aus dem Schwedischen von Michael F. Scholz).

Aus der Stellungnahme des Stockholmer Abwehrchefs der Sicherheitspolizei (Erik Lönn) zur Übersiedlung Wehners nach Uppsala, 21. Februar 1945

[...]

Wehner ist [...] bekannt als einer der intelligentesten und gefährlichsten internationalen Kommunisten, die unser Land besucht haben. Seine guten Verbindungen mit Führungskreisen der UdSSR sind bewiesen und müssen als latentes Gefahrenmoment betrachtet werden. Niemand weiß, wie lange es für die sowjetrussische außenpolitsche Führung opportun sein wird, von der Komintern als außenpolitischem Instrument Abstand zu nehmen. Und wenn die Komintern oder etwas Entsprechendes wiederauferstehen sollte, hat Wehner sicherlich seinen festen Platz darin. Auch wenn das nicht der Fall sein wird, kann man befürchten, daß der sowjetrussische Nachrichtendienst – der erfahrungsgemäß seine Drähte hauptsächlich zu den sowjetrussischen Institutionen in der Hauptstadt hat – Kontakt mit Wehner suchen wird, wenn der in bequeme Reichweite von Stockholm kommt. Es muß betont werden, daß man noch keine rückläufige Tendenz der sowjetischen Spionage in der wahrscheinlichen Schlußphase des Krieges bemerken konnte. Auch andere Gesichtspunkte sprechen gegen Wehners in Frage stehende Aufenthaltsgenehmigung für Uppsala. In dieser Stadt wohnt nämlich sein größter Antagonist, was die Führung der früheren deutschen Kommunisten in Schweden betrifft, Wilhelm Karl Alfred Mewis. Dieser Letztgenannte scheint eine ausgeprägt volksfrontfreundliche kommunistische Taktik zu vertreten und ist der geworden, der die Führung der oben genannten Gruppe Flüchtlinge inne hat, weshalb zu befürchten ist, daß Wehners Auftreten in Uppsala zu einer intensivierten Tätigkeit zweier konkurrierender Gruppen ehemaliger deutscher Kommunisten mit folgenden Reibereien für die schwedische Flüchtlingspolitik führen würde.

[...]

Quelle: RA, SUK, Hemliga arkivet, doss. ang. Wehner (aus dem Schwedischen von Michael F. Scholz).

Auszug aus dem Bericht über die Tätigkeit der Parteileitung für das Land in den Jahren 1940–1942 von Karl Mewis, Januar 1946

Betrifft: Herbert Wehner
Die Verhaftung Wehners:
Im Februar 1942 sollte eine Leitungssitzung stattfinden, die zu Briefen aus dem Westen und zum Kontakt mit Lotte Bischoff Stellung nehmen sollte. Die Sitzung fand in der Wohnung von Wehner statt. Richard[25] und ich erschienen pünktlich, Wehner war nicht anwesend, die Wirtin teilte uns mit, Wehner sei verschiedene Male nachts nicht nachhause gekommen. Er habe dann wohl mit dem »Welt«-Redakteur gearbeitet. Richard meinte jedoch, Wehner habe ein Verhältnis mit der Frau von Wagner und sei oft in ihrer Wohung. Zur Erläuterung: Wagner ist jener Genosse, der Anfang Januar aus Hamburg zurückkehrte und von der schwedischen Polizei verhaftet war. Seine Frau, die als Emigrantin unter Polizeiaufsicht in Stockholm lebte, ging täglich ins Gefängnis zu Wagner. Nachdem Richard diese Bemerkung fallen ließ, beschlossen wir, sofort in Deckung zu gehen und möglichst unsere Quartiere zu wechseln, da damit gerechnet werden mußte, daß Wehner durch die Polizei verhaftet worden sei. Einige Tage später stellte sich dann auch heraus, daß Wehner die fragliche Nacht in der Wohnung von Friedel Wagner war und zusammen mit Friedel W. verhaftet wurde.

Wie mir Richard mitteilte verlangte die schwedische Partei die vorläufige Einstellung unserer Tätigkeit. Da ich befürchtete, daß Berichte und Materialien aus dem Westen bei oder durch Wehner gefunden wurden, bat ich Sven Linderoth, sofort ein Telegramm über Moskau an Erasmus[26] zu schicken mit der Aufforderung, alle Verbindungen nach Schweden abzuriegeln, damit von dort aus kein Einbruch erfolgen könne. Richard mußte zweimal das Quartier wechseln, da ihm die Polizei auf den Fersen war. Soweit wir überschauen können, hat Wehner in den ersten 3–4 Wochen keine Aussagen gemacht. Dann allerdings gab er seine

Wohnung an, den Verbindungsmann zur schwedischen Partei, eine Jugendgenossin, und unseren Mann im ZK der schwedischen Partei. Diese beiden Genossen wurden verhaftet. Die Jugendgenossin wurde später auf Grund der Aussagen von Wehner zu 6 Monaten Gefängnis verurteilt, der Genosse des ZK mußte freigelassen werden, da außer Wehner kein Zeuge vorhanden war. Über die weiteren Aussagen von Wehner vor der Polizei und vor Gericht bin ich nicht genau informiert. Es ist damals ein Bericht nach drüben gegeben worden.

Der Verrat Wehners schlug wie eine Bombe ein. Die schwedische Partei verweigerte uns jede weitere Hilfe. Richard behauptete, im Mai 1942 sei vom Genossen Dimitroff ein Telegramm eingetroffen, mit der Mitteilung, wir müßten unsere Arbeit einstellen. Es war zunächst völlig ausgeschlossen, noch eine Tätigkeit durchzuführen. Richard und ich hielten noch Kontakt, aber leider brachte es Richard nicht übers Herz, den Kontakt mit dem legal lebenden Emigranten Max Seydewitz abzubrechen. Seydewitz stand unter polizeilicher Beobachtung, durch Kontrolle seiner Treffs kam die Polizei auf Richard, auch auf mich und Georg Henke. In der Woche um den 19. 8. 1942 begannen Verhaftungen. Seydewitz, dann ich und danach Henke wurden verhaftet. Richard saß in einem Häuserblock, der von der Polizei umstellt war, aber durch einen glücklichen Zufall konnte ihn ein Mitglied des schwedischen ZK in Sicherheit bringen.

Wehner wurde zu 1½ Jahren Gefängnis verurteilt, da er selbst zugegeben hatte, Nachrichtendienst geleistet zu haben. Seydewitz, Henke und ich konnten nicht bestraft werden, da uns nur Mitarbeit an der Welt nachgewiesen werden konnte.

[...]

Die Meinungsverschiedenheiten mit Wehner

Nach der Ankunft von Wehner im Januar 1941 fanden eine Reihe von Sitzungen der Leitung statt, in denen die bisherige Tätigkeit besprochen wurde und Wehner die Direktiven erläuterte, die er mitbrachte. Damals war in der »Welt« ein Artikel erschienen »Arbeiterklasse und Nation« von Max Seydewitz. Ich hatte in längeren Ausführungen darauf geantwortet. Wehner bezog in einer Leitungssitzung den Standpunkt, meine Stellungnahme sei falsch und entspräche durchaus nicht der Linie der Partei. Er weigerte sich allerdings, sachlich darzulegen, in welchen Punkten der Artikel falsch sei. Im April 1941 schrieb Wehner unter dem Namen Wegner einen Artikel für die »Welt«, in welchem er »Vertrauliche Zwiegespräche mit SS-Leuten« hielt. In persönlichen Gesprächen und später in der Leitungssitzung wandte ich mich entschieden gegen diese prinzipienlose Propaganda. Wehner übernahm nicht nur die Sprache des »Schwarzen Korps«, die Ausdrücke und Begriffe des Himmler-Organs, er machte zum Ausgangspunkt seiner Verständigungsversuche die Feststellung: Ihr und wir, wir wollen ehrlich den Sozialismus. Man hätte nichts dagegen einwänden können, falls solche Artikel halboffiziell oder durch Flugblätter in Deutschland verbreitet worden wären. Aber in der »Welt« veröffentlicht und mit der Bezeichnung Wegner, das war meines Erachtens eine Unmöglichkeit. Nun, eine Einigung wurde nicht erzielt. Wehner blieb bei seinen Auffassungen.

Eine zweite Streitfrage bestand im Hinblick auf den Kontakt mit der Berliner Parteiorganisation. Wir hatten uns alle schriftlichen Unterlagen über die Berliner Verbindungen besorgt und gingen Gruppe für Gruppe, Leitung für Leitung durch.

Wehner behauptete, der Genosse Ackermann wie die Genossin Elli Schmidt hätten ihm gesagt, daß diese Parteiorganisation mit Spitzeln durchsetzt seien.[27] Mein Vorschlag (März 1941), doch noch einen Genossen nach Berlin zu senden, um zu versuchen, mit Emmerlich und Hallmeyer[28] in Kontakt zu kommen, wurde abgelehnt. Es wurde beschlossen, gestützt auf einzelne, zuverlässige Genossen, neue Verbindungen aufzubauen.

Im Zusammenhang mit der Tätigkeit der Instrukteure in Berlin wurde eine Untersuchung durchgeführt gegen Georg Henke. Die schriftlichen Berichte von Henke hatten in Moskau Besorgnis hervorgerufen und die Genossen stellten wie wir die Frage der Zuverlässigkeit von Henke. Die Überprüfung der Berichte und der Erlebnisse Henkes in Berlin zog sich hin bis Ende Mai 1941. Es kam dabei zu sehr seltsamen Zwischenfällen. Im Monat März hatten wir nach einer Überprüfung meiner Tätigkeit den Beschluß gefaßt, nach Moskau mitzuteilen, daß von jetzt an die gemeinsame kollektive Arbeit beginne, alle Mißverständnisse seien aufgeklärt. In einer Leitungssitzung Ende April aber erging sich Wehner in dunklen Andeutungen, es müsse einen Spitzel geben, wenn nicht Henke der Spitzel sei, dann müsse er noch weiter oben sitzen. Auf meine direkte Frage, was dieses Gerede bedeuten solle, wich Wehner aus. Einige Tage später saßen wir zusammen in einem Restaurant. Er wiederholte seine Bemerkungen und antwortete auf meine direkte Frage: »Nur du kommst in Frage.« Natürlich konnte eine solche Methode nicht den Sinn haben, einen Spitzel zu entlarven. Wenn Wehner wirklich den geringsten Verdacht gehabt hätte, daß ich mit dem Feinde arbeite, dann hätte er mir nicht an einem Tage persönliche Freundschaft geschworen und am nächsten Tage von Spitzelverdacht gesprochen. Ich sah in Wehners Verhalten vielmehr einen Versuch, zu intrigieren, Unsicherheit zu erzeugen, resp., mich zur Unterwerfung in politischen Meinungsverschiedenheiten zu zwingen. In der nächsten Sitzung stellte ich den Antrag auf eine nochmalige Prüfung der Angelegenheit Henke und stellte in diesem Zusammenhang die Frage des Vertrauens der Leitungsmitglieder untereinander. Die Überprüfung Henkes wurde durchgeführt. Sowohl Henke wie ich gaben ausführliche schriftliche Darstellungen der Vorbereitung und Durchführung seiner Reise. Diese Materialien wurden nach Moskau gesandt. Dann fand eine achtstündige Vernehmung von Henke statt, an der Wehner, Richard und ich teilnahmen. Nach dieser Vernehmung wurde in einer Leitungssitzung folgender Beschluß gefaßt: Die Untersuchung hat keine Bestätigung ergeben für den Verdacht, daß Henke in den Händen der Gestapo war oder mit ihr in Verbindung stand. Es ist aber möglich, daß er Mitteilungen über seine Frau (Edith Vogel) verschwiegen hat. Sowohl Wehner wie Richard erklärten in dieser Sitzung, daß gegen micht keinerlei Mißtrauen vorhanden sei und eine enge kameradschaftliche Zusammenarbeit stattfinden solle.

[...]

Im Herbst 1941 schlug Wehner in einer Leitungssitzung vor, wir sollten uns nach Bundesgenossen umsehen, die früher im Nazilager gestanden hätten. Es war gerade das Buch von Rauschning[29] erschienen »Revolution und Nihilismus« und Wehner empfahl das Studium dieses Werkes, da es sich bei Rauschning um einen geeigneten Mann der Zusammenarbeit mit uns handele. Da ich diesen Auffassungen sehr kritisch gegenüberstand, wurde ich beauftragt, in der nächsten Sitzung eine Einschätzung Rauschnings zu geben. Ich lieferte den Genossen ein schriftliches Material mit einer Kritik und Charakteristik Rauschnings. Das Material wurde akzeptiert und die Angelegenheit Rauschning war erledigt.

Wehner arbeitete eng mit dem illegal lebenden Redakteur der »Welt« zusammen. Die politischen Aussprachen wurden im Sommer und Herbst 1941 zwischen ihm und dem »Welt«-Redakteur geführt, nur noch ausnahmsweise im Rahmen unserer Leitung. Auf mein Drängen fand dann doch noch einmal im Herbst eine politische Aussprache statt, in welcher Wehner sich zum Sprecher der primitiven Auffassungen über die Ursachen der barbarischen Kriegsführung der deutschen Truppen machte. Die Brutalität und die Barbarei waren danach eine Frage der jahrhundertelangen preußisch-deutschen Erziehung des Volkes. Die besondere Rolle des Faschismus verschwand aus der Betrachtung. Der Krieg und seine Folgen wurden zu einem Produkt der Mentaltität des deutschen Volkes. Die Auseinandersetzung war bei der Verhaftung Wehners noch nicht abgeschlossen.

Im Sommer 1941 schlug Wehner vor, einen direkten Kontakt mit der englischen Presse herzustellen, damit unsere Aufrufe und Materialien möglichst auch über BBC nach Deutschland gefunkt wurden. Da unsere Aufgabe nicht darin bestand, im Auslande Propaganda zu betreiben, sondern die Politik im Lande zu entwickeln, wandte ich mich gegen diesen Vorschlag. Aber Wehner versuchte durch den tschechichen Schauspieler und Publizisten Taub[30] mit Engländern in Kontakt zu kommen. Wie mir Richard später sagte, ist dieser Versuch gescheitert.

Im Herbst 1941 ereignete sich ein Zwischenfall, der typisch ist für das Verhalten Wehners. In der »Welt« war ein Artikel Wehners erschienen über die Rolle der deutschen Arbeiterklasse. Willi Langrock war damals mein Verbindungsmann zur Emigration. Auf einem Treff teilte er mir mit, daß Franz Stephany brieflich dagegen protestiert habe, daß in diesem Artikel die Rolle Ernst Thälmanns nicht gewürdigt wurde. Wehner wurde am nächsten Treff informiert. 14 Tage später fand eine Leitungssitzung statt. Thema: die Intrigen von Mewis. Wehner stellte die Behauptung auf, ich hätte Stephany instruiert, diesen Protestbrief zu schreiben. Er und Richard hätten eine Reihe von Genossen verhört. Sie hätten zwar keinen Beweis bekommen, aber es gäbe keine andere Möglichkeit, ich müsse den Brief inspiriert haben. Nachdem ich dort sachlich nachweisen konnte, daß ich seit 3 Monaten weder direkt noch indirekt Beziehungen zu Stephany unterhalten hatte, mußte Wehner einsehen, daß er falsch gehandelt hatte. 14 Tage lang hatten Wehner und Richard sich ausschließlich mit dieser Untersuchung beschäftigt. Wehner hatte an Stephany einen Brief geschrieben, in dem er mit Ausschluß drohte, wenn er noch einmal solche Fragen stelle.

Die Sitzung endete damit, daß Wehner und Richard erklärten, sie wollten endlich Schluß machen mit diesem zersetzenden Mißtrauen zwischen den Leitungsmitgliedern und ein kameradschaftliches Arbeitsverhältnis herstellen.

Quelle: SAPMO, BA, DY 30/IV 2/11/v. 5211.

Wilhelm Girnus an Walter Ulbricht, 20. November 1956

70 10 40 20. 11./2681-

Ausschuß für Deutsche Einheit

Berlin W 8, 20. November 1956.
Friedrichstraße 169/170

An den
Genossen Walter U l b r i c h t,

Berlin N 54
Wilhelm-Pieck-Str. 1

Lieber Genosse Ulbricht !

Auf Veranlassung des Genossen Mischa Wolff hatte ich zusammen mit dem Genossen . Hausch . . . am 10. November eine Aussprache mit . . Weber . . WieGenosse . Mischa W. mir erklärt hatte, bestand die Aufgabe darin, . W. zu einer persönlichen Aussprache mit dem Genossen . . Matern . in seiner Wohnung zu bewegen; Um 14 Uhr traf ich in Begleitung von . H . im Hotel . Savigny . in Berlin-Charlottenburg mit W. zusammen. Er holte uns nach Anmeldung im Vestibül persönlich ab. Die Unterredung fand in seinem Hotelzimmer statt. Zunächst bewegte sich das Gespräch in allgemeinen politischen Bahnen. . W. sagte, Adenauer habe die Absicht, die ungarische Angelegenheit dazu auszunutzen, eine große antikommunistische Front für die Wahlen 1957 zu schaffen, um auf diese Weise doch wieder siegreich durchs Rennen zu gehen. Er habe auch der DDR gegenüber bestimmte Dinge im Zusammenhang mit der Ungarn-Sache geplant gehabt, aber durch die neuste Wendung in Ungarn (er spielte offensichtlich auf das Eingreifen der Sowjetunion an) habe sich die Lage eben geändert. Es entstand der Eindruck, als ob . W. damit sagen wollte, Adenauer habe seine Pläne zunächst zurückgestellt. . W . bemerkte, man ~~könne~~ müsse jetzt verhindern, daß die Ereignisse in Ungarn dazu mißbraucht würden, um die Situation zu verschlechtern. Die Gefahr sei aber sehr groß.

In diesem Zusammenhang kam er auf Strauß zu sprechen. Er meinte, Strauß sei ein "äußerst gefährlicher Mann". Sein Plan bestehe darin, den alten Aufrüstungsplan durch einen neuen zu ersetzen. Vieles darüber sei ja bereits bekannt, man rechne mit einem neuen Termin für die endgültige Aufstellung der Armee, und zwar das Jahr 1961. Im Jahre 1957 werde man die Wehrpflicht de facto nicht realisieren, um die Wähler nicht zu verstimmen. Auf Wahlversammlungen in Munster und Soltau (Niedersachsen) hätten sich Angehörige der Bundeswehr in Zivil zu Wort gemeldet und seien gegen Drill und Wehrpflicht aufgetreten (die Bundeswehrsoldaten sind bei Gemeindewahlen wahlberechtigt, für die Bundeswahl ist die Sache noch nicht entschieden). In diesen Orten habe die SPD große Erfolge zu verzeichnen gehabt. Adenauer müsse auf diese Lage Rücksicht nehmen. Strauß mache aus der Not eine Tugend, indem er die Notwendigkeit der Umstellung der Aufrüstungspläne dazu benutzt, um Adenauer einen Wahlschlager zu verschaffen. In diesem Zusammenhang berichtete W., daß er wenige Tage vor der Bundestagssitzung zusammen mit Mellies an einer Vorbesprechung der Fraktionssitzungen mit Adenauer teilgenommen habe. Adenauer habe sich bemüht, für die Bundestagssitzung aus Anlaß der Ungarnhetze eine gemeinsame antikommunistische Stellungnahme aller Fraktionen herbeizuführen. Als er aber ihn, W., erblickt habe, sei er betont zurückhaltend aufgetreten, denn Adenauer könne ihn nicht ausstehen und habe einmal gesagt, in Gegenwart von W. könne man ja nicht offen sprechen, da das, was er sagt, 5 Minuten später ja doch in Moskau sei. Wehner habe diese Zusammenkunft dazu benutzt, um mit Dehler und Feller (BHE) über die Ungarn-Frage zu sprechen. Bei dieser Gelegenheit habe er ihnen gesagt, es dürfe unter keinen Umständen zu einer gemeinsamen Stellungnahme der Fraktionen mit Adenauer kommen. Er habe ihnen den Bericht der ungarischen Sozialdemokratin Anna Kethly von der Tagung des Internationalen Büros der II. Internationale in Wien (1. und 2. November) zur Kenntnis gebracht, in dem auf die Gefahr einer drohenden Rechtsdiktatur in Ungarn hingewiesen war. W. zog bei diesen Worten das abgezogene Protokoll dieses Berichts aus seiner Tasche, schnitt mit der Schere die Ausführungen der Anna Kethly aus und übergab mir diesen Teil des Protokolls. Ich habe es dem Genossen Mischa Wolf übergeben. In diesem Zusammenhang wies W. auch auf einen Artikel hin, der gegen ihn im "Schweinischen" Merkur, wie er sich ausdrückte, erschienen ist.

In diesem Moment, nachdem das Gespräch etwas ins Stocken gekommen war, kam ich auf den eigentlichen Punkt unserer Zusammenkunft zu sprechen. Ich bemerkte, daß am Dienstag Genosse Hausch zwar in meinem Namen versprochen habe, daß Genosse Matern bereit sei, sich mit ihm in der Wohnung des ~~Herrn~~ Propst Grüber zu treffen. Inzwischen aber habe sich die Lage doch weitgehend geändert. Im Westen werde eine wüste Haßpsychose gegen die Sowjetunion und den Kommunismus erzeugt, Gebäude der Kommunisten in Brand gesteckt und alle möglichen Provokationen gestartet. Unter diesen Umständen erscheine es uns wenig zweckmäßig, daß der Genosse Matern in den Westsektor komme. Auch bezweifeln wir, ob es nützlich wäre, wenn H~~err~~ Propst Grüber Mitwisser dieser Zusammenkunft werde. Ich hätte deshalb den Auftrag, ihm eine formelle Einladung des Genossen Matern zu übermitteln, in dessen Wohnung zu kommen und dort mit ihm das gewünschte Gespräch zu führen. W. hörte sich meine Worte unbewegt an, lief dann etwas rot an, man spürte, wie er einen aufkommenden Ärger herunterwürgte. Er sei es ja gar nicht gewesen, der die Zusammenkunft bei H~~errn~~ Propst Grüber gewünscht habe, im übrigen müsse man zugeben, daß die Situation sich geändert habe, er könne die Berechtigung der Bedenken des Genossen Matern nicht ~~be~~streiten. Vielleicht sei jetzt die Aussprache auch nicht mehr notwendig. Was den H~~errn~~ Propst Grüber betreffe, so habe er nicht diese Wohnung als Treffpunkt vorgeschlagen, sondern vor einem Jahr sei bereits einmal davon die Rede gewesen. Den Vorschlag, in dem demokratischen Sektor zu kommen, müsse er ablehnen. Es seien zu viele Dinge in den letzten Jahren passiert gegen ihn, die ihm bitter auf der Seele lägen. Elende Subjekte hätten ihn (1951?) und seine Frau wochenlang in Hamburg physisch bedroht. Es habe sich um kriminelle Subjekte gehandelt, ihre Identität sei festgestellt worden. Von dem Rundfunkkommentator Gessner sei ein Steckbrief gegen ihn augesprochen worden. In der Öffentlichkeit habe man ihn des Verrats beschuldigt und ihm vorgeworfen, am Tod des saarländischen Separatisten Welters die Schuld zu tragen. Erst kürzlich habe er, als er im Saargebiet gewesen ist, die Folgen dieser Verleumdung noch zu spüren bekommen. Es werde die Zeit kommen, wo man in aller Öffentlichkeit darüber sprechen werde. Man müsse darüber sprechen. Er habe in dieser Hinsicht gar nichts zu fürchten. Über seine ganze Vergangenheit sei er bereit zu sprechen, aber diese Angriffe gegen ihn könne er nicht vergessen und deshalb könne er gegenwärtig nicht in den Ostsektor kommen.

Auf meinen Hinweis, daß der Steckbrief von Gessner gar nicht existiere und daß ich auf Grund einer persönlichen Rücksprache mit Maron ihm sagen könne, es werde ihm nichts passieren, auch sei man bereit, ihm das schriftlich zu bestätigen, erklärte er mit wegwerfender Handbewegung: "Was soll ich mit einer solchen papierenen Garantie anfangen ? Soll ich sie hier im Westsektor hinterlegen ?" Genosse Hansch fragte ihn noch einmal, ob das wirklich sein unabänderlicher Entschluß sei ? . W. bejahte und erklärte noch einmal ausdrücklich, er könne eben diese Drohungen nicht so ohne weiteres hinnehmen, die seinerzeit gegen ihn ausgesprochen wurden und fügte mit besonderem Nachdruck hinzu: "Ich habe es außerdem meiner Frau versprochen, nicht in den Ostsektor zu gehen, und dieses Versprechen muß ich halten. Diese Frau hat so viel in der Nazizeit auf sich genommen und ertragen müssen, ich fühle mich ihr tief verpflichtet und kann ein Versprechen, das ich ihr gegeben habe, nicht brechen".

Daraufhin warf ich die Frage auf, ob es nicht zu einem späteren Zeitpunkt möglich sein könnte, die Frage der Zusammenkunft, sei es im Westsektor, sei es im Ostsektor, noch einmal zu besprechen. Ich würde mit dem Genossen . Matern. entsprechende Rücksprache nehmen. Nach einigem Zögern sagte er ja, er werde in der Zeit, wenn das "unheilbare" Kuratorium in Berlin tage, (. W. drückte sich so aus) also zwischen dem 21. und 24, November, wieder in Berlin sein. Er werde dann mit uns in Verbindung treten. Im übrigen erfolge diese Zusammenkunft ohne Wissen des Parteivorstandes. Über sein Zusammentreffen mit mir in Genf habe er nachträglich mit . Ollenhauer gesprochen. . . Ollenhauer habe weder ja noch nein dazu gesagt. Er würde auch später einmal mit . Ollenhauer über diese Verhandlungen sprechen. . W. . zog dann aus seiner Tasche zwei Namenslisten, die er sich auf Umwegen von dem Ostbüro der Berliner SPD besorgt haben will. Er selbst bekommt solche Dinge nicht zugestellt und sprach sich in diesem Zusammenhang auch ablehnend gegen die Berliner SPD und für die Auflösung des Ostbüros aus. Die eine Namensliste enthält 50 Namen von angeblichen SPD-Mitgliedern, die bei uns inhaftiert sind, von der anderen Namensliste erklärte er, sie sei eine unsichere Liste, es fehlten Geburtsdaten usw. Gleichzeitig erbat er von uns eine Liste der politisch Gefangenen in der Bundesrepublik. Er sagte, Schröder lehne kategorisch jede Amnestie wegen Gefährdung der Staatssicherheit ab. Der Amnestie-Vorschlag der FDP habe den Mangel, daß er nur bis zu 2 Jahren gehe und nicht alle politischen Vergehen umfasse. Der Amnestie-Vorschlag der SPD reiche bis zu 3 Jahren und schließe alle politischen Vergehen einschließlich Landesverrat ein.

Im weiteren Verlauf des Gesprächs kam er auf seine letzten „Vorwärts"-Artikel über die Ereignisse in Polen und Ungarn zu sprechen. Er beklagte sich, daß von der Chefredaktion wesentliche Stellen aus diesen Artikeln herausgestrichen worden seien und man sie mit einem Vorspann versehen habe, der einen veränderten Akzent in die ganze Angelegenheit hineingetragen habe.

Noch im Stehen kam er in ziemlich impulsiver Weise auf die Zeit seiner Zusammenarbeit mit .Max Hölz. zu sprechen. Es handelte sich um Episoden aus dem Wahlkampf im Vogtland nach dessen Entlassung aus dem Zuchthaus. Dann wurden mit dem Genossen H. . die weiteren Verbindungen verabredet.

In Bezug auf die persönliche und subjektive Seite von . Wehner habe ich folgenden Eindruck: er ist mit seiner Vergangenheit nicht fertig, hat keinen festen inneren Halt in dem politischen Milieu, in dem er gegenwärtig lebt, geht von der Voraussetzung aus, daß es eines Tages unvermeidlich zu Verhandlungen zwischen Ost und West kommen wird, auch in der Deutschland-Frage und in Deutschland. Ist bemüht, sich für diesen Fall eine Art Schlüsselstellung zu schaffen, die ihm zum gegebenen Zeitpunkt vielleicht die Möglichkeit bietet, sich in dieser oder jener Weise von der Last seiner Vergangenheit zu befreien. Zu einer eindeutigen Beurteilung seiner Person und seiner Absichten konnte ich jedoch nicht gelangen.

Mit sozialistischem Gruß

Wilhelm Girnus

(Wilhelm Girnus)

Quelle: SAPMO, BA, DY 30/J IV 2/202/87.

Bericht über die bisherigen Ergebnisse der Bearbeitung des Vorgangs WEHNER (Hauptabteilung (IX/11), Streng vertraulich, 4 Expl./1. Ausf., 4. 1. 1967

Auf der Grundlage der an die Hauptabteilung IX übergebenen Materialien zu WEHNER und der im Informationsbericht vom 12. 8. 1966 vorgeschlagenen Maßnahmen wurden weitere Dokumentenmaterialien, Veröffentlichungen und Unterlagen der SPD und des Bundestages beschafft und durchgearbeitet sowie sich daraus ergebende Personen- und Sachzusammenhänge überprüft.

Nach den bisher vorliegenden Dokumentenunterlagen sowie im Ergebnis der durchgeführten Vernehmungen mit den Genossinnen Charlotte BISCHOFF und Erika FRIEDLÄNDER sowie den Genossen Richard STAHLMANN und Kurt SIEGMUND konnten bisher keine Beweise für ein strafrechtliches Vorgehen sowie keine nennenswerten neuen kompromittierenden Fakten gegen WEHNER wegen seines Verrates in Schweden erarbeitet werden. Es kann noch nicht nachgewiesen werden, daß auf Grund der von WEHNER vor der schwedischen Polizei und im Prozeß gemachten Aussagen einzelne illegal in Deutschland oder in anderen Ländern tätige Kommunisten oder Antifaschisten bzw. Angehörige von Widerstandsgruppen in die Hände der Gestapo gefallen sind und verurteilt wurden.

Die Bearbeitung der vorliegenden Materialien ergab, daß der größte Teil pressebekannt ist und mehrfach propagandistisch und agitatorisch ausgewertet wurde.

Die Untersuchungen zum Nachweis der strafrechtlichen Verantwortlichkeit WEHNERS nach dem Friedensschutzgesetz der Deutschen Demokratischen Republik konnten noch nicht abgeschlossen werden, da ein Teil der dazu benötigten Dokumente der SPD, des Bundestages und anderer Gremien noch nicht vollständig zur Bearbeitung vorlag.

Durch die durchgeführten Vernehmungen konnte jedoch der Beweis erbracht werden, daß die von Wehner in seinen »Notizen« aus dem Jahre 1946 aufgestellte Behauptung, »weder in der polizeilichen Untersuchung noch im Prozeß Angaben gemacht zu haben, die anderen mit ihm in Zusammenarbeit stehenden deutschen Kommunisten in Stockholm oder anderen in der Illegalität in Deutschland oder in den besetzten Ländern hätten schaden können«, erlogen ist.

So geht aus den Zeugenvernehmungen hervor, daß WEHNER nicht nur die 1941 nach Deutschland geschickte Charlotte BISCHOFF verriet, sondern auch gegenüber der schwedischen Polizei Angaben zu der zum Einsatz nach Deutschland vorgesehenen Genossin Erika FRIEDLÄNDER und zu dem in Schweden illegal tätigen Kalle (»Partisanen-Richard«), Richard STAHLMANN, machte.

Durch die Vernehmung der Genossin BISCHOFF konnten ihre Angaben in der »Berliner Zeitung« vom März 1964 detailliert werden. Wichtig ist ihre Aussage, daß sie vor ihrer Abreise von Schweden nach Deutschland auf Anforderung WEHNERS diesem ein Paßbild von ihr übergeben hat, welches nach Angaben der jetzigen Genossin BERGER (PAULI), Charlotte ihr im Jahre 1943 bei der Gestapo vorgelegt wurde. Von dieser Aufnahme hatte außer WEHNER nur noch ihre Tochter, die sich in Moskau befand, ein Exemplar, welches diese nach 1945 wieder mit zurückbrachte.

Aus vorhandenen Volksgerichtshofakten zu dem verhafteten und später hingerichteten Genossen KOWALKE[31], der mit Wilhelm KNÖCHEL zusammen tätig war, geht hervor, daß auch dem Genossen KOWALKE während seiner Vernehmung am 12.2.1943 ein Bild der Charlotte BISCHOFF vorgelegt wurde. Ob diese Aufnahme mit der von der Genossin BISCHOFF an WEHNER übergebenen identisch ist, kann nicht mehr festgestellt werden, da den Akten kein Bild der BISCHOFF beiliegt.

Nach den von der Genossin FRIEDLÄNDER gemachten Aussagen, die etwa vier Wochen nach WEHNER in Schweden verhaftet wurde, hat WEHNER über alle mit ihr durchgeführten Treffs und der ihm von ihr als Anlaufstelle angegebenen Personen für ihren eventuellen Einsatz, darunter ihre Schwester Keitel und Genossin Hilde Benjamin, Angaben gemacht. Ferner machte er über ihm bekannte Tatsachen aus der Tätigkeit der Genossin FRIEDLÄNDER von vor 1933 in Deutschland und über chiffrierte Meldungen über die Situation in Deutschland, die sie von ihrer Schwester aus Deutschland erhalten hatte, Aussagen. Es wurde ihr ein von WEHNER unterschriebenes Protokoll mit den vorgenannte Aussagen von der schwedischen Polizei vorgelegt.

Darüber hinaus wurde sie von der schwedischen Polizei über den von WEHNER Ende 1941 nach Holland geschickten Jakob WELTER, der im Januar 1943 in Deutschland verhaftet und hingerichtet wurde, befragt, und es wurde ihr ein Bild der Charlotte BISCHOFF vorgelegt. Ob und welche Aussagen WEHNER über WELTER gemacht hat, ist aus den vorhandenen unvollständigen Prozeßmaterialien WEHNERs nicht ersichtlich und den vorgenannten vernommenen Genossen nicht bekannt. Volksgerichtshofakten von WELTER sind nicht vorhanden, sondern nur die Anklageschrift und das Urteil, die hierüber keinen Aufschluß geben.

Von den von WEHNER verratenen Verbindungen der Genossin FRIEDLÄNDER sind ihres Wissens keine Personen verhaftet worden. Entgegen der von WEHNER in seinen 1946 verfaßten »Notizen« aufgestellten Behauptung, »während seines Aufenthaltes in Schweden sich ausschließlich darauf konzentriert zu haben, trotz zunehmender Schwierigkeiten so bald wie möglich in Deutschland seine Widerstandstätigkeit gegen das Hitler-Regime wieder aufzunehmen,« wird durch die Aussagen des Genossen STAHLMANN der Beweis erbracht, daß WEHNER bereits seit seiner Ankunft in Schweden, Anfang 1941, hierzu nicht bereit war, sondern alles unternahm, um dies hintertreiben zu können.

Bereits unmittelbar nach seinem Eintreffen in Schweden erklärte WEHNER gegenüber dem Genossen STAHLMANN – dem der Genosse DIMITROFF in Moskau selbst mitgeteilt hatte, daß es künftig unumgänglich sei, die politische Leitung des Widerstandskampfes direkt von Deutschland aus vorzunehmen – daß die politische Leitung des Widerstandskampfes in Deutschland weiterhin von Schweden aus erfolgen soll und daß er selbst aus diesen Gründen in Schweden verbleiben werde.

Als 1941 ein von den Genossen Wilhelm Pieck und Walter Ulbricht unterzeichnetes Telegramm in Schweden eintraf, welches besagte, daß sofort Vorbereitungen zu treffen sind, damit die in Schweden tätigen Funktionäre der KPD sich umgehend nach Deutschland begeben können, um die Leitung des Widerstandskampfes von dort aus zu übernehmen und WEHNER gleichfalls nach Deutschland gehen sollte, war er wutentbrannt und ging zu offenen Diffamierungen gegen die leitenden Genossen des Zentralkomitees der KPD über. WEHNER ignorierte die gegebene Weisung bis zum Tage seiner selbst provozierten Verhaftung. Auch habe WEHNER, wie Genosse STAHLMANN aussagt, von sich aus die Weisung gegeben, daß Karl MEWIS und Richard STAHLMANN nach Deutschland zu fahren hätten, er aber in Schweden bleiben werde, wobei er offenließ, zu einem späteren Zeitpunkt folgen zu wollen.

Der Beweis für seine selbst provozierte Verhaftung ist dadurch erbracht, daß WEHNER trotz wiederholter Ermahnungen durch den Genossen STAHLMANN sowie durch verantwortliche schwedische Genossen seine Beziehungen zu der Ehefrau des von der schwedischen Polizei verhafteten Josef WAGNER nicht löste. Obwohl er von den vorgenannten Genossen darauf verwiesen wurde, daß die Ehefrau des WAGNER mit Sicherheit unter Beobachtung steht, sie mehrfach zur Polizei bestellt wurde und durch seine Verbindung mit ihr sowohl die Arbeit der KPD als auch der KPSch gefährdet ist, bliebe WEHNER nächtelang von seinem Quartier fern und hielt sich bei der WAGNER auf, mit welcher er ein intimes Verhältnis hatte. Über dieses intime Verhältnis erhielt auch die Genossin FRIEDLÄNDER durch Mitteilungen der WAGNER Kenntnis.

Wie in seinen »Notizen«, so versuchte WEHNER auch gegenüber dem Genossen STAHLMANN seine Verbindung zu der WAGNER mit angeblich gemeinsamer Arbeit zu verschleiern.

Durch die Aussagen des Genossen STAHLMANN wird ferner die von WEHNER fabrizierte Behauptung widerlegt, daß WEHNER nach seiner Verhaftung etwa drei bis vier Wochen keine bzw. falsche Aussagen über seine Person sowie über die Tätigkeit der KPD in Schweden gemacht habe, sondern erst solche tätigte, als er der Meinung war, daß sein Quartier geräumt sei. Nach Angaben des Genossen STAHLMANN hatte er sofort nach der Verhaftung WEHNERs mit dem Mitglied des ZK der KPSch, LINDEROT, und dem Genossen Paul SÖDERMANN eine Zusammenkunft, wo diese ihm mitteilten, daß WEHNER unmittelbar nach seiner Verhaftung umfangreichen Verrat begangen habe, und Genossen STAHLMANN aufforderten, nicht das Quartier WEHNERS zwecks Beseitigung belastender Materialien aufzusuchen. Als Beweis dafür führten die beiden schwedischen Genossen an, daß die großbürgerlichen Zeitungen wenige Tage nach der Verhaftung WEHNERs mit der Veröffentlichung der zusammengefaßten Ergebnisse der Untersuchungen gegen WEHNER begonnen hatten. Genosse STAHLMANN konnte dann selbst feststellen, daß in schwedischen Tageszeitungen ganze Artikelserien über die Verhaftung WEHNERs und der von ihm gemachten Aussagen erschienen.

Diese Veröffentlichungen enthielten unter anderem auch Angaben über »Partisanen-Richard«, seinen illegalen Aufenthalt in Schweden, seine Aufgaben sowie üble Diffamierungen zu dessen politischer Tätigkeit seit dem Jahre 1923, darunter auch solche Angaben, die der strengsten Geheimhaltung unterlagen. Diese Aussagen WEHNERs unmittelbar nach seiner Verhaftung führten nach Angaben des Genossen STAHLMANN zu Fahndungsmaßnahmen gegen ihn, so daß er aus der Tätigkeit des antifaschistischen Widerstandskampfes herausgelöst werden und Stockholm verlassen mußte.

Eine weitere Bestätigung des Verrats WEHNERs ergab die Entlassung des Genossen Max SEYDEWITZ aus der schwedischen Untersuchungshaft, der am 18. 8. 1942 verhaftet worden war. Dieser teilte Genossen STAHLMANN mit, daß er ausführlich nach ihm befragt worden war und daß es in deren Verlauf zu detaillierten Vorhaltungen gekommen sei.

Weitere von Richard STAHLMANN gemachte Aussagen betreffen Fakten, die bereits bekannt und veröffentlicht sind.

Sowohl Genossin BISCHOFF als auch Genosse STAHLMANN sagen aus, daß alle in Schweden tätigen Genossen wußten, daß es bestimmte Formen der Zusammenarbeit zwischen der schwedischen Polizei bzw. bestimmten Kräften dieser mit der Gestapo oder anderen faschistischen deutschen Dienststellen gab. Über diese Tatsache gab es bei Zusammenkünften mit WEHNER wiederholt Gespräche, wo dieser selbst mehrfach darauf verwies.

Ein weiterer Beweis dafür, daß WEHNER über die Zusammenarbeit der Gestapo mit der schwedischen Polizei Kenntnis hatte und somit wußte, daß seine Aussagen bei der schwedischen Polizei in die Hände der Gestapo gelangten, ist die Tatsache, daß WEHNER laut Aussagen der schwedischen Bürgerin Elvira GUSTAVSSON nach dem vorliegenden Prozeßmaterial dieser gegenüber erklärt hat, daß er unmittelbar nach Deutschland ausgeliefert und dort gehängt werde, wenn er in Schweden verhaftet werden würde, und er sich daher nicht polizeilich melden dürfe.

Durch die Aussagen des Genossen Kurt SIEGMUND – in der Emigration unter den Namen »Stein« bzw. »Jugend Friedel« bekannt – wird WEHNER fernerhin der Lüge überführt, diesen wie er in seinen Notizen behauptet, beauftragt zu haben, in Holland zu untersuchen, ob Wehner so bald wie möglich über Holland nach Deutschland gehen könne. Einen solchen Auftrag hat SIEGMUND nicht erhalten.[32]

Der Beweis, daß WEHNER nach Andeutungen westlicher Presseveröffentlichungen mit dem Amt VI des Reichssicherheits-Hauptamtes zusammengearbeitet hat, konnte nach Durcharbeitung sämtlicher V-Mann-Archivmaterialien sowie des Komplexmaterials des Amtes VI nicht erbracht werden. In diesem Zusammenhang wurde jedoch festgestellt, daß die Gestapo die illegale Tätigkeit der Partei unter anderem in Schweden,

Dänemark und Holland durch eine Reihe von V-Leuten verfolgte und so umfangreiche Kenntnisse über Verbindungswege, Kontaktpersonen usw. erhielt.

Von den bis zum Jahre 1960 bisher insgesamt durchgearbeiteten Bundestagsprotokollen mit dem Ziel, weitere Beweismittel für den von WEHNER nach 1945 fortgesetzten Verrat zu schaffen, ist besonders die Tagung Anfang 1951 hierfür geeignet, wo WEHNER von der Bundesregierung fordert, die Volksbefragung gegen die Remilitarisierung für ungesetzlich zu erklären, und die Erlassung eines Gesetzes zur Bekämpfung der Volksbefragung und zur Unterdrückung der Volksbefragungskomitees verlangte.

Materialien über sein konkretes Wirken im »Forschungsbeirat« wurden von der HVA bisher nicht zur Verfügung gestellt.

Ausgehend von den bisherigen Ergebnissen und dem Stand der Untersuchung wird zur weiteren Beweisführung vorgeschlagen,

1. mit der HVA eine Absprache zu führen, um geeignete operative Maßnahmen zur Beschaffung aller polizeilichen und gerichtlichen Unterlagen der gegen WEHNER-HANSSON 1942 geführten Untersuchungen einzuleiten. Diese Maßnahmen müßten sich auch auf die Beschaffung der von der Verteidigung (Rechtsanwalt Branting, Stockholm) erarbeiteten Unterlagen sowie die in der Zeit von Februar bis Juni 1942 in der schwedischen Presse erschienenen Veröffentlichungen über den Verrat WEHNERs, u. a. in der »Stockholms Tidningen«, erstrecken.

Bisher im Gebiet der DDR eingeleitete Maßnahmen zur Beschaffung der schwedischen Presse aus dieser Zeit führten zu keinem Ergebnis.

Des weiteren soll bei der Aussprache festgelegt werden, daß die beim ZK der SED vorhandenen Teile von schwedischen Prozeßunterlagen zu WEHNER-HANSSON und zum Teil in diesem Zusammenhang später verhafteter Personen, darunter auch die Unterlagen zur Genossin FRIEDLÄNDER zur Durcharbeitung und Auswertung beschafft werden.

2. daß zur weiteren Beweisführung nachfolgend aufgeführte Genossinnen und Genossen zum Komplex WEHNER vernommen werden:

GLÜCKAUF, Erich
Ziel der Vernehmung ist, durch konkrete Fakten WEHNERs Kampf gegen die Einheitsfront der Arbeiterklasse, insbesondere im Saargebiet, wo er mit Genossen GLÜCKAUF zusammen war, zu erarbeiten.

MEWIS, Karl[33]
Genosse Mewis wurde am 19. 8. 1942 in Schweden einen Tag nach Max SEYDEWITZ verhaftet und, wie geschlossen werden muß, auf Grund der Aussagen WEHNERs.

Ziel der Vernehmung ist, den von WEHNER unternommenen Versuch bzw. seine Argumentation zu zerschlagen, nur das ausgesagt zu haben, was ihm entsprechend der Aussagen des Genossen Mewis vorgehalten worden sei. Da von den bisher vernommenen Genossen und Genossinnen in ihren Aussagen wiederholt Genosse Mewis genannt und mündlich auf ihn als weiteren Zeugen verwiesen wurde sowie in Veröffentlichungen im Westen zu WEHNER auf Karl Mewis eingegangen wird, ist diese Vernehmung erforderlich.

SEYDEWITZ, Max
Er ist am 18. 8. 1942 in Schweden verhaftet worden.

Nach Aussagen des Genossen STAHLMANN ist Max SEYDEWITZ ausführlich über Richard STAHLMANN vernommen worden, was auf Vorhalte von Aussagen WEHNERs geschehen sei.

HENKE, Georg (wohnhaft Berlin-Hessenwinkel, Abteilungsleiter im Ministerium für Auswärtige Angelegenheiten der DDR)
Genosse HENKE wurde am 20. 8. 1942 in Schweden verhaftet. In seiner Niederschrift aus dem Jahre 1946 gibt er an, während seiner 5-monatigen Untersuchungshaft auch über WEHNER befragt worden zu sein. Einzelheiten gehen aus dieser einseitigen Niederschrift nicht hervor.

WENDT, Lotte (ehemalige Frau des WEHNER)
Durch ihre Vernehmung soll Klarheit über die wahren Umstände der Verhaftung WEHNERs 1935 in Prag und sein Verhalten während der 5-wöchigen Untersuchungshaft geschaffen werden.

WEHNER sollte damals zusammen mit REMTE, STAMM und MADDALENA nach Berlin gehen.[34]

GOLDHAMMER, Bruno[35] (wohnhaft Dresden, weitere Ermittlungen eingeleitet)
Der Vorgenannte hat nach WEHNERs »Notizen« diesen in dem Hotel in Prag untergebracht, in welchem WEHNER dann verhaftet wurde. Ziel der Vernehmung ist das gleiche wie bei Lotte WENDT.

SAGER, Werner (wohnhaft in Halle, Vorsitzender der GST[36] Bezirk Halle)
Der Vorgenannte ist 1941 nach der Flucht aus dem Internierungslager vorbereitet vom Genossen STAHLMANN auf Verlangen WEHNERs von Stockholm nach Hamburg gefahren. Er sollte den zuvor im Auftrage WEHNERs ins Land gefahrenen Josef Wagner zurückholen. SAGER wurde bei der gemeinsamen Ankunft mit WAGNER in Schweden verhaftet.

BERGER, Charlotte – früher PAULI (wohnhaft Berlin-Pankow, Rentnerin)
Der Genossin BERGER ist, wie Genossin BISCHOFF ausgesagt hat, 1943 bei ihren Vernehmungen bei der Gestapo ein Bild der Charlotte BISCHOFF vorgelegt worden. Bei diesem von der Gestapo vorgelegten Bild handelte es sich um dasselbe, welches Genossin BISCHOFF dem WEHNER vor ihrer Abreise 1941 von Schweden nach Deutschland übergeben hat.

WEBER, Erich (wohnhaft Berlin-Friedrichsfelde, weitere Ermittlungen eingeleitet)
Der Vorgenannte war 1943 kurz nach Kowalke, den er beherbergt und mit Charlotte BISCHOFF in Verbindung gebracht hatte, verhaftet worden. Nach einem Presseartikel über WEHNER in der »Berliner Zeitung« soll WEBER gleichfalls von der Gestapo ein Bild der Genossin BISCHOFF vorgelegt worden sein.

STRASCHITZ-SCHRECKER, Hans[37] (wohnhaft Cottbus, Chefredakteur)
Der Vorgenannte war mit WEHNER 1934/35 zusammen im Saargebiet und kennt die damaligen Bestrebungen WEHNERs gegen die von dem Genossen Ulbricht geforderte Arbeit zur Schaffung der Einheitsfront der Arbeiterklasse.

ARLT, Willi (wohnhaft Dresden, Mitarbeiter der Nationalen Front Dresden)
Genosse ARLT kennt nach Angaben der Charlotte BISCHOFF WEHNER aus der Zeit vor 1933 in Dresden und aus der Anarchistischen Jugend.

Ziel der Vernehmung ist, Angaben WEHNERs in seiner Niederschrift hinsichtlich seiner Person widerlegen zu können.

Um Genehmigung der vorgeschlagenen Maßnahmen wird gebeten.

Schwabe
Major

Quelle: BStU, ZA, SdM 1868, Bl. 6–15.

Die in deutscher Sprache vorliegenden Dokumente werden originalgetreu wiedergegeben. Die Auswahl ist auf Texte begrenzt, die ich im Buch auswerte. Deshalb konnte auf eine detaillierte Kommentierung und weitergehende Erläuterungen verzichtet werden. M. Sch.

1 Richard Stahlmann.
2 Josef »Willi« Wagner.
3 Lotte Bischoff.
4 Franz Dahlem.
5 Walter Ulbricht.
6 Paul Peschke.
7 Tschiang Kai-schek (1887–1975) war als Führer der Guomindang eine Zeitlang mit den Komintern-Kommunisten verbunden, was Stalins Vorstellungen einer »Einheitsfront der Arbeiter, der Bauern und der Bourgeoisie« entsprach (Bd. 10, Berlin 1953, S. 20). 1927 zerbrach T. das Bündnis und ließ die Kommunisten verfolgen.
8 Herbert Warnke.
9 Fritz Hollander.
10 Sven Linderot (?).
11 Wolfgang Steinitz.
12 Herbert Wehner.
13 Wilhelm Pieck.
14 Paul Merker.
15 Franz Dahlem.
16 Moskau.
17 Stockholm.
18 Erich Glückauf, Mitglied der KPD-Leitung in Schweden seit 1941.

19 Franz Stephany, 1936–1940 Leiter der KPD-Gruppe in Norwegen, dann in Schweden Mitglied der Parteileitung.

20 Kurt Adam.

21 Kommunistische Partei Schwedens.

22 Adolf Baier (1907–1982), Rolf Hagge (1909–1978) in Spanien für Sabotage ausgebildet, 1938 mit Spezialaufträgen nach Skandinavien, August bzw. September 1941 in Stockholm verhaftet, bis 1945 im schwedischen Zuchthaus.

23 Richard Stahlmann.

24 Wilhelm Pieck.

25 Richard Stahlmann.

26 Erasmus = Wilhelm Knöchel.

27 Anton Ackermann (1905–1973), Mitglied des ZK der KPD und Kandidat des Politbüros, seit 1940 in Moskau. Elli Schmidt (1908 bis 1980), seit 1935 Mitglied des ZK der KPD, seit 1940 in Moskau, Frau von Anton Ackermann.

28 Arthur Emmerlich, Mai 1941 verhaftet; Rudolf Hallmeyer, August 1940 verhaftet.

29 Hermann Rauschning, Die Revolution des Nihilismus (1938).

30 Walter Taub (?), Sohn des Parteisekretärs der sudetendeutschen Sozialdemokraten; unterhielt Kontakte mit westlichen Geheimdiensten – vgl. Helmut Müssener, Exil in Schweden, München 1974, S. 463 (Anm. 433).

31 Alfred Kowalke (1907–1944).

32 Im September 1945 hatte er Wehners Aussagen noch bestätigt: SAPMO, BA, DY 30/IV 2/11/5482, Lebenslauf Siegmund, 25. 9. 1945. Zu den »Schwankungen« in den Darstellungen bei Siegmund und Bischoff vgl. Michael F. Scholz, Herbert Wehner in Schweden 1941 bis 1946, in: »Exil und Widerstand« – Jahrbuch für Exilforschung Bd. 15 (1997).

33 Hier und folgend wurde »Mewis« handschriftlich nachgetragen.

34 Die Mitglieder der letzten KPD-Landesleitung Adolf Rembte, Robert Stamm und Max Maddalena wurden am 26. 3. 1936 von der Gestapo verhaftet, Rembte und Stamm 1937 hingerichtet, Maddalena verstarb 1943 in der Haft.

35 Bruno Goldhammer (1905–1971) gehörte zu den »Säuberungs«-Opfern und war erst 1956 aus der Haft entlassen worden.

36 Gesellschaft für Sport und Technik.

37 Hans Straschitz-Schrecker (1899–1983), gehörte zu den »Säuberungs«-Opfern und war erst 1956 aus der Haft entlassen worden.

Wilhelm Girnus – (1906–1985), 1953–1957 Sekretär des »Ausschusses für deutsche Einheit«.

Mischa Wolff – Markus Wolf (geb. 1923), Leiter der Hauptverwaltung Aufklärung (HVA), November 1955 bis November 1986 Stellvertreter des Ministers für Staatssicherheit.

W – Herbert Wehner.

Matern – Hermann Matern (1893–1971), ab 1949 Vorsitzender der ZPKK, ab 1950 Mitglied des Politbüros des ZK der SED.

Mellies – Wilhelm Mellies (1899–1958), stellvertretender Vorsitzender der SPD 1952–1958.

Dehler – Thomas Dehler (1897–1967) 1953–1956 Fraktionsvorsitzender der FDP im Deutschen Bundestag.

Feller/BHE – Erwin Feller, stellvertretender Bundesvorsitzender des 1950 gegründeten Bundes der Heimatvertriebenen und Entrechteten.

Anna Kéthly – (1889–1976), Journalistin, 1950–1954 in Haft, 1956 Vorsitzende der neugegründeten Sozialdemokratischen Partei Ungarns, während des Ungarnaufstandes Oktober 1956 Staatsministerin in der Regierung Nagy, seit der Niederschlagung des Aufstandes im Exil.

»Schweinischer Merkur« – »Rheinischer Merkur«.

Hansch – Ernst Hansch (1914–1970), Chefredakteur der »BZ am Abend«.

Probst Grüber – Heinrich Grüber (1891–1975), 1949 bis Mai 1958 Bevollmächtigter des Rates der Evangelischen Kirche in Deutschland bei der DDR-Regierung.

Welter – Jakob Welter (1907–1944).

Gessner – Herbert G. veröffentlichte am 20. 8. 1951 einen »Wehner-Steckbrief« im »Neuen Deutschland« (Montagsausgabe des »Vorwärts«).

»unheilbare« Kuratorium – Kuratorium Unteilbares Deutschland, 1954 gegründete Vereinigung zur Förderung der Wiedervereinigung.

Ollenhauer – Erich Ollenhauer (1901–1963), seit 1952 SPD-Vorsitzender.

Schröder – Gerhard Schröder (1910–1989), CDU, 1953–1956 Bundesminister des Innern, legte Pläne für die Notstandsgesetzgebung vor und leitete das KPD-Verbot ein.

Max Hölz – (1899–1933), 1918 an der Gründung der KPD beteiligt, 1921 einer der Führer des kommunistischen Aufstands in Mitteldeutschland, danach zu lebenslänglichem Zuchthaus verurteilt, 1928 amnestiert, lebte ab 1929 in der UdSSR.

Abkürzungen

AB	Aktiebolag (Aktiengesellschaft)
ALN	Abschnittsleitung Nord
ALM	Abschnittsleitung Mitte
ARAB	Arbetarrörelsens arkiv och bibliotek, Stockholm
BA	Bundesarchiv
BBC	British Broadcasting
BRD	Bundesrepublik Deutschland
BStU	Der Bundesbeauftragte für die Unterlagen des Staatssicherheitsdienstes der ehemaligen Deutschen Demokratischen Republik
CDU	Christlich Demokratische Union (Deutschlands)
CIA	Central Intelligence Agency
CSU	Christlich-Soziale Union
DDR	Deutsche Demokratische Republik
EKKI	Exekutivkomitee der Kommunistischen Internationale
Emi-Leitung	Emigrationsleitung
FDP	Freie Demokratische Partei
FDGB	Freier Deutscher Gewerkschaftsbund
GRU	Glawnoje razvedvjatelnoje Uprawlenije (Hauptverwaltung Aufklärung – militärischer Nachrichtendienst)
HV	Hauptverwaltung
HVA	Hauptverwaltung Aufklärung
IML	Institut für Marxismus-Leninismus
ISH	Internationale der Seeleute und Hafenarbeiter
KGB	Komitet gosudarstwennoj besopasnosti (Komitee für Staatssicherheit)
Komintern	Kommunistische Internationale
KP	Kommunistische Partei
KPD	Kommunistische Partei Deutschlands
KPdSU (B)	Kommunistische Partei der Sowjetunion (Bolschewiki)
KZ	Konzentrationslager
M-Apparat	Militärapparat der KPD
MfS	Ministerium für Staatssicherheit
NATO	North Atlantik Treaty Organization (Nordatlantikpakt)

NKFD	Nationalkomitee »Freies Deutschland«
NKWD	Narodny kommissariat wnutrennich del (Volkskommissariat für innere Angelegenheiten)
NL	Nachlaß
NS	Nationalsozialismus, nationalsozialistisch
NSDAP	Nationalsozialistische Deutsche Arbeiterpartei
OSS	Office of Strategic Services
RA	Riksarkivet (Reichsarchiv)
RGO	Revolutionäre Gewerkschaftsopposition
SAP	Sozialistische Arbeiterpartei Deutschlands
SAP	Sveriges Socialdemokratiska Arbetareparti (Schwedens sozialdemokratische Arbeiterpartei)
Säpo	Säkerhetspolis (Sicherheitspolizei)
SBZ	Sowjetische Besatzungszone
SdM	Sekretariat des Ministers
SED	Sozialistische Einheitspartei Deutschlands
SIS	Secret Intelligence Service
SKP	Sveriges Kommunistiska Parti (Schwedens Kommunistische Partei)
SOE	Special Operations Executive
SOU	Statens offentliga utredningar
SP	Sozialdemokratische Partei
SPD	Sozialdemokratische Partei Deutschlands
SPÖ	Sozialistische Partei Österreichs
SS	Schutzstaffel
SU	Sowjetunion
SUK	Statens Utlänningskommission
SW	Sammlung Wehner
TASS	Telegrafnoje Agenstwo Sowjetskowo Sojusa (Telegrafenagentur der Sowjetunion)
UdSSR	Union der Sozialistischen Sowjetrepubliken
UDA	Utrikesdepartementets arkiv (Archiv des Außenministeriums)
Vpk	Vänsterpartiet kommunisterna (Linkspartei Kommunisten)
VdgB	Vereinigung der gegenseitigen Bauernhilfe
VVN	Vereinigung der Verfolgten des Naziregimes
ZA	Zentralarchiv
ZK	Zentralkomitee
ZPA	Zentrales Parteiarchiv
ZPKK	Zentrale Partei Kontrollkommission

Quellen und Literatur

Ungedruckte Quellen

Nachlaß Herbert Wehner, Bonn-Bad Godesberg (Privatbesitz)
Sammlung Wehner (SW)
Arbetarrörelsens Arkiv och Bibliotek, Stockholm (ARAB)
VPK-Bestand
SAP Bestand, Korrespondenz des Parteisekretariats 1956–1958
Reichsarchiv Stockholm (RA)
Socialdepartementet, Hemliga arkivet, F Handlingar ang. säkerhetstjänsten
Högsta Domstolen, utslagshandlingar
Komm. 984 (Sandler Kommission)
Statens Utlänningskommissionen (SUK)
Hemliga arkivet
Lägerarkivet (Smedsbo, Långmora)
Säpos Arkiv, Stockholm
Prozeßakten Wehner
Stadtarchiv Stockholm
Spionageprozesse (Rådhusrätt)
Utrikesdepartementets arkiv (Archiv des Außenministeriums), Stockholm (UDA)
Ausweisungsangelegenheiten
Spionageangelegenheiten
Bundesarchiv (BA), Außenstelle Hoppegarten
Gestapo-Akten
Der Bundesbeauftragte für die Unterlagen des Staatssicherheitsdienstes der ehemaligen Deutschen Demokratischen Republik, Berlin (BStU), Zentralarchiv (ZA)
Sekretariat des Ministers (SdM)
KS-, IM-, AP-Akten
Landesarchiv Greifswald
SED-Akten der Bezirksleitung Rostock
Stiftung Archiv der Parteien und Massenorganisationen der DDR im Bundesarchiv, Berlin
FDGB Archiv

Zentrales Parteiarchiv (ZPA)
Kaderakten
Erinnerungen
Abteilungsakten
Sekretariatssitzungen
Historisches KPD-Archiv

Gedruckte Quellen

Badstübner, Rolf: »Beratungen« bei J. W. Stalin. Neue Dokumente, in: Utopie kreativ 1991, H. 7, S. 99ff.

Die Ausbürgerung deutscher Staatsangehöriger 1933–1945 nach den im Reichsanzeiger veröffentlichten Listen, Bd. 1, München/New York/Paris 1985.

Die Organisationsstruktur des MfS 1989, Berlin 1993 (Dokumente des Bundesbeauftragten für die Unterlagen des Staatssicherheitsdienstes der ehemaligen DDR, Reihe A, Nr. 2/93).

Dokumente der SED, Bd. IX, Berlin 1965.

Klein, Anglika: Richtlinien zur Parteiüberprüfung (Dokumente und Materialien), in: BzG 1990, H 6, S. 779ff.

Mammach, Klaus (Hrsg.): Die Berner Konferenz der KPD (30. 1. bis 1. 2. 1939), Berlin (DDR) 1974.

Ders. (Hrsg.): Die Brüsseler Konferenz der KPD (3.–15. 10. 1935), Berlin (DDR) 1975.

SOU (Statens offentliga utredningar):

SOU 1945: 1

Betänkande med förslag till utlänningslag och lag angående omhändertagande av utlänning i anstalt eller förläggning avgivit av 1943 års utlänningssakkunniga, Stockholm 1945.

SOU 1946: 36

Parlamentariska undersökningskommissionen angående flyktingärenden och säkerhetstjänst. I. Betänkande angående Flyktingars behandling, Stockholm 1946.

SOU 1946: 93

Parlamentariska undersökningskommissionen angående flyktingärenden och säkerhetstjänst. II. Betänkande angående utlämnande av uppgifter om flyktingar, Stockholm 1947.

SOU 1948: 7

Parlamentariska undersökningskommissionen angående flyktingärenden och säkerhetstjänst. III. Betänkande angående säkerhetstjänstens verksamhet, Stockholm 1948.

SOU 1972: 84
Flyktingskap, Stockholm 1972.

Zeitungsausschnittsarchive in Berlin, Stockholm, Uppsala, Kopenhagen.

Literatur

Andert, Reinhold/Herzberg, Wolfgang: Der Sturz. Erich Honecker im Kreuzverhör, Berlin 1990.

Aulich, Ingrid: Komm zur Sache, Kollege! (Paul Peschke), in: Wegbereiter. 32 Porträtskizzen, Berlin 1988.

Aus dem Leben eines Berufsrevolutionärs. Erinnerungen an Richard Stahlmann, hrsg. von der Hauptverwaltung Aufklärung, Leipzig 1986.

Barron, John: KGB. Arbeit und Organisation des sowjetischen Geheimdienstes, Bern/München 1974.

Beier, Gerhard: »... die reine Wahrheit ist ja doch für Dich allein ...« – Herbert Wehner zum Gedenken, Kronberg 1990 (Privatdruck).

Biographisches Handbuch der deutschsprachigen Emigration nach 1933. Band I. Politik, Wirtschaft, Öffentliches Leben, München/New York/London/Paris 1980.

Böhme, Klaus-Richard: Svensk polis och Gestapo, in: I orkanens öga. 1941 – osäker neutralitet, Stockholm 1992.

Brandt, Heinz: Ein Traum, der nicht entführbar ist. Mein Weg zwischen Ost und West, Frankfurt am Main 1985.

Brunner, Berthold: Richard Stahlmann – zur historischen Person, in: Peter Weiss Jahrbuch 2, Wiesbaden 1993.

Buschfort, Wolfgang: Das Ostbüro der SPD. Von der Gründung bis zur Berlin-Krise, München 1991.

Carlgren, Wilhelm M.: Svensk utrikespolitik 1939–1945, Stockholm 1973.

Ders.: Svensk neutralitet 1914–1918 och 1939–1945, in: Historisk tidskrift 1979.

Dahlberg, Gunnar: Die zukünftige Gesellschaft. Eine kurzgefaßte Prinzipiendiskussion, Hamburg 1947.

Dahlem, Franz: Am Vorabend des zweiten Weltkrieges, Bd. 1, Berlin 1977.

(*Dau, Wolfgang* u. a.): Herbert Wehner zeit seines Lebens. Geschichtliche und heutige Betrachtungen von Wolfgang Dau, Helmut Bärwald und Robert *Becker*, Eschau 1986.

Deckname Stabil. Stationen aus dem Leben und Wirken des Kommunisten und Tschekisten Paul Laufer, Leipzig 1988.

Die westdeutschen Parteien 1945–1965. Ein Handbuch, hrsg. vom Deutschen Institut für Zeitgeschichte, Berlin 1966.

Flocken, Jan von/Scholz, Michael F.: Ernst Wollweber. Saboteur – Minister – Unperson, Berlin 1994.

Flyghed, Janne: Rättsstat i kris. Spioneri och sabotage i Sverige under andra världskriget, Stockholm 1992.

Foitzik, Jan: Politische Probleme der Remigration, in: Jahrbuch für Exilforschung, Bd. 9, München 1991.

Frederik, Hans: Die Kandidaten, München-Inning (1963).

Ders.: Gezeichnet vom Zwielicht seiner Zeit, München 1969.

Freudenhammer, Alfred/Vater, Karlheinz: Herbert Wehner. Ein Leben mit der Deutschen Frage, München 1978.

Geschichte der Landesparteiorganisation der SED Mecklenburg 1945 bis 1952, Rostock 1986.

Glückauf, Erich: Begegnungen und Signale. Erinnerungen eines Revolutionärs, Berlin 1977.

Gross, Babette: Willi Münzenberg. Eine politische Biographie, Stuttgart 1967.

Günther, Dieter: Gewerkschafter im Exil. Die Landesgruppe deutscher Gewerkschaften in Schweden von 1938–1945, Marburg 1982.

Günther, Heinz: Wie Spione gemacht wurden, Berlin 1992.

Herlemann, Beatrix: Auf verlorenem Posten. Kommunistischer Widerstand im Zweiten Weltkrieg. Die Knöchel-Organisation, Bonn 1986.

Hochmuth, Ursel/Meyer, Gertrud: Streiflichter aus dem Hamburger Widerstand 1933–1945, Frankfurt am Main 1969.

Hodos, Hermann Georg: Schauprozesse. Stalinistische Säuberungen in Osteuropa 1948–1954, Zürich 1988.

Honecker, Erich: Aus meinem Leben, Berlin 1980.

Ders.: Aus dem Bericht des Politbüros auf der 35. Tagung des ZK der SED vom 3. bis 6. Februar 1958, Berlin 1958.

Jahn, Gerhard (Hrsg.): Herbert Wehner. Beiträge zu einer Biographie, Köln 1976.

Johansson, Alf W./Norman, Torbjörn: Den svenska neutralitetspolitiken i historisk perspektiv, in: Hugemark, Bo (Hrsg.): Neutralitet och försvar, Stockholm 1986.

Kalbitzer, Hellmut: Widerstehen oder Mitmachen. Eigensinnige Ansichten und sehr persönliche Erinnerungen, Hamburg 1987.

Kießling, Wolfgang: Alemania Libre in Mexiko. Bd. 1: Ein Beitrag zur Geschichte des antifaschistischen Exils (1941–1946), Berlin 1974.

Koch, Peter Ferdinand: DDR contra BRD. Die feindlichen Brüder, Bern 1994.

Kubu, Mert: Gustav Möllers hemliga polis, Halmstad 1971.

Kühn, Heinz: Widerstand und Emigration. Die Jahre 1928–1945, Hamburg 1980.

Kühnrich, Heinz: Die KPD im Kampf gegen die faschistische Diktatur 1933–1945, Berlin 1983.

Küsters, Hanns Jürgen: Wiedervereinigung durch Konföderation? Die informellen Unterredungen zwischen Bundesminister Fritz Schäffer, NVA-General Vincenz Müller und Sowjetbotschafter Georgij Maksimowitsch Puschkin 1955/56, in: Vierteljahrshefte für Zeitgeschichte 40 (1992).

Lang, Jochen von: Erich Mielke. Eine deutsche Karriere, Reinbek 1993.

Lemke, Michael: Kampagnen gegen Bonn. Die Systemkrise der DDR und die West-Propaganda der SED 1960–1963, in: Vierteljahrshefte für Zeitgeschichte 41 (1993).

Ders.: Eine neue Konzeption? Die SED im Umgang mit der SPD 1956 bis 1960, in: Historische DDR-Forschung, Berlin 1993.

Leugers-Scherzberg, August H.: Die Akte Wehners, in: Die Zeit, Nr. 8 1994.

Lindberg, Hugo: Svensk flyktingpolitik under internationellt tryck 1936–1941, Uddevalla 1973.

Lindner, Jörg: Svenska interneringsläger under andra världskriget, in: Arbetarhistoria. Meddelande från Arbetarrörelsens Arkiv och Bibliotek, 18 (1994), H. 1.

Lorenz, Einhart: Exil in Norwegen. Lebensbedingungen und Arbeit deutschsprachiger Flüchtlinge 1933–1943, Baden-Baden 1992.

Madsen, Carl: Flygtning 33, Kopenhagen 1972.

Mayenburg, Ruth von: Hotel Lux. Das Absteigequartier der Weltrevolution, München 1978.

Meurling, Per: Spionage och sabotage i Sverige, Stockholm 1952.

Mewis, Karl: Im Auftrag der Partei. Erlebnisse im Kampf gegen die faschistische Diktatur, Berlin ^{2}1972.

Miller, Sepp: Nach zwölfjähriger Emigration zurück nach Deutschland, in: Wir sind die Kraft, Berlin 1959.

Misgeld, Klaus: Om en politiker och hans goda namn och rykte. Herbert Wehner i Sverige, in: Meddelande från Arbetarrörelsens Arkiv och Bibliotek Nr. 5, Haninge 1978.

Müller, Reinhard: Die Akte Wehner. Moskau 1937 bis 1941, Berlin 1994.
Ders.: Herbert Wehner in Moskau. Über die notwendige Differenz von quellenkritischer Autopsie und archivalischer Mauerschau, in: Europäische Ideen 86 (1994).
Müssener, Helmut: Exil in Schweden. Politische und kulturelle Emigration nach 1933, München 1974.
Ders.: Asyl in Schweden, in: Lerntag über Asylrecht und Asylpraxis am 24. 11. 1985 (Technische Universität Berlin), Berlin 1986.
Ders.: Exil in Schweden, in: Petersen, Hans-Uwe (Hrsg.), Hitlerflüchtlinge im Norden. Asyl und Politisches Exil 1933–1945, Kiel 1991.
Nollau, Günther: Das Amt. 50 Jahre Zeuge der Geschichte, München 1978.
Ottossen, Jan/Magnusson, Lars: Hemliga makter. Svensk hemlig militär underrättelstjänst från unionstiden till det kalla kriget, Stockholm 1991.
Peters, Jan: Exilland Schweden. Deutsche und schwedische Antifaschisten 1933–1945, Berlin 1984.
Ders. (Hrsg.): Zweimal Stockholm – Berlin 1946. Briefe nach der Rückkehr: Jürgen Peters und Wolfgang Steinitz, Leipzig 1989.
Petersen, Hans Uwe: Die Kommunistische Partei Deutschlands (KPD) im dänischen Exil 1939–1941/43, in: Petersen, Hans Uwe (Hrsg.): Hitlerflüchtlinge im Norden, Kiel 1991.
Przybylski, Peter: Tatort Politbüro. Die Akte Honecker, Berlin 1991.
Rauschning, Hermann: Die Revolution des Nihilismus, Zürich/New York 1938.
Röder, Werner: Die deutschen sozialistischen Exilgruppen in Großbritannien, Hannover 1969.
Rohrwasser, Michael: Richard Krebs – Jan Valtin, in: Exil H. 1 (1986).
Rolf Hagge. Kommunist. Revolutionär. Antifaschist, hrsg. von der Kreisleitung Bad Doberan u. a., Bad Doberan o. J.
SBZ-Biographie, Bonn/Berlin 1961.
Scholz, Michael F.: Rudi Wetzel – Schicksal eines ehemaligen Schweden-Emigranten in der SBZ/DDR, in: Exil H. 2 (1992).
Ders.: Bauernopfer der deutschen Frage. Der Kommunist Kurt Vieweg im Dschungel der Geheimdienste. Berlin 1997.
Schütrumpf, Jörn: Steuerung und Kontrolle der Wissenschaft durch die SED-Führung am Beispiel der Akademie der Wissenschaften der DDR, in: Utopie kreativ H. 31/32 (1993).
Schweden 1941, hrsg. von der Presseabteilung des Ministeriums des Äußern, Stockholm 1941.
Seydewitz, Max: Es hat sich gelohnt zu leben, Bd. 1, Berlin 1976.

Ders.: Es hat sich gelohnt zu leben, Bd. 2, (Ost-)Berlin 1978.

Seydewitz, Ruth: Alle Menschen haben Träume. Meine Zeit – Mein Leben, Berlin [3]1980.

Soell, Hartmut: Der junge Wehner. Zwischen revolutionärem Mythos und praktischer Vernunft, Stuttgart 1991.

Staadt, Jochen: Die geheime Westpolitik der SED 1960–1970. Von der gesamtdeutschen Orientierung zur sozialistischen Nation, Berlin 1993.

Ders.: Die SED-Kampagne gegen Herbert Wehner, in: Deutschland Archiv 27 (1994).

Sudoplatow, Pawel Anatoliewitsch/Sudoplatow, Anatolij: Der Handlanger der Macht: Enthüllungen eines KGB-Generals, Düsseldorf 1994.

Trepte, Curt: Von Brettern, die uns eine neue Welt bedeuten, in: »... einer neuen Zeit Beginn.« Erinnerungen an die Anfänge der Kulturrevolution 1945–49, Berlin/Weimar 1980.

Tutas, Herbert E.: Nationalsozialismus und Exil. Die Politik des Dritten Reiches gegenüber der deutschen politischen Emigration, München/Wien 1975.

Weber, Hermann: Geschichte der DDR, München 1985.

Ders.: Ursachen und Umfang der deutschen Emigration nach 1933 unter besonderer Berücksichtigung von SPD und KPD im Exil, in: Internationale Wissenschaftliche Korrespondenz (IWK) H. 1 1988.

Ders.: »Weiße Flecken« in der Geschichte. Die KPD-Opfer der Stalinschen Säuberungen und ihre Rehabilitierung, Frankfurt am Main [2]1990.

Ders.: Die Täter-Opfer-Problematik. Dokumente und Meinungen zu Herbert Wehner, in: Deutschland Archiv 26 (1993).

Wehner, Herbert: Die Wahrheit dem deutschen Volk! (Aufklärungsschriften der KPD), o. O., o. J. (Fundort: RA, Högsta Domstolen, utslagshandlingar, 27. 1. 1943, Nr. 62).

Ders.: Zeugnis. Persönliche Notizen 1929–1942, hrsg. von Gerhard Jahn, Bergisch-Gladbach 1985.

Ders.: Wandel und Bewährung. Ausgewählte Schriften 1930–1980, Berlin [West] 1986.

Ders.: Selbstbesinnung und Selbstkritik. Gedanken und Erfahrungen eines Deutschen, hrsg. von August Hermann Leugers-Scherzberg, mit einem Geleitwort von Greta Wehner, Köln 1994.

Weiss, Peter: Die Ästhetik des Widerstandes I–III, Frankfurt am Main 1988.

Wer war wer – DDR. Ein biographisches Lexikon, Berlin 1992.

Wiechert, Ernst: Das einfache Leben, in: Wiechert, Ernst: Sämtliche Werke in zehn Bänden, Bd. 4, Wien/München/Basel 1957.
Wiegrefe, Klaus/Tessmer, Carsten: Deutschlandpolitik in der Krise. Herbert Wehners Besuch in der DDR 1973, in: Deutschland Archiv 27 (1994).
Wilhelmus, Wolfgang: Die Rettung der skandinavischen Flüchtlinge im Frühjahr 1945 aus Deutschland – Motive und Resultate, in: Nordeuropa Studien H. 17 (1984).
Wolf, Markus: In eigenem Auftrag. Bekenntnisse und Einsichten, München 1991.

Anmerkungen

Karriere und Weggefährten

1 Vgl. Müller, Die Akte, S. 180.
2 Lange Nacht in der Lubjanka. In: Der Spiegel, H. 2, 1994; vgl. auch allgemein Müller, Die Akte.
3 Wehner, Zeugnis, S. 282f.
4 Weber, Ursachen und Umfang, S. 2.
5 Vgl. Tutas, S. 138ff.
6 Die Ausbürgerung deutscher Staatsbürger, Ausbürgerungsliste 17 (110) vom 12.6.1939.
7 SW, Wehner an »Gen. Kurt«, 1.6.1946.
8 Honecker, Aus meinem Leben, S. 81f.; Soell, S. 339ff.
9 Andert/Herzberg, S. 344.
10 Vgl. Müller, Die Akte, S. 71; vgl. auch Mayenburg.
11 Wehner, Zeugnis, S. 140.
12 SW, Wehner an Schütt, 26.6.1946.
13 Zu Mewis vgl. Biographisches Handbuch; Wer war wer; ZPA, IV 2/11/v.5403 Kaderakte Mewis; ZPA, EA 1244, Erinnerungen von Mewis, undatiert; Mewis.
14 Müller, Die Akte, S. 349f., Wehner an die Kaderabteilung, 7.7.1939.
15 Vgl. Diskussionsbeitrag von Mewis. In: Mammach, Die Brüsseler Konferenz, S. 430ff.
16 Ebenda, S. 433.
17 Vgl. Kühnrich, S. 91.
18 Vgl. zu Dänemark Petersen, S. 237ff.
19 Ebenda, S. 239.
20 Wehner, Zeugnis, S. 174.
21 Ebenda, S. 238.
22 ZPA, I 2/3/286, Louis (Schwab) an Kurt (Wehner), 16.10. bzw. 12.11.1936.
23 Wehner, Zeugnis, S. 175.
24 Zu Verner vgl. Biographisches Handbuch; Wer war wer; ZPA, IV 2/11/v.5511, Kaderakte; ZPA, NL 281/1, Nachlaß Verner, biographische Sammlung.
25 Wehner, Zeugnis, S. 182.
26 Vgl. Müller, Die Akte, S. 94.

27 Vgl. Aus dem Leben eines Berufsrevolutionärs; Brunner.
28 ZPA, NL 72/154, Erinnerungen von Kurt Höfer (1969).
29 Ebenda, Materialsammlung zu Stahlmann.
30 ZPA, I 2/3/86, Einschätzung zu Baier 1.2.1940.
31 ZPA, I 2/3/87, Einschätzung zu Hagge, 9.2.1940.
32 ZPA, NL 72/154, Stahlmann über seine Arbeit in Spanien (1969).
33 Vgl. Wehner, Zeugnis, S. 291 f.
34 Glückauf, S. 332.
35 Dahlem, S. 64 f.
36 BA, Außenstelle Hoppegarten, ZC 11957, Haftbefehl, 12.11.1936; Brief Gestapo-Berlin an Gestapo-Hamburg, 5.6.1936.
37 ZPA, I 2/3/86, Bericht Martys über Fritz Arndt (frz.), 31.12.1940.
38 ZPA, EA 1244/1, Mewis, Zur Lage bei Kriegsausbruch (Manuskript. 1968).
39 ZPA, IV 2/11/v.5403, Mewis, Ergänzung zum Lebenslauf, 20.6.1967.
40 ZPA, EA 1244/1, Mewis, Zur Lage bei Kriegsausbruch (Manuskript 1968).
41 ZPA, I 2/3/132, Mewis an Zentralsekretariat der SED, 12.11.1946.
42 ZPA, IV 2/11/v. 644, Lebenslauf, 6.7.1951.
43 ZPA, I 2/3/274, Beschluß zum Bericht der Abschnittsleitung, 19.8.1938.
44 Wehner, Zeugnis, S. 215.
45 BStU, ZA, SdM, 1858, Wehners Auskunftsbericht vom 12.12.1937; vgl. allgemein Müller, Die Akte.
46 Vgl. Herbert Wehner, Ein Sozialdemokrat über die Sowjetunion und die internationale Arbeiterbewegung, in: Die internationale Bücherschau H. 4/5 (1938), S. 90; siehe auch Müller, Die Akte, S. 162 f.
47 Weber, Weiße Flecken, S. 90.
48 Müller, Die Akte, S. 163.
49 Ebenda, S. 368 ff., Charakteristiken über Glückauf, Peschke und Norden, 14.7.1939.
50 Vgl. Mammach, Die Berner Konferenz, S. 99 ff., Diskussionsbeitrag von Mewis.
51 ZPA, EA 1244/1, Erinnerungen von Karl Mewis.
52 Müller, Die Akte, S. 345 ff., Wehner an die Kaderabteilung, 7.7.1939.
53 Ebenda, S. 376 ff., Wehner an Pieck, 21.10.1939.
54 Wehner, Zeugnis, S. 280.
55 Müller, Die Akte, S. 382 ff., Stellungnahme von Wehner und

Ulbricht zum Hitler-Stalin-Pakt; ZPA, I 2/3/293, Beschluß der Mitglieder des ZK der KPD zur Arbeit im Ausland, 28.2.1940 (»wird mündlich weitergegeben«).

56 ZPA, NL 36/505, Pieck an Arndt, 27.9.1939, Arndt an Pieck, 29.9.1939.

57 Vgl. Müller, Die Akte, S. 177, Sitzung vom 9.10.1939.

58 ZPA, NL 36/505, Pieck an Arndt, 15.10.1939.

59 BA, Außenstelle Hoppegarten, Z/C 15929, Bd. 5, Aussagen von Wiatrek vor der Gestapo.

60 Wehner, Zeugnis, S. 277.

61 Mewis, S. 224.

62 Ebenda, S. 229.

63 Vgl. Müller, Die Akte, S. 178.

64 ZPA, NL 281/25ü, Haussuchungsprotokoll, 18.10.1939.

65 BA, Außenstelle Hoppegarten, Z/C 15929, Bd. 5, Aussagen Wiatreks.

66 ZPA, NL 36/505, Parteiarbeit in Schweden 1939–40 (wahrscheinlich 1946).

67 ZPA, I 2/3/293, Bericht Arndts über die Entwicklung der Verbindungen im Land.

68 Vgl. Herlemann, S. 28ff.

69 BA, Außenstelle Hoppegarten, Z/C 15929, Bd. 5, Schlußbericht der Gestapo zur Vernehmung von Heinrich Wiatrek, 27.11.1942.

70 Vgl. Scholz, Rudi Wetzel.

71 ZPA, NL 36/505, Göteborg Brief einschließlich Resolution, 27.7.1940.

72 ZPA, I 2/3/293, Sonderbericht von Mewis, 8.10.1940.

73 ZPA, NL 36/505, Information auf Grund der Berichte Juli/September, 19.10.1940.

74 Vgl. Wehner, Zeugnis, S. 281.

75 Vgl. Aus dem Leben eines Berufsrevolutionärs, S. 67.

76 ZPA, NL 36/505, Pieck an Stahlmann, 28.10.1940.

Als KPD-Leiter in Stockholm

1 Vgl. Wehner, Zeugnis, S. 333, Erklärung vom 11.3.1957.

2 RA, Socialdepartementet, Hemliga arkivet, F Handlingar ang. säkerhetstjänsten, Allmän säkerhetskungörelse, 10.6.1938.

3 Flyghed, S. 281, Organisationsschema.

4 RA, Socialdepartementet, Hemliga arkivet, F Handlingar ang. säkerhetstjänsten, Hemlig instruktion för polispersonal, 12.4.1940.
5 Vgl. Ottossen/Magnusson, besonders S. 121 ff.; vgl. auch Kubu.
6 ZPA, EA 2036/1, Willi Rom, Kundschafter im Klassenkampf (Manuskript 1983).
7 Vgl. Böhme; Flyghed, S. 322 ff.
8 Flocken/Scholz; SOU 1946: 93.
9 Zitiert nach Günther, D., S. 28.
10 Ebenda, S. 30.
11 Tutas, S. 67, Runderlaß vom 4.5.1933.
12 Vgl. ebenda, S. 40.
13 Ebenda, S. 40f., Bericht Deutsche Gesandtschaft Stockholm vom 26.10.1934.
14 Vgl. Flyghed; Carlgren, Svenk neutralitet; Johansson/Norman.
15 Vgl. Lindberg, vor allem S. 214, 312ff.; SOU 1972: 84, Kap. 2.1., 3.3.1.; auch Müssener, Asyl in Schweden, S. 24ff.
16 H. Wegner (Herbert Wehner), Gedanken an der Schwelle des dritten Kriegswinters In: Die Welt, Nr. 35, 1941, S. 1110.
17 Vgl. Peters, Exilland Schweden, S. 15ff.
18 ZPA, I 2/3/80, Schreiben von Mineur, 28.5.1964.
19 Wehner, Zeugnis, S. 284.
20 ZPA, I 2/3/294, Wiatrek an Stockholm, 9.4.1941.
21 Müller, Die Akte, S. 364f., Wehner an Kaderabteilung, 14.7.1939.
22 Freudenhammer/Vater, S. 291, Rapport der Stockholmer Kripo, 4.4.1942.
23 ZPA, J IV 2/202/586, Mitteilungen der Genn. Bischoff betr. Wehner, 6.1.1964.
24 ZPA, I 2/3/294, Abrechnung Dezember 1940 bis April 1941.
25 ZPA, NL 36/516, Piecks Notizen über Gespräch mit Matern, 24.3.1941.
26 ZPA, NL 36/505, Hertel (Wehner) an Liebe Eltern (Pieck), 10.3.1941.
27 RA, Högsta Domstolen, utslagshandlingar, 27.1.1943, Nr. 62, Wehners Erklärung zum Aufbau der neuen illegalen Organisation vom 6.3.1942.
28 ZPA, NL 36/505, Pieck an Funk, 28.3.1941.
29 ZPA, I 2/3/294, Personalangaben zu Willi Wagner, 26.4.1941, von Hertel (Wehner); zu Wagner weiterhin RA, Komm. 984, F 2: 1, AD 21.
30 Hochmuth/Meyer, S. 72ff., 257 (Anm. 2).

31 Wehner, Zeugnis, S. 287 f.
32 ZPA, I 2/3/80, Kunzes Bericht über Wagner, 12.12.1946; RA, SUK, Hemliga arkivet, F 2 B: 6.
33 Vgl. Wehner, Zeugnis, S. 289.
34 ZPA, I 2/3/294, Willi an Kurt, 18.4.1941.
35 Ebenda, Moskauer Antwort auf Anfrage, 14.5.1941.
36 RA, SUK, Hemliga arkivet, Doss. ang. Kunze.
37 ZPA, I 2/3/294, Personalangaben zu Lotte Bischoff, 26.4.1941, von Hertel (Wehner).
38 ZPA, J IV 2/202/586, Mitteilungen der Genn. Bischoff betr. Wehner, 6.1.1964.
39 Ebenda, Piecks Notizen über Gespräch mit Öhmann, 26.4.1941.
40 ZPA, I 2/3/294, Übersicht über unsere Arbeit von Hertel (Wehner) im Namen von Erna (Stahlmann) und Erwin (Mewis), 26.4.1941.
41 Ebenda, Bemerkungen zum Bericht von Hertel (Wehner), 26.4.1941.
42 Wehner, Zeugnis, S. 285 ff.
43 ZPA, I 2/3/294, Handschriftliche Notizen von Ulbricht, 28.4.1941; ZPA, NL 36/505, Brief von Eure Freunde (Ulbricht) an Liebe Freunde, 14.5.1941; Brief von Eure Freunde, 13.5.1941.
44 BA, Außenstelle Hoppegarten, Z/C 15929, Bd. 5, Schlußbericht der Gestapo über die Vernehmung Wiatreks, 27.11.1942.
45 ZPA, IV 2/11/v.5211, Stahlmanns Bericht, 14.12.1946.
46 Vgl. Peters, Exilland Schweden, S. 133.
47 Weiss, Bd. 3, S. 67 ff.
48 Wehner, Zeugnis, S. 300.
49 ZPA, J IV 2/202/586, Mitteilungen der Genn. Bischoff betr. Wehner, 6.1.1964.
50 Wehner, Zeugnis, S. 290 f.
51 Böhme, S. 63 ff.; SOU 1946: 93, S. 72.
52 UDA, R 70, Ct IX, Wollweber, Bd. 2, Diplomatischer Briefwechsel zu Hjelmen.
53 RA, Socialdepartementet, Hemliga arkivet, F Handlingar ang. säkerhetstjänsten, PM, Lönn, 30.6.1945, PM, Nils Fahlander, 30.6.1945.
54 Ebenda, Anlagen zum Schreiben Lundqvist an Erlander, 30.6.1945.
55 Ebenda, Müller an Lundqvist, 7.5.1941 (Abschrift).
56 ZPA, EA 2036/1, Willi Rom, Kundschafter im Klassenkampf (Manuskript 1983); Stockholm Tidningen, 1.10.1941, Sabotageliga sprängd i Stockholm; vgl. auch Meurling, S. 107 ff.

57 Wehner, Zeugnis, S. 293; ZPA, IV 2/4/116, Bericht über die Tätigkeit der Emigrationsleitung in Schweden, 17.1.1946; RA, SUK, Hemliga arkivet, Doss. ang. Stephany PM (T. Sjöstädt), 20.3.1952.
58 ZPA, I 2/3/89, Einschätzung zu Rauch, 23.2.1940.
59 Vgl. Lorenz, S. 363.
60 Vgl. Wehner, Zeugnis, S. 293; ZPA, IV 2/4/116, Bericht über die Tätigkeit der Emigrationsleitung in Schweden, 17.1.1946; RA, SUK, Hemliga arkivet, Doss. ang. Stephany, PM (T. Sjöstädt), 20.3.1952.
61 Wehner, Zeugnis, S. 293.
62 RA Komm. Nr. 984, F 2: 15 (AD 373).
63 Vgl. Wehner, Zeugnis, S. 293.
64 Zu Grauer: UDA, P 53, Er 47, Sowjetische Legation an UD, 1.2.1940; UDA, R 72, Bd. X a, Hallgren an Außenminister, 26.9.1941 (Anlage: Lundqvist an Hallgren, 25.9.1941); ebenda, Bd. X b, Telegrammübersetzungen; Gespräch mit Markus Wolf, 22.4.1994.
65 UDA, R 72, Bd. X b, Beilage G.
66 Wehner, Zeugnis, S. 293 f.
67 ZPA, IV 2/11/v.2525, Fragebogen Glückauf, 3.1.1946.
68 Glückauf im Gespräch mit Peters, 7.8.1971. Ich danke Jan Peters (Potsdam) für diese Information.
69 BStU, ZA, AP 71/64, Lebenslauf Sager, 26.1.1948 (Abschrift).
70 ZPA, I 2/3/369, Militäraufgebote durch das deutsche Konsulat, 24.5.1941.
71 RA, SUK, Lägerarkiv, Långmora, Vol. B III: 1, Wochenbericht; zur Person Müllers Vol. D: 3, Liste; Peters, Exilland, S. 134 f.; M. Seydewitz, Es hat sich gelohnt Bd. 1, S. 422 ff.
72 RA, Komm. 984, F 2: 4, AD 96.
73 RA, Socialdepartementet, Hemliga arkivet, F Handlingar ang. säkerhetstiänsten, PM, Stockholms polis (Otto Danielsson), 29.6.1945.
74 Ebenda, Neumann an Lundqvist, 30.9.1942 (Abschrift).
75 Ebenda, PM, Stockholms polis (Otto Danielsson), 29.6.1945.
76 Michael Kraft (Max Seydewitz), Arbeiterklasse und Nation. In: Die Welt, Nr. 6, 1941, S. 102 ff.
77 Vgl. Mewis, S. 278 f.
78 Vgl. K. Arndt (Karl Mewis), Arbeiterklasse und Nation. In: Die Welt, Nr. 9, 1941, S. 260 ff., Nr. 10, 1941, S. 292 f.
79 Vgl. Wehner, Zeugnis, S. 301.
80 Vgl. ebenda.

81 Sven Linderot, Die Arbeiterklasse und die nationale Frage. In: Die Welt, Nr. 17, 1941, S. 518ff.
82 Mewis, S. 274.
83 Rauschning.
84 H. Wegner (Herbert Wehner), Es ist Zeit, sich auszusprechen. In: Die Welt, Nr. 20, 1941, S. 635ff.; ders., Wer am Kriege verdient, muß fallen! Ebenda, Nr. 23, 1941, S. 705ff.; ders., Ein Wort für die, die mit dem Herzen dabei waren. Ebenda, Nr. 26, 1941, S. 808f.
85 Vgl. ZPA, IV 2/11/v.5211, Mewis' Bericht über die Meinungsverschiedenheiten mit Wehner, Januar 1946.
86 SW, Wehner an Schütt, 26.6.1946.
87 Wehner, Zeugnis, S. 301; SUK, Hemliga arkivet, doss. ang. Stephany, Verhör vom 5.5.52.
88 Wehner, Zeugnis, S. 302.
89 Ebenda, S. 295.
90 Wehner, Die Wahrheit.
91 Wehner, Zeugnis, S. 300. – Siegmund bestritt einen solchen Auftrag später, BStU, SdM 1868, Bericht (HA IX/II), 4.1.1967.
92 ZPA, I 2/3/132, Bericht Siegmund, 21.10.1946. Kurt Siegmund (»Friedel Stein«) starb als hochgeehrter Parteiveteran 1988 in der DDR.
93 UDA, R 72, Bd. XI, Boheman an Hallgren, 10.10.1941.
94 Ebenda, Bd. XIX, Telegrammübersetzungen.
95 RA, Socialdepartementet, Hemliga arkivet, F handl. ang. säkerhetstjänsten, PM ang. arbetet vid 6: e rotelns 1: a byrå, Lönn, 15.12.1944.
96 Sudoplatow/Sudoplatow, S. 297.
97 RA, SUK, Hemliga arkivet, Doss. ang. Sager, PM (Söderström), 25.11.1941.
98 Ebenda.
99 Wehner, Zeugnis, S. 302.
100 Ebenda, S. 297
101 Sudoplatow/Sudoplatow, S. 297.
102 RA, Socialdepartementet, Hemliga arkivet, F handlingar ang. säkerhetstjänsten, PM ang. arbetet vid 6: e rotelns 1: a byrå, 15.12.1944.
103 Wehner, Zeugnis, S. 298ff.

1 Freudenhammer/Vater, S. 276, Polizeirapport, 4.4.1942.
2 Müssener, Exil in Schweden, S. 439 (Anm. 281).
3 Freudenhammer/Vater, S. 304, Polizcirapport, 4.4.1942.
4 RA, Komm. Nr. 984, Vol. F 2: 8 (AD 182), Anhörung Wehner, 24.8.1945.
5 UDA, R70, Ct IX, Wollweber Bd. 1 und 2; RA, Högsta Domstolen, utslagshandlingar 1941 (nr. 568); vgl. auch Flocken/Scholz.
6 RA, Komm. 984, F 2: 1, AD 21.
7 RA, SUK, Hemliga arkivet, Dossier Paul Friedländer, Verhörsprotokoll Wehner, 10.3.1942, Verhörsprotokoll Erika Friedländer, 10. bzw. 11.3.1942
8 Wehner, Zeugnis, S. 303 f.
9 Vgl. Freudenhammer/Vater, S. 310 f.
10 Vgl. ebenda, S. 364 ff., PM (Erik Lönn), 22.9.1942.
11 Wehner, Zeugnis, S. 304.
12 ZPA, IV 2/11/v.5211, Stahlmann, Der Fall Wehner (Kurt Funk) in Schweden, 14.12.1946.
13 RA, Högsta Domstolen, utslagshandlingar, 27.1.1943, Nr. 62, Telegrammübersetzung.
14 RA, Komm. Nr. 984, Vol. F 2: 8 (AD 182), Anhörung Wehner, 24.8.1945.
15 RA, SUK, Hemliga arkivet, Dossier Kunze.
16 Vgl. Berliner Zeitung, 5.3.1964, Eine Zeugin sagt aus: Charlotte Bischoff.
17 Säpos arkiv, PM till Stadsfiskal Ryhninger (Th. Söderström, 15.4.1942).
18 Freudenhammer/Vater, S. 286, Rapport, 4.4.1942.
19 Gespräch mit Hollander, 16.5.1994.
20 Freudenhammer/Vater, S. 286, Rapport, 4.4.1942. Hollander bestätigte gegenüber dem Autor eine allgemeine Unterstützung des antinazistischen Widerstandskampfes, konnte sich aber an ein Treffen mit Wehner nicht erinnern. Gespräch mit Hollander, 16.5.1994.
21 Gespräch mit Hansson, 15.5.1994.
22 RA, Medborgarskapsakt Hollander, 6.11.1942.
23 BA, Außenstelle Hoppegarten, ZC 15929, Bd. 3, Die KPD-Abschnittsleitung Nord (Schlußbericht), Geheime Staatspolizei, Staatspolizeileitstelle Hamburg, II A 1–189/40, 10.9.1942.
24 Flyghed, S. 473.

25 Schweden 1941, S. 52.
26 Vgl. Flyghed, S. 462 ff.
27 Stockholms stadsarkiv, Protokoll i hemliga mål 1940 (6); vgl. auch Flyghed, S. 118, 457.
28 Vgl. Müller, Die Akte, S. 327 ff., Wehner über Münzenberg vor der Kontrollkommission der Komintern, 16. 2. 1939.
29 Vgl. Koch, S. 27.
30 Vgl. Gross, S. 262 f.
31 RA, Högsta Domstolen, utslagshandlingar, 27. 1. 1943, Nr. 62, Protokolle.
32 Vgl. Freudenhammer/Vater, S. 121 f.
33 RA, Komm. Nr. 984, Vol. F 2: 8 (AD 182), Anhörung Wehner, 24. 8. 1945.
34 ZPA, IV 2/11/130, Meldungen des Stockholmer Senders.
35 ZPA, NL 36/505, Notizen von Pieck.
36 Freudenhammer/Vater, S. 340 ff., Wehners Stellungnahme, 12. 4. 1942.
37 RA, Högsta Domstolen, utslagshandlingar, 27. 1. 1943, Nr. 62, Kumlin an Stadsfiskal, 21. 4. 1942.
38 Ebenda, Döbeln an Ryhninger, 22. 4. 1942.
39 Freudenhammer/Vater, S. 347 ff., Stellungnahme Wehners zu den Gutachten der Anklage.
40 Säpos arkiv, Ryhninger an Svea Hovrätt, 19. 5. 1942.
41 ZPA, IV 2/11/v.5211, Stahlmann, Der Fall Wehner (Kurt Funk) in Schweden, 14. 12. 1946.
42 Ebenda, Abschrift Beschluß, abgedruckt in: Müller, Die Akte, S. 401 f.
43 RA, Högsta Domstolen, utslagshandlingar, 27. 1. 1943, Nr. 62, Branting an Svea Hovrätt, 20. 7. 1942.
44 SW, Wehner an Endres, 15. 4. 1944; Freudenhammer/Vater, S. 128 f.; vgl. auch Rede von Arno Behrisch anläßlich des Emfangs zu seinem 75. Geburtstag am 6. Juni 1988 in der Bundesgeschäftsstelle der Deutschen Friedensunion in Köln (Manuskript), S. 5.
45 Freudenhammer/Vater, S. 356 ff., Wehner an Svea Hovrätt, 21. 9. 1942.
46 Ebenda, S. 360 f.
47 RA, Komm. Nr. 984, F 2: 16, AD 378; RA, SUK, Akte Karl Frahm.
48 Zu Richard Krebs vgl. Rohrwasser.
49 RA, Komm. Nr. 984, Vol. F 2: 8 (AD 182), Anhörung Wehner, 24. 8. 1945.

50 SOU 1946: 36; SOU 1946: 93; SOU 1948: 7; Flyghed, S. 322ff.

51 BA, Außenstelle Hoppegarten, ZC 15929, Bd. 3, Die KPD-Abschnittsleitung Nord (Schlußbericht), Geheime Staatspolizei, Staatspolizeileitstelle Hamburg, II A 1–189/40, 10.9.1942, S. 137 (Bl. 233).

52 Freudenhammer/Vater, S. 364ff., PM (Erik Lönn), 22.9.1942.

53 RA, SU, Hemliga arkivet, Polisrapport 6: e roteln, 17.9.1942.

54 Freudenhammer/Vater, S. 364ff., PM (Erik Lönn), 22.9.1942.

55 RA, SUK, Hemliga arkivet, Dossier Mewis, PM ang. Mewis (Erik Lönn), 18.1.1947.

56 RA, SUK, Hemliga arkivet, F2 B: 7, Holowatyj an Granath, 1.6.1940 (Kopie).

57 RA, SUK, Hemliga arkivet, Dossier Stephany, Verhör mit Aubert, 5.5.1952.

58 Ebenda.

59 RA, SUK, Hemliga arkivet, Dossier Steinitz, Sammandrag ang. Steinitz (v. T. Sjöstedt), 7.8.1943; Sammandrag ang. Seydewitz (v. B. Bogefeldt), 12.8.1942.

60 RA, Högsta Domstolen, utslagshandlingar, 27.1.1943, Nr. 62.

61 Vgl. Flyghed, S. 473.

62 RA, Högsta Domstolen, utslagshandlingar, 27.1.1943, Nr. 62.

63 Wehner, Selbstbesinnung; Teilveröffentlichung auch in: Wehner, Wandel, S. 35ff.

64 Wehner, Selbstbesinnung, S. 54.

65 SW, Zwanzig Jahre durch Niederlagen, 27.7. (1942), Wehners eindeutige Abkürzungen wurden von mir ausgeschrieben.

66 SW, Neuplanung, 30.8. (1942).

67 Wehner, Selbstbesinnung, S. 33f., 37–40.

68 Ebenda, S. 138, 140.

69 SW, Wehner an Reimann, 16.5.1946.

70 Wehner, Selbstbesinnung, S. 53.

71 SW, Wehner an Wagner, 20.9.1944; vgl. Wehner, Selbstbesinnung, S. 32.

72 Müller, Die Akte, S. 403, Die Kaderabteilung über Wehner, 6.2.1943.

73 SOU 1945: 1, S. 10f.

74 RA, Komm. 984, F 2: 1, AD 18, Schreiben von Holmbäck, das die Interpellation in der 1. Kammer, 22.5.1943, erwähnt.

75 SOU 1945: 1, S. 11.

76 RA, SUK, Lägerarkiv, Smedsbo, D: 6, Internjournal III, IV.

77 ZPA, IV 2/4/116, Bericht über die Tätigkeit der Emigrationsleitung in Schweden, 17.1.1946.

78 UDA, R 67, At, Inrikesdepartementet an SUK (Abschrift).

Die Freiheit bleibt beschnitten

1 RA, SUK, Hemliga arkivet, Vol. F2B:7, Reglemente för Långmora, Smedsbo och Rengsjö för läggningar för utlänningar, 11.12.1942; SOU 1945: 1, S. 128ff.

2 Lindner, S. 6f.

3 RA, SUK, Lägerarkiv, Smedsbo, F I:7, Krankenjournal.

4 ZPA, V 240/1/1, Werther, Bericht über Weber, Helms, Köhler, 1.1.1946.

5 RA, SUK, Hemliga arkivet, Dossier Rösner, Wehner/Rösner an Werther, 18.2.1944, Wehner an Schulze, 20.2.1944; ebenda, Dossier Wehner, Fribergs Schreiben, 25.4.1944.

6 RA, SUK, Lägerarkiv, Smedsbo, F II: 2.

7 Ebenda, Pläne für den inneren Dienst.

8 ZPA, V 240/3/21, Wehner an Branting, 26.9.1943, Branting an Wehner, 1.10.1943 (Kopien); RA, SUK, Lägerarkiv, Smedsbo, Vol. E II: 2, Wehner an Branting, 16.10.1943 (Abschrift).

9 RA, SUK, Lägerarkiv, Smedsbo, Vol. F II: 2, Aushang Tagesordnung für die Woche 21.–27.11.1943; ARAB, VPK, Vol. F III: 2, Heinrich Pischel an die Parlamentarische Untersuchungskommission, 30.1.1945 (Abschrift).

10 RA, SUK, Lägerarkiv, Smedsbo, B:l, Ang. de internerades arbete, 1.11.1943.

11 RA, SUK, Hemliga arkivet, Dossier Wehner, Friberg an Socialstyrelsen, 25.5.1944.

12 RA, Komm. 984, F 2: 2, AD 29.

13 Ebenda, F 2: 3, AD 51, PM ang. utslag m. m. i målet mot Günther, Lindholm m. fl.

14 ZPA, I 2/3/80, Wehner an Mineur (schwedisch), 7.11.1943 (Kopie).

15 RA, SUK, Hemliga arkivet, Dossier Wehner, Friberg an Socialstyrelsen, 25.5.1944; RA, SUK, Lägerarkiv, Smedsbo, B: l, Försäkran, 15.12.1943.

16 SW, Obs. Fridlyst området, Weihnachten 1943, Smedsbo (Manuskript).

17 RA, SUK, Hemliga arkivet, Dossier Wehner, Friberg an Socialstyrelsen, 25.5.1944.
18 RA, SUK, Lägerarkiv, Smedsbo, B:1, Wehner an Sager, 6.2.1944 (Abschrift).
19 Ebenda, Wehner an Folden, 13.2.1944 (Abschrift).
20 Ebenda, Wehner an Schulze, 20.2.1944 (Abschrift).
21 Ebenda, E 11:2, Aktennotiz; SW, Wehner an Rösner, 29.3.1944.
22 SW, Wehner an Warnke, 22.2.1944, Warnke an Wehner, 29.2.1944.
23 Vgl. Müssener, Exil in Schweden, S. 122.
24 SW, Warnke an Wehner, 11.6.1944.
25 SW, Werther an Wehner/Rösner, 21.2.1944; Bick an Wehner, 21.2.1944.
26 SW, Wehner an Bick, 27.2.1944.
27 ZPA, 12/3/369, Endres an Politbüro, 26.5.38.
28 ZPA, 12/3/80, Endres über sein Verhältnis zu Wehner, Dezember 1951.
29 SW, Werther an Wehner, 15.1.1944, mit Grüßen von Endres; Endres an Wehner, 19.2.1944; Wehner an Endres, 29.2.1944.
30 SW, Wehner an Endres, 25.3.1944.
31 SW, Endres an Wehner, 30.3.1944.
32 SW, Bick/Werther an Kungl. Socialstyrelsen, 9.3.1944 (Abschrift für Wehner); Wehner an Bick, 12.3.1944.
33 ZPA, I 2/3/80, Endres über sein Verhältnis zu Wehner, Dezember 1951.
34 SW, Warnke an Wehner, 30.3.1944; Wehner an Warnke, 20.4.1944.
35 RA, SUK, Dossier Warnke, Lönn an SUK, 6.7.1944.
36 Müssener, Exilland, S. 201.
37 SW, Wehner an FDKB, 11.4.1944; Steinitz an Wehner, 26.4.1944.
38 SW, Wehner an Vasen, 26.3.1944.
39 SW, Wehner an Endres, 15.4.1944.
40 SW, Endres an Wehner, 19.4.1944.
41 SW, Endres an Wehner, 2.5.1944.
42 SW, Wehner an Endres, 7.5.1944.
43 SW, Endres an Wehner, 18.6.1944.
44 SW, Wehner an Müller, 19.3.1944; ZPA, I 2/3/80, Schreiben an Mineur, 27.4.1944 (Kopie).
45 RA, SUK, Lägerarkiv, Smedsbo, D:13, Medicinjournal 1943/44.
46 Vgl. ZPA, IV 2/11/v.5211, Bericht Bick, 23.1.1947.
47 SW, Adam an Wehner, 15.5.1944.

48 RA, SUK, Lägerarkiv, Smedsbo, E 11: 2, Wehner an Wagner, 7.5.1944.
49 Ebenda, Wehner an Holmbäck, 8.5.1944.
50 RA, SUK, Hemliga arkivet, Dossier Mewis, PM Karl Mewis, 18.1.1947.
51 RA, SUK, Lägerarkiv, Smedsbo, B:l, Wehners Schreiben an den König, 21.5.1944 (Abschrift).
52 RA, SUK, Hemliga arkivet, Dossier Mewis, PM Mewis, 27.1.1944 bzw. 18.1.1947.
53 RA, SUK, Hemliga arkivet, Dossier Wehner, Friberg an Socialstyrelsen, 25.5.1944.
54 RA, SUK, Lägerarkiv, Smedsbo, B:l, Friberg an Socialstyrelsen, 22.6. bzw. 23.6.1944.
55 Ebenda, Wehner an Backlund, 25.7.1944.
56 Ebenda, Friberg an SUK, 24.7.1944.
57 ZPA, I 2/3/80, Wehner an Mineur (schwedisch), 20.12.1944 (Kopie).
58 ZPA, IV 2/11/v.5211, Bericht Bick über Wehner, 23.1.1947.
59 ZPA, IV 2/4/116, Bericht über die Tätigkeit der Emigrationsleitung in Schweden, undatiert.
60 RA, SUK, Hemliga arkivet, Dossier Mewis, PM ang. Mewis (Lönn, 18.1.1947), vgl. hier den referierten Bericht von Wagner.
61 Wehner, Zeugnis, S. 315.
62 RA, SUK, Hemliga arkivet, Dossier Mewis, PM ang. Mewis (Lönn, 18.1.1947).
63 Ebenda. Von einem Kommunisten »W« aus Uppsala, der bis 1943 interniert war.
64 RA, SUK, Lägerarkiv, Smedsbo, E 11: 2, Sorkin an Kjellegård, 20.6.1944.
65 RA, SUK, Hemliga arkivet, Dossier Sorkin; vgl. auch Stockholms stadsarkiv, Stockholms rådhusrätt, 5: e avdelningen, Hemliga mål 1941 (12).
66 UDA, R 72, Spione in Schweden (August 1941), PM Sorkin, 9.8.1941.
67 RA, SUK, Hemliga arkivet, Dossier Sorkin.
68 Wehner, Zeugnis, S. 315.
69 RA, SUK, Hemliga arkivet, Dossier Mewis, PM ang. Mewis (Lönn, 18.1.1947), enthält Wehners Bericht nach Moskau.
70 Müller, Die Akte, S. 372f., Wehner an die Kaderabteilung, 14.7.1939.

71 RA, SUK, Hemliga arkivet, Dossier Mewis, PM ang. Mewis (Lönn, 18.1.1947) enthält Wehners Bericht nach Moskau.
72 Ebenda.
73 Mitgliedsnummer 352; SW, Wehner an LdG, 14.9.1944, Wehner an Krebs, 28.7.1945.
74 Wehner, Zeugnis, S. 343f.
75 SW, dpa, 13.9.1957.
76 SW, Wehner an Werther, 25.10.1944; Werther an Wehner, 8.11.1944.
77 SW, Wehner an Werther, 25.10.1944.
78 SW, Werther an Wehner, 8.11.1944.
79 SW, Eine Erklärung über meine Haltung gegenüber einigen Verleumdungen und ihren Urhebern, undatiert.
80 ZPA, IV 2/11/v.5211, Bericht über die Aussprachen in Borås (gez. K. M.), undatiert.
81 Ebenda.
82 Ebenda.
83 ZPA, I 2/3/80, Wehner an Mineur (schwedisch), 20.12.1944 (Kopie).
84 ZPA, IV 2/11/v.5211, Beschluß, 26.12.1944.
85 RA, SUK, Hemliga arkivet, Dossier Wehner, Memorandum von Lönn, 21.2.1945.
86 SW, Kära kamrat, 17.3.1945 (Durchschlag).
87 Vgl. Glückauf, S. 380.
88 RA, Komm. 984, F 2: 8, AD Nr. 182.
89 ZPA, 12/3/80, Kunzes Bericht über Wagner, 12.12.1946.
90 ZPA, IV 2/11/v.4982, Erklärung Kunze, 28.3.1945.
91 ZPA, IV2/11/v.5211, Beschluß.
92 Ebenda, Bericht von Langrock, 8.12.1946.
93 ZPA, IV 2/4/116, Bericht über die Tätigkeit der Emigrationsleitung in Schweden, 17.1.1946.

Enttäuschung und Wandel

1 Kühn, S. 161.
2 Müssener, Exilland Schweden, S. 99, 104f.
3 Ebenda, S. 99ff.
4 RA, UD, 1920 års dossiersystem, P 64 (P grupp 40, mål H), The Refugees in Sweden (April 1945).

5 Vgl. auch Röder, S. 245.

6 Trots allt! Nr. 15, 13.–19. 4. 1945, De tyska emigranterna i Sverige; nach Müssener, Exil in Schweden (1991), S. 93, waren es 5000, davon 30 Prozent politische.

7 Vgl. Wilhelmus; Trots allt! 1945, Nr. 34, S. 7, Hjälp tyska och statslösa offer fråan koncentrationslägren.

8 ZPA, 12/3/345, Freier Deutscher Kulturbund in Schweden, H. 1, 1945, S. 4.

9 Ebenda, Freier Deutscher Kulturbund in Schweden, H. 3, 1945.

10 ZPA, 12/3/371, Zentralstelle der antinazistischen Organisationen in Schweden (September 1945); vgl. auch Müssener, Exil in Schweden, S. 287.

11 Freier Deutscher Kulturbund in Schweden, H. 4, 1945, Die Arbeit der Zentralstelle, S. 1.

12 Vgl. Politische Information 3 (1945), H. 13, S. 9.

13 Ebenda, H. 15, S. 10f.

14 Liste über die Mitglieder der kommunistischen Parteigruppe in Dänemark. Für die Überlassung einer Kopie danke ich Hans Uwe Petersen (Kopenhagen).

15 SW, Werther an Wehner, 19. 12. 1944.

16 ZPA, IV 2/11/v.5403, Mewis an Kaderabteilung, 12. 9. 1950; Anni Werther, Über meine Arbeit in der Illegalität in Dänemark in den Jahren 1934–1946 (1970). In: Sammlung Petersen, Kopenhagen (Kopie beim Verfasser); Liste über die Mitglieder der kommunistischen Parteigruppe in Dänemark; Hochmuth/Meyer, S. 472.

17 RA, SUK, Hemliga arkivet, Dossier Stephany, SUK an Konungen, 13. 6. 1952.

18 ZPA, I 2/3/371, Zentralstelle an Außenministerium, 7. 8. 1945 (Kopie).

19 RA, UD, 1920 års dossiersystem, P 64 (avd. P, grupp 40, mål H); Schreiben des Außenministeriums, 15. 8. 1945; vgl. auch Pressestimmen, Dagens Nyheter, 22. 8. 1945, 250 flyktningar vill nu åter till Tyskland; Morgon-Tidningen, 22. 8. 1945, 250 av de tyska flyktningarna här önskar resa hem.

20 SOU 1946: 36, S. 422ff.

21 Flyghed, S. 291f.

22 SOU 1946: 36; SOU 1946: 93; SOU 1948: 7.

23 RA, Allmänna säkerhetsejänsten, ang. flyktingar, Schreiben zur Postkontrolle, besonders die Weisung von Hallgren vom 7. 6. 1945.

24 RA, Komm. 984, F 2: 8, AD 182.

25 Ebenda.

26 RA, Socialdepartementet, Hemliga arkivet, F Handlingar ang. säkerhetstjänsten, PM, Lönn, 30.6.1945.

27 BA, Außenstelle Hoppegarten, ZC 15929, Bd. III, Die KPD-Abschnittsleitung Nord (Schlußbericht), Gestapo Hamburg, 10.9.1942; BStU, ZA, SdM 1857, Organisation der Komintern und ihre regionale Unterteilung (Schlußbericht), Gestapo Hamburg, 18.2.1944 (Auszüge).

28 ZPA, I 2/3/80, Wehner an Mineur (schwedisch), 18.5.1945 (Kopie).

29 RA, Komm. 984, F 2: 8, AD 182; SW, Wehner an Schütt, 26.6.1946.

30 RA, Komm. 984, F 2: 8, AD 182, Wehner an die Parlamentarische Untersuchungskommission, 8.10.1945.

31 Vgl. Wehners Erklärung von 1957. In: Wehner, Zeugnis, S. 332; BStU, ZA, 1200/77, II, Bd. 1, Bericht über die Emigration von W. (von Kurt Vieweg).

32 Biographisches Handbuch; ZPA, EA 0545, Erinnerungen Langrock.

33 SW, Holm an Wehner, 25.6.1945.

34 ZPA, 12/3/80, Bericht Kunzes über Wagner, 12.12.1946.

35 SW, Wehner an Lippold, 10.7.1945.

36 ZPA, I 2/3/371, Rundschreiben der Landesleitung der SPD in Schweden, 23.8.1945.

37 Ebenda, Lange an Henke, 26.8.1945.

38 Ebenda, Charlotte an Mewis, 4.9.1945.

39 Ebenda, Jacobi an Mewis, 4.10.1945 (mit Randbemerkungen von Mewis).

40 Ebenda, Peschke an Mewis, 28.8.1945; Hennemann an Mewis, 19.8.1945.

41 Ebenda, Stephany an Liebe Freunde, 7.9.1945.

42 Ebenda, Warnke an Mewis, 6.10.1945.

43 Ebenda, Meldezettel.

44 Ebenda, Langrock an Mewis, 20.8.1945.

45 Ebenda, Langrock an Mewis, 10.10.1945.

46 SW, Langrock an Wehner, 11.10.1945.

47 ZPA, I 2/3/371, Langrock an Mewis, 18.10.1945.

48 Ebenda, LdG/FDKB Ortsgruppe Hälsingborg an Zentralstelle (Okt. 1945).

49 Ebenda, Peschke an Mewis, 15.10.1945.

50 ZPA, IV 2/11/v.4665, Lebenslauf Baier, 25.10.1953.

51 Müssener, Exil in Schweden, S. 101; ebenso Seydewitz M., Es hat sich gelohnt (2), S. 14f.

52 Vgl. Foitzik, S. 104.

53 RA, UD, 1920 års dossiersystem, HP 1693, TT-Meldung vom 31.7.1945; PM, 1.10.1945.

54 ZPA, I 2/3/371, Greve an Mewis, 1.9.1945.

55 RA, SUK, Hemliga arkivet, Dossier Stephany, PM (Statspolisen, Sjöstedt), 20.3.1952.

56 Vgl. Foitzik, S. 107.

57 ZPA, 3/1/313, ZK-Sitzung, 19.11.1942, und Dimitroffs Antwort, 28.11.1942.

58 Vgl. Kießling, S. 255f.

59 ZPA, NL 36/517, Eignung der Funktionäre der KPD, 24.2.1945.

60 ZPA, NL 36/517, Liste, undatiert. Hier liegt offensichtlich eine Verwechslung der Kommunisten Dr. R. F., geb. 1891, der im KL Auschwitz den Tod gefunden hat, und P. F. (1895–1964) vor.

61 Ebenda, Liste der Mitglieder in der Emigration, die als nächste für die Arbeit in Deutschland in Frage kommen, undatiert.

62 Badstübner, S. 105, Piecks Notizen. An der Beratung nahmen teil: Ulbricht, Ackermann, Sobottka, Stalin, Molotow, Shdanow.

63 ZPA, NL 36/517, Schreiben, 5.6.1945.

64 ZPA, V 240/1/1, Aktennotiz (Dahlem), 20.9.1945; Dahlem an ZK der KPDä, 20.9.1945.

65 ZPA, NL 72/209, Dahlem, Zu den Organisationsberichten. Zusammenfassender Bericht über die Parteiorganisation der KPD in der Sowjetzone, 16.10.1945.

66 ZPA, I 2/3/371, Brief von Lotte (Kann?), 21.10.1945.

67 ZPA, 240/3/12, SUK an Widder, 5.11.1945 (Abschrift).

68 ZPA, I 2/3/371, Hagge an Mewis, 12.8.1945.

69 Siehe die Biographie Rolf Hagge.

70 RA, SUK, Hemliga arkivet, Dossier Mewis, PM ang. Mewis (Lönn), 18.1.1947.

71 Vgl. ebenda.

72 Glückauf, S. 414ff.

73 Seydewitz M., Es hat sich gelohnt (2), S. 14–28, 31; Seydewitz R.

74 Seydewitz M., Es hat sich gelohnt (2), S. 38f., 51.

75 Vgl. Geschichte der Landesparteiorganisation, S. 159.

76 Ebenda, S. 232f.

77 ZPA, IV 2/11/v.4485, Lebenslauf Drögemüller, 3.3.1950.

78 ZPA, IV 2/11/v.5211, Bericht Glückauf, 15.1.1947.
79 SW, Wehner an Adam, 18.12.1945.
80 SW, Wehner an Adam, 8.1.1946, im Original 1945.
81 SW, Wehner an Lieber Genosse, 15.1.1946.
82 SW, Wehner an Adam, 24.2.1946.
83 SW, Wagner an Wehner, 18.2.1946.
84 ZPA, I 2/3/80, Bericht Kunze, 12.12.1946.
85 SW, Wehner an Adam, 24.2.1946.
86 SW, Wehner an Mugrauer, 17.2.1946 bzw. 24.2.1946; Mugrauer an Wehner, 21.2.1946 bzw. 11.3.1946.
87 ZPA, IV 2/4/116, Mewis, Bericht über die Tätigkeit der Parteileitung für das Land in den Jahren 1940–42.
88 Ebenda.
89 Andert/Herzberg, S. 220f.
90 Miller, S. 153ff.
91 ZPA, V 240/1/1, Schreiben an Dahlem, 22.1.1946.
92 Vgl. Miller; Peters, Zweimal Stockholm, S. 110f., Wolfgang an Inge Steinitz, Januar/Februar 1946.
93 ZPA, V 240/1/1, Einschätzung von Drögemüller vom 7. bzw. 12.1.1946.
94 Ebenda, Notizen zur Personeneinschätzung der Schweden-Emigranten; ZPA, IV 2/4/116, Mewis an Dahlem, 19.1.1946.
95 ZPA, V 240/1/1, Vorschlag, 22.1.1946.
96 Peters, Zweimal Stockholm, S. 19, Jürgen an Ruth Peters, 4.2.1946.
97 ZPA, NL 36/505, Notizen Piecks zu Gespräch mit Mewis, 6.2.1946.
98 ZPA, V 240/1/1, Vorschlag für den Einsatz der aus Schweden eingetroffenen Genossen, 22.1.1946 (Keilson) und 26.1.1946 (Dahlem).
99 ZPA, IV 2/11/v.3117, Lebenslauf Peschke, 19.1.1946.
100 ZPA, IV 2/11/v.5511, Lebenslauf Verner, 19.1.1946.
101 ZPA, NL 36/505, Umlauf für Sekretariat des ZK, 2.4.1946.
102 SW, Langrock an Wehner, 24.3.1946.
103 SW, Wehner an Wagner, 13.3.1946.
104 SW, Wehner an Reimann, 22.3.1946.
105 ZPA, IV 2/4/116, Mewis an Kaderabteilung, 20.3.1946.
106 Ebenda.
107 BStU, AU 201/52, Verhör vom 25.7.1952.
108 SW, Wehner an Reimann, 20.4.1946.
109 SW, Wehner an Adam, 25.4.1946.

110 SW, Adam an Wehner, 13.5.1946.
111 ZPA, I 2/3/80, Bericht Kunzes über Wehner, 12.12.1946.
112 ZPA, IV 2/11/v.1056, Kaderakte Plenikowski; Biographisches Handbuch.
113 SW, Wehner an Arbetarrörelsens flyktningskomité, 22.4.1946 bzw. 1.5.1946.
114 SW, Wehner an Ihr Lieben (Wagner), 8.5.1946, SUK an Blachstein, 23.4.1946.
115 SW, Wehner an Warnke, 15.3. bzw. 20.4.1944.
116 SW, Wehner an Strzelewicz, 2.4.1946.
117 Zitiert nach Freudenhammer/Vater, S. 143.
118 Siehe Wehners Vorwort, Dahlberg, S. 6.
119 SW, Wehner an Wagner, 13.3.1946.
120 SW, Wehner an Wagner, 8.5.1946.
121 SW, Wehner an Blachstein, 29.5.1946.
122 SW, Wehner an Blachstein, 11.3.1946.
123 SW, Wehner an Blachstein, 29.5.1946, 26.6.1946, auch Wehner an Neurath, 11.8.1946.
124 SW, Wehner an Langrock, 6.3.1946.
125 SW, Langrock an Wehner, 12.5.1946.
126 SW, Wehner an Justitiedepartement, 13.5.1946.
127 SW, Langrock an Wehner, 19.5.1946.
128 ZPA, IV 2/11/187, Liste (Zurück aus Schweden), undatiert.
129 Trepte, S. 497 ff.
130 SW, Wehner an Reimann, 16.5.1946.
131 ZPA, IV 2/11/v.5211, Notizzettel, 28.8.1946.
132 SW, Wehner an Reimann, 16.5.1946.
133 SW, Wehner an Reimann, 26.7.1946.
134 ZPA, IV 2/11/v.4982, Bericht Kunzes über Wehner, 12.12.1946.
135 SW, Wehner an Wagner, 8.5.1946.
136 SW, Wehner an »Genosse Kurt«, 1.6.1946.
137 SW, Wehner an Schütt, 26.6.1946.
138 SW, Wehner an »Genosse Kurt«, 1.6.1946.
139 Wehner, Selbstbesinnung, S. 21 f. (Vorwort).
140 SW, Blachstein an Wehner, 5.9.1946.
141 SW, Wehner an Blachstein, 12.9.1946.
142 Vgl. Wehner, Zeugnis, S. 365.
143 SW, Wehner an Komité för statslösa flyktningar, 13.9.1946.
144 Wehner, Selbstbesinnung, S. 28 (Anm. 27), Wehner an Schumacher, 25.11.1946; Wehner, Zeugnis, S. 399.

145 Wehner, Zeugnis, S. 380.
146 Wiechert, S. 378 ff.
147 Wehner, Zeugnis, S. 316.

Konspiration gegen Wehner

1 Kalbitzer, S. 113.
2 SW, Wehner an Neumann, 10.10.1946; Neumann an Wehner, 4.10.1946.
3 SW, Wehner an Dahlberg, 14.10.1946.
4 Kalbitzer, S. 113; Gespräch mit Greta Wehner, 11.3.1994.
5 Wehner, Selbstbesinnung, S. 23 (Einführung).
6 Wehners Referat vom 25.10.1946 ist abgedruckt in Wehner, Selbstbesinnung, hier S. 227, 230, 232, 253.
7 ZPA, IV 2/11/v.5211, KPD-Wasserkante an Zentralsekretariat, 12.10.1946; Mitteilung aus Hamburg, 14.10.1946; Hausmitteilung von Dahlem an Personalabteilung, 8.11.1946.
8 Ebenda, Bericht von F. A. Fischer, Wasserkante an Zentralvorstand der SED, 16.11.1946.
9 Ebenda, Kommentar Dahlems zum Schreiben Gundelach an SED-Kaderabteilung, 16.11.1948.
10 Ebenda, Haid an Stahlmann, 10.12.1946 (der schriftlichen Aufforderung war am 30.11. eine telefonische Absprache vorausgegangen).
11 Deckname, S. 67.
12 ZPA, IV 2/11/v.5211, Bericht von Henke, 30.11.1946.
13 Ebenda, Warnke an Personalabteilung, 2.12.1946.
14 Ebenda, Bericht von Langrock, 8.12.1946.
15 Stockholms stadsarkiv, Stockholms rådhusrätt, 5: e avdelning, Hemliga mål, Vol. 1, 1940 (3), Lewys Prozeß.
16 ZPA, IV 2/11/v.5211, Mewis an Personalpolitik, 10.12.1946.
17 ZPA, IV 2/11/v.4982, Erklärung Kunze, 28.3.1945.
18 Ebenda, Mewis' Stellungnahme, 12.11.1946.
19 Ebenda, Fragebogen Kunze, 30.9.1946.
20 Ebenda, Mewis' Stellungnahme, 12.11.1946; Millers Stellungnahme, 1.11.1946; Mitteilung nach Hamburg, 21.11.1946.
21 ZPA, IV 2/11/v.4485, Lebenslauf Drögemüller, 3.3.1950.
22 ZPA, IV 2/11/v.4982, Drögemüllers Stellungnahme, 19.12.1946.
23 ZPA, IV 2/11/v.5211, Kunze, Bericht über Wehner, 12.12.1946; ZPA, I 2/3/80, Kunze, Bericht über Wagner, 12.12.1946.

24 ZPA, IV 2/11/v.5211, Bericht Stahlmann, 14.12.1946.

25 Müller, die Akte, S. 368ff., Wehner an die Kaderabteilung, 14.7.1939.

26 ZPA, IV 2/11/v.521 1, Bericht Glückauf, 15.1.1947.

27 Ebenda, Bericht Bick, 23.1.1947.

28 Ebenda, Kunze, Bericht über Wehner, 12.12.1946.

29 ZPA, IV 2/11/v.4982, SED-Hausmitteilung von Abt. Personalpolitik an Pieck, Ulbricht, Ackermann, Dahlem, 22.1.1947 (Exemplare für Ulbricht und Dahlem).

30 ZPA, IV 2/11/130, Hausmitteilung vom 22.1.1947 an Pieck, ohne Kommentar.

31 ZPA, IV 2/11/v.4982, ZK USAP an SED-Kaderabteilung, 4.1.1949.

32 ZPA, IV 2/11/130, Schreiben an Mewis, 20.2.1947: »Wir bitten Dich, wenn Du im Haus des ZS bist, einmal beim Gen. Haid, Zimmer 512, vorbeizukommen, damit wir mit Dir einige Fragen der schwedischen Emigration, eventuell in Gegenwart vom Gen. Stahlmann und Miller besprechen können.«

33 ZPA, IV 2/11/v.4982, Schreiben an Sager, 22.1.1947 mit handschriftlichen Anmerkungen, gez. M.

34 ZPA, IV 2/11/v.5211, Bericht Sager, 11.4.1947.

35 BA, Außenstelle Hoppegarten, ZC 20050 A 5, Stellungnahme Sommer, 14.1.1947, Stellungnahme Peschke, 15.1.1947.

36 Vgl. Buschfort, S. 22.

37 BA, Außenstelle Hoppegarten, ZC 20050 A 5, Lange an Weikert, 29.1., 31.3.1947.

38 Ebenda, Schreiben vom 26.4.1947; Notiz vom 8.5.1947.

39 BStU, AP 71/64, Information, 27.2.1953.

40 ZPA, NL 36/651, Liste. Ihm wurde Adolf Deter vorgezogen.

41 SW, Wehner an Dahlberg, 23.11.1946.

42 SW, Antrag auf Erteilung eines Bezugsscheins, 2.4.1947.

43 Zitiert nach Beier, S. 9.

44 Ebenda, S. 11, Wehner-Brief, 27.2.1947.

45 Vgl. Beier, S. 5f.

46 ZPA, IV 2/11/v.5211, SED-Hausmitteilung von Dahlem an Abt. Personalpolitik, 26.8.1947.

47 Ebenda, SED-Hausmitteilung Haid an Keilson, 14.3.1947 (Abschrift).

48 Ebenda, SED-Hausmitteilung Haid an Dahlem, 29.4.1948.

49 Ebenda, Abschrift vom SPD-Pressedienst vom 13.9.1948.

50 ZPA, I 2/3/371, Gundermann an Mewis, 30.9.1945.

51 ZPA, IV 2/11/v.5211, Fugger an Daub, 27.10.1948.
52 ZPA, IV 2/11/v.4982, SED-Hausmitteilung Dahlem an Abwehr, 30.10., 8.11.1948.
53 ZPA, IV 2/11/v.4982, Schreiben an SED-Kaderabteilung, 4.1.1949; Bericht, 21.1.1949; Schreiben des ZK nach Ungarn, 15.3.1949.
54 Vgl. Freudenhammer/Vater, S. 149.
55 Vgl. Leugers-Scherzberg; Gespräch mit Greta Wehner, 11.3.1994; Wehner, Selbstbesinnung, S. 27 (Anm. 18).
56 ZPA, EA 1244/3, Erinnerungen von Mewis.
57 ZPA, IV 2/2/51, Politbürositzung vom 18.10.1949.
58 ZPA, IV 2/11/v.2005, SED-Hausmitteilung, 6.9.1948.
59 ZPA, IV 2/11/v.5511, Verners Lebenslauf, 8.12.1949.
60 ZPA, IV 2/11/v.257, Akte Langrock.
61 Vgl. Klein.
62 Vgl. Aus dem Leben eines Berufsrevolutionärs; Gespräch mit Markus Wolf, 22.4.1994.
63 ZPA, IV 2/11/v.5403, Bericht der Instrukteure des ZK an Schirdewan, 29.10.1953.
64 Vgl. Aulich.
65 ZA, FDGB, NL 72/1, Peschkes Lebenslauf, 29.10.1958.
66 ZPA, J IV 2/3/258, Sekretariatssitzung vom 4.1.1952.
67 Vgl. Hodos, S. 194ff.
68 Drögemüller an die ZPKK, 21.4.1956 (Kopie beim Verfasser).
69 ZPA, I 2/3/80, Endres über sein Verhältnis zu H. Wehner (»Oswald«, Dezember 1951).
70 BStU, ZA, AU 201/52, Haftbeschluß, 18.7.1952; Vernehmungsprotokolle des Häftlings Endres, 25.7.1952; Endres an ZK der KPD, 28.7.1952; Entlassungsbeschluß, 5.8.1952.
71 ZPA, IV 2/4/393, Aufstellung über belastende Momente gegen Kurt Vieweg, 24.6.1952.
72 Ebenda, Befragung vom 2.7.1952.
73 Ebenda, Bericht zu Vieweg, 21.7.1952.
74 Ebenda, Lebenslauf Vieweg, 1.8.1952.
75 Ebenda, Befragung Glückauf, 2.8.1952.
76 Vgl. Scholz, Skandinavische Erfahrungen.

1 ZPA, IV 2/11/v.5211.
2 ZPA, IV 2/11/130; ZPA, J IV 2/202/586–589.
3 Lang, S. 288, Vernehmungsprotokoll Nr. 14, 22.2.1990.
4 Ralf Georg Reuth, Die Feindtätigkeit Wehners wird wachsen. In: Frankfurter Allgemeine Zeitung, 31.12.1993; ders., Gefährlich, den Verräter in einer Art zu analysieren, die dazu führen wird, daß man ihn versteht. In: Frankfurter Allgemeine Zeitung, 10.1.1994; Fritjov Meyer, Lange Nacht in der Lubjanka. In: Der Spiegel, H. 2, 1994.
5 Buschfort; Leugers-Scherzberg.
6 »Beklemmende Hinweise«. In: Focus, 21.2.1994.
7 Der Lakai McCloys – Herbert Wehner. In: Neues Deutschland (B), 12.10.1950.
8 UDA, R 67, At, Wehner, Kumlin an Petrén, 8.3.1952; Petrén an Kumlin, 24.3.1952; Konselj, 4.4.1952 (Abschrift).
9 Herbert Wehner – ein Denunziant und Agent. In: Freies Volk, 11.3.1953; vgl. Frederik, Zwielicht, S. 343 ff.
10 Buschfort; Leugers-Scherzberg.
11 Meurling.
12 Wehner, Zeugnis, S. 342, Wehners Erklärung, 11.3.1957.
13 Ebenda, S. 318 ff., Wehner an Adenauer, 10.10.1953.
14 Vgl. Küsters.
15 Brandt, S. 326 ff.; Weber, Geschichte der DDR, S. 292 f.
16 Lemke, Eine neue Konzeption?, S. 364.
17 Wolf, S. 86 f.; ZPA, J IV 2/202/87, Girnus an Ulbricht, 20.11.1956.
18 SBZ-Biographie (1961); BStU, ZA, 1200/77, Bd. I/2, Zusammenfassender Bericht, undatiert.
19 ZPA, NL 182/1247, Bericht Else Kügelgen (ca. Herbst 1956).
20 ZPA, IV 2/10. 02/90, Arbeitsbüro, 8.6.1956, Zum SPD-Parteitag.
21 ZPA, NL 182/1247, Bericht Else Kügelgen (ca. Herbst 1956).
22 Vgl. Günther, H., S. 66 f.
23 Gespräch mit Markus Wolf, 22.4.1994.
24 ZPA, J IV 2/202/87, Girnus an Ulbricht, 20.11.1956.
25 Weber, Geschichte der DDR, S. 287 ff.; Scholz, Bauernopfer der deutschen Frage.
26 Weber, Geschichte der DDR, S. 293.
27 Zu Vieweg ausführlich: Scholz, Bauernopfer.
28 Vgl. Lemke, Eine neue Konzeption?, S. 370.
29 Soell, S. 499.

30 Wehner, Zeugnis, S. 329 ff., Wehners Erklärung vom 11.3.1957.
31 ARAB, SAP Partisekretärarens utl. korr. 1956–1958 (E: V: a: 12), Ollenhauer an Aspling, 14.3.1957.
32 Ebenda, Wehner an Aspling, 13.3.1957.
33 Ebenda, Blachstein an Aspling, 28.3.1957.
34 Vgl. Brandt, S. 327.
35 BStU, ZA, SdM 1869, Notiz Laufer, 1.12.1964; Mielke an Honecker, 27.11.1964.
36 BStU, 1200/77, II/1, Viewegs Bericht (1966).
37 SW, dpa-Meldung, 13.9.1957; vgl. auch Soell, S. 502.
38 ZPA, J IV 2/202/87, Girnus an Ulbricht, 20.11.1956.
39 BStU, 1200/77, II/l, Viewegs Bericht von 1966.
40 Weber, Geschichte der DDR, S. 293 f.
41 BStU, 1200/77, II/1, Vieweg und Langendorf, 17.12.1957.
42 Gespräch mit Markus Wolf, 22.4.1994.
43 Wolf, S. 86 f.
44 Honecker, Bericht 35. ZK-Tagung, S. 75 ff.; Weber, Geschichte der DDR, S. 294 f.
45 ZPA, IV 2/10. 02/138, Protokoll, 14.9.1958.
46 Siehe: Die westdeutschen Parteien, S. 445. Vom ambivalenten Verhältnis der SED zur SPD zeugt die zeitgenössische Einschätzung des Deutschland-Planes durch die Westkommission des ZK als »konterrevolutionär«; vgl. Lemke, Kampagnen, S. 156.
47 Landesarchiv Greifswald, PDS-BPA Rostock, IV 2/18/1433, 1430, Mewis' Reisebericht, 21.3.1959; Mewis in Dänemark, 13.6.1959.
48 »Politik aus erster Hand« (Wehner), Sendereihe des Bayerischen Rundfunks, 6.11.1957. In: Sozialdemokratische Politik im geteilten Deutschland. Beiträge zur Parteidiskussion von Herbert Wehner (als Manuskript gedruckt, ca. 1958); vorhanden in: ZPA, II 12/7.
49 Süddeutsche Zeitung, 24.2.1958.
50 Die westdeutschen Parteien, S. 444; vgl. auch Staadt, Westpolitik, S. 40 ff.
51 ZPA, NL 182/1364, Mewis an Ulbricht, 28.11.1959.
52 Staadt, Westpolitik, S. 43 ff.
53 ZPA, IV 2/2.028/25, Argumentation der SPD-Politik (Geggel), undatiert.
54 ZPA, IV 2/2.028/38, SED-Hausmitteilung, 6.10.1960.
55 ZPA, IV 2/2.028/25, Bericht über Aussprache mit Wilhelm Dröscher vom 10.3.1961.

56 Neues Deutschland, 28.5. und 10.6.1961; siehe die Dokumentation in: Frederik, Die Kandidaten, S. 272ff.
57 ZPA, J IV 2/202/586, Westkommission, streng vertraulich, 19.8.1963; BStU, ZA, AOP 895/57, SfS (Dresden) an Jamin, 21.7.1955.
58 ZPA, IV 2/11/251, Aussprache, 26.7.1960.
59 Zu Behrischs Verhältnis zur SPD bzw. zu Wehner im Juli 1960 vgl. Frederik, Die Kandidaten, S. 236ff.; vgl. auch Stockholm Tidningen, 16., 18., 23.10.1960.
60 Biographisches Lexikon.
61 Neue Rhein Zeitung, 16.7.1960, Mewis strebt nach Ulbrichts Thron; Frankfurter Rundschau, 29.3.1962, Auf dem Höhepunkt der Einpeitscher-Karriere; Telegraf, 11.1.1963, Machtkämpfe in Ulbrichts Schatten.
62 Nach einer Information schwedischer Zeugen an den Verfasser, Juli 1993.
63 BStU, KS 137/71, Akte Laufer.
64 Staadt, Westpolitik, S. 100.
65 Dokumente der SED, Bd. IX, S. 170.
66 Zum Beispiel Die Welt, 14.1.1963, Frankfurter Allgemeine Zeitung, 26.1.1963; vgl. auch Staadt, Westpolitik, S. 109.
67 Küsters, S. 129.
68 Vertrauliche Information aus Stockholm an den Autor, 16.10.1990.
69 ZPA, J IV 2/202/586, Westkommission, streng vertraulich, 19.8.1963.
70 ZPA, I 2/3/79, Inhaltsangabe von Kühnrich (vertraulich), 30.7.1963.
71 ZPA, IV 2/2.028/24, IML (Bauer) an Norden, 31.7.1963.
72 ZPA, J IV 2/202/586, Lewin an Honecker, 16.8.1963; Honecker an Lewin, 19.8.1963.
73 Ebenda, Lewin an Matern, 17.8.1963.
74 ZPA, IV 2/2.028/24, Hausmitteilung, 17.8.1963: Es wäre u. a. notwendig, »durch unsere Sicherheitsorgane näheres über die Person festzustellen, die uns die Akten übergab; nach Möglichkeit festzustellen, wie der Überbringer tatsächlich zu den Dokumenten kam und wer ein Interesse daran hat, daß sie uns zugestellt wurden«.
75 Ebenda, Hausmitteilung, 17.8.1963.
76 BStU, ZA, SdM 1858, Bericht von Laufer, 28.8.1963, vgl. dazu Informationsbericht über die bisherige Arbeit am Komplex Wehner (Hauptabteilung IX/10), 12.8.1966.

77 ZPA, J IV 2/202/586, Lewin an Matern, 19. 8. 1963; Westkommission, streng vertraulich, 19. 8. 1963.
78 BStU, AP 3333/77, Wagenbrett an Damm, 8. 5. 1969.
79 Vgl. Nollau, S. 287 ff. Nollau spielt auf Frederiks Dokumentation zum Fall Otto John an: Das Ende einer Legende. München 1971.
80 Koch, S. 271 f.
81 ZPA, J IV 2/202/586, Betr.: Herrn Frederik, Westkommission, 19. 8. 1963 (streng vertraulich); Aktennotiz, Gespräch mit Frederik, 9. 9. 1963.
82 ZPA, IV 2/2.028/25, Druckschrift »Tatsachen-Argumente«, Nr. 45, Oktober 1962.
83 Ebenda, Westkommission, 29. 11. 1962.
84 Müller, Die Akte, S. 407 ff., Dossier der Internationalen Abteilung des ZK der KPdSU, zusammengestellt nach einer Mitteilung des KGB über Herbert Wehner, 23. 9. 1963.
85 ZPA, IV A 2/2.028/15, Wehner und Erler im Dienst der revanchistischen Aggressionspolitik der Bonner Ultras, 12. 12. 63 (von Geggel für Norden zur Information).
86 BStU, ZA, SdM 1857, Auszüge aus Bischoff über Wehner, 22. 3. 1961.
87 ZPA, I 2/3/80, Mineurs Schreiben mit Anlagen, 28. 5. 1964.
88 ZPA, J IV 2/202/586, Arbeitsgruppe Auslandsinformation an Norden, 8. 2. 1964; Maßnahmen, 25. 2. 1964.
89 ZPA, IV 2/2.028/24, SED-Hausmitteilung von Westkommission (Gabo Lewin) an Norden, 14. 2. 64.
90 Zur Person: Herbert Wehner. In: Berliner Zeitung, 24. 1. 1964.
91 Eine Zeugin sagt aus: Charlotte Bischoff. In: Berliner Zeitung, 5. 3. 1964; Ein weiterer Zeuge sagt aus: Paul Werther. In: Berliner Zeitung, 7. 3. 1964; Erika Friedländer. In: Berliner Zeitung, 16. 3. 1964.
92 ZPA, J IV 2/202/586, Lewin an Lamberz, 16. 3. 1964.
93 Zur Person: Herbert Wehner. In: Sozialistische Briefe. Hrsg. Otto Buchwitz, Max Nierich, Paul Peschke, Rudolf Lindau, 1964, Sonderheft 2.
94 Sozialistische Briefe, 8 (1964), H. 4, S. 113 f.
95 In: Die Zeit, Nr. 11, 1966, S. 3 ff.
96 Interview, Die Welt, 12. 3. 1966. In: Wehner, Wandel und Bewährung, S. 361 f.
97 Marion Dönhoff, Jede Politik braucht Führung. In: Die Zeit, Nr. 13, 1966, S. 9 f.

98 BStU, 15.1.1994 (2 Ordner mit 868 Blatt und 2 Blatt Vorbemerkung).
99 Ebenda, Vorbemerkung.
100 BStU, ZA, SdM 1860–1865.
101 Sechs Faszikel werden vorgelegt: BStU, ZA, SdM 1856, 1857, 1858, 1866, 1869, 1870.
102 BStU, 1200/77, II/1, Wagenbreth an Wunderlich, 9.10.1965.
103 Ebenda, Fragespiegel (HV A Abt. VII/F).
104 Ebenda, Vermerk zur Konsultation am 13.10.1965.
105 BStU, HA XVIII/6/2 an HV A VII/F, 3.6.1966.
106 BStU, ZA, Mielke an Honecker, persönlich, 9.6.1966; Wolf an Mielke, 7.6.1966.
107 Zu ihren Aufgaben vgl. Die Organisationsstruktur des MfS 1989, S. 73 ff.
108 Gesetz zum Schutze des Friedens vom 12.12.1950.
109 BStU, ZA, SdM 1858, Informationsbericht über die bisherige Arbeit am Komplex Wehner, Hauptabteilung IX/10, streng vertraulich, 12.8.1966.
110 ZPA, J IV 2/202/87, Westabteilung, 14.10.1966.
111 Ebenda, Westabteilung, 17.11.1966.
112 Müller, Die Akte, S. 414 ff., Bericht der Internationalen Abteilung des ZK der KPdSU (nach einer Mitteilung des KGB vom 3.2.1967), 10.2.1967.
113 BStU, ZA, SdM 1858, Teilkonzeption der operativen Arbeiten gegen Wehner, 21.3.1967.
114 Ebenda, Semitschastny an Mielke, 10.5.1967 (aus dem Russ.).
115 Ebenda.
116 BStU, ZA, SdM 1866, vgl. hier die zahlreichen Übersetzungen aus dem Russ. in den Stasi-Unterlagen zu Wehner mit Datum vom 11.3.1968; Auskunftsbericht vom 6.3.1968.
117 BStU, Presseakten, Januar 1994, Vermerk, 20.7.1971; nach eigener Aussage traf Wolfgang Vogel bereits 1966 mit Wehner zusammen. In: Der Spiegel, H. 6, 1994.
118 Vgl. Staadt, SED-Kampagne, S. 351 f.
119 Vgl. Koch, S. 271.
120 BStU, ZA, SdM 1472, Vogel, Unterredung, 28.6.1969.
121 BStU, Presseakten, Januar 1994, Mielke an Honecker, 27.11.1964.
122 ZPA, NL 182/1364, SED-Hausmitteilung (Spangenberg an Ulbricht), 31.10.1969.

123 BStU, 1200/77, II/2, IM-Bericht, 16.9.1969; ebenda, 1200/77, II/3, IM-Bericht, 19.5.1970.

124 BStU, 1200/77, I/3, Aktennotiz, Anfang 1972: »Gen. Wu. [Wunderlich] bekannt/Vorhaben wurde nicht realisiert.«

125 Kubu, S. 152. Kubu schrieb nicht unfreundlich; Madsens Darstellung dagegen war gegen Wehner gerichtet (Madsen, S. 169f., 289f.).

126 BStU, 1200/77, I/3, Bl. 29–34, Vorstellungen des IM »Nordland« zur Aktivierung bzw. Wiederherstellung des Kontaktes zu H. Wehner über Dänemark, Anfang 1972 (nicht realisiert, ebenda Bl. 28).

127 Gespräch mit Markus Wolf, 22.4.1994.

128 BStU, Presseakten, Januar 1994, Vermerk, 20.7.1971; Vermerk, 16.7.1971; Telefonat mit dem Genossen Erich Honecker am 10.8.1972.

129 Vgl. Der Spiegel, H. 13, 1993, S. 208.

130 Die Welt, 3.11.1973.

131 Seydewitz, Es hat sich gelohnt (1), S. 430; vgl. auch BStU, SdM 1868, Hager an Honecker, 27.1.1977 (mit Anlagen).

132 ZPA, NL 72/152, Briefwechsel Dahlem-Seydewitz; vgl. auch Staadt, SED-Kampagne, S. 353.

133 Gespräche mit Mewis, Januar/Februar 1986.

134 Freudenhammer/Vater.

135 ZPA, NL 72/175, Dahlem an Reichsarchiv, 30.10.1980.

136 Honecker, Aus meinem Leben, S. 81.

137 Neues Deutschland, 31.1.1983.

138 Vgl. Dau.

139 Schütrumpf.

140 Andert/Herzberg, S. 344ff.; vgl. auch Honeckers Erklärung über seine Haltung zu humanitären Fragen (1990). In: Przybylski, S. 363–366.

141 Klaus Steiniger, Herbert Wehner – ein unverwechselbarer und unbequemer Sucher nach der Wahrheit. In: Neues Deutschland, 20.1.1990.

Zusammenfassung

1 SW, Wehner an Reimann, 22.3.1946.

2 Helmut Schmidt, Ein großes Vorbild. Zum Tod von Herbert Wehner. In: Die Zeit, Nr. 5, 1990.

Personenregister